高等职业教育“十三五”系列教材

Qiche Diangong Dianzi Yingyong

汽车电工电子应用

刘福海　孙春玲　主　编

郑　峥　于晓英　宋美玉　副主编

人民交通出版社股份有限公司

北　京

内 容 提 要

本书为高等职业教育“十三五”系列教材。全书共9个项目,主要包括直流电路、交流电路、变压器与电动机、常用半导体器件及应用、基本放大电路、集成运算放大器、直流稳压电源、门电路和组合逻辑电路、触发器和时序逻辑电路。

本书主要供高职高专院校汽车类专业教学使用。

图书在版编目(CIP)数据

汽车电工电子应用/刘福海,孙春玲主编. —北京:
人民交通出版社股份有限公司,2020.7

ISBN 978-7-114-16467-5

Ⅰ.①汽… Ⅱ.①刘… ②孙… Ⅲ.①汽车—电工技术—高等职业教育—教材②汽车—电子技术—高等职业教育—教材 Ⅳ.①U463.6

中国版本图书馆CIP数据核字(2020)第059728号

书　　名:汽车电工电子应用
著 作 者:刘福海　孙春玲
责任编辑:李　良
责任校对:席少楠
责任印制:张　凯
出版发行:人民交通出版社股份有限公司
地　　址:(100011)北京市朝阳区安定门外外馆斜街3号
网　　址:http://www.ccpcl.com.cn
销售电话:(010)59757973
总 经 销:人民交通出版社股份有限公司发行部
经　　销:各地新华书店
印　　刷:北京虎彩文化传播有限公司
开　　本:787×1092　1/16
印　　张:14.5
字　　数:367千
版　　次:2020年7月　第1版
印　　次:2023年7月　第2次印刷
书　　号:ISBN 978-7-114-16467-5
定　　价:44.00元

前言

QIANYAN

随着职业教育教学改革的不断深入,职业学校对课程结构、课程内容及教学模式提出了更高的要求。教职成〔2015〕6号文件《教育部关于深化职业教育教学改革全面提高人才培养质量的若干意见》中提出:“对接最新职业标准、行业标准和岗位规范,紧贴岗位实际工作过程,调整课程结构,更新课程内容,深化多种模式的课程改革”;教职成〔2019〕13号文件《教育部关于职业院校专业人才培养方案制订与实施工作的指导意见》中提出:“坚持面向市场、服务发展、促进就业的办学方向,健全德技并修、工学结合育人机制,突出职业教育的类型特点,深化产教融合、校企合作,加快培养复合型技术技能人才”。为此,人民交通出版社股份有限公司根据教育部文件精神,依据教育部颁布的职业学校汽车运用与维修专业教学标准,组织编写了本套教材。

本套教材总结了全国众多职业与技工院校的汽车专业教学经验,将岗位所需要的知识、技能和职业素养融入汽车专业教学中,体现了职业教育的特色。教材特点如下:

(1)“以服务发展为宗旨,以促进就业为导向”,加强文化基础教育,强化技术技能培养,符合汽车专业实用人才培养的需求;

(2)教材编写符合职业院校学生的认知规律,注重知识的实际应用和对学生职业技能的训练,符合汽车类专业教学与培训的需要;

(3)教材内容注重培养学生的职业技能,与市场需求相吻合,反映了目前汽车的新知识、新技术与新工艺,便于学生毕业后适应岗位技能要求;

(4)教材内容简洁,通俗易懂,图文并茂,易于培养学生的学习兴趣,提高学习效果。

2022年10月,中国共产党第二十次全国代表大会在北京召开。党的二十大报告指出,要实施科教兴国战略,强化现代化建设人才支撑。为了深化教育领域综合改革,更加深入贯彻党的二十大精神,加强教材建设和管理,结合汽车电工电子应用课程作为汽车类专业基础课的定位需求,本教材编写组精心设计了“情景式”任务引领教育模式，以便更好地推进党的二十大精神进教材、进课堂、进头脑。

《汽车电工电子应用》为汽车类专业的基础课之一。主要内容包括：直流电路、交流电路、变压器与电动机、常用半导体器件及应用、基本放大电路、集成运算放大器、直流稳压电源、门电路和组合逻辑电路、触发器和时序逻辑电路9个项目单元。

本书由刘福海、孙春玲担任主编，郑峥、于晓英、宋美玉担任副主编。其中，郑峥编写了项目1、项目2，宋美玉编写了项目3，孙春玲编写了项目4、项目5、项目6，刘福海编写了项目7、项目8，于晓英编写了项目9，参与教材编写的人员还有刘本超、郭化超、孙慧芝，孙春玲负责全书的统稿工作，本书主、参编人员的工作单位为山东交通职业学院。

在本书编写过程中，参考并应用了大量文献资料，并邀请福田雷沃重工的技术专家对书稿进行了审阅。在此，对参考文献的原作者和对本书提出宝贵意见和建议的行业、企业专家表示衷心的感谢！

由于编者水平有限，书中难免出现疏漏和不足之处，敬请读者予以批评、指正。

编　者

2020年1月

目录

MULU

项目1　直流电路 …… 1

概述 …… 1

任务1　电路的基本概念 …… 1

任务2　汽车电路的组成 …… 8

任务3　直流电路的分析方法 …… 15

知识点小结 …… 26

项目2　交流电路 …… 27

概述 …… 27

任务1　正弦交流电的基本概念 …… 27

任务2　正弦交流电路 …… 34

任务3　三相交流电路 …… 46

知识点小结 …… 54

项目3　变压器与电动机 …… 56

概述 …… 56

任务1　变压器 …… 56

任务2　直流电动机 …… 60

任务3　三相异步电动机 …… 65

知识点小结 …… 84

项目4　常用半导体器件及应用 …… 86

概述 …… 86

任务1　半导体的基本知识 …… 86

任务2　二极管 …… 91

任务3　三极管 …… 95

任务4　晶闸管 …… 102

知识点小结 …… 107

项目5　基本放大电路 …… 108

概述 …… 108

任务1　基本放大电路的组成 …… 108

任务 2　放大电路的分析方法 …… 115
任务 3　多级放大器 …… 127
任务 4　放大电路中的反馈 …… 131
知识点小结 …… 141
项目 6　集成运算放大器 …… 143
概述 …… 143
任务 1　集成运放的基本原理 …… 143
任务 2　集成运放的应用 …… 148
任务 3　振荡电路 …… 159
知识点小结 …… 165
项目 7　直流稳压电源 …… 167
概述 …… 167
任务 1　二极管整流电路 …… 167
任务 2　滤波电路 …… 171
任务 3　直流稳压电源 …… 173
知识点小结 …… 182
项目 8　门电路和组合逻辑电路 …… 184
概述 …… 184
任务 1　门电路 …… 184
任务 2　组合逻辑电路 …… 188
任务 3　常见典型组合逻辑电路 …… 195
知识点小结 …… 201
项目 9　触发器和时序逻辑电路 …… 203
概述 …… 203
任务 1　触发器 …… 203
任务 2　计数器 …… 209
任务 3　寄存器 …… 213
任务 4　脉冲信号的产生与波形变换 …… 217
知识点小结 …… 223
参考文献 …… 224

项目 1

直流电路

概　　述

汽车的发展给人类生活以及整个世界都带来了巨大的变化，汽车电气设备已成为汽车上越来越重要的组成部分。

汽车电气设备所使用的电源是直流电源，它来自蓄电池或发电机。由蓄电池、发电机、调节器及充电状态指示装置、开关和导线等连接而成的电气系统称为电源系统（简称电源系）。蓄电池作为汽车上的电源之一，始终是直流电，主要用于发动机起动时为起动机供电，当蓄电池放电完后必须由直流电源对其进行充电，因此，汽车上的发电机也必须输出直流电。

汽车电气系统的额定电压一般为直流 12V 和 24V 两种。目前汽车上普遍采用 12V 电源，重型柴油机多采用 24V 电源。随着汽车上电气设备的增多，电气负荷越来越大，要求汽车上的采用能量大、体积小的电源。目前，已有汽车公司在研究使用 36V、42V 新型电源的课题。

随着汽车电子技术的不断发展，将有越来越多的电子设备应用在汽车上，以提高汽车的安全性、舒适性和方便性。掌握电工知识是现代汽车维修中非常重要的一个要素。现代汽车上电气设备的使用越来越多，因此认识电的基础知识，是我们每位学生为以后学习专业课程奠定扎实基础的内容之一，这也是我们贯彻党的二十大报告中关于加强基础学科教育的要求之一。

任务 1　电路的基本概念

1 任务引入

电在人们生活中已成为必不可少的元素。那么电路由哪几部分组成？包含哪些基本物理量？

2 相关理论知识

2.1　电路的组成和功能

2.1.1　电路的组成

电路是电流所通过的路径，如图 1-1-1 所示。

每个电路不论其作用如何、结构多么复杂，都是由以下几个基本部分组成的。

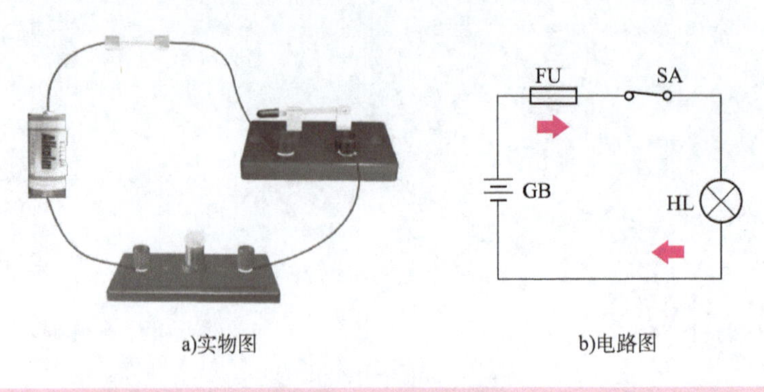

图1-1-1 简单电路

(1)电源:是供给电能的装置,它把其他形式的能转换为电能。例如:铅酸蓄电池把化学能转换为电能,发电机把机械能转换为电能。

(2)负载:是指用电的装置或设备,它把电能转换为其他形式的能量。例如:汽车起动机把电能转换为机械能,汽车灯泡把电能转换为光能和热能,汽车电喇叭把电能转换为声能等。

(3)中间环节:简单电路的中间环节由连接导线、开关等组成,而复杂电路的中间环节由各种控制设备、监测仪表等组成的网络。电源接输入端,负载接输出端。

2.1.2 电路的功能

电路的功能主要有两个:一是实现电能的传输、分配与转换,如图1-1-2a)所示;二是实现信号的传递与处理,如图1-1-2b)所示。

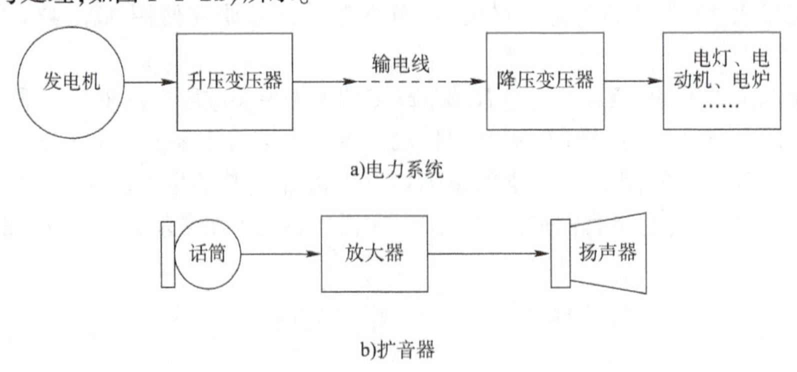

图1-1-2 电路在两种场合应用的示意图

2.2 电路的主要物理量

2.2.1 电流

电荷的定向移动即形成电流。电流的强弱用电流强度来表示。其定义为:单位时间内通过导体横截面的电量称为电流强度(简称电流),用I表示。若在t秒内通过导体横截面的电量用Q表示,电量的单位为库仑(C),那么电流的计算公式为:

$$I=\frac{Q}{t}$$

电流的基本单位为安培(A)。常用的电流单位还有毫安(mA)、微安(μA)等。

电流是一个有方向的物理量,电流的方向是有实际方向和参考方向之分的。规定以正电荷移动的方向为电流的实际方向。而参考方向指分析与计算电路时,任意假定某一方向为电流的参考方向。若电流的实际方向与参考方向一致时,则电流为正值($I>0$),若电流的实际方向与参考方向不一致时,则电流为负值($I<0$),如图 1-1-3 所示。

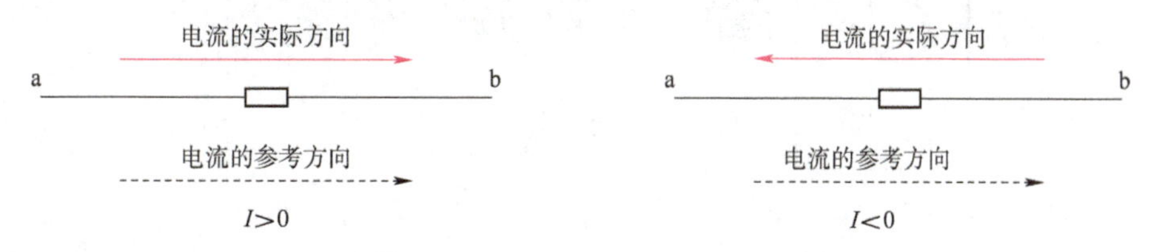

图 1-1-3　电流的方向

2.2.2　电压

电压是衡量电场做功本领大小的物理量。电场力把正电荷从 A 点移到 B 点所做的功 W_{AB}与被移动电量 Q 的比值称为 A、B 两点间的电压,记作 U_{AB},即:

$$U_{AB} = \frac{W_{AB}}{Q}$$

电压单位为伏特,简称伏,用 V 表示。在工程上还可用千伏(kV)、毫伏(mV)和微伏(μV)为计量单位。

电压也有方向性。规定电位降低的方向(电源电动势的方向规定从低电位端指向高电位端)为电压的方向。在分析电路时,先假定电压的参考方向,电压的实际方向与参考方向一致时,则电压为正值($U>0$),电压的实际方向与参考方向不一致时,则电压为负值($U<0$),如图 1-1-4 所示。

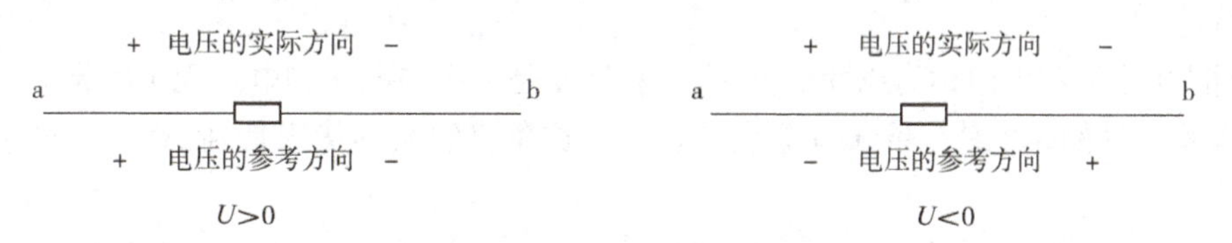

图 1-1-4　电压的方向

2.2.3　电功率

电功率是指电能量对时间的变化率,也就是指电场力在单位时间内所做的功,即:

$$P = \frac{\mathrm{d}w}{\mathrm{d}t} = U\frac{\mathrm{d}q}{\mathrm{d}t}UI$$

电功率的单位为瓦特,简称瓦(W)。常用单位为千瓦(kW)。在日常生活中,常用 1 千瓦小时(1kW · h)表示 1 度电,即功率为 1kW 的用电设备工作 1h 所消耗的电能。

2.3　电路元件

电路模型:由理想电路元件所组成的电路,就是实际电路的电路模型,如图 1-1-5 所示。实际电路的分析和计算,需将实际电路元件理想化(或模型化),突出其主要的电磁性质,近似看作理想元件。电阻、电感、电容是电路组成的基本理想元件。

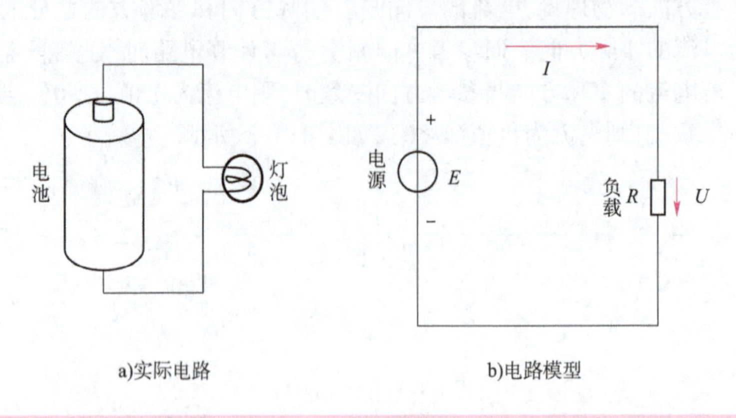

图 1-1-5　电路的模型

2.3.1　电阻元件

电阻器又称电阻,在电子产品和汽车电路中是一种必不可少的元件。它的种类繁多,形状各异,功率也不相同,在电路中使用电阻的目的是限压、限流或得到规定的电压等。符号用 R 表示。单位为欧姆,简称欧(Ω)。

1)电阻的分类

(1)按制作材料分:有碳膜电阻、金属膜电阻、绕线电阻和半导体电阻。

(2)按结构形式分:有固定电阻和可变电阻。

(3)按功率分:有 1/16W、1/8W、1/4W、1/2W、1W、2W 等。

(4)按用途分:有精密电阻、高频电阻、高压电阻、大功率电阻、熔断电阻、热敏电阻、光敏电阻、压敏电阻等。

2)特性

遵循欧姆定律的电阻称为线性电阻,线性电阻 R 是一个与电压和电流无关的常数。它的电压-电流关系特性曲线将是一条通过原点的直线。这条直线又称伏安特性曲线,如图 1-1-6a)所示。

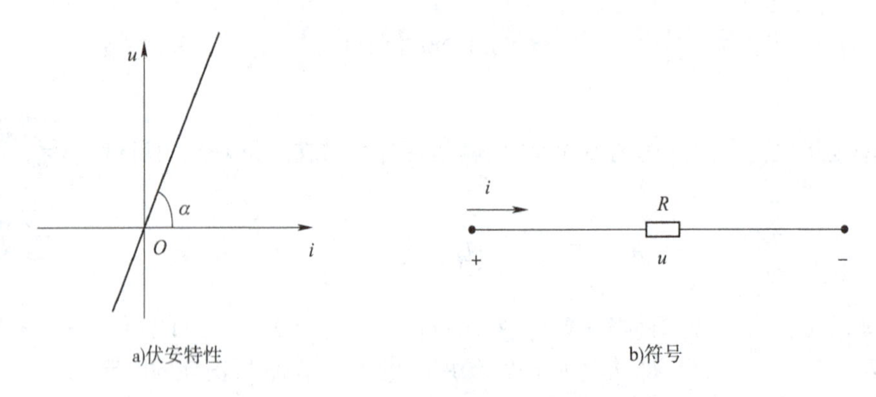

图 1-1-6　线性电阻的特性及符号

2.3.2　电感元件

1)概述

电感元件简称电感,是由导线绕制而成。电感在工作时,将电能转换为磁场能储存起来,

与电源进行能量交换，这种转换是相互的，不消耗能量，故电感为储能元件。

2）特性

它具有阻止交流电通过而让直流电顺利通过的特性。

通直流：指电感器对直流呈通路状态，如果不计电感线圈的电阻，那么直流电可以“畅通无阻”地通过电感器，对直流而言，线圈本身电阻对直流的阻碍作用很小，所以在电路分析中往往忽略不计。阻交流：当交流电通过电感线圈时电感器对交流电存在着阻碍作用，阻碍交流电的是电感线圈的感抗。

直流信号通过线圈时的电阻就是导线本身的电阻压降很小；当交流信号通过线圈时，线圈两端将会产生自感电动势，自感电动势的方向与外加电压的方向相反，阻碍交流的通过，所以电感器的特性是通直流、阻交流，频率越高，线圈阻抗越大。电感器在电路中经常和电容器一起工作，构成LC滤波器、LC振荡器等。另外，人们还利用电感的特性，制造了阻流圈、变压器、继电器等。

2.3.3 电容元件

1）概述

电容元件又称电容器（简称电容），用字母 C 表示，单位为法拉，简称法（F）。在实际使用中常用微法（μF）、皮法（pF），它们之间的换算关系为：$1F = 10^6 \mu F = 10^{12} pF$。

电容是由两块金属板间隔以不同的绝缘材料而制成的。电容在工作时，将电能转换成电场能储存起来，与电源进行能量交换，这种转换是相互的，所以电容也是储能元件。电容在隔直通交、调谐、旁路、耦合、滤波等电路中起着重要的作用。

2）特性

充电和放电是电容器的基本功能。

使电容器带电（储存电荷和电能）的过程称为充电。把电容器的一个极板接电源的正极，另一个极板接电源的负极，两个极板就分别带上了等量的异种电荷。充电后电容器的两极板之间就有了电场，充电过程把从电源获得的电能储存在电容器中。

使充电后的电容器失去电荷（释放电荷和电能）的过程称为放电。用一根导线把电容器的两极接通，两极上的电荷互相中和，电容器就会放出电荷和电能。放电后电容器的两极板之间的电场消失，电能转化为其他形式的能。

2.4 电路的基本原理与定律

2.4.1 电流的连续性原理

在一段无分支的电路中，电流必定是处处相等的，因为在电荷移动的过程中，不可能在某一点无限聚积或消失，这一规律称为电流的连续性原理。如图1-1-7所示，因为电路中无其他分支，所以电路中各处的电流均相等。

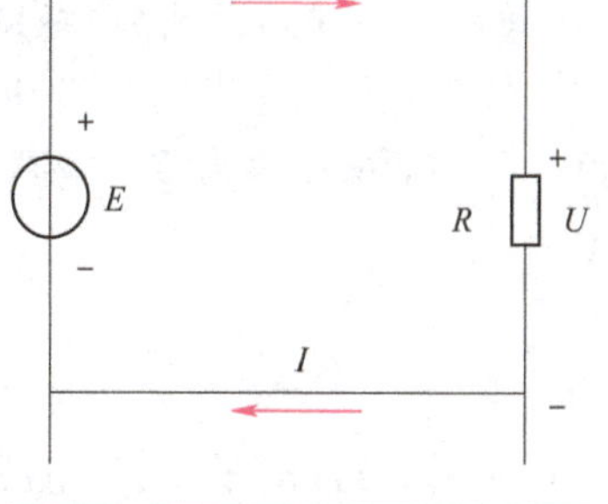

图1-1-7 简单电路

2.4.2 欧姆定律

欧姆定律是反映线性电阻的电流与该电阻两端电压之间关系的定律，是电路分析中最重要的基本定律之一。

内容：通过线性电阻 R 的电流 I 与其两端的电压 U 成正比。

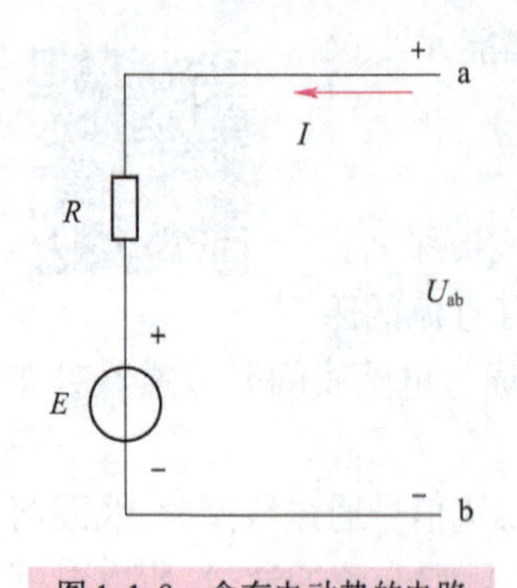

图 1-1-8　含有电动势的电路

表达式为：

$$I = \frac{U}{R}$$

用欧姆定律列方程时，一定要在图中标明参考方向。

2.4.3　广义欧姆定律

支路中含有电动势时的欧姆定律，如图 1-1-8 所示。

其表达式为：

$$U_{ab} = IR + E$$

$$I = \frac{U_{ab} - E}{R}$$

2.5　电路的三种工作状态及其外特性

当电源与负载通过中间环节连接成电路后，电路可能处于通路、开路或短路这三种不同的工作状态。

2.5.1　通路状态

通路状态就是有载工作状态，即电路中的开关闭合，负载中有电流通过，如图 1-1-9a）所示。在这种状态下，电源端电压与负载电流的关系可用电源的外特性确定，即：

$$I = \frac{E}{R_0 + R}$$

式中 R_0是电源的内电阻，通常很小。电源的输出电压 U 为负载 R 两端的电压，根据欧姆定律可得电源的输出电压 U 的表达式为：

$$U = E - IR_0$$

当 $R_0 \ll R$ 时，$U \approx E$。

根据负载的大小可分为满载、轻载和过载三种情况。

负载在额定功率下的工作状态称为额定工作状态或满载。电气设备在额定工作状态下工作是最经济合理和安全可靠的，并且能保证电气设备的使用寿命。

当负载偏小，实际消耗功率低于额定功率的工作状态称为轻载。轻载运行时，电气设备不能充分发挥效能。

当负载偏大，实际消耗功率高于额定功率的工作状态称为过载或超载。长时间过载，会缩短电气设备的使用寿命。严重过载，会使电气设备很快烧毁。

2.5.2　开路状态

如图 1-1-9a）所示，开关 K 断开，电源未与负载接通，电路处于开路状态。

处于开路状态下的电路，负载与电源没有接通，电路中没有电流通过，故电路中电流为零。负载两端的电压也为零。电源输出的电压等于电源电动势。即：

$$I = 0$$

$$U = E$$

2.5.3　短路状态

如图 1-1-9b）所示，当电源的两边由于某种原因被电阻值接近为零的导体连接在一起时，就会造成电源短路，使电路处于短路的工作状态。

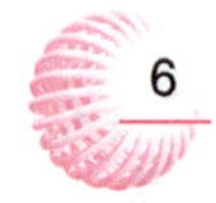

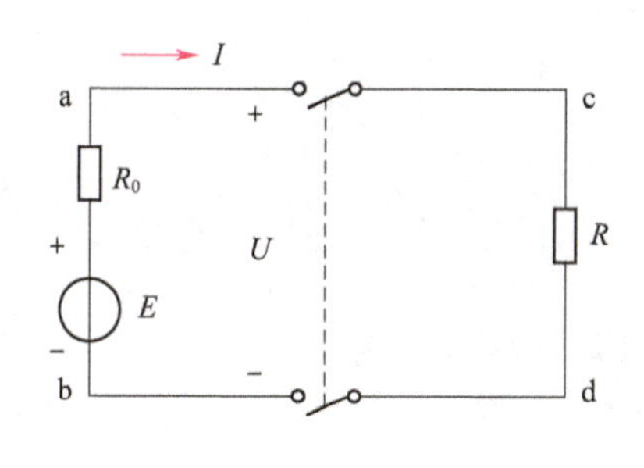

a)电路的开路状态

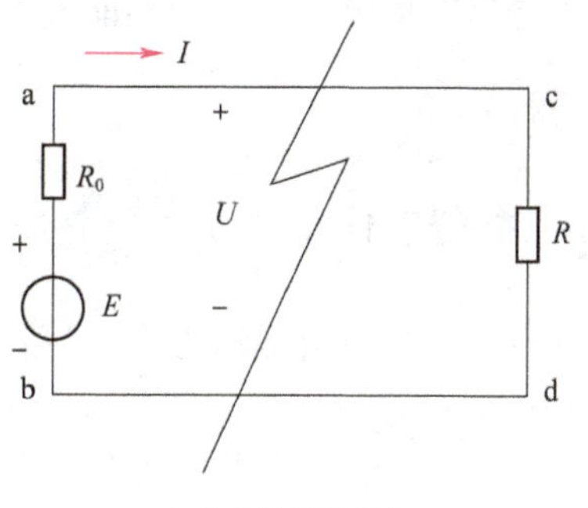

b)电路的短路状态

图1-1-9　电路的工作状态

电源处于短路状态,外电阻可视为零,电源的输出电压也为零,电源输出的电流 I_s 称为短路电流。短路电流很大,将会烧坏电源。即:

$$U = 0$$

$$I = I_s = \frac{E}{R_0}$$

短路时,电源中极大的电流将使电源和电路发热而烧毁。因此在工作中,必须防止电源发生短路事故,还需采取保护措施。汽车电路中常采用熔断丝防止发生短路事故。

2.5.4　电气设备的额定值

任何电气设备在使用时,若电流过大,温升过高就会导致绝缘的损坏,甚至烧坏设备或元器件。为了保证正常工作,制造厂对产品的电压、电流和功率都规定其使用限额,称为额定值,通常标在产品的铭牌或说明书上,以此作为使用依据。比如:灯泡 $U_N = 220V$,$P_N = 60W$,这就是它的额定值。表明这只灯泡的额定电压是220V,额定功率是60W,在使用时不能接到380V的电源上。

电源设备的额定值一般包括额定电压 U_N、额定电流 I_N 和额定容量 S_N。其中 U_N 和 I_N 是指电源设备安全运行所规定的电压和电流限额;额定容量 $S_N = U_N I_N$,表征了电源最大允许的输出功率,但电源设备工作时不一定总是输出规定的最大允许电流和功率,究竟输出多大还取决于所连接的负载。

负载的额定值一般包括额定电压 U_N、额定电流 I_N 和额定功率 P_N。对于电阻性负载,由于这三者与电阻 R 之间具有一定的关系式,所以它的额定值不一定全部标出。

【例1-1】　一热水器额定功率为800W,额定电压为220V,求该热水器的额定电流和电阻。若将该热水器接在电压为110V的电路上,求该热水器的输出功率。

解:由 $P = IU = I^2R = \frac{U^2}{R}$ 可得:

$$I_N = \frac{P_N}{U_N} = \frac{800}{220} = 3.64(A)$$

$$R = \frac{U_N^2}{P_N} = \frac{220^2}{800} = 60.5(\Omega)$$

$$P = \frac{U^2}{R} = \frac{U^2}{U_N^2}P_N = \left(\frac{110}{220}\right)^2 \times 800 = 200(W)$$

由此可知,用电器在低电压下工作不能发挥正常功率。

3 任务实施

3.1 准备工作

阅读实验指导书,制订测试方案,准备所需仪器、设备和工具。

3.2 操作流程

(1)用数字万用表测量电阻阻值。
(2)搭建验证欧姆定律的简单电路。
(3)根据不同的电阻、电压值,用欧姆定律计算出电流值。
(4)阐述万用表测量电阻的步骤。
(5)说出验证欧姆定律的简单电路中用的元器件和仪表名称。

3.3 操作提示

(1)在操作流程中,注意安全用电,要学会识别各元器件。
(2)在测量过程中,要注意正确选择万用表的挡位。

复习与思考题

1. 电路由哪几部分组成？功能是什么？
2. 电路组成基本元件的性质有哪些？
3. 电气设备的额定值的含义是什么？

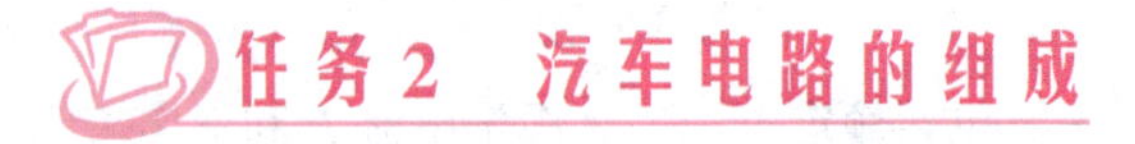

任务2 汽车电路的组成

1 任务引入

汽车电气设备的发展极大提高了汽车的动力性、经济性、安全性、可靠性和舒适性。汽车上的电路由哪几部分组成？包含哪些基本元器件？

2 相关理论知识

2.1 汽车电气设备的种类

现代汽车电气设备的种类和数量都很多,但总的来说,可以分为三大部分,即电源、用电设备和全车电路及配电装置。

2.1.1 电源

汽车电源包括蓄电池、发电机及调节器。蓄电池的作用是发动机不工作时向起动机及其他用电设备供电。发动机起动后,发电机作为电源向用电设备供电,同时也给蓄电池充电。调节器的作用是在发电机工作时,保持其输出电压的稳定。

2.1.2 用电设备

1)起动系统

起动系统主要包括起动机及其控制电路,其作用是用于起动发动机。

2)点火系统

点火系统用来产生电火花,点燃汽油机中的可燃混合气,主要包括点火线圈、点火器、分电器、火花塞等。

3)照明系统

照明系统包括车外和车内的照明灯具,提供车辆安全行驶的必要照明。

4)信号装置

信号装置包括音响信号和灯光信号两类,提供行车所必需的信号。

5)仪表及报警装置

仪表及报警装置用来监测发动机及汽车的工作情况,使驾驶员能够及时监视发动机和汽车运行的各种参数及异常情况,确保汽车正常运行。其主要包括车速里程表、发动机转速表、冷却液温度表、燃油表、电压(电流)表、机油压力表、气压表和各种报警灯等。

6)辅助电气设备

辅助电气设备包括风窗玻璃电动刮水器、风窗玻璃洗涤器、空调系统、汽车视听设备、车窗玻璃电动升降器、电动座椅、电动天窗、电动后视镜等,车用辅助电气设备有日益增多的趋势,主要向舒适、娱乐、安全保障等方面发展。车辆的豪华程度越高,辅助电气设备就越多。

7)汽车电子控制系统

汽车电子控制系统主要是指利用微机控制的各个系统。

发动机的微机控制主要有汽油喷射发动机集中控制系统和电控柴油喷射系统,用于实现发动机的低油耗、低污染,提高汽车的动力性、经济性。

底盘上电子控制系统用于提高汽车的舒适性、安全性和动力性等,主要有电控自动变速器、电控悬架、防抱死制动/防滑控制系统(ABS/ASR)、电控动力转向、牵引力控制、巡航控制等。

车身电子控制技术包括汽车安全、舒适性控制和信息通信系统,主要有安全气囊、安全带、中央防盗门锁、全自动空调、多功能电动座椅、多媒体界面、电动车窗和满足多种用电设备需求的新型电源管理系统,还有导航系统、车载网络系统、状态监测与故障诊断系统等。

总之,随着汽车电子技术的不断发展,将有越来越多的电子设备应用在汽车上,以提高汽车的安全性、舒适性和方便性。

2.1.3 全车电路及配电装置

全车电路及配电装置包括中央接线盒、保险装置、继电器、电气线束及插接件、电路开关等,它们使全车电路构成一个统一的整体。

由于现代汽车所采用的电控系统越来越多,所占的比例也越来越大,且汽车电控系统往往自成系统,将电子控制与机械装置相结合,形成了较为典型的机电一体化系统。因此,本教材重点涉及传统汽车电气设备中的电子控制装置及电路,不涉及诸如电控燃油喷射、电子点火系统、电控自动变速器、防抱死制动系统等,这些微机控制系统将在发动机和底盘的教材中予以介绍。

2.2 汽车电气设备的基本特点

汽车电气设备与普通电气设备相比有如下特点。

1)两个电源

各用电设备均与蓄电池、发电机并联。发电机为主电源可提供汽车运行时各用电设备的用电;蓄电池为辅助电源,主要供起动时的用电。

2)低压直流电

蓄电池作为汽车上的电源之一,始终是直流电,主要用于发动机起动时为起动机供电,当蓄电池放电完后必须由直流电源对其进行充电,因此,汽车上的发电机也必须输出直流电。

汽车电气系统的额定电压一般为直流 12V 和 24V 两种。目前汽车上普遍采用 12V 电源,重型柴油机多采用 24V 电源。

3)并联双线或单线

汽车上的用电设备采用并联电路能保证各支路的电气设备相互独立控制。用电设备与电源的连接一般为两条导线:公共的电源线和公共的零线。

所谓的单线连接是指汽车上的用电设备的正极均采用导线相互连接且与蓄电池的正极相连,而所有负极则直接或间接通过导线与车身金属部分连接,则汽车车身的金属机体作为一条公共的导线,从而达到节约导线,使电气线路简单、安装维修方便的目的。

所谓的双线制是现代轿车为了保证电子控制系统工作的可靠性,要求线路的搭铁良好,而对电气部件采用专门的搭铁线来连接。

4)负极搭铁

汽车车身的金属机体作为公共的导线,在接线时电源的某极必须与金属机体相连,这样的连接称为搭铁。对于直流电来说,电气系统的正极或负极均可作为搭铁极,但按照国际通行的做法和我国国家标准的规定,汽车电气系统为负极搭铁。负极搭铁能减少蓄电池电缆铜端子在车架车身连接处的电化学腐蚀,提高搭铁可靠性。

2.3 汽车电路组成

汽车电路由各种导线、熔断器、插接器、开关和继电器等配电装置组成。

2.3.1 汽车导线

汽车电气元件的连接导线有低压导线和高压导线两种。低压导线中有普通低压导线、起动电缆和蓄电池搭铁电缆、屏蔽线之分;高压导线包括铜心线与阻尼线。

1)低压导线

(1)普通低压导线为铜质多股软线,导线的横截面积是要根据用电设备的工作电流大小进行选择的。对功率很小的用电设备,如果仅根据工作电流的大小来选择导线,则导线的截面积较小、机械强度较低,容易折断。因此汽车电气线路中所用的导线截面积最小不得小于 $0.5mm^2$。我国汽车低压导线的允许负荷电流见表 1-2-1,汽车 12V 电气系统主要电路导线横截面积的推荐值见表 1-2-2。

低压导线标称截面积所允许的负载电流值 表 1-2-1

导线标称截面积(mm^2)	0.5	0.8	1.0	1.5	2.5	3.0	4.0	6.0	10	13
允许载流量(A)	—	—	11	14	20	22	25	35	50	60

汽车 12V 电气系统主要线路导线截面积推荐值　　表 1-2-2

电 路 名 称	标称截面积(mm^2)
尾灯、指示灯、仪表灯、牌照灯、刮水器电动机	0.5
转向灯、制动灯、停车灯	0.8
前照灯的近光、电喇叭(3A 以下)电路	1.0
前照灯的近光、电喇叭(3A 以上)电路	1.5
其他 5A 以上电路	1.5 ~ 4
柴油车电热塞电路	4 ~ 6
电源电路	4 ~ 25
起动电路	16 ~ 95

屏蔽线又称同轴射频电缆，如图 1-2-1 所示，在外层绝缘层中带有金属纺织网管或很多股导线装在一层编织金属网内，再在网外套装一层护套，称为屏蔽网。其作用是将导线与外界磁场隔离，避免导线受外界磁场的影响而产生干扰。屏蔽线常用于低压弱信号电路，如在氧传感器信号电路、曲轴位置传感器电路中普遍使用。

图 1-2-1　三芯屏蔽线

(2)起动电缆是带绝缘包层的大截面积铜质或铝质多股软线，连接蓄电池正极与起动机电源端子。为保证起动机正常工作并能产生足够的驱动力矩，要求起动线路上每 100A 电流产生的压降不得超过 0.5V，且允许电流达 500 ~ 1000A。因此，起动电缆的横截面积比普通低压导线的横截面积大得多，常用的起动电缆横截面积有 $25mm^2$、$35mm^2$、$50mm^2$、$70mm^2$ 等多种规格。

(3)蓄电池搭铁电缆又称搭铁线，一种由铜丝编织成的扁形软铜线，另一种外形同起动机电缆，覆有绝缘层。搭铁电缆常用于蓄电池与车架、车架与车身、发动机与车架等总成之间的连接。国产汽车常用的搭铁线有 $300mm^2$、$450mm^2$、$600mm^2$、$760\ mm^2$ 4 种规格。

2)高压导线

高压导线用来传送高压电，由于工作电压很高(一般在 15kV 以上)、电流较小，因此高压导线的绝缘包层很厚，耐压性能好，但线芯截面积很小。国产汽车使用的高压导线有铜芯线与阻尼线两种。

为衰减火花塞产生的电磁波干扰，目前广泛使用高压阻尼点火线。

3)导线的颜色

为便于维修，低压导线常以不同的颜色加以区分。各国汽车厂商电路图上多以字母(主要是英文字母)表示导线颜色及其条纹颜色。各国，甚至各牌号汽车电路图导线颜色代号各不相同，在读图时要注意。

导线常用颜色如图 1-2-2 所示，为黑、白、红、绿、蓝、灰、棕、紫；其次为粉红、橙、棕褐；再次为深蓝、深绿、浅绿。在线路较复杂的汽车上，导线采用条纹标志对比的双色线，如图 1-2-3 所示，为红/黑(红为主色，黑为条纹辅色)、蓝/白、白/红等。

4)导线标志

在汽车电气设备的电路中，导线上一般都标注有符号，该符号用来表示导线的截面积和颜色。导线标志各国虽然不同，但总的来讲主要有以下四种：

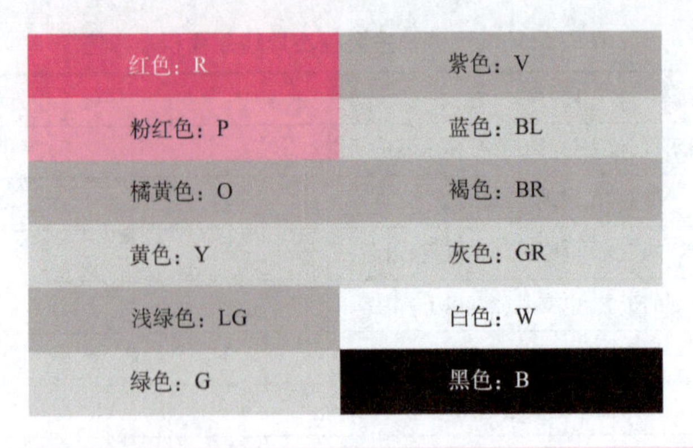

图 1-2-2　导线常用颜色

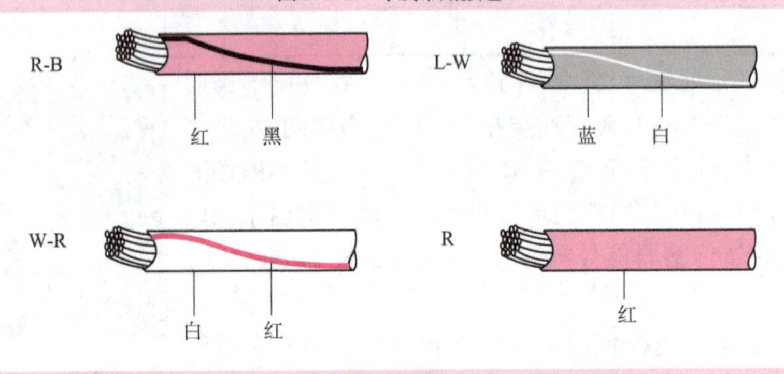

图 1-2-3　双色线

(1)以颜色作为导线标志。按电路的重要程度将导线编号,重点线路导线选用醒目的颜色。

(2)用具有一定含义的颜色作为导线标志。目前,我国汽车导线双色标已广泛使用。这种标志的优点是能较快地识别导线属于哪个电路系统,并大致找到控制开关。如果一个开关控制的电气元件属于一个系统,则底色就全都相同,靠条纹来区分。当电路特别复杂时,查线、配线也不是很方便。

(3)用数字和字母作为主要标志,颜色作为辅助标志。当电路特别复杂时,仅用颜色作为导线标志容易混淆,因此在导线上印上数字或字母作为各条电路识别标志,可做到确切无误。但目前大多数国家的数字、字母标准不统一,随车型而异,有的一种车型一种编号,给实际应用带来诸多不便。

(4) 用有一定含义的数字和字母作为导线主要标志,颜色作为辅助标志。对汽车电气设备上各种接线柱实行了有不定期含义的数字或字母标记,比如 30 表示与蓄电池正极直接相连的接线柱,50 表示与起动机电磁开关线圈接线柱,31 表示搭铁接线柱等。欧洲许多国家都沿用这些接线柱标记。

2.3.2　汽车线束

为使汽车上的线路整齐、安装方便和保护导线的绝缘层,汽车整车线路除高压线、蓄电池电缆和起动电缆外,一般都将同区域不同规格的导线用棉纱或薄聚氯乙烯带缠绕包扎成束,称为线束。

汽车线束在汽车电气设备中占有重要位置。尤其是近年来,随着汽车电气设备与电子设备的增多,线束总成的结构与电路也越来越复杂,因此对线束的结构、功能、适用性、可靠性都提出了更高的要求。

现代汽车的线束总成由导线、端子、插接器,护套等组成。

汽车有多个线束,主要由发动机(点火、电喷、发电、起动)、车身、仪表、照明等分线束组成。线束有主线束和分线束之分。仪表板位于接近中央位置,一般汽车线束以仪表线束为核心,进行前后延伸。分线束与分线束之间、线束与终端电器之间采用插接器连接。线束上各端头均标注数字和字母,以标明导线的连接对象,便于正确地连接导线和电气设备。

现代轿车的线束间采用了插接器,线束设计的自由度增加,给安装、检修和更换带来了方便。为保证插接器的可靠连接,插接器上配有一次锁紧、二次锁紧装置。为了避免装配和安装中出现差错,插接器还可制成不同的规格型号、不同的形状和颜色。

2.3.3 插接器

插接器是汽车电路中简单但不可缺少的元件。其使用方便,连接可靠,尤其适用于大量线束的连接。插接器的种类很多,可供几条到数十条导线使用,有长方体、多边体等不同形状,图 1-2-4 所示为插接器的型式。

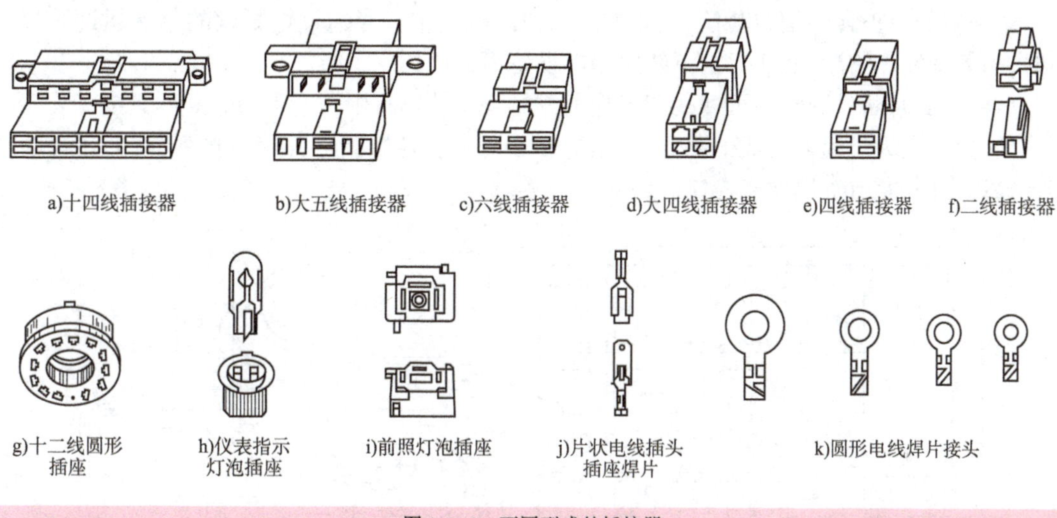

图 1-2-4 不同型式的插接器

插接器由插座和插头、导线接头和塑料外壳组成。壳上有几个或多个孔位,用以放置导线接头,在导线接头上带有倒刺,当嵌入塑料壳后自动锁止,在塑料壳上也有锁止结构,当插头和插座接合后自动锁止,防止脱开,如图 1-2-5 所示。在检查及更换插接器时,要注意先打开锁止机构,避免强行拉动导线。

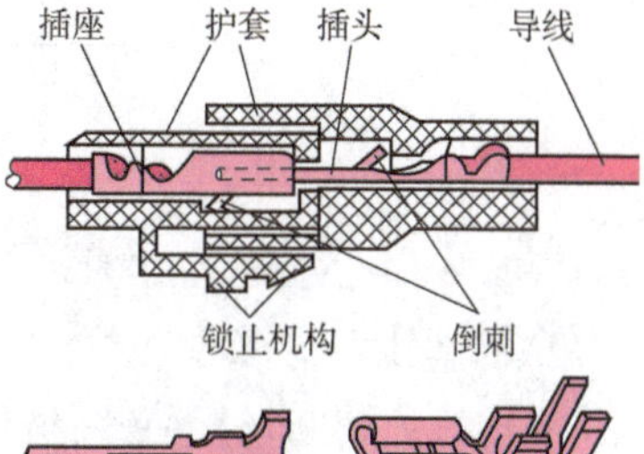

插座 护套 插头 导线
锁止机构 倒刺
插头 插座

图 1-2-5 插接器的结构

2.3.4 控制开关

汽车电路是通过各种控制开关接通或切断电源与用电设备的。控制开关有机械式和电磁式两类。

1)电源总开关

车辆上装有电源总开关,用于切断蓄电池与外电路的连接,以防止车辆停驶过程中蓄电池经外电路漏电。电源开关主要有闸刀式和电磁式两种。闸刀式电源开关直接由手动切断或接通电源,电磁式电源开关则由电磁力吸力控制触点的吸合或断开而实现的。

2)点火开关

点火开关是一个多挡开关,需用相应的钥匙才能对其进行操纵。点火开关通常用于控制点火电路、仪表电路、发电机励磁电路、起动电路及一些辅助电器电路等。

3)普通开关

普通开关通常是控制单个系统电气设备的,按操纵的形式分主要有拨动式、旋转式。如A/C开关、鼓风机开关、危险信号开关等。

4)组合开关

控制两种及两种以上电气设备的开关组合在一起,如转向盘下方的组合开关,可控制转向灯、示宽灯、前照灯及变光、刮水器、洗涤器等,使操纵更加方便。

2.3.5 保险装置

汽车电路中设有保险装置,当线路因负荷超载、短路故障而电流过大时,保险装置自动断开电源电路,以防止线路或用电设备烧坏。

1)熔断器

熔断器的保护元件是熔断丝,串联在所保护的电路中。当通过熔断丝的电流超过其规定值时,熔断丝发热熔断,从而保护了线路用电设备不被烧坏。

熔断器的熔断丝固定在可插式塑料片上或封装在玻璃管中。通常将熔断器集中安装在一个盒中,并称之为熔断器盒或电源盒,如图1-2-6所示。各熔断器都编号排列,有的还在熔断器上涂以不同的颜色,以便于检修时识别。

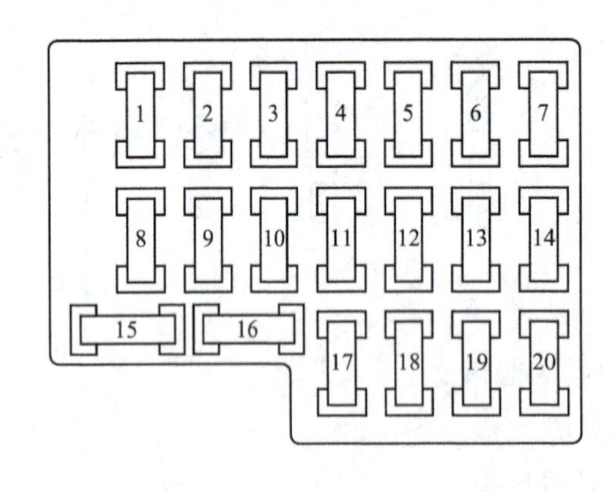

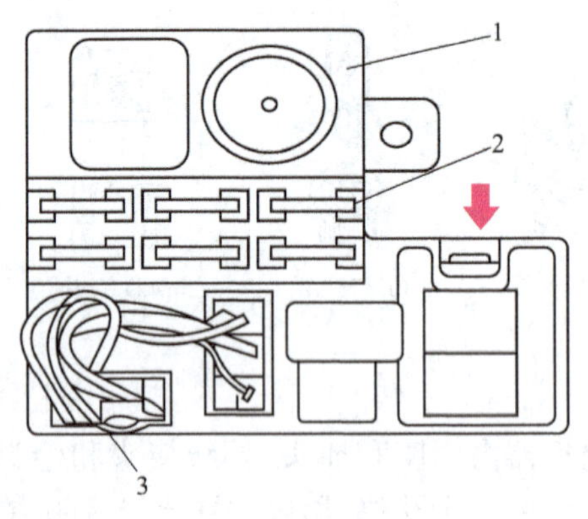

图1-2-6 熔断器盒

1-熔断器盒;2-熔断器;3-易熔线

2)易熔线

易熔线比熔断丝粗一些,被保护的线路其工作电流往往较大,通常连接在电源线路和通过电流较大的线路上。

3)断路器

断路器起保护作用的主要元件是双金属片和触点。图1-2-7所示为断路器的工作过程。当被保护线路中的电流超过规定值时,双金属片受热弯曲使触点张开而切断电路。电路断电后,双金属片因无电流通过而逐渐冷却伸直,触点又重新闭合,接通电路。如果线路电流过大的原因未及时排除,自恢复式断路器就会使电路时而接通,时而切断,以限制通过线路的电流,起到了线路过载保护的作用。

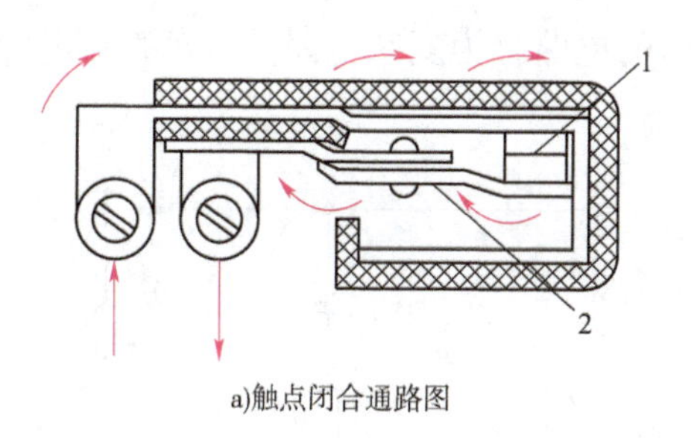

a)触点闭合通路图

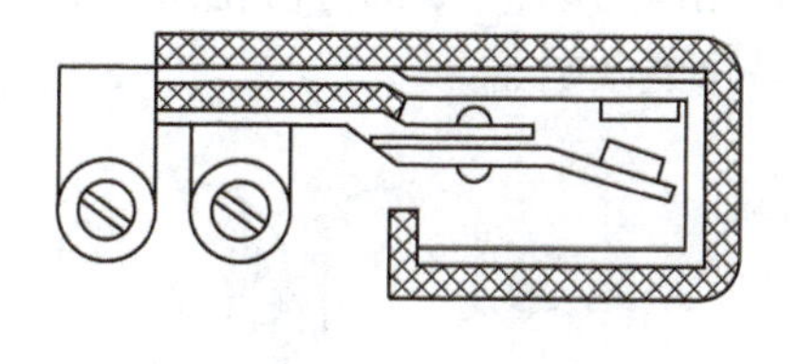

b)触点张开断路图

图 1-2-7 自恢复式断路器
1-触点;2-双金属片

3 任务实施

3.1 准备工作

阅读实验指导书,制订测试方案,准备所需仪器、设备和工具。

3.2 操作流程

(1)记录车辆型号。
(2)找出该车熔断器盒的数量及在车上的位置。
(3)写出每个熔断器所保护的线路及容量。
(4)写出每个继电器的名称。
(5)检测熔断器的好坏。

3.3 操作提示

(1)在操作流程中,要学会识别各元器件。
(2)在测量过程中,要注意正确选择万用表的挡位。

复习与思考题

1. 简述汽车上电气设备的种类及特点。
2. 简述汽车电路的组成。
3. 汽车电路的开关有哪些? 各有哪些功能?
4. 汽车电路对导线有哪些要求?

任务3 直流电路的分析方法

1 任务引入

单一回路或通过电阻的串、并联可以化成单一回路的电路称为简单电路。前面我们所讨论的电路都是简单电路。若不能用电阻串、并联的方法化简成单一回路的电路称为复杂电路。汽车直流电源供电原理就是一个复杂电路,如图 1-3-1 所示,该如何进行分析?

不能用电阻串、并联的方法化简成单一回路的电路称为复杂电路。汽车直流电源供电原理就是一个复杂电路。

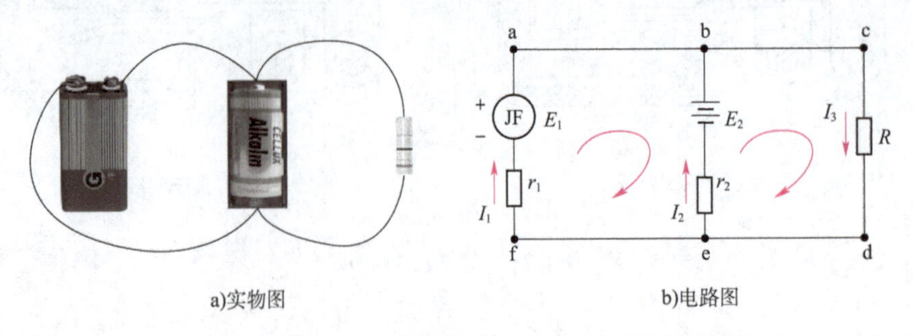

图 1-3-1　汽车直流电源供电原理图

2 相关理论知识

2.1 基尔霍夫定律

分析复杂电路，只掌握欧姆定律是不够的，还必须掌握分析电路的其他方法。基尔霍夫定律既适用于简单电路，又适用于复杂电路，是分析直流电路、交流电路和含有电子元件的非线性电路常用的一个定律。基尔霍夫电流定律和基尔霍夫电压定律，和前面介绍的欧姆定律被人们统称为电路的三大基本定律。

在讲述基尔霍夫定律以前，首先介绍电路中几个常用的术语。

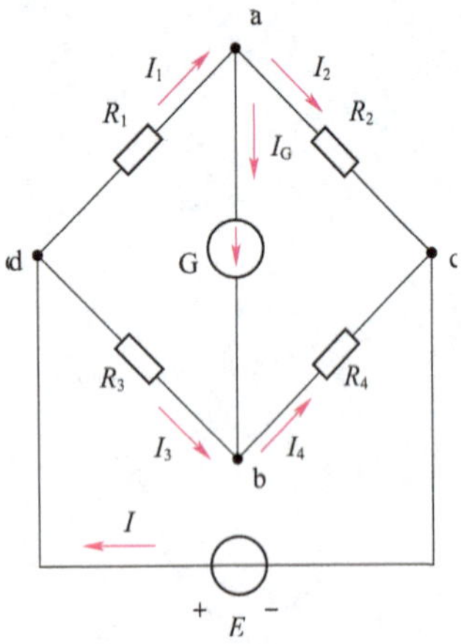

2.1.1 电路中的名词

1）支路

电路中流过同一电流的一个或几个元件连接成的分支称为支路。

2）节点

电路中三条或三条以上支路的连接点称为节点。

3）回路

电路中的任意闭合路径称为回路。

4）网孔

将电路画在平面上，内部不含任何支路的回路称为网孔。

图 1-3-2　常用名词举例电路图

以图 1-3-2 为例，则有：

（1）支路：ab、bc、ca、ad、db、dc（共 6 条）。

（2）节点：a、b、c、d（共 4 个）。

（3）回路：abda、abca、adbca…（共 7 个）。

（4）网孔：abd、abc、bcd（共 3 个）。

2.1.2 基尔霍夫定律

1）基尔霍夫电流定律（KCL）

基尔霍夫电流定律又称基尔霍夫第一定律，简写为 KCL，它是描述同一节点处支路电流之间关系的定律。由于电流的连续性，电路中任何一点均不能堆积电荷，因而在任一瞬间，流出某一节点的电流之和应等于流入该节点的电流之和。用公式表示为：

$$\sum i_{流入} = \sum i_{流出}$$

若规定流出节点的电流取"+"号,流入节点的电流取"-"号,则基尔霍夫电流定律就可表述为:对于任何集中参数电路,在任一瞬间,通过某节点的电流的代数和恒等于零,其数学表达式为:

$$\sum i = 0$$

以图1-3-3电路中的节点a、b为例假设电流流入为正,流出为负,列节点的电流方程。

节点a:

$$I_1 + I_2 = I_3 \quad 或 \quad I_1 + I_2 - I_3 = 0$$

节点b:

$$-I_1 - I_2 + I_3 = 0 \quad 或 \quad I_1 + I_2 = I_3$$

基尔霍夫电流定律不仅适用于节点,也适用于任意假想的封闭面,即通过任一封闭面的电流的代数和也恒等于零。这种假想的封闭面有时也称电路的广义节点。

以图1-3-4为例,当考虑虚线所围成的闭合面时,应有:

$$I_A + I_B + I_C = 0$$

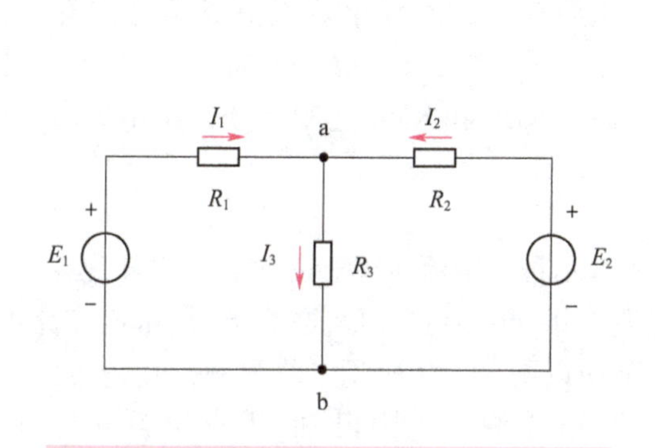

图1-3-3 电路举例(一)

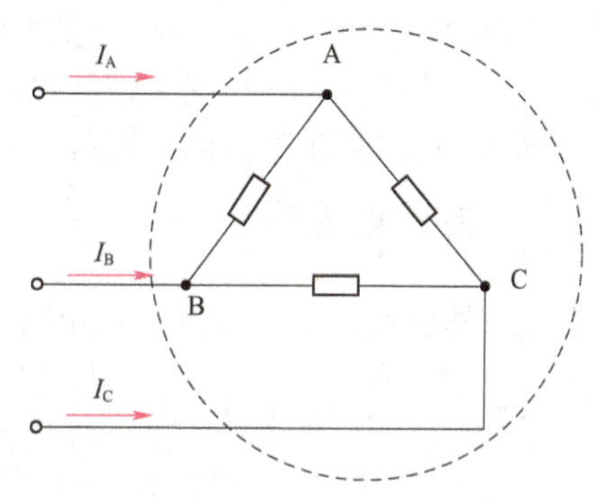

图1-3-4 电路举例(二)

2)基尔霍夫电压定律(KVL)

基尔霍夫电压定律又称基尔霍夫第二定律,简写为KVL,它是描述同一回路中各支路电压之间关系的定律。由于电位的单值性,从电路中任一点出发,沿任一闭合路径绕行一周,其间所有电位升高之和等于电位降低之和,即电位的变化等于零。

若规定电位降低的电压取"+"号,电位升高的电压取"-"号,则基尔霍夫电压定律就可表述为:对于任何集中参数电路,在任一瞬间,沿某一回路的全部支路电压的代数和恒等于零,其数学表达式为:

$$\sum u = 0$$

以图1-3-5为例,用环绕箭头表示所选择的回路的绕行方向。由上式可列回路的电压方程。

回路1:

$$I_1R_1 + I_3R_3 - E_1 = 0$$

回路2:

$$I_2R_2 + I_3R_3 - E_2 = 0$$

基尔霍夫电压定律不仅适用于闭合回路,也适用于任意开口电路,只要电位变化是首尾相接,各段电压构成闭合回路即可。即沿任一假想回路的各段电压的代数和也恒等于零。

以图 1-3-6 为例,对回路 1 列电压的回路方程。则有:

$$I_2R_2 - E_2 + U_{BE} = 0$$

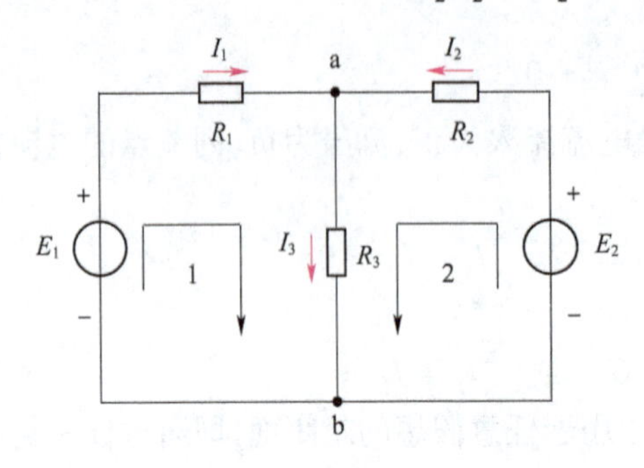

图 1-3-5　基尔霍夫电压定律举例电路

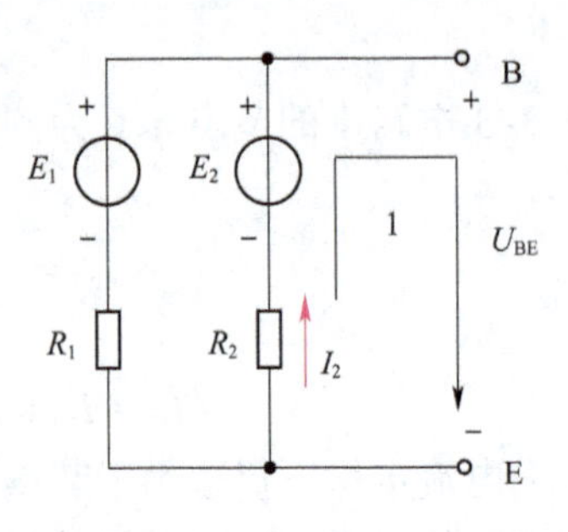

图 1-3-6　开口电路

3)说明

根据 KCL 列写的节点电流方程,仅与该节点所连接的支路电流及其参考方向有关,而与支路中元件的性质无关;根据 KVL 列写的回路电压方程,仅与绕行方向、回路所包含的电压及其参考方向有关,而与回路中元件的性质无关;KCL 和 KVL 适用于任何集中参数电路。

2.2　支路电流法

支路电流法就是以支路电流为未知量,根据基尔霍夫电流定律和基尔霍夫电压定律,列出与支路电流数相同的独立方程,联立方程,解出支路电流的方法。下面以图 1-3-7 所示电路为例,加以说明。

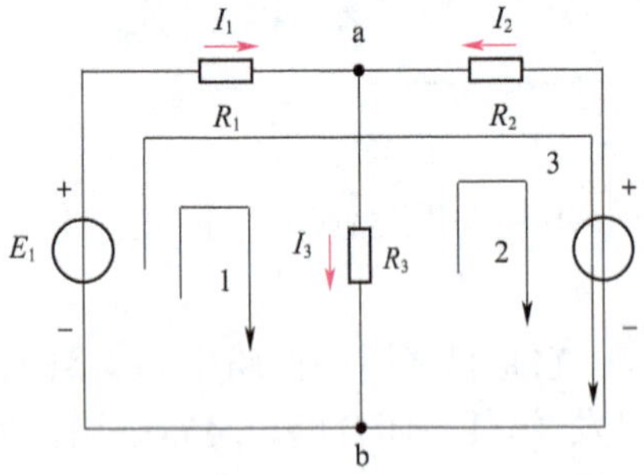

图 1-3-7　电路举例

电路中,电压源和电阻已知,需求出各支路电流。首先根据电路结构确定该电路的支路数 $b=3$(由此可判断需列写 3 个独立的方程),节点数 $n=2$,回路数 $l=3$;其次设定支路电流参考方向并根据 KCL 定理列写节点电流方程。

节点 a:

$$I_1 + I_2 - I_3 = 0$$

节点 b:

$$-I_1 - I_2 + I_3 = 0$$

此两节点电流方程只差一个负号,故只有一个方程是独立的,又称有一个独立节点;然后设定回路的绕行方向,如图 1-3-7 所示,并根据 KVL 定理列写回路电压方程。

回路 1:

$$-I_1R_1 - I_3R_3 + E_1 = 0$$

回路 2:

$$I_2R_2 + I_3R_3 - E_2 = 0$$

回路 3:

$$-I_1R_1 + I_2R_2 + E_1 - E_2 = 0$$

在上面三个回路电压方程中，任何一个方程都可以由另外两个方程导出，即任何一个方程中的所有因式都在另外两个方程中出现，而另外两个方程中又各自具有对方所没有的因式，故有两个独立方程，也称为有两个独立回路（即两个网孔）；从节点电流方程中任选一个，从回路电压方程中任选两个，得到三个独立方程，即：

节点a：

$$I_1 + I_2 - I_3 = 0$$

回路1：

$$-I_1R_1 - I_3R_3 + E_1 = 0$$

回路2：

$$I_2R_2 + I_3R_3 - E_2 = 0$$

独立方程数恰好等于方程中未知支路电流数，联立三个独立方程，可求得支路电流 I_1、I_2、I_3。

因此，支路电流法求解复杂电路的步骤：

（1）分析电路，准确判断电路的支路数、独立节点数和独立回路（网孔）数。

（2）标定各支路电流的参考方向。

（3）选定 $(n-1)$ 个独立节点，并根据基尔霍夫电流定律列出 $(n-1)$ 个独立节点电流方程式。

（4）选定 $[b-(n-1)]$ 个独立回路（或网孔），设定回路绕行方向，根据基尔霍夫电压定律列出 $[b-(n-1)]$ 个独立回路电压方程式。

（5）联立方程，求得各支路电流。

【例1-2】 如图1-3-8所示，试用支路电流法求各支路电流。已知 $U_{s1}=10\text{V}$，$U_{s2}=5\text{V}$，$R_1=R_3=1\Omega$，$R_2=R_4=2\Omega$。

解：首先根据电路结构确定电路有6条支路，即6个电流变量，需列6个方程。节点4个，独立节点3个，独立回路3个。然后设定各支路电流的参考方向，如图1-3-8所示，任选3个节点并根据基尔霍夫电流定律列写独立节点电流方程。

节点a：

$$I_1 + I_4 - I_5 = 0$$

节点b：

$$-I_1 + I_2 - I_6 = 0$$

节点c：

$$I_3 - I_4 + I_6 = 0$$

选定3个独立回路（一般选择网孔），并设定回路的绕行方向，如图1-3-8所示，根据基尔霍夫电压定律列出3个独立回路电压方程。

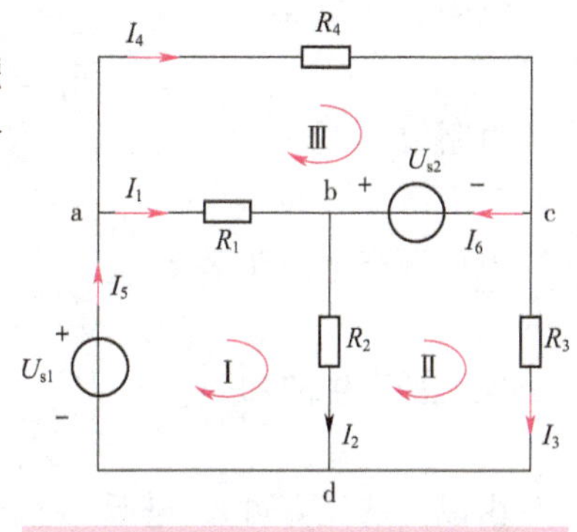

图1-3-8　例1-2电路

回路Ⅰ：

$$I_1R_1 + I_2R_2 - U_{s1} = 0$$

回路Ⅱ：

$$-I_2R_2 + I_3R_3 + U_{s2} = 0$$

回路Ⅲ：

$$-I_1R_1 + I_4R_4 - U_{s2} = 0$$

联立方程,解得各支路电流为:

$$I_1 = 2.5\text{A}$$
$$I_2 = 3.75\text{A}$$
$$I_3 = 2.5\text{A}$$
$$I_4 = 3.75\text{A}$$
$$I_5 = 6.25\text{A}$$
$$I_6 = 1.25\text{A}$$

由此题可以看出,当电路的支路数目较多时,利用支路电流法列出的联立方程数目也较多,使得求解过程比较麻烦。因此支路电流法适合于支路数较少的复杂电路的分析计算。

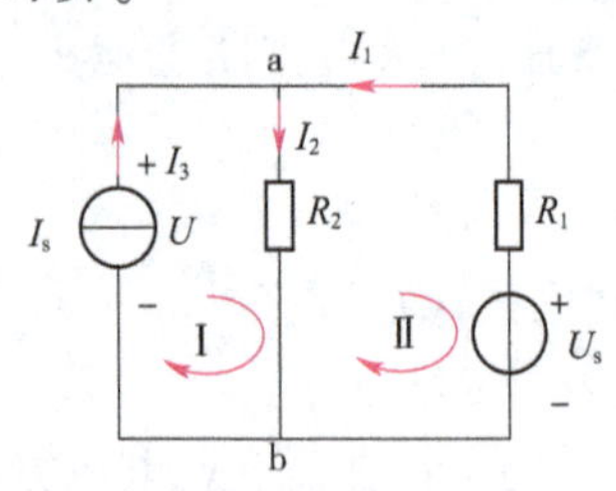

图 1-3-9　例 1-3 电路

【例 1-3】　电路如图 1-3-9 所示,已知 $U_s=5\text{V}, I_s=2\text{A}, R_1=5\Omega, R_2=10\Omega$,试用支路电流法求各支路电流及各元件功率。

解:根据电路结构可知,该电路有 3 条支路,1 个独立节点,2 个网孔。3 个电流变量 I_1、I_2 和 I_3,需列 3 个方程。选择 a 点为独立节点,并根据基尔霍夫电流定律列出独立节点电流方程。

节点 a:

$$-I_1 + I_2 - I_3 = 0$$

选定 2 个独立回路,设定回路绕行方向如图 1-3-9 所示,根据基尔霍夫电压定律列出 2 个独立回路电压方程。

回路Ⅰ:

$$I_2R_2 - U = 0$$

回路Ⅱ:

$$-I_1R_1 - I_2R_2 + U_s = 0$$

因电流源电流已知,电压 U 未知,再补充一个方程:

$$I_3 = I_s$$

联立方程,解得各支路电流为:

$$I_1 = -1A \quad (I_1 < 0 \text{说明其实际方向与图示方向相反})$$
$$I_2 = 1A$$
$$I_3 = 2A$$

解得各元件的功率如下。

电阻 R_1 的功率:

$$P_1 = R_1I_1^2 = 5\times(-1)^2 = 5(\text{W})$$

电阻 R_2 的功率:

$$P_1 = R_2I_2^2 = 10\times1^2 = 10(\text{W})$$

电压源产生的功率:

$$P_3 = U_sI = 5\times(-1) = -5(\text{W})$$

电流源产生的功率:

$$P_4 = UI_s = 10\times2 = 20(\text{W})$$

由以上的计算可知,电源产生的功率与负载吸收的功率相等 $P=P_R=15\text{W}$,可见电路功率平衡。

2.3 电源的等效变换

2.3.1 电压源

电压源是由电动势 E 和内阻 R_0 串联的电源的电路模型，如图 1-3-10 虚线所示。

它向外电路提供的电压与电流关系为：

$$U = E - IR_0$$

式中，U 表示电源输出电压。它随输出电流的变化而变化，其外特性曲线如图 1-3-11 中 b 所示。一般情况下，当 $R_0 = 0$ 时，$U = E$，电源的输出电压恒定不变，与通过的电流大小无关，电压源是恒压源。$R_0 = 0$ 时的这种状态是理想化的，所以又称为理想电压源。其外特性曲线如图 1-3-11 中 a 所示。

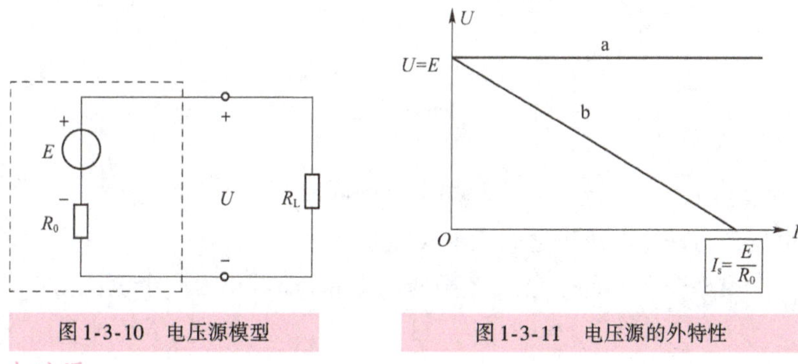

图 1-3-10　电压源模型　　图 1-3-11　电压源的外特性

2.3.2 电流源

电流源是由电流 I_s 和内阻 R_0 并联的电源的电路模型，如图 1-3-12 虚线所示。

其电流与电压间的关系为：

$$I = I_s - \frac{U}{R_0}$$

式中 I_s 为短路电流；I 为负载电流；(U/R_0) 为流经电源内阻的电流。U 是随着 I 的变化而变化的。其外特性曲线如图 1-3-13 中 a 所示。当 $R_0 = \infty$ 或 $R_0 >> R_L$ 时，电流 I 恒等于 I_s，电源输出的电压由负载电阻 R_L 电流 I 决定，此时电流源为恒流源，也称理想恒流源。其外特性曲线如图 1-3-13 中 b 所示。

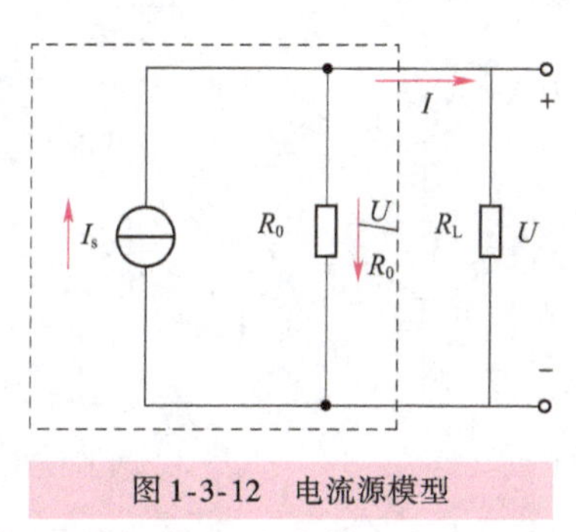

图 1-3-12　电流源模型

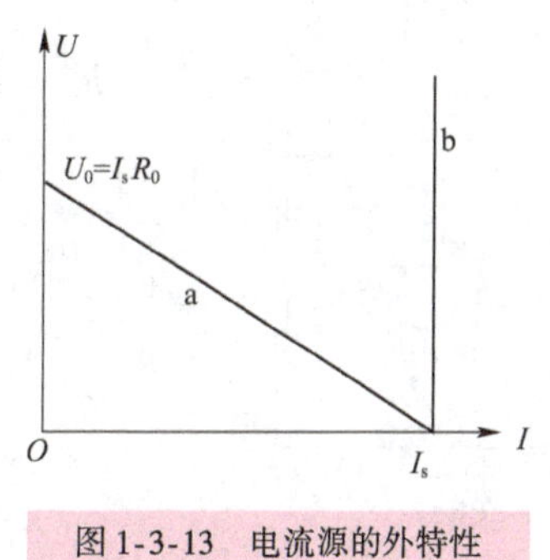

图 1-3-13　电流源的外特性

2.3.3 电压源与电流源的等效变换

1）等效变换的条件

将电压源等效变换为电流源时，应遵守等效变换原则，即对外电路而言，输出电压、电流关系完全相同，则有：

$$E = I_s R_0$$

$$I_s = \frac{E}{R_0}$$

由此可知,一个实际的电源既可以表示成电流源,也可以表示为电压源。

2)几点说明

(1)电压源和电流源的等效关系只对外电路而言,对电源内部则是不等效的。

例:当 $R_L = \infty$时,电压源的内阻 R_0 中不损耗功率,而电流源的内阻 R_0 中则损耗功率。

(2)等效变换时,两电源的参考方向要一一对应,如图 1-3-14 所示。

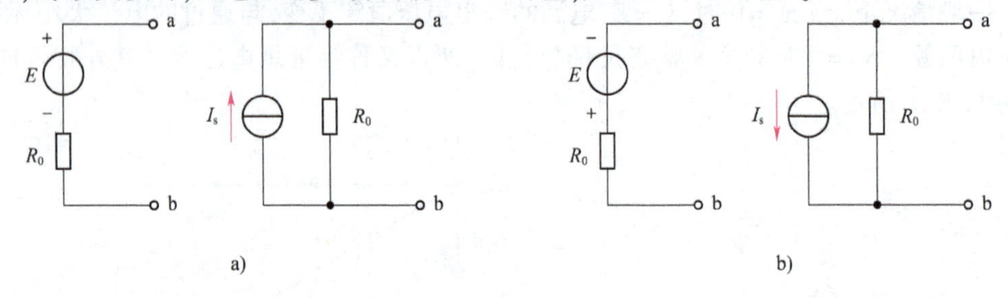

图 1-3-14 列举电路

(3)理想电压源与理想电流源之间无等效关系。

(4)任何一个电动势 E 和某个电阻 R 串联的电路,都可化为一个电流为 I_s 和这个电阻并联的电路。

2.4 叠加定理

2.4.1 叠加定理定义

对于线性电路,任何一条支路的电流,都可以看成是由电路中各个电源(电压源或电流源)分别作用时,在此支路中所产生的电流的代数和,这就是叠加定理(电压源除去时短接,电流源除去时开路,但所有电源的内阻保留不动)。

以图 1-3-15a)电路为例,来说明叠加定理。当电流源除去时开路,如图 1-3-15b)所示;电压源除去时短接如图 1-3-15c)所示。

由图 1-3-15b)可知,当 E 单独作用时有:

$$I'_1 = I'_2 = \frac{E}{R_1 + R_2}$$

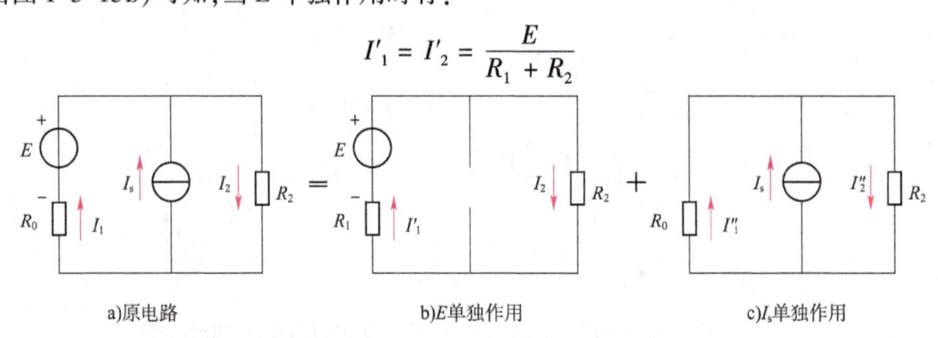

图 1-3-15 叠加定理举例

由图 1-3-15c)可知,当 I_s 单独作用时有:

$$I''_1 = -\frac{R_2}{R_1 + R_2} I_s$$

$$I''_2 = \frac{R_1}{R_1 + R_2} I_s$$

根据叠加定理有：

$$I_1 = I'_1 + I''_1 = \frac{E}{R_1 + R_2} - \frac{R_2}{R_1 + R_2} I_s$$

同理得：

$$I_2 = I'_2 + I''_2 = \frac{E}{R_1 + R_2} + \frac{R_1}{R_1 + R_2} I_s$$

用支路电流法证明：

$$I_1 + I_s = I_2$$

$$I_1 + I_s = I_2 E = I_1 R_1 + I_2 R_2$$

解方程得：

$$I_1 = \frac{E}{R_1 + R_2} - \frac{R_2}{R_1 + R_2} I_s = I'_1 + I''_1$$

$$I_2 = \frac{E}{R_1 + R_2} + \frac{R_1}{R_1 + R_2} I_s = I'_2 + I''_2$$

可见,用支路电流法证明叠加定理思想是正确的。

2.4.2 几点说明

(1)叠加原理只适用于线性电路。

(2)线性电路的电流或电压均可用叠加原理计算,但功率 P 不能用叠加原理计算,如下：

$$P_1 = I_1^2 R_1 = (I'_1 + I''_1)^2 R_1 \neq I'^2_1 R_1 + I''^2_1 R_1$$

(3)不作用电源的处理:$E=0$,即将 E 短路;$I_s=0$,即将 I_s 开路。

(4)解题时要标明各支路电流、电压的参考方向。若分电流、分电压与原电路中电流、电压的参考方向相反时,叠加时相应项前要带负号。

2.4.3 使用叠加定理分析电路的步骤

(1)首先把原电路分解成每个独立电源单独作用的电路(此时不要改变电路的结构)。

(2)计算每个独立电源单独作用于电路时所产生的响应分量。

(3)将响应分量进行叠加得到完全响应。

【例 1-4】 电路如图 1-3-16a)所示,已知 $U_s=6\text{V}$,$I_s=3\text{A}$,$R_1=2\Omega$,$R_2=6\Omega$,试用叠加原理求电路各支路电流,并计算 R_2上消耗的功率。

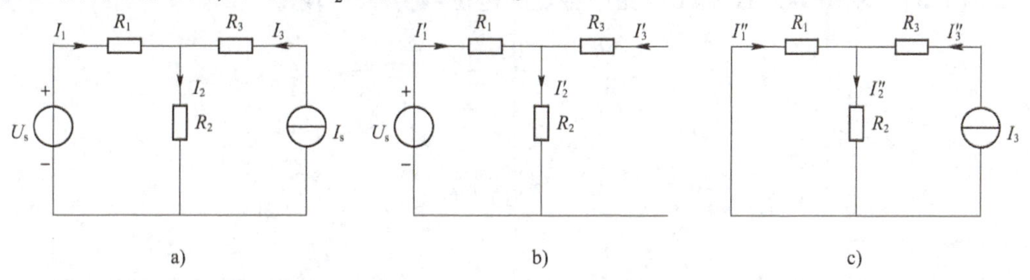

图 1-3-16 例 1-4 电路图

解:由电路结构可知,电路中有两个独立电源,应分为两个电路进行计算,根据叠加定理每个独立电源单独作用的电路如图 1-3-16b)、c)所示,假定各支路电流参考方向如图 1-3-16 所示。

在图 1-3-16b)所示电路中,各支路电流为:

$$I'_1 = I'_2 = \frac{U_s}{R_1 + R_2} = \frac{6}{2+4} = 1(A)$$

$$I'_3 = 0$$

在图 1-3-16c)所示电路中,各支路电流为:

$$I''_3 = 3(A)$$

$$I''_1 = -\frac{R_2}{R_1 + R_2}I''_3 = -\frac{4}{2+4} \times 3 = -2(A)$$

$$I''_2 = \frac{R_1}{R_1 + R_2}I''_3 = \frac{2}{2+4} \times 3 = 1(A)$$

根据叠加定理有:

$$I_1 = I'_1 + I''_1 = -1(A)$$

$$I_2 = I'_2 + I''_2 = 2(A)$$

$$I_3 = I'_3 + I''_3 = 3(A)$$

R_2 上消耗的功率为:

$$P_2 = I_2^2 R_2 = 2^2 \times 4 = 16(W)$$

应当注意:

$$P'_2 + P''_2 = (I'_2)^2 R_2 + (I''_2)^2 R_2 = 1^2 \times 4 + 2^2 \times 4 = 20(W)$$

显然 $P_2 \neq P'_2 + P''_2$,所以功率计算不能用叠加定理直接叠加。

2.5 电路中各点电位的计算

2.5.1 电位的概念

电位就是电路中某点至参考点的电压,记为“V_X”。电位参考点可以任意选取,工程上常选取大地、设备外壳或接地点作为参考点,并将参考点的电位规定为零。某点电位为正,说明该点电位比参考点高;某点电位为负,说明该点电位比参考点低。

2.5.2 电位的计算步骤

(1)任选电路中某一点为参考点,设其电位为零。

(2)标出各电流参考方向并计算。

(3)计算各点至参考点间的电压即为各点的电位。

【例 1-5】 求图 1-3-17 所示电路中各点的电位:V_a、V_b、V_c、V_d。

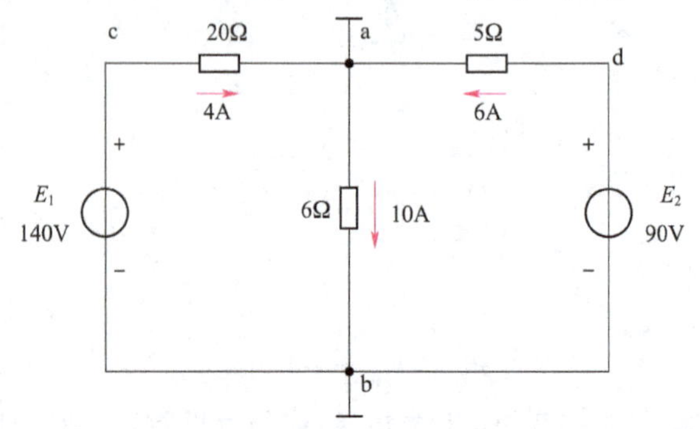

图 1-3-17 例 1-5 电路图

解：设 a 为参考点，即 $V_a=0V$

$$V_b=U_{ba}=-10\times6=-60(V)$$
$$V_c=U_{ca}=4\times20=80(V)$$
$$V_d=U_{da}=6\times5=30(V)$$
$$U_{ba}=10\times6=60(V)$$
$$U_{cb}=E_1=140(V)$$
$$U_{db}=E_2=90(V)$$

设 b 为参考点，即 $V_b=0V$

$$V_a=U_{ab}=10\times6=60(V)$$
$$V_c=U_{cb}=E_1=140(V)$$
$$V_d=U_{db}=E_2=90(V)$$
$$U_{ab}=10\times6=60(V)$$
$$U_{cb}=E_1=140(V)$$
$$U_{db}=E_2=90(V)$$

结论：

(1)电位值是相对的，参考点选取的不同，电路中各点的电位也将随之改变。

(2)电路中两点间的电压值是固定的，不会因参考点的不同而变，即与零电位参考点的选取无关。

3 任务实施

3.1 准备工作

阅读实验指导书，制订测试方案，准备所需仪器、设备和工具。

3.2 操作流程

(1)运用支路电流法分析计算两个网孔的电路。

(2)应用 KCL、KVL 列出电路方程。

(3)测试电源的外特性。

(4)验证基尔霍夫定律的正确性。

3.3 操作提示

(1)在操作流程中，要学会识别各元器件。

(2)在测量过程中，要注意正确选择万用表的挡位。

复习与思考题

1. 简述基尔霍夫定律的内容。

2. 求图 1-3-18a)、b)电路中的各支路电流。

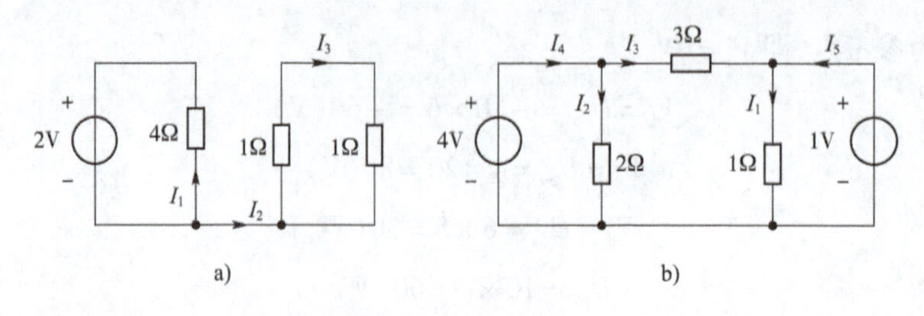

图1-3-18　习题2图

3. 如图1-3-19所示，某直流电源的开路电压为12V，与外电阻接通后，用电压表测得$U=10\text{V}$，$I=5\text{A}$，求R及R_s。

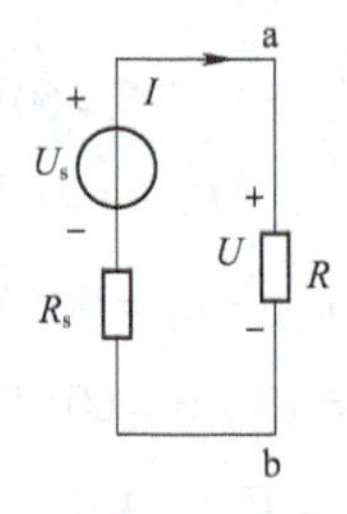

图1-3-19　习题3图

1. 电路是电流所经过的路径。

2. 电路的组成：

(1) 电源。电源是指供给电能的装置，它把其他形式的能量转换为电能。

(2) 负载。负载是指用电的装置或设备，它把电能转换为其他形式的能量。

(3) 中间环节。简单电路的中间环节是由连接导线、开关等组成。

3. 电路的状态：电路可能出现的状态有三种，即通路状态、开路状态和短路状态。

(1) 通路状态。通路状态为有载工作状态，即电路中的开关闭合，负载中有电流通过。

(2) 开路状态。开路状态为电源两端或电路中某处断开，电路中没有电流通过，电源不向负载供电。

(3) 短路状态。短路状态为电源未经负载而直接由导体接通构成闭合回路。

4. 汽车电路的特点是双电源、并联制、单线制、负极搭铁。

5. 汽车电路常见的电器元件有开关、熔线、熔断器、电路断路器、线束等。

6. 电阻器是汽车常用的元件之一，在电路中起分压和限流作用。

7. 汽车电路主要采用并联制，但也会在某些电路用串联来进行控制和保护。

8. 基尔霍夫定律是解复杂电路基本定律。它包括节点电流定律和回路电压定律。其内容是：在任一时刻，对电路中任意一个节点，流入该节点的电流之和一定等于流出该节点的电流之和。在任一时刻，对任一回路，沿回路绕行方向上各段电压的代数和为零。

9. 电路中某点的电位是该点到参考点的电压。电位数值与参考点的选择有关，是相对值。而电路中任意两点间的电压就是这两点的电位差，数值与参考点无关，是固定值。

项目2 交流电路

概　　述

交流电是指大小和方向随时间而变化的电动势(电压或电流),如图2-0-1所示。交流电按其变化规律可分为正弦交流电和非正弦交流电。正弦交流电是随时间按正弦规律变化的,如图2-0-1a)所示。

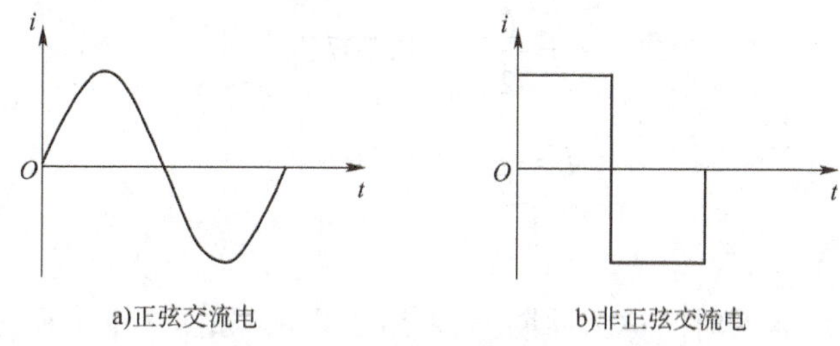

a)正弦交流电　　b)非正弦交流电

图2-0-1　常见的交流电波形

正弦交流电和直流电比较有三个主要优点:

(1)交流电可用变压器来改变其电压的大小,便于远距离输电和向用户提供各种不同等级的电压。

(2)交流电机比相同功率的直流电机构造简单、成本低、工作可靠。

(3)交流电也可经过整流装置转换为电车、电镀、电子设备等需要的直流电。

因此交流电在生活中得到广泛的应用。

任务1　正弦交流电的基本概念

1 任务引入

正弦交流电容易产生、便于传输、易于变换、便于运算,有利于电气设备的运行。那么正弦交流电包含哪些要素?有哪些表示方法?

2 相关理论知识

2.1 正弦量的三要素

2.1.1　最大值、瞬时值、有效值

在交流电中,最大的瞬时值称为最大值,也称振幅或峰值。电动势、电压

或电流的最大值,分别用 E_m、U_m、I_m 表示。图 2-1-1 中所标的值 I_m 就是电流的最大值。最大值是用来表示交流电变化范围的物理量。

交流电的瞬时值是随时间而变化的,而最大值又是它的一个特殊值。所以不论用瞬时值还是最大值,都无法表示交流电的大小。为了计算和测量方便,我们引入有效值这个物理量。交流电的有效值是根据其热效应来确定的。交流电流通过电阻时和直流电流通过电阻时一样,都会产生热量。若在数值相等的两个电阻中,分别通入交流电流和直流电流,在相同的时间内,如果这两个电阻产生的热量相等,则这个直流电流的数值就是该交流电流的有效值。因此,我们把热效应相等的直流电的值称为交流电的有效值。交流电的电动势、电压或电流的有效值分别用大写字母 E、U、I 表示。

人们平时所说的交流电流、电压和电动势的大小,如 10A、220V、380V 等是指它的有效值;交流电表所指示的数值以及各种交流电气设备铭牌上所标的额定值也都是指有效值。

正弦交流电的有效值和最大值之间有如下关系:

$$E=\frac{1}{\sqrt{2}}E_m\approx0.707E_m$$

$$U=\frac{1}{\sqrt{2}}U_m\approx0.707U_m$$

$$I=\frac{1}{\sqrt{2}}I_m\approx0.707I_m$$

2.1.2 周期、频率、角频率

正弦量变化一周所需的时间称为周期,通常用 T 表示,如图 2-1-1 所示。周期的单位为秒(s),实用单位中还有毫秒(ms)、微秒(μs)、纳秒(ns)。

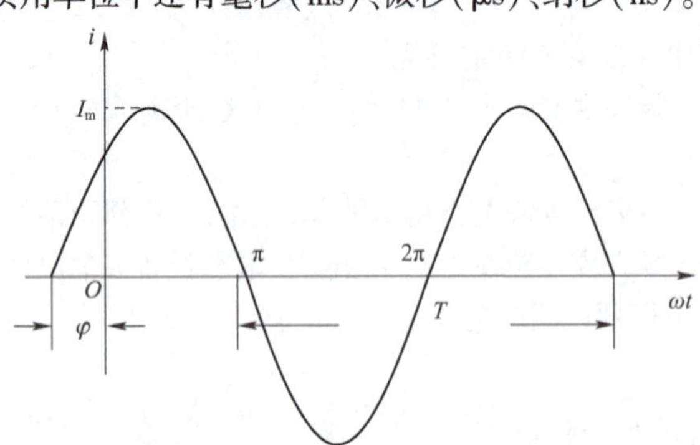

图 2-1-1 正弦交流电的波形

正弦量 1s 内重复变化的次数称为频率,用 f 表示,其单位为赫兹(Hz)。周期和频率两者的关系为:

$$f=\frac{1}{T}$$

周期和频率表示正弦量变化的快慢程度。周期越短,频率越高,变化越快。

正弦量变化的快慢程度除用周期和频率表示外,还可用角频率 ω 表示,单位为 rad/s。因为一个周期经历了 2π 弧度,所以 ω、T、f 之间的关系为:

$$\omega=\frac{2\pi}{T}=2\pi f$$

2.1.3 相位、初相、相位差

正弦电量在任意瞬间的变化状态是由该瞬间的电角度($\omega t+\varphi$)决定的。把正弦电量在任意瞬间的电角度($\omega t+\varphi$)称为相位角,简称相位。相位反映了正弦量的每一瞬间的状态或随时间变化的进程。相位的单位一般为弧度(rad)。

φ 是正弦量在 $t=0$ 时刻的相位,称其为正弦量的初相位(角),简称初相。初相反映了正弦量在计时起点处的状态(初始状态),由它确定正弦量的初始值。正弦量的初相与计时起点(即波形图上的坐标原点)的选择有关,且在 $t=0$ 时,函数值的正负与对应 φ 的正负号相同。

对于两个同频率的正弦量而言,虽然都随时间按正弦规律变化,但是它们随时间变化的进程可能不同。为了描述同频率正弦量随时间变化进程的先后,引入了相位差。这里所述的相位差就是两个同频率的正弦量的相位之差,用 $\Delta\varphi$ 表示。

设两个同频率的正弦量:

$$u_1=U_{1m}\sin(\omega t+\varphi_1)$$
$$u_2=U_{2m}\sin(\omega t+\varphi_2)$$

其相位差为:

$$\Delta\varphi=(\omega t+\varphi_1)-(\omega t+\varphi_2)=\varphi_1-\varphi_2$$

可见,两个同频率正弦量的相位差,等于它们的初相之差。

根据两个同频率交流电的相位差,可以确定它们之间的相位关系。同频率交流电的几种相位关系如图 2-1-2 所示。

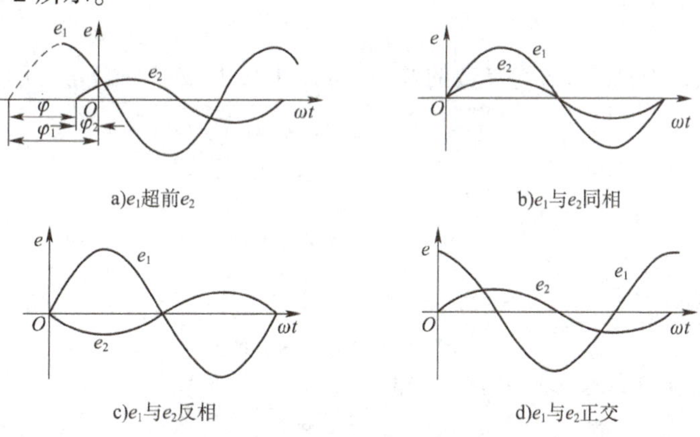

图 2-1-2 同频率交流电的相位关系

如果两个正弦量到达某一确定状态(如最大值)的先后次序不同,则称先到达者为超前,后到达者为滞后。

同频率正弦量初相相同(即相位差为零)时称为同相。如果两个正弦量的相位差为 π(180°),称为反相。

如果两个正弦量的相位差为$\frac{\pi}{2}$(90°),称为正交。

综上所述,最大值、频率和初相各自反映了交流电一个方面的特征,通过这三个量可以完整地表达出一个正弦交流电,并可画出它的曲线图或写出它的表达式。如图 2-1-1 所示电流 i 随时间变化的波形,可以确定电流 i 随时间变化的瞬时表达式为 $i=I_m\sin(\omega t+\varphi)$。故将最大值、角频率 ω(或 f、T)、初相 φ 称为正弦量的三要素。

2.2 正弦量的复数表示法

正弦量的瞬时值表达式和波形图虽然能够表示正弦量的三要素，说明正弦量随时间变化的规律，但是在正弦电路的分析计算中，经常需要将几个同频率的正弦量进行代数运算和积分、微分运算，用这两种表示方法运算十分烦琐、很不方便，因此有必要寻找出一种能够表示正弦量却又便于分析运算的表示方法。所以，用复数表示正弦电量，并由此得出正弦量的相量表示方法，从而使正弦交流电路的分析和计算得到简化。

2.2.1 复数及其表示形式

一个复数是由实部和虚部组成的。复数有多种表达形式，常见的有代数形式、指数形式、三角函数形式和极坐标形式。

设 A 为一复数，实部和虚部分别为 a 和 b，则复数 A 可用代数形式表示为：

$$A = a + jb$$

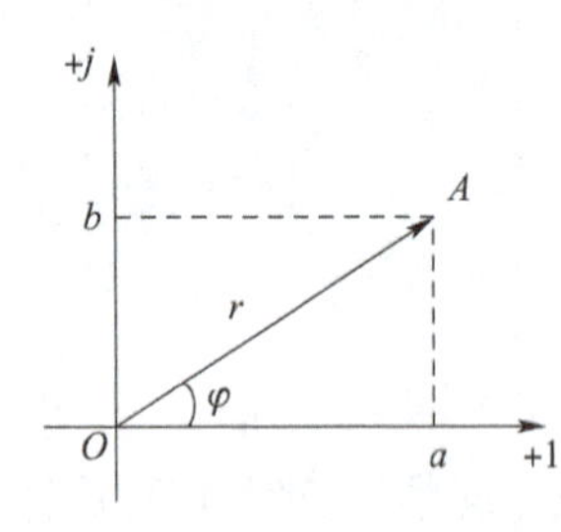

图 2-1-3 复数的相量表示

复数也可以用由实轴与虚轴组成的复平面上的有向线段来表示。用直角坐标的横轴表示实轴，以 +1 为单位；纵轴表示虚轴，以 $+j$ 为单位。实轴和虚轴构成复坐标平面，简称复平面。在复平面上复数 $A = a + jb$ 是一个点 A，它又可用有向线段来表示，如图 2-1-3 中的有向线段 OA 所示。

复数 A 还可以用三角形式、极坐标形式表示。根据图 2-1-3，可得复数的三角形式为：

$$A = r(\cos\varphi + j\sin\varphi)$$

式中 r 为复数的模(值)，φ 为复数的幅角，可以用弧度或度来表示。r 和 φ 与 a 和 b 之间的关系为：

$$a = r\cos\varphi \qquad r = \sqrt{a^2 + b^2}$$

$$b = r\sin\varphi \qquad \tan\varphi = \frac{b}{a}$$

根据欧拉公式：

$$e^{j\varphi} = \cos\varphi + j\sin\varphi$$

复数的三角形式可转变为指数形式，即：

$$A = re^{j\varphi}$$

上述指数形式有时改写为极坐标形式，即：

$$A = r\angle\varphi$$

综上分析可知，复数的四种形式通过以上公式是可以相互转化的。

2.2.2 复数的运算

1）加减法运算

若：

$$A_1 = a_1 + jb_1$$

$$A_2 = a_2 + jb_2$$

则：

$$A_1 \pm A_2 = (a_1 \pm a_2) + j(b_1 + b_2)$$

即几个复数相加或相减就是把它们的实部和虚部分别相加减。

复数的相加和相减的运算也可以按平行四边形法在复平面上用相量的相加和相减求得，如图 2-1-4 所示。

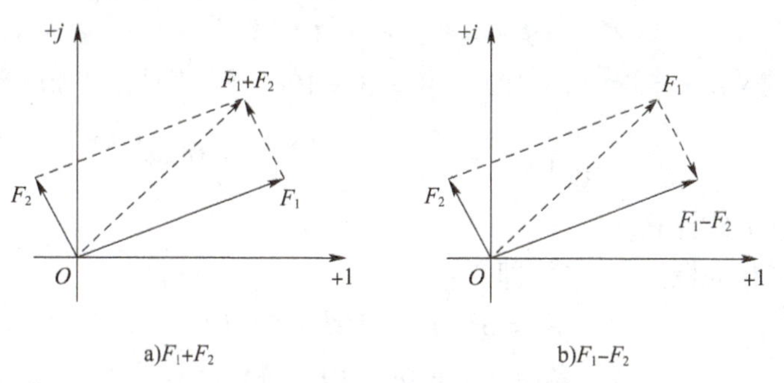

图 2-1-4　复数代数和的图解法

2）乘除法运算

设两个复数：

$$A_1 = a_1 + jb_1 = r_1 e^{j\varphi_1} = r_1 \angle \varphi_1$$
$$A_2 = a_2 + jb_2 = r_2 e^{j\varphi_2} = r_2 \angle \varphi_2$$

则：

$$A_1 \cdot A_2 = r_1 e^{j\varphi_1} \cdot r_2 e^{j\varphi_2} = r_1 r_2 e^{j(\varphi_1 + \varphi_2)}$$

或

$$A_1 \cdot A_2 = r_1 \angle \varphi_1 \cdot r_2 \angle \varphi_2 = r_1 r_2 \angle (\varphi_1 + \varphi_2)$$

可见，两个复数相乘时，其模相乘，幅角相加。

$$\frac{A_1}{A_2} = \frac{r_1 e^{j\varphi_1}}{r_2 e^{j\varphi_2}} = \frac{r_1}{r_2} e^{j(\varphi_1 - \varphi_2)}$$

或

$$\frac{A_1}{A_2} = \frac{r_1 \angle \varphi_1}{r_2 \angle \varphi_2} = \frac{r_1}{r_2} \angle (\varphi_1 - \varphi_2)$$

可见，两个复数相除时，其模相除，幅角相减。

图 2-1-5a)、b)为复数乘、除的图解表示，从图上可以看出：复数乘、除表示为模的放大或缩小，幅角表示为逆时针旋转或顺时针旋转。

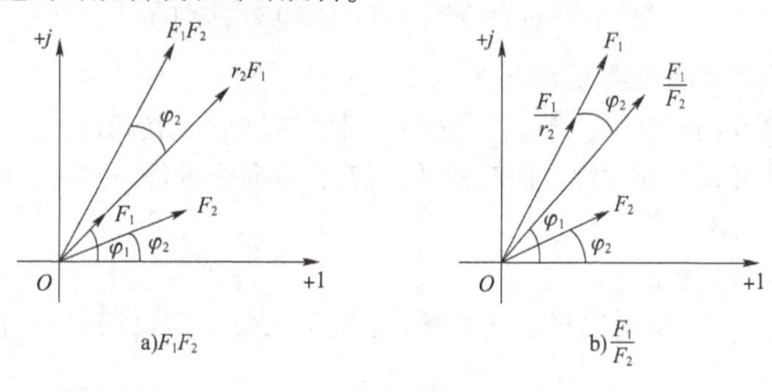

图 2-1-5　复数乘、除的图解示意

【例 2-1】　已知复数 $A = 3 - j4$ 和 $B = -8 + j6$，试计算 $A \cdot B$ 和 $\frac{A}{B}$。

解:采用指数形式计算。

先将代数形式化为指数形式,即:

$$A = 3 - j4 = 5e^{-j53.1°}$$

$$B = -8 + j6 = 10e^{143.1°}$$

$$A \cdot B = 5e^{-j53.1°} \times 10e^{j143.1°} = 5 \times 10e^{j(-53.1°+143.1°)} = 50e^{j90°}$$

$$\frac{A}{B} = \frac{5e^{-53.1°}}{10e^{j143.1°}} = \frac{5}{10}e^{j(-53.1°-143.1°)} = 0.5e^{j163.8°}$$

或采用极坐标形式计算。

先将代数形式化为极坐标形式,即:

$$A = 3 - j4 = 5\angle -53.1°$$

$$B = -8 + j6 = 10\angle 143.1°$$

则:

$$A \cdot B = 5\angle -53.1° \times 10\angle 143.1° = 5 \times 10\angle(-53.1° + 143.1°) = 50\angle 90°$$

$$\frac{A}{B} = \frac{5\angle -53.1°}{10\angle 143.1°} = \frac{5}{10}\angle(-53.1° - 143.1°) = 0.5\angle 163.8°$$

2.3 正弦量的相量表示法

1)正弦量用波形图表示

设有一正弦电压的瞬时解析式为 $u = U_m\sin(\omega t + \varphi)$,则波形图用图 2-1-6 表示。

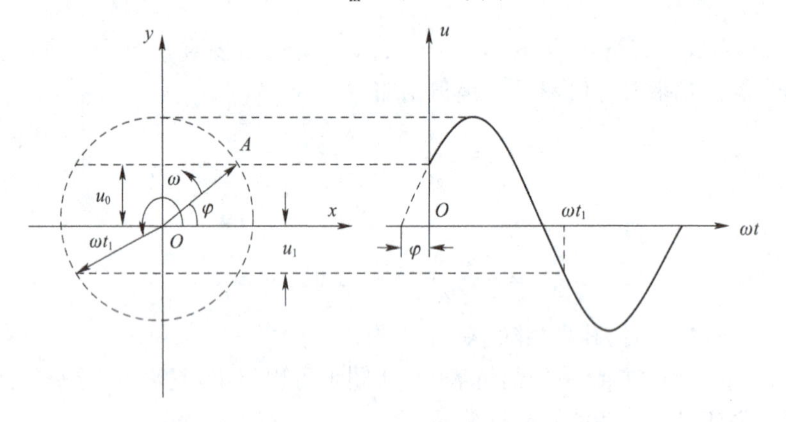

图 2-1-6 用正弦波形和旋转有向线段来表示正弦量

2)正弦量用旋转有向线段表示

如果有向线段 OA 长度 $= U_m$;有向线段 OA 与横轴夹角 $= \varphi$ 初相位。

有向线段以速度 ω 按逆时针方向旋转,则该旋转有向线段每一瞬时在纵轴上的投影即表示相应时刻正弦量的瞬时值。

3)正弦量的相量表示法

在正弦交流电路中,用复数表示正弦量,并用于正弦交流电路分析计算的方法称为相量法。

正弦量的相量表示法就是用复数形式来表示正弦量的有效值和初相位,使正弦交流电路的分析和计算转化为复数运算的一种方法。这种方法使得正弦交流电路的分析计算相当简便。在线性正弦交流电路中,所有电压、电流都是同频率的正弦量。所以,要确定这些正弦量,只要确定它们的有效值和初相位就可以了。

为了与一般的复数相区别，我们把表示正弦量的复数称为相量，并在大写字母上打"·"表示。设某正弦电流为：$i=\sqrt{2}I\sin(\omega t+\theta_i)$，其对应的相量表示为：$\dot{I}=Ie^{j\theta_i}=I\angle\theta_i$ 而式中 $\dot{I}=Ie^{j\theta_i}=I\angle\theta_i$ 是一个与时间无关的复常数，其模是正弦量的有效值，辐角是正弦量的初相，二者是正弦量三要素的两个要素。当角频率 ω 给定时，它们就完全确定了一个正弦量。由于在正弦电路中，所有电流、电压都是同频率的正弦量，频率常是已知的，$\dot{I}$ 便是一个足以表示正弦电流的复数。像这样一个能表示正弦量有效值及初相的复数 $\dot{I}$ 就称为正弦量的相量。

相量是一个复数，它表示一个正弦量，所以在符号字母上加上一点，以与一般复数相区别。特别注意，相量只能表征或代表正弦量而并不等于正弦量。二者不能用等号表示相等的关系，这一关系可用双箭头"↔"符号来表明，即：$i(t)\leftrightarrow\dot{I}$。

2.4 正弦量的相量图

相量作为一个复数，也可以在复平面上用有向线段表示，如图2-1-7所示。相量在复平面上的图示称为相量图。

相量与 $e^{j\omega t}$ 的乘积则是时间 t 的复值函数，在复平面上可用恒定角速度 ω 逆时针方向旋转的相量表示。这是因为这一乘积的幅角为 $\omega t+\theta$，它不是常量而是随时间的增长而增长的，如果相量的模按它所表示的正弦量的振幅取值，例如 U_m，则该相量旋转时，在虚轴上的投影为 $U_m\sin(\omega t+\theta)$，亦即为该正弦电压的瞬时值 u，如图2-1-8所示。

必须指出，只有同频率正弦量的相量才可以画在同一相量图上。在相量图上可以直观反映各正弦量的相位关系。

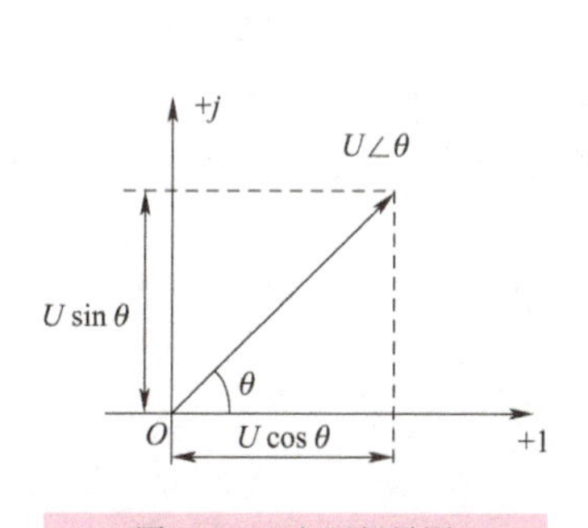

图2-1-7 电压相量图

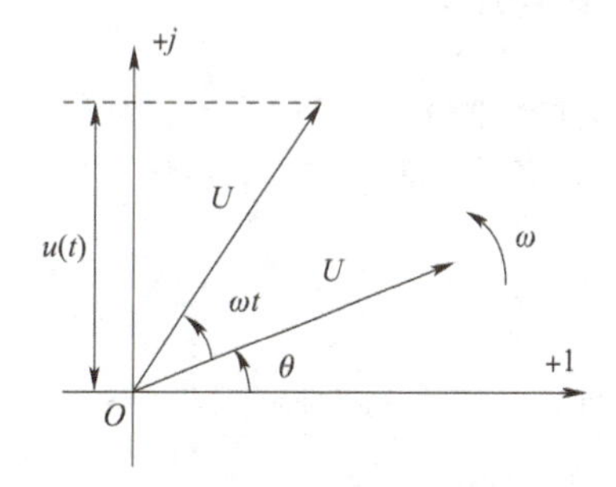

图2-1-8 电压旋转相量图

【例2-2】 同频率的正弦电压和正弦电流分别为 $u=141\sin(\omega t+60°)$ V，$i=14.14\sin(\omega t-45°)$ A，试写出 u 和 i 的相量。

解：电压相量：

$$\dot{U}=\frac{141}{\sqrt{2}}e^{j60°}=100e^{j60°}=100\angle60°(\text{V})$$

电流相量：

$$\dot{I}=\frac{14.14}{\sqrt{2}}e^{j-45°}=10e^{j-45°}=10\angle-45°(\text{A})$$

【例2-3】 已知两个同频率正弦电流分别为 $i_1=10\sqrt{2}\sin(314t+\pi/3)$ A，$i_2=22\sqrt{2}\sin(314t-5\pi/6)$ A，求 i_1+i_2，并画出相量图。

解：设 $i=i_1+i_2=\sqrt{2}I\sin(\omega t+\varphi_i)$，其相量为 $\dot{I}=I\angle\varphi_i$（待求），可得：

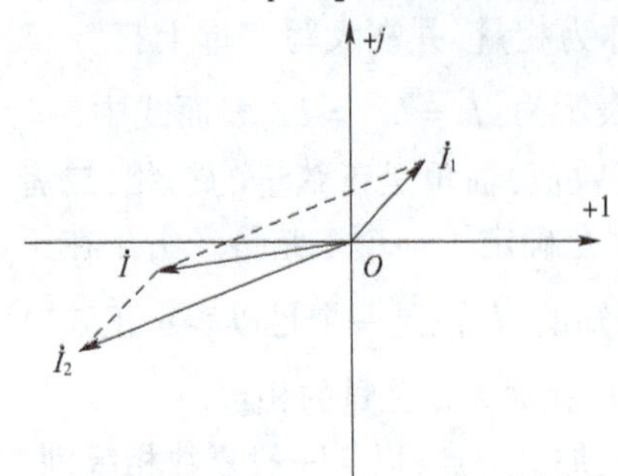

图 2-1-9　例 2-3 相量图

$$\begin{aligned}\dot{I}&=\dot{I}_1+\dot{I}_2\\&=10\angle60°+22\angle-150°\\&=(5+j8.66)+(-19.05-j11)\\&=(-14.05+j2.34)\\&=14.24\angle-170.54°(A)\end{aligned}$$

则：

$$i=i_1+i_2=14.24\sqrt{2}\sin(314t-170.54°)(A)$$

相量图如图 2-1-9 所示。

3 任务实施

3.1 准备工作

阅读实验指导书，制订测试方案，准备所需仪器、设备和工具。

3.2 操作流程

（1）使用电工仪表测量正弦信号。

（2）进行同频率正弦量相位的比较。

（3）利用示波器读取正弦波形。

3.3 操作提示

（1）在操作流程中，注意安全用电，要学会识别各元器件。

（2）在测量过程中，要注意正确选择万用表的挡位。

复习与思考题

1. 试求下列各正弦量的周期、频率和初相，二者的相位差如何？

（1）3sin314t；

（2）8sin(5t+17°)。

2. 三个正弦电流 i_1、i_2 和 i_3 的最大值分别为 1A、2A、3A，已知 i_2 的初相为 30°，i_1 较 i_2 越前 60°，较 i_3 滞后 150°，试分别写出三个电流的解析式。

3. 已知 $u_1=220\sqrt{2}\sin(\omega t+60°)$ V，$u_2=220\sqrt{2}\cos(\omega t+30°)$ V，试作 u_1 和 u_2 的相量图，并求：u_1+u_2、u_1-u_2。

任务 2　正弦交流电路

1 任务引入

把负载接到交流电源上所构成的电路称为交流电路。交流电路按电源中交变电动势的个数分为单相交流电路和三相交流电路;按负载类型分为由单纯的电阻、电感、电容等理想元件组成的纯电路和由电阻、电感、电容等不同组合而构成的实际交流电路。

交流电路的分析要比直流电路复杂得多,这主要是因为正弦量随时间而变化,在确定其各个量之间的关系时,不但要找出其数量关系,而且还要明确其相位关系。

在交流电路中,电压和电流都是交变的,因此有两个作用方向。通常在分析电路时,把其中的一个方向规定为正方向,而且同一电路中电压和电流的正方向应规定为一致。那么具体应该如何进行分析呢?

2 相关理论知识

2.1 纯电阻电路

电阻起主要作用,而电感 L 和电容 C 均可忽略不计的电路称为纯电阻电路。例如白炽灯、电阻炉或变阻器等负载可近似看成纯电阻性负载,由它们构成的电路就称为纯电阻电路。在电路中,负载电阻用 R 表示,其电压、电流的方向如图 2-2-1a)所示。

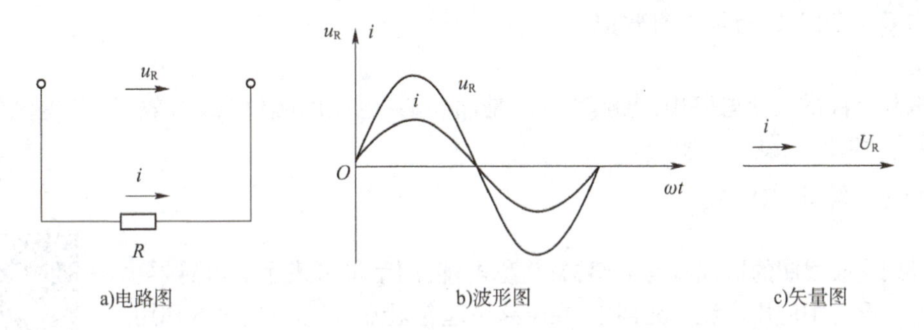

图 2-2-1 纯电阻电路图

2.1.1 电流与电压的关系

在正弦电压作用下,电阻中通过的电流如图 2-2-1b)、c)所示,是一个同频率同相位的正弦电流,其瞬时值之间也符合欧姆定律。

设电阻两端电压为 $u(t)=U_m\sin\omega t$。

则由欧姆定律可知:

$$i(t)=\frac{u(t)}{R}=\frac{U_m}{R}\sin\omega t=I_m\sin\omega t$$

比较电压和电流的关系式可见:电阻两端电压 u 和电流 i 在数值上满足关系式:

$$I_m=\frac{U_m}{R}$$

$$I=\frac{U}{R}$$

用相量表示电压与电流的关系为:

$$\dot{I}=\frac{\dot{U}}{R}$$

2.1.2 电阻元件功率

1)瞬时功率

在正弦交流电路中,通过电阻元件的电流及其两端电压的大小和方向随时间在变动,电阻吸收的功率也必然是随时间变化的。把电阻在任一瞬间所吸收的功率称为瞬时功率,用小写字母 p 表示。

设 u、i 参考方向关联,则瞬时功率等于同一瞬时电压和电流瞬时值的乘积,即:

$$p = ui = U_m \sin\omega t \cdot I_m \sin\omega t = U_m I_m \sin^2\omega t = UI(1 - \cos 2\omega t)$$

由于电阻元件的电压、电流同相位,它们的瞬时值总是同时为正或同时为负,所以瞬时功率 p 总为正值。这表明,电阻元件在每一瞬间都在消耗电能,所以电阻元件是耗能元件。

2)平均功率

由于瞬时功率是随时间变化的,适用时很不方便,因而工程上所说的功率指的是瞬时功率在一个周期内的平均值,称为平均功率,用大写字母 P 表示。平均功率又称有功功率,它的单位为瓦特(W)或千瓦(kW)。

$$P = \frac{1}{T}\int_0^T p\mathrm{d}t = \frac{1}{T}\int_0^T UI(1 - \cos 2\omega t)\mathrm{d}t = UI = I^2R = \frac{U^2}{R}$$

式中 U、I 是电压、电流的有效值。

结论:

在电阻元件的交流电路中,电流和电压是同相的;电压的幅值(或有效值)与电流的幅值(或有效值)的比值,就是电阻 R。

2.2 纯电感电路

把导线绕成线圈的形式就是电感器,简称电感,用字母 L 表示。电感器也是汽车电气设备中应用广泛的元器件,在电路中起着阻流、调谐及选频等作用。常用电感的外形及符号如图 2-2-2 所示。

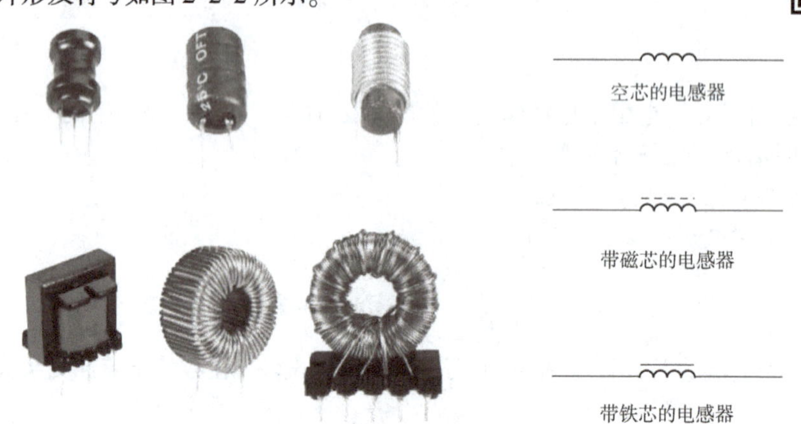

图 2-2-2　常用电感的外形及符号

2.2.1 电压与电流间的关系

在纯电感电路中,电感 L 起主要作用,而电阻 R 和电容 C 均可忽略不计的电路称为纯电感电路。当一个电阻值很小的电感线圈接在交流电源上时,就可认为是纯电感电路,如图 2-2-3 所示。

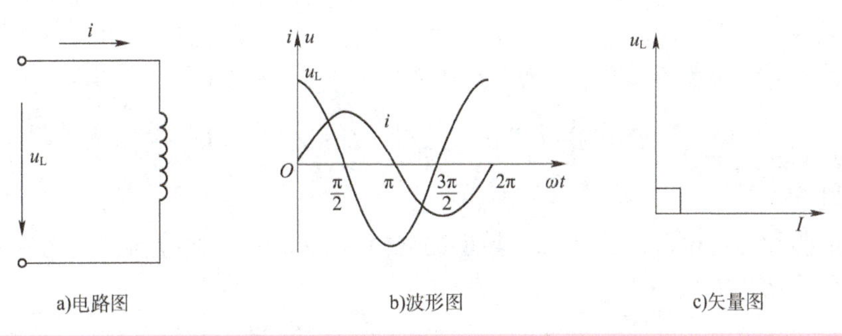

图 2-2-3 纯电感电路图

设电感电路中正弦电流为 $i=I_m\sin\omega t$。

在电压、电流关联参考方向下，电感元件两端电压为：

$$u = L\frac{\mathrm{d}i}{\mathrm{d}t} = \omega LI_m\cos\omega t = \omega LI_m\sin(\omega t+90°) = U_m\sin(\omega t+90°)$$

比较电压和电流的关系式可见：电感两端电压 u 和电流 i 也是同频率的正弦量，电压的相位超前电流 90°，电压与电流在数值上满足关系式：

$$U_m = \omega LI_m \quad 或 \quad \frac{U_m}{I_m} = \frac{U}{I} = \omega L$$

式中，余同令 $X_L=\omega L=2\pi fL$ 称为电感电抗，简称感抗，单位是欧(Ω)，它反映电感线圈对交流电流的阻碍作用。

感抗表示线圈对交流电流阻碍作用的大小。当 $f=0$ 时 $X_L=0$，表明线圈对直流电流相当于短路。这就是线圈本身所固有的“直流畅通，高频受阻”作用。

用相量表示电压与电流的关系为：

$$\dot{U} = jX_L\dot{I} = j\omega L\dot{I}$$

相位关系是电压超前电流 90°。波形如图 2-2-3b)所示。

电感元件的电压、电流相量图如图 2-2-3c)所示。

2.2.2 电感元件的功率

1)瞬时功率

在电压、电流取关联参考方向下，电感元件吸收的瞬时功率为：

$$p = ui = U_m\sin\left(\omega t+\frac{\pi}{2}\right)\cdot I_m\sin\omega t = U_mI_m\cos\omega t\cdot\sin\omega t = \frac{U_mI_m}{2}\sin\omega t = UI\sin2\omega t$$

从瞬时功率的数学表达式可以看出，瞬时功率也是随时间变化的正弦函数，其幅值为 UI，并以 2ω 角速度随时间变化。由图 2-2-4 可知在一个周期内，瞬时功率的平均值为零，说明电感元件不消耗能量，但电感元件也存在着与电源之间的能量交换。u 和 i 同为正值或负值，瞬时功率 p 大于零，这一过程实际是电感将电能转换为磁场能存储起来，从电源吸取能量。在第二和第四个 $T/4$ 内，u 和 i 一个为正值，另一个则为负值，故瞬时功率小于零，这一过程实际上是电感将磁场能转换为电能释放出来。电感不断地与电源交换能量，在一个周期内吸收和释放的能量相等，因此平均功率为零，这说明电感不消耗能量，也是一个储能元件。

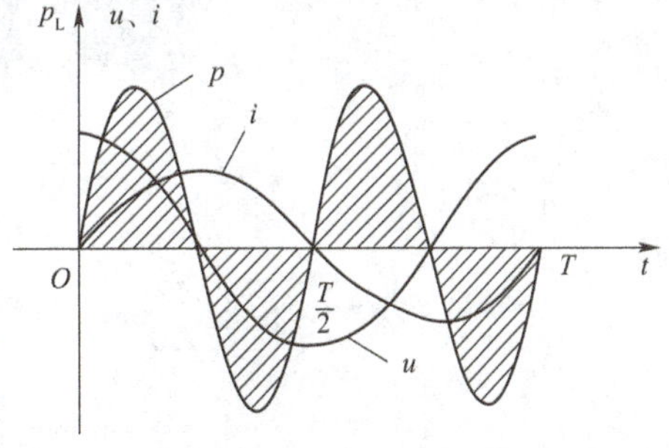

图 2-2-4 纯电感电路瞬时功率的波形图

2)平均功率

电感元件瞬时功率的平均值(即为平均功率)为:

$$P = \frac{1}{T}\int_0^T P\mathrm{d}t = \frac{1}{T}\int_0^T UI\sin 2\omega t\mathrm{d}t = 0$$

3)无功功率

为反映电感元件与电源间能量相互转换的规模,把瞬时功率的最大值定义为无功功率。电容上无功功率的大小为:

$$Q = UI = X_C I^2 = \frac{U^2}{X_C}$$

无功功率与有功功率在形式上是相似的,但无功功率不是消耗电能的速率,而是交换能量的最大速率。无功功率虽具有功率的量纲,但它终究不是元件实际消耗的功率,它的单位也与功率的单位有所区别。为了区别无功功率和有功功率,将无功功率的单位命名为乏(var),工程上还用到千乏(kvar),$1\text{kvar} = 10^3\text{var}$。

结论:

电感元件交流电路中,u 比 i 超前$\frac{\pi}{2}$;电压有效值等于电流有效值与感抗的乘积;平均功率为零,但存在着电源与电感元件之间的能量交换,所以瞬时功率不为零。为了衡量这种能量交换的规模,取瞬时功率的最大值,即电压和电流有效值的乘积,称为无功功率。

2.3 纯电容电路

电容器的参数主要有电容量及其误差范围、耐压值等,通常都标在电容器的外壳上。耐压又称额定工作电压,是电容器长期工作能承受的最大电压。

电容器的种类很多,按其结构可分为固定电容器、可变电容器和半可变电容器;按介质的不同又分为纸质电容器、云母电容器、电解电容器等。常见电容器的外形及符号如图 2-2-5 所示。

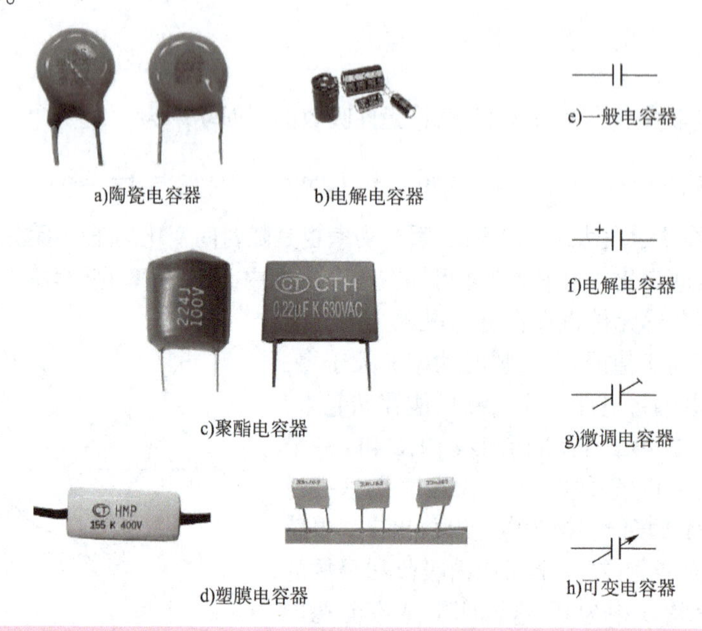

图 2-2-5 常见电容器的外形及符号

2.3.1 电压与电流关系

在纯电容电路中，电容 C 起主要作用，而电阻 R 和电感 L 均可忽略不计的电路称为纯电容电路。当一个介质损耗很小、绝缘电阻很大的电容器接在交流电源上时，就可以认为是纯电容电路，如图 2-2-6 所示。

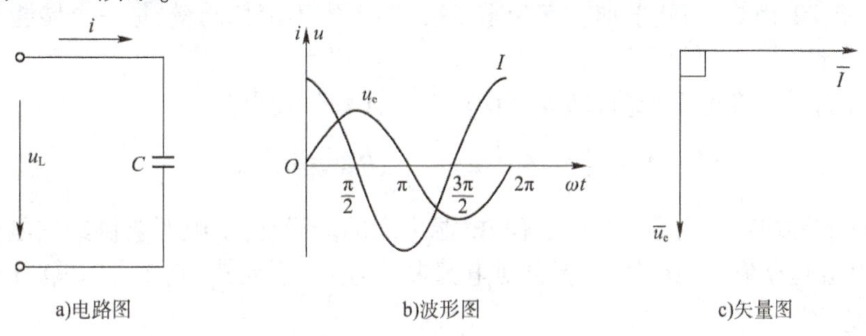

a)电路图　b)波形图　c)矢量图

图 2-2-6　纯电容电路图

若设加在电容 C 两端的正弦电压为 $u(t)=U_{\mathrm{m}}\sin\omega t$，则有：

$$
\begin{aligned}
i &= C\frac{\mathrm{d}u}{\mathrm{d}t} = CU_{\mathrm{m}}\frac{\mathrm{d}}{\mathrm{d}t}(\sin\omega t) \\
&= \omega CU_{\mathrm{m}}\cos\omega t = \omega CU_{\mathrm{m}}\sin(\omega t+90^\circ) \\
&= I_{\mathrm{m}}\sin(\omega t+90^\circ)
\end{aligned}
$$

比较电压和电流的关系式可见：电容两端电压 u 和电流 i 也是同频率的正弦量，电流的相位超前电压 90°，电压与电流在数值上满足关系式：

$$
I_{\mathrm{m}} = \omega CU_{\mathrm{m}} \quad 或 \quad \frac{U_{\mathrm{m}}}{I_{\mathrm{m}}} = \frac{U}{I} = \frac{1}{\omega C}
$$

式中令 $X_{\mathrm{C}}=\dfrac{1}{\omega C}=\dfrac{1}{2\pi fC}$，称为电容电抗，简称容抗，单位是欧(Ω)，它反映电感线圈对交流电流的阻碍作用。

电容元件对高频电流所呈现的容抗很小，相当于短路；而当频率 f 很低或 $f=0$(直流)时，电容就相当于开路。这就是电容的“隔直通交”作用。

用相量表示电压与电流的关系为：

$$
\dot{U} = -j\frac{\dot{I}}{\omega C} = \frac{\dot{I}}{j\omega C}
$$

相位关系是电压超前电流 90°，波形如图 2-2-6b)所示。

电容元件的电压、电流相量图如图 2-2-6c)所示。

2.3.2 电容元件的功率

1)瞬时功率

$$
\begin{aligned}
p &= ui = U_{\mathrm{m}}\sin\omega t\cdot I_{\mathrm{m}}\sin\left(\omega t+\frac{\pi}{2}\right) \\
&= U_{\mathrm{m}}I_{\mathrm{m}}\sin\omega t\cdot\cos\omega t \\
&= \frac{U_{\mathrm{m}}I_{\mathrm{m}}}{2}\sin\omega t = UI\sin2\omega t
\end{aligned}
$$

从瞬时功率的数学表达式可以看出，瞬时功率也是随时间变化的正弦函数，其幅值为 UI，并以 2ω 角速度随时间变化。在一个周期内，瞬时功率的平均值为零，说明电容元件不消耗能量。但这并不意味着电容元件不从电源获取能量。在第一和第三个 $T/4$ 内，u 和 i 同为正值或负值，瞬时功率 p 大于零，这一过程实际是电容将电能转换为电场能存储起来，从电源吸取能量。在第二和第四个 $T/4$ 内，u 和 i 一个为正值，另一个则为负值，故瞬时功率小于零，这一过程实际上是电容将电场能转换为电能释放出来。电容不断地与电源交换能量，在一个周期内吸收和释放的能量相等，因此平均功率为零，这说明电容不消耗能量，是一个储能元件。

2）平均功率

电容元件瞬时功率的平均值，即为平均功率。计算公式为：

$$P = \frac{1}{T}\int_0^T P\mathrm{d}t = \frac{1}{T}\int_0^T UI\sin 2\omega t\mathrm{d}t = 0$$

电容元件的平均功率为零，但存在着与电源之间的能量交换，电源要供给它电流，而实际上电源的额定电流是有限的，所以电容元件对电源来说仍是一种负载，它要占用电源设备的容量。

3）无功功率

与电感元件一样，采用无功功率来衡量这种能量的交换，它仍等于瞬时功率的最大值。电感上无功功率的大小为：

$$Q = UI = X_L I^2 = \frac{U^2}{X_L}$$

结论：

在电容元件电路中，在相位上电流比电压超前 90°；电压的幅值（或有效值）与电流的幅值（或有效值）的比值为容抗 X_C；电容元件是储能元件，瞬时功率的最大值（即电压和电流有效值的乘积），称为无功功率，为了与电感元件的区别，电容的无功功率取负值。

（1）X_C、X_L 与 R 一样，有阻碍电流的作用。

（2）适用欧姆定律，等于电压、电流有效值之比。

（3）X_L 与 f 成正比，X_C 与 f 成反比，R 与 f 无关。

对直流电 $f=0$，L 可视为短路，$X_C=\infty$，可视为开路。

对交流电 f 越高，X_L 越大，X_C 越小。

【例 2-4】 把一个 100Ω 的电阻元件接到频率为 50Hz、电压有效值为 10V 的正弦电源上，问电流是多少？如保持电压值不变，而电源频率改变为 5000Hz，这时电流将为多少？若将 100Ω 的电阻元件改为 25μF 的电容元件，这时电流又将如何变化？

解：因为电阻与频率无关，所以电压有效值保持不变时，频率虽然改变但电流有效值不变。即：

$$I = \frac{U}{R} = (10/100)\,\mathrm{A} = 0.1 = 100\mathrm{mA}$$

当 $f=50$Hz 时，有：

$$X_C = \frac{1}{2\pi fC} = \frac{1}{2\times 3.14\times 50\times(25\times 10^{-6})} = 127.4(\Omega)$$

$$I = \frac{U}{X_C} = \frac{10}{127.4} = 0.078(\mathrm{A}) = 78(\mathrm{mA})$$

当 $f=5000$Hz 时，有：

$$X_C = \frac{1}{2\times 3.14\times 5000\times(25\times 10^{-6})} = 1.274(\Omega)$$

$$I = \frac{10}{1.274} = 7.8(\mathrm{A})$$

可见，在电压有效值一定时，频率越高，则通过电容元件的电流有效值越大。

2.4 RLC 串联电路

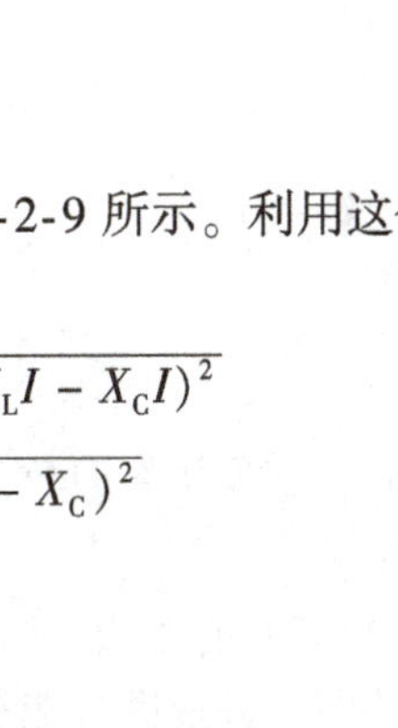

图 2-2-7 RLC 串联电路

在实际交流电路中，单一参数的电路是不存在的。例如线绕电阻，除有电阻外，还有一定的电感，另外在线圈的各匝之间也总有少量的分布电容；电感线圈中的导体本身具有电阻，电容器中由于磁介质的损耗，也表现出一定的电阻性质。因此，实际的交流电路往往存在着电阻、电感和电容三个参数的影响。下面，我们来学习电阻、电容和电感元件的串联电路。

2.4.1 RLC 串联电路的电压与电流关系

由电阻、电感和电容串联组成的交流电路，简称 RLC 串联电路，如图 2-2-7 所示。

根据 KVL 定律可列出 $u = u_R + u_L + u_C$

若设电路中的电流为 $i = I_m \sin\omega t$

则电阻元件上的电压 u_R 与电流同相，即：

$$u_R = RI_m \sin\omega t = U_{Rm} \sin\omega t$$

电容元件上的电压 u_C 比电流滞后 90°，即：

$$u_C = \frac{I_m}{\omega C}\sin(\omega t - 90°) = U_{Cm}\sin(\omega t - 90°)$$

电感元件上的电压 u_L 比电流超前 90°，即：

$$u_L = \omega L I_m \sin(\omega t + 90°) = U_{Lm}\sin(\omega t + 90°)$$

电源电压为：

$$u = u_R + u_L + u_C = U_m \sin(\omega t + \varphi)$$

用相量法求和，可得：

$$\dot{U} = \dot{U}_R + \dot{U}_L + \dot{U}_C$$

画出相应的相量图 2-2-8 所示。

由电压相量所组成的直角三角形，称为电压三角形，如图 2-2-9 所示。利用这个电压三角形，可求得电源电压的有效值，即：

$$U = \sqrt{U_R^{\ 2} + (U_L - U_C)^2} = \sqrt{(RI)^2 + (X_L I - X_C I)^2}$$
$$= I\sqrt{R^2 + (X_L - X_C)^2}$$

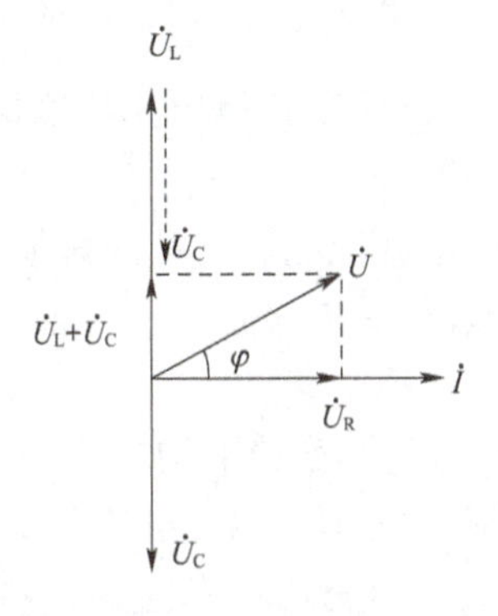

图 2-2-8 RLC 串联电路相量图

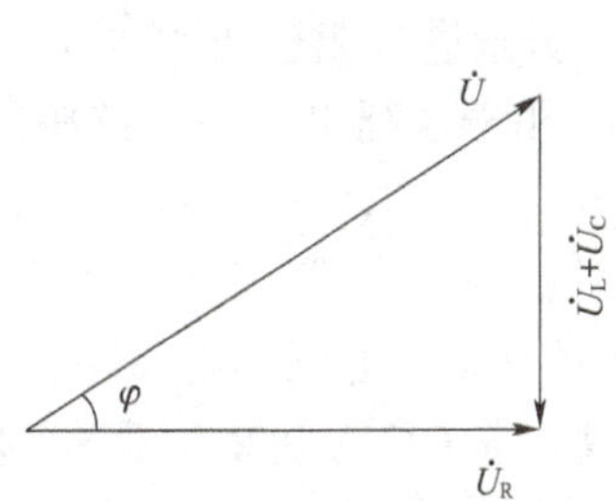

图 2-2-9 电压三角形

电路中电压与电流的有效值(或幅值)之比为$\sqrt{R^2+(X_L-X_C)^2}$。它的单位也是欧姆,也具有对电流起阻碍作用的性质,我们称它为电路的阻抗模,用$|Z|$代表,即:

$$|Z| = \sqrt{R^2+(X_L-X_C)^2} = \sqrt{R^2+\left(\omega L-\frac{1}{\omega C}\right)^2}$$

其中令$X=X_L-X_C$称为电抗,单位为欧姆。

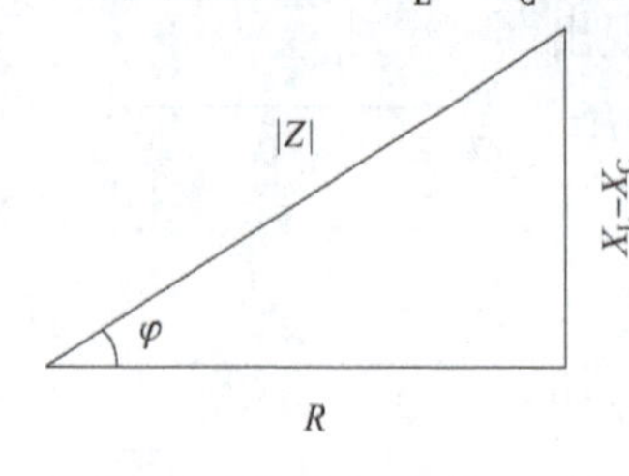

图 2-2-10　阻抗三角

$|Z|$、R和$|X_L-X_C|$三者之间的关系也可用一个直角三角形——阻抗三角形来表示,如图 2-2-10所示。

电源电压u与电流i之间的相位差也可从电压三角形得出,即:

$$\varphi = \arctan\frac{U_L-U_C}{U_R} = \arctan\frac{X_L-X_C}{R}$$

若采用复数运算,即:

$$\dot{U} = R\dot{I} + jX_L\dot{I} - jX_C\dot{I} = [R+j(X_L-X_C)]\dot{I} = Z\dot{I}$$

$$Z = R+j(X_L-X_C)$$

$$= |Z|\angle\varphi$$

Z称为复阻抗。阻抗的幅角φ即为电流与电压之间的相位差。

电路特性:如果$X_L>X_C$,则$\varphi>0$,电流滞后与电压,电路称为感性电路。

如果$X_L<X_C$,则$\varphi<0$,电流超前与电压,电路称为容性电路。

如果$X_L=X_C$,则$\varphi=0$,电流与电压同相,电路称为电阻性电路。

2.4.2　RLC 串联电路的功率

1)瞬时功率和有功功率

设$i=I_m\sin\omega t$,$u=U_m\sin(\omega t+\varphi)$则有:

瞬时功率:

$$p = ui = U_m I_m \sin\omega t\cdot\sin(\omega t+\varphi)$$

$$= UI\cos\varphi - UI\cos(2\omega t+\varphi)$$

有功功率:

$$P = \frac{1}{T}\int_0^T p\mathrm{d}t = UI\cos\varphi$$

令$\lambda=\cos\varphi$称为功率因数,它是交流供电线路运行的重要指标之一。

2)无功功率

在电路中,电源的能量一部分消耗在电阻元件上,转化为其他形式的能量,另外还有一部分与阻抗中的电抗分量进行能量交换。

无功功率正是用来表征电源与阻抗中的电抗分量进行能量交换的规模大小的物理量。

$$Q = Q_L - Q_C = (U_L-U_C)I = UI\sin\varphi$$

3)视在功率

由于 RLC 串联电路中电压和电流存在相位差,因此电路的平均功率不等于电压和电流的有效值的乘积UI。UI具有功率的形式,但它既不是有功功率,也不是无功功率,我们把它称为视在功率,用大写字母S表示,为了与有功功率和无功功率区别,视在功率的单位为伏·安(V·A)。

$$S = UI = \sqrt{P^2 + Q^2}$$

视在功率是有实际意义的。如交流电源都有确定的额定电压 U_N 和额定电流 I_N，其视在功率 $U_N I_N$ 就表示了该电源可能提供最大有功功率，称为电源的容量。

P、Q、S 三者也构成直角三角形的关系，称为功率三角形，如图 2-2-11 所示。

在 RLC 串联电路中，存在三个相似三角形，即阻抗三角形、电压三角形和功率三角形，如果将功率三角形的三个边除以电流的有效值，便可以得到电压三角形。功率三角形与电压三角形为相似三角形，φ 角即为功率因数角。

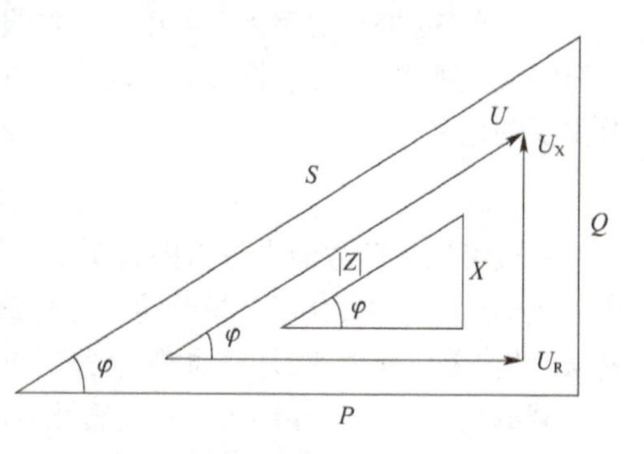

图 2-2-11　RLC 阻抗、电压、功率三角形

【例 2-5】　在 RLC 串联电路中，已知 $R = 30\Omega$，$L = 127\text{mH}$，$C = 40\mu\text{F}$，$u = 220\sqrt{2}\sin(314t + 20°)$ V。求：(1) 电流的有效值 I 与瞬时值 i；(2) 各部分电压的有效值与瞬时值；(3) 有功功率 P、无功功率 Q 和视在功率 S。

解：由已知可得：

$$X_L = \omega L = 314 \times 127 \times 10^{-3} = 40(\Omega)$$

$$X_C = \frac{1}{\omega C} = \frac{1}{314 \times 40 \times 10^{-6}} = 80(\Omega)$$

$$|Z| = \sqrt{R^2 + (X_L - X_C)^2} = \sqrt{30^2 + (40 - 80)^2} = 50(\Omega)$$

(1)

$$I = \frac{U}{|Z|} = \frac{220}{50} = 4.4(\text{A})$$

$$\varphi = \arctan\frac{X_L - X_C}{R} = \arctan\frac{40 - 80}{30} = -53°$$

因为 $\varphi = \varphi_u - \varphi_i = -53°$，且 $\varphi_u = 20°$，所以 $\varphi_i = 73°$。

则：

$$i = 4.4\sqrt{2}\sin(314t + 73°)(\text{A})$$

(2)

$$U_R = RI = 4.4 \times 30 = 132(\text{V})$$

$$u_R = 132\sqrt{2}\sin(314t + 73°)(\text{V})$$

$$U_L = IX_L = 4.4 \times 40 = 176(\text{V})$$

$$u_L = 176\sqrt{2}\sin(314t + 163°)(\text{V})$$

$$U_C = IX_C = 4.4 \times 80 = 352(\text{V})$$

$$u_C = 352\sqrt{2}\sin(314t - 17°)(\text{V})$$

(3)

$$P = UI\cos\varphi = 220 \times 4.4 \times \cos(-53°) = 580.8(\text{W})$$

或

$$P = U_R I = I^2 R = 580.8(\text{W})$$

$$Q = UI\sin\varphi = 220 \times 4.4 \times \sin(-53°) = -774.4(\text{var})$$

或

$$Q = (U_L - U_C)I = I^2(X_L - X_C) = -774.4(\text{var})$$

2.5　功率因数

2.5.1　功率因数在实际中的意义

在交流电路中，一般负载多为电感性负载，通常它们的功率因数都比较低。交流感应电动机在额定负载时，功率因数为 0.8～0.85，轻载时只有 0.4～0.5，空载时更低，仅为 0.2～0.3，不装电容器的荧光灯的功率因数为 0.45～0.60。功率因数低会引起下述不良后果：

(1)电源设备的容量不能得到充分的利用。

(2)增加了线路上的功率损耗和电压降。

综上可知，提高功率因数可以使电源设备的能力得到充分的发挥，并使输送电能损耗和线路压降大大减少。因此，提高电网功率因数是增产节电的重要途径，对国民经济的发展有着十分重要的意义。

2.5.2 提高功率因数的方法

一般可以从两方面来考虑提高功率因数。一方面是提高自然功率因数，主要办法有改进电动机的运行条件、合理选择电动机的容量、或采用同步电动机等措施；另一方面是采用人工补偿，又称无功补偿，就是在通常广泛应用的电感性电路中，人为地并联电容性负载，利用电容性负载的超前电流来补偿滞后的电感性电流，以达到提高功率因数的目的。

图 2-2-12a)给出了一个电感性负载并联电容时的电路图，图 2-2-12b)是它的相量图。

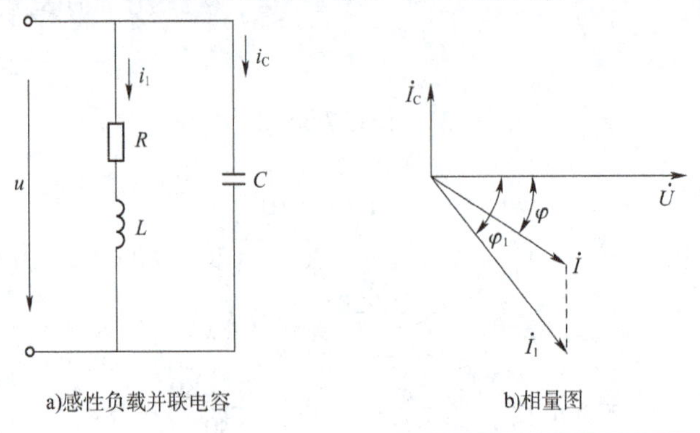

图 2-2-12　功率因数的提高

并联电容前，有：

$$P = UI_1\cos\varphi_1, I_1 = \frac{P}{U\cos\varphi_1}$$

并联电容后，有：

$$P = UI\cos\varphi, I = \frac{P}{U\cos\varphi}$$

由图 2-2-12b)可以看出：

$$I_C = I_1\sin\varphi_1 - I\sin\varphi = \frac{P\sin\varphi_1}{U\cos\varphi_1} - \frac{P\sin\varphi}{U\cos\varphi} = \frac{P}{U}(\tan\varphi_1 - \tan\varphi)$$

又知：

$$I_C = \omega CU$$

代入上式可得：

$$\omega CU = \frac{P}{U}(\tan\varphi_1 - \tan\varphi)$$

即：

$$C = \frac{P}{\omega U^2}(\tan\varphi_1 - \tan\varphi)$$

应用上式就可以求出把功率因数从 $\cos\varphi_1$ 提高到 $\cos\varphi$ 所需的电容值。

在实用中往往需要确定电容器的个数，而制造厂家生产的补偿用的电容器的技术数据也是直接给出其额定电压 U_N 和额定功率 Q_N（千伏安）。为此，就需要计算补偿的无功功率 Q_C。

因为：

$$Q_C = I_2X_C = \frac{U^2}{X_C} = \omega CU^2$$

所以：

$$C = \frac{Q_C}{\omega U^2}$$

可得：

$$Q_C = P(\tan\varphi_1 - \tan\varphi)$$

应该注意，所谓提高功率因数，并不是提高电感性负载本身的功率因数，负载在并联电容前后，由于端电压没变，其工作状态不受影响，负载本身的电流、有功功率和功率因数均无变化。提高功率因数只是提高了电路总的功率因数。用并联电容来提高功率因数，一般补偿到0.9左右即可，而不是补偿到更高，因为补偿到功率因数接近于1时，所需电容量大，反而不经济了。

【例2-6】 图2-2-13所示为一荧光灯装置等效电路，已知$P=40\text{W}$，$U=220\text{V}$，$I=0.4\text{A}$，$f=50\text{Hz}$。(1)求此荧光灯的功率因数。(2)若要把功率因数提高到0.9，需补偿的无功功率 Q_C 及电容量 C 各为多少？

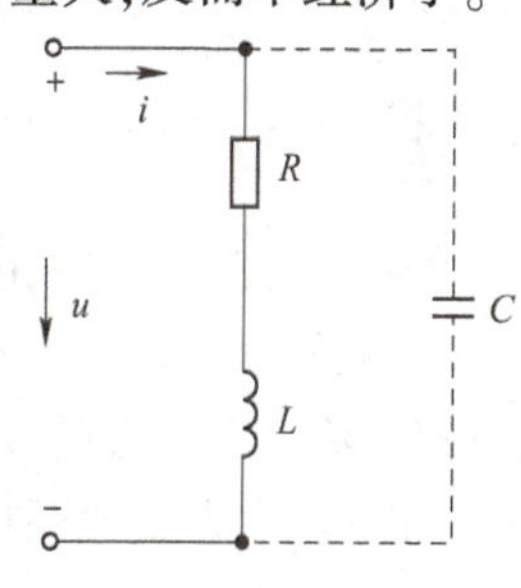

图2-2-13 例2-6电路图

解：(1)因为 $P=UI\cos\varphi$，所以 $\cos\varphi=\dfrac{P}{UI}=\dfrac{40}{220\times0.4}=0.455$。

(2)由 $\cos\varphi_1=0.455$ 得 $\varphi_1=63°$，$\tan\varphi_1=1.96$；

由 $\cos\varphi_2=0.9$ 得 $\varphi_2=26°$，$\tan\varphi_2=0.487$。

则有：

$$Q_C = 40(1.96 - 0.487) = 58.9(\text{V}\cdot\text{A})$$

$$C = \frac{Q_C}{\omega U^2} = \frac{58.9}{2\times3.14\times50\times220^2} = 3.88\times10^{-6}(\text{F}) = 3.88(\mu\text{F})$$

3 任务实施

3.1 准备工作

阅读实验指导书，制订测试方案，准备所需仪器、设备和工具。

3.2 操作流程

(1)组装荧光灯电路。

(2)闭合开关，读取电流表、电压表、功率表数值，并计算功率因数。

(3)接入电容器，读取电流表、电压表、功率表数值，并计算功率因数。

(4)改变电容器值，读取电流表、电压表、功率表数值，并计算功率因数。

3.3 操作提示

(1)线路连接要正确。

(2)电容器试验前处于断开状态。

复习与思考题

1. 一个 $C=50\mu F$ 的电容接于 $u=220\sqrt{2}\sin(314t+60°)$ V 的电源上，求 i_C 及 Q_C，并绘电流和电压的相量图。

2. 已知一个 RLC 串联电路中，$R=10\Omega$，$X_L=15\Omega$，$X_C=5\Omega$，其中电流 $\dot{I}=2\angle 30°$ A，试求：(1)总电压 $\dot{U}$；(2)$\cos\varphi$；(3)该电路的功率 P、Q、S。

3. RL 串联电路接到 220V 的直流电源时功率为 1.2kW，接在 220V、50 Hz 的电源时功率为 0.6kW，试求它的 R、L 值。

4. 在一个电压为 380V、频率为 50Hz 的电源上，接有一感性负载，$P=300$kW，$\cos\varphi=0.65$，现需将功率因数提高到 0.9，试问应并联多大的电容？

任务 3 三相交流电路

1 任务引入

在单相交流电路中，电源只能提供一个交变电动势，而在供电系统，一般都是由频率、幅值相等，相位互差 120°的三个对称的交变电动势供电，与负载一起构成三相交流电路。三相交流电路比单相交流电路具有更多的优越性。我国电力系统中的供电方式几乎全部采用三相交流供电系统，三相交流发电机比同功率的单相交流发电机体积小、成本低，在距离相同、电压相同、输送功率相同的情况下，三相输电比单相输电节省材料；在工矿企业中，三相交流电动机是主要的用电负载；许多需要大功率直流电源的用户，通常利用三相整流来获得波形平滑的直流电压，因而得到广泛的应用。

汽车中使用的就是三相交流发电机。那么三相交流电是如何产生的？其电路是怎么连接的？

2 相关理论知识

2.1 三相交流电动势的产生

三相交流电一般是由三相交流发电机产生的。三相交流发电机的基本原理图如图 2-3-1 所示。三相交流发电机主要由电枢和磁极构成。

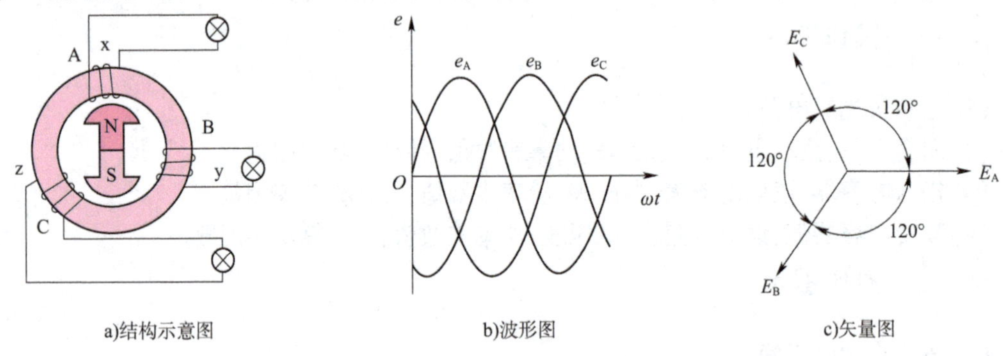

图 2-3-1 三相交流发电机

电枢是固定的,电枢又称定子。定子铁芯由硅钢片叠成,内壁有槽,槽内嵌放着形状、尺寸和匝数都相同,而轴线互交120°的三个电枢绕组AX、BY、CZ,称为三相绕组,其中A、B、C是绕组的首端,X、Y、Z是绕组的末端。

磁极是转动的,磁极又称转子。它的磁极由直流电流通过励磁绕组而形成,产生沿空气隙按正弦规律分布的磁场。

当转子由原动机带动,并以匀速按顺时针方向转动时,则每相电枢绕组依次切割磁力线,其中产生频率相同,幅值相等的正弦电动势e_A、e_B、e_C。电动势的参考方向选定为自绕组的末端指向首端。

由图2-3-1可见,若三相绕组从图中所示位置开始旋转,当S极的轴线正转到A处时,A相的电动势达到正的幅值。经过120°后S极轴线转到B处,B相的电动势达到正的幅值。同理,再由此经过120°后,C相的电动势达到正的幅值。周而复始。所以e_A与e_B在相位上相差120°,e_B与e_C也相差120°。若以A相电压作为参考正弦量,则它们的瞬时表达式为:

$$e_A = E_m \sin\omega t$$

$$e_B = E_m \sin(\omega t - 120°)$$

$$e_C = E_m \sin(\omega t + 120°)$$

用相量表示为:

$$\dot{E}_A = E\angle 0°$$

$$\dot{E}_B = E\angle -120°$$

$$\dot{E}_C = E\angle 120°$$

从相量图很显然可知三相对称电动势的瞬时值之和、相量和均为零,即:

$$e_A + e_B + e_C = 0$$

$$\dot{E}_A + \dot{E}_B + \dot{E}_C = 0$$

相电压依次出现最大值的顺序称为相序。在图2-3-1中,电源的顺序为A→B→C→A称为正相序,简称正序;把C→B→A→C称为负相序,简称负序。

实际上,三相交流发电机就是一个三相电源。理想情况下,发电机每个绕组的电路模型是一个电压源。相序是一个十分重要的概念,为使电力系统能够安全可靠地运行,通常统一规定技术标准,规定:三相交流发电机或三相变压器的引出线、实验室配电装置的三相母线,以黄、绿、红三种颜色分别表示A、B、C三相。

2.2 三相电源的连接

在上述发电机中,若三相绕组产生的电动势各自单独向负载供电,可得三个独立的单相交流电路,这就需要六根输电线,在三相供电系统中,都要将三相绕组做一定连接后再向负载供电。连接方法通常有两种:星形连接和三角形连接。

2.2.1 电源的星形连接

将三相绕组的三个末端X、Y、Z连接在一起后,同三个首端一起向外引出四根供电线,如图2-3-2所示,这种连接方式称为三相电源的星形连接,一般用"Y"表示。

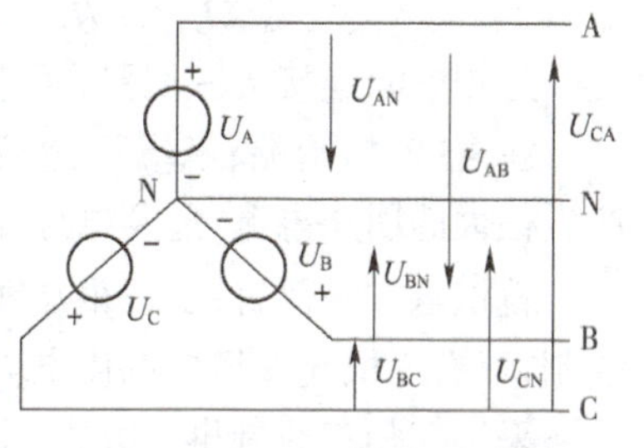

图2-3-2 三相电源的星形连接

星形连接时,三相绕组末端X、Y、Z的连接点称为中性

点，用 N 表示，从 N 点引出的一根线称为中性线。在低压供电系统中，中性点通常是接地的，其对大地的电位为零，因而在这种情况下，中性线又被俗称为地线或零线。从首端 A、B、C 引出的三根供电线称为相线或端线，俗称火线。三相电源中的三条相线与中性线间的电压称为相电压，其有效值用 U_{AN}、U_{BN}、U_{CN}表示，一般用 U_P表示；而任意两条相线间的电压，称为线电压，其有效值用 U_{AB}、U_{BC}、U_{CA}表示，一般用 U_L表示。相电压的参考方向，选定为从相线指向中性线，线电压的参考方向，如 U_{AB}，是自 A 线指向 B 线。三相电源的相电压基本上等于三相电动势（忽略内阻抗压降），所以相电压也是对称的。以 A 相电压为参考相量，则有：

$$\dot{U}_A = U_P\angle 0°$$
$$\dot{U}_B = U_P\angle -120°$$
$$\dot{U}_C = U_P\angle +120°$$

三相电源星形接法时，相电压、线电压显然是不相等的。其关系为：

$$\dot{U}_{AB} = \dot{U}_A - \dot{U}_B$$
$$\dot{U}_{BC} = \dot{U}_B - \dot{U}_C$$
$$\dot{U}_{CA} = \dot{U}_C - \dot{U}_A$$

相电压和线电压之间的关系用相量图表示，如图 2-3-3 所示。

从相量图中很容易得到：

$$\dot{U}_{AB} = \sqrt{3}U_P\angle 30° = \sqrt{3}\,\dot{U}_A\angle 30°$$
$$\dot{U}_{BC} = \sqrt{3}U_P\angle -90° = \sqrt{3}\,\dot{U}_B\angle 30°$$
$$\dot{U}_{CA} = \sqrt{3}U_P\angle 150° = \sqrt{3}\,\dot{U}_C\angle 30°$$

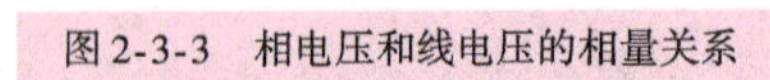

图 2-3-3　相电压和线电压的相量关系

由于$\dot{U}_A$、$\dot{U}_B$、$\dot{U}_C$是三相对称电压，所以，$\dot{U}_{AB}$、$\dot{U}_{BC}$、$\dot{U}_{CA}$也是大小相等、频率相同，彼此间相位差相等（120 °）的三相对称电压。同理，任一时刻三个线电压的代数和为零。显然，$U_L = \sqrt{3}U_P$，相位超前于相应的相电压 30°。

2.2.2　电源的三角形连接

将三相电源中每相绕组的首端依次与另一相绕组的末端连接在一起，形成闭合回路，然后从三个连接点引出三根供电线，如图 2-3-4 所示，这种连接方式称为三相电源的三角形连接，一般用“△”表示。三相电压为对称三相电压。显然这时线电压等于相电压，即：

$$U_L = U_P$$

三相电源连接成一回路，回路中电流为零。

注意：各相始端、末端不能接错，否则回路中将产生很大的回路电流，危及电源安全。

图 2-3-4　三相电源的三角形连接

就供电方式而言，由三根端线和一根中性线组成的供电方式称为三相四线制，只有三根端线组成的供电方式称为三相三线制。

采用三相三线制供电方式，由于没有中性线，只能向用户提供一种电压。一般三相交流发电机都采用星形连接。高压输电采用三相三线制，低压供电采用三相四线制。

特别需要注意的是，在工业用电系统中如果只引出三根导线（三相三线制），那么就都是相线（没有中线），这时所说的三相电压大小均指线电压 U_L；而民用电源则需要引出中线，所说的电压大小均指相电压 U_P。

2.3 三相负载的连接

由三相电源供电的电路称为三相电路。三相电路中的负载一般可以分为两类。一类是对称负载，如三相交流电动机，其特征是每相负载的复阻抗相等（阻抗值相等，阻抗角相等），即：

$$Z_A = Z_B = Z_C = Z = |Z|\angle\varphi$$

另一类是非对称负载，如电灯、家用电器等，它们只需单相电源供电即可工作，这类负载各相的阻抗一般不可能相等。

负载接入三相电源时应遵守两个原则：一是加于负载的电压必须等于负载的额定电压。二是应尽可能使电源的各相负载均匀、对称，从而使三相电源趋于平衡。据此，三相电路的负载可构成星形（Y）连接或三角形（△）连接两种方式。不论采用哪种连接形式，其每相负载首、末端之间的电压，称为负载的相电压；两相负载首端之间的电压，称为负载的线电压。

我们在这里讨论的主要是电源作星形连接时负载的连接方法。

2.3.1 三相负载的Y形连接

如图2-3-5所示，将三相负载的末端连接在一起，这个连接点用N′表示，与三相电源的中性点N相连，三相负载的首端分别接到三根相线上，这种连接形式称为三相负载的星形连接，这种连接方式的电路称为负载星形连接的三相四线制电路，每相负载的阻抗为 Z_A、Z_B、Z_C。此种连接形式，不论负载对称与否，其相电压总是对称的。负载上相、线电压等于三相电源的相电压、线电压。

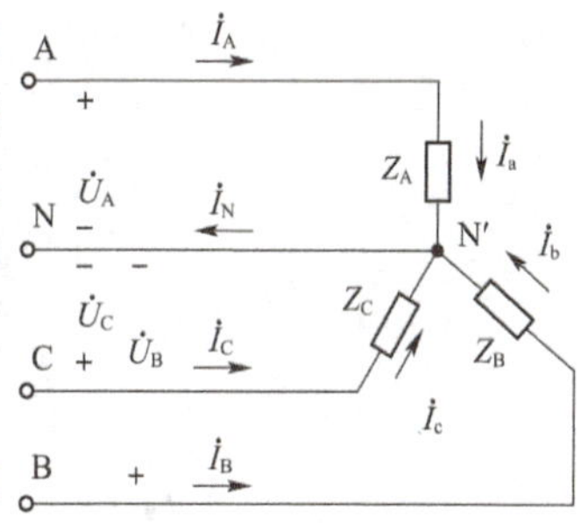

图2-3-5 三相负载的星形连接

三相电路中流过相线的电流 i_A、i_B、i_C 称为线电流，其有效值用 I_L 表示；流过负载的电流 i_a、i_b、i_c 称为相电流，其有效值用 I_P 表示。显然有：

$$i_a = i_A$$

$$i_b = i_B$$

$$i_c = i_C$$

即负载相电流等于相应的线电流 $I_P = I_L$。

流过中线的电流称为中线电流，记作 I_N。

采用此种接法时，每相电流为：

$$\dot{I}_A = \frac{\dot{U}_A}{Z_A}$$

$$\dot{I}_B = \frac{\dot{U}_B}{Z_B}$$

$$\dot{I}_C = \frac{\dot{U}_C}{Z_C}$$

中线电流为：

$$\dot{I}_N = \dot{I}_A + \dot{I}_B + \dot{I}_C$$

若为对称Y形负载,线电压等于$\sqrt{3}$倍相电压,相位超前相电压30°;线电流等于相电流。中线电流为零,即$\dot{I}_N = \dot{I}_A + \dot{I}_B + \dot{I}_C = 0$。此时中线就不再起作用了,可以省去,变为三相三线制供电。低压供电系统中的动力负载(电动机)就是采用这样的供电方式。

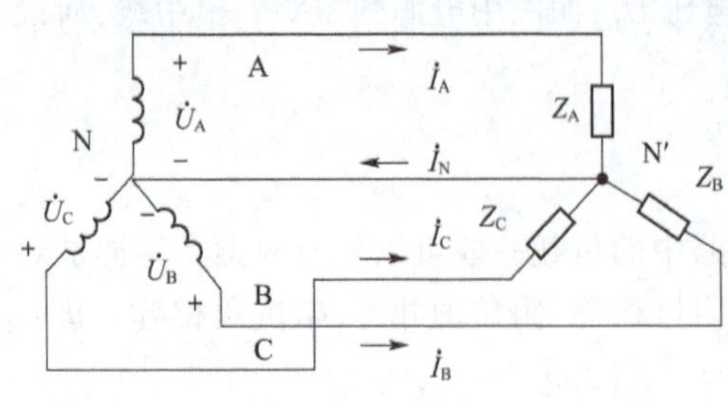

图2-3-6　例2-7电路图

【例2-7】　如图2-3-6所示,已知三相电源的线电压$\dot{U}_{AB} = 380\angle 30°V$,阻抗$Z_A = 10\angle 37°\Omega$,$Z_B = 10\angle 30°\Omega$,$Z_C = 10\angle 53°\Omega$。求各线电流和中线电流。

解:因为题目中给出的负载阻抗值和相位角都不相同,故为不对称负载。在负载不对称的情况下,每相负载单独计算。显然,每相负载两端的电压与对应的电源相电压相等。

$$\dot{U}_{AB} = 380\angle 30°V$$

则:

$$\dot{U}_A = 220\angle 0°V, \dot{U}_B = 220\angle -120°V, \dot{U}_C = 220\angle 120°V$$

因此:

$$\dot{I}_A = \frac{\dot{U}_A}{Z_A} = \frac{220\angle 0°}{10\angle 37°} = 22\angle -37°(A)$$

$$\dot{I}_B = \frac{\dot{U}_B}{Z_B} = \frac{220\angle -120°}{10\angle 30°} = 22\angle -150°(A)$$

$$\dot{I}_C = \frac{\dot{U}_C}{Z_C} = \frac{220\angle 120°}{10\angle 53°} = 22\angle 67°(A)$$

$$\begin{aligned}\dot{I}_N &= \dot{I}_A + \dot{I}_B + \dot{I}_C \\ &= 22\angle -37° + 22\angle -150° + 22\angle 67° \\ &= 17.57 - j13.24 - 19.05 - j11 + 8.6 + j20.25 \\ &= 7.12 - j3.99 \\ &= 8.18\angle -29.5°(A)\end{aligned}$$

从【例2-7】中可以看出,若三相负载不对称时,中性线电流不会是零,中线绝对不能去掉。中性线的存在,保证了每相负载两端的电压是电源的相电压,保证了三相负载能独立正常工作,各相负载有变化都不会影响到其他项。否则,负载上的相电压将会出现不对称现象,有的相高于额定电压,有的相低于额定电压,负载不能正常工作,这是绝对不允许的。因此,星形连接的不对称负载,必须采用三相四线制电路。而且为了确保中线的可靠性,一般在中线上加装钢芯,使其具有足够的机械强度,在中线里不准安装开关和熔断器。这时中性线电流可从向量图求得。

2.3.2　三相负载△形连接

图2-3-7所示为负载△形连接的三相电路。负载依次连接到电源的两根相线之间,称为负载的三角形连接。因为各相负载都直接连接在电源的两根相线之间,所以负载的相电压就是电源的线电压。无论负载对称与否,其相电压总是对称的。即:

$$U_{AB} = U_{BC} = U_{CA} = U_L = U_P$$

负载的相电流 $I_P(I_{AB}, I_{BC}, I_{CA})$ 与线电流 $I_L(I_A, I_B, I_C)$ 显然不同。由电路的基本定律可得：

$$\dot{I}_{AB} = \frac{\dot{U}_{AB}}{Z_{AB}}, \dot{I}_{BC} = \frac{\dot{U}_{BC}}{Z_{BC}}, \dot{I}_{CA} = \frac{\dot{U}_{CA}}{Z_{CA}}$$

$$\dot{I}_A = \dot{I}_{AB} - \dot{I}_{CA}, \dot{I}_B = \dot{I}_{BC} - \dot{I}_{AB}, \dot{I}_C = \dot{I}_{CA} - \dot{I}_{BC}$$

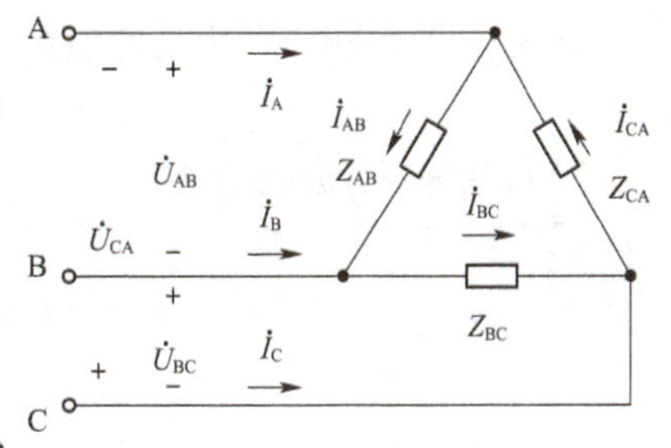

图 2-3-7　三相负载的三角形连接

若为对称负载，则相电流、线电流对称。根据基尔霍夫电流定律，可得到三个线电流为：

$$I_A = \sqrt{3}I_{AB}, \dot{I}_A \text{ 滞后于} \dot{I}_{AB}\ 30°$$

$$I_B = \sqrt{3}I_{BC}, \dot{I}_B \text{ 滞后于} \dot{I}_{BC}\ 30°$$

$$I_C = \sqrt{3}I_{CA}, \dot{I}_C \text{ 滞后于} \dot{I}_{CA}\ 30°$$

由上述可得，线电流的大小是相电流的$\sqrt{3}$倍，即 $I_L = \sqrt{3}I_P$。

相位上滞后于相应的相电流 30°。计算时，只需计算一相，其他两相推出即可。

三相负载不对称时，三相电路的每相负载需分别进行计算的。

结论：负载作△形连接时只能形成三相三线制电路。显然不管负载是否对称（相等），电路中负载相电压 U_P 都等于线电压 U_L。当三相负载对称时，即各相负载完全相同，相电流和线电流也一定对称。线电流的大小是相电流的$\sqrt{3}$倍。

【例 2-8】　对称三相电阻炉作三角形连接，每相电阻为 38Ω，接于线电压为 380V 的对称三相电源上，试求负载相电流 I_P、线电流 I_L。

解：由于三角形连接时 $U_L = U_P$，可得：

$$I_P = \frac{U_P}{R_P} = \frac{380}{38} = 10(\text{A})$$

所以：

$$I_L = \sqrt{3}I_P = \sqrt{3} \times 10 \approx 17.32(\text{A})$$

2.4　三相功率

三相交流电路可以看成是三个单相交流电路的组合，因此三相电路的功率与单相电路一样，也分为有功功率、无功功率和视在功率。

2.4.1　有功功率

无论电路对称与否，三相电路的有功功率都等于各相有功功率之和。即：

$$P = P_A + P_B + P_C$$

在负载对称的三相电路中，各相电流、相电压及功率因数都相等，因此，三相电路的有功功率为每相负载有功功率的 3 倍。对于负载星形连接的三相对称电路有：

$$P = 3P_A = 3U_P I_P \cos\varphi$$

1）负载为星形连接时

因为：

$$U_L = \sqrt{3}U_P, I_L = I_P$$

所以：

$$P = 3 \times \frac{1}{\sqrt{3}}U_l I_l \cos\varphi = \sqrt{3}U_l I_l \cos\varphi$$

其中，φ 为每相负载阻抗的阻抗角，也即为该相负载两端电压与流过该负载的相电流的相位差。

2）负载为三角形连接时

因为：

$$P = 3P_{AB} = 3U_{AB}I_{AB}\cos\varphi = 3U_1I_P\cos\varphi$$

$$I_L = \sqrt{3}I_P$$

所以：

$$P = 3U_1 \cdot \frac{1}{\sqrt{3}}I_1\cos\varphi = \sqrt{3}U_1I_1\cos\varphi$$

同理，φ 为每相负载阻抗的阻抗角。

即无论星形或三角形的负载，只要电路对称，一定有：

$$P = \sqrt{3}U_1I_1\cos\varphi$$

对于不对称负载，需要分别计算出各相的电压、电流、功率因数，方可得出总的有功功率。

2.4.2 无功功率

无论电路对称与否，无功功率都等于各相无功功率之和。即：

$$Q = Q_A + Q_B + Q_C$$

在对称情况下，相电流与相电压及功率因数都相等，则：

$$Q = Q_A + Q_B + Q_C = 3U_PI_P\sin\varphi$$

即无论星形连接或三角形连接的负载，只要电路对称，一定有：

$$Q = 3U_PI_P\sin\varphi = \sqrt{3}U_1I_1\sin\varphi$$

2.4.3 视在功率

三相电路视在功率为：

$$S = 3U_PI_P = \sqrt{3}U_1I_1 = \sqrt{P^2 + Q^2}$$

即 P、Q、S 之间也存在着功率三角形的关系。

说明：(1) 对称三相负载功率因数 $\cos\varphi$ 就是每一相负载的功率因数，而 φ 则是每相负载的阻抗角，即相电压与相电流的相位差角。

(2) 当电源电压不变时，对称负载由星形连接改为三角形连接后，尽管功率计算形式相同，但负载实际消耗的功率却不同。三角形连接负载的相电压、相电流及功率均为星形连接时的$\sqrt{3}$倍。

(3) 在工程实际中，设备铭牌上所标注的额定电压和额定电流值都是指线电压和线电流。主要是线电压和线电流比较容易测量，如电动机电路。所以功率的计算公式常以线电压、线点流表示。式中的 U_L，I_L是线电压、线电流。

【例 2-9】 有一对称三相负载，每相电阻为 $R = 6\ \Omega$，电抗 $X = 8\ \Omega$，三相电源的线电压为 $U_L = 380V$。求：(1) 负载作星形连接时的功率 P_Y；(2) 负载作三角形连接时的功率 $P_\triangle$。

解：每相阻抗均为 $|Z| = \sqrt{6^2 + 8^2} = 10(\Omega)$，功率因数 $\lambda = \cos\varphi = \frac{R}{|Z|} = 0.6$

(1) 负载做星形连接时：

相电压 $$U_{YP} = \frac{U_L}{\sqrt{3}} = 220(V)$$

线电流等于相电流 $I_{YL}=I_{YP}=\dfrac{U_{YP}}{|Z|}=22(A)$

负载的功率 $P_Y=\sqrt{3}U_{YL}I_{YL}\cos\varphi=8.7(kW)$

(2)负载做三角形连接时：

相电压等于线电压 $U_{\triangle P}=U_{\triangle L}=380(V)$

相电流 $I_{\triangle L}=\dfrac{U_{\triangle P}}{|Z|}=38(A)$

线电流 $I_{\triangle L}=\sqrt{3}I_{\triangle P}=66(A)$

负载的功率 $P_{\triangle}=\sqrt{3}U_{\triangle L}I_{\triangle L}\cos\varphi=26(kW)$

由此例题可看到：电源电压不变时，同一负载由星形改为三角形连接时功率增加到原来的3倍。

3 任务实施

3.1 准备工作

阅读实验指导书，制订测试方案，准备所需仪器、设备和工具。

3.2 操作流程

(1)区分相线与零线。

(2)搭建三相负载的星形连接。

(3)搭建三相负载的Y形连接。

3.3 操作提示

(1)元器件布局合理。

(2)注意安全用电，不能损坏元器件。

复习与思考题

1. 在线电压为380V的三相电源上，接两组电阻性对称负载，如图2-3-8所示，试求线路电流 I。

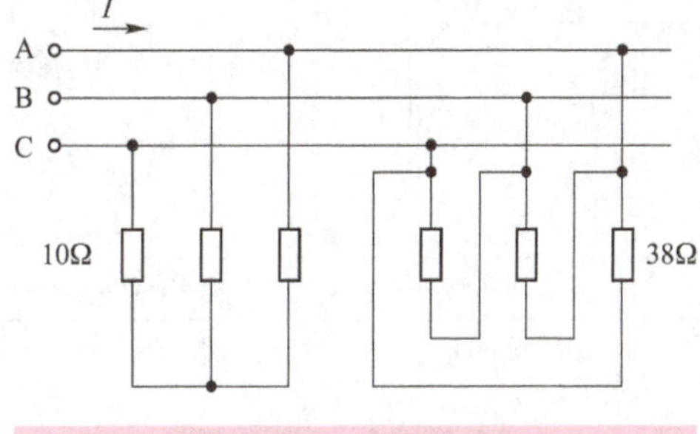

图2-3-8 习题1图

2. 三相对称负载三角形连接，其线电流为 $I_L=5.5A$，有功功率为 $P=7760W$，功率因数 $\cos\varphi=0.8$，求电源的线电压 U_L、电路的无功功率 Q 和每相阻抗 Z。

3. 对称三相负载星形连接，已知每相阻抗为 $Z=31\Omega+j22\Omega$，电源线电压为380V，求三相交流电路的有功功率、无功功率、视在功率和功率因数。

4. 对称三相电阻炉作三角形连接，每相电阻为38Ω，接于线电压为380V的对称三相电源上，试求负载相电流 I_P、线电流 I_L 和三相有功功率 P，并绘出各电压电流的相量图。

5. 对称三相电源，线电压 $U_L = 380V$，对称三相感性负载作三角形连接，若测得线电流 $I_L = 17.3A$，三相功率 $P = 9.12kW$，求每相负载的电阻和感抗。

6. 三相异步电动机的三个阻抗相同的绕组连接成三角形，接于线电压 $U_L = 380V$ 的对称三相电源上，若每相阻抗 $Z = 8\Omega + j6\Omega$，试求此电动机工作时的相电流 I_P、线电流 I_L 和三相电功率 P。

知识点小结

1. 大小和方向都随时间按正弦规律作周期性变化的电动势、电压和电流统称为正弦交流电。

2. 交流电的基本概念有周期、频率、角频率、瞬时值、最大值、有效值、相位、初相位和相位差等。其中最大值(或有效值)、角频率(或频率、周期)和初相角称为正弦交流电的三要素。

3. 在交流电作用下的电路称为交流电路。交流电路中的负载元件包括电阻、电感和电容。电阻是耗能元件，电感和电容是储能元件。这些元件的电压、电流关系是分析交流电路的基础，其关系见下表。

交流电路电阻、电感和电容三者的关系

项目 \ 电路形式		纯电阻电路	纯电感电路	纯电容电路
对电流的阻碍作用		电阻 R	感抗 $X_L = \omega L = 2\pi fL$	容抗 $X_C = \frac{1}{\omega C} = \frac{1}{2\pi fC}$
电流和电压间的关系	大小	$I = U/R$	$I = U/X_L$	$I = U/X_C$
	相位	电流电压同相	电压超前电流 90°	电压滞后电流 90°
有功功率		$P = U_R I = I^2 R$	0	0
无功功率		0	$Q_L = U_L I = I^2 X_L$	$Q_C = U_C I = I^2 X_C$

4. 串联电路中的电压、电流和功率关系见下表。

串联电路中电压、电流和功率关系

项目 \ 电路形式		R-L 串联电路	R-C 串联电路	R-L-C 串联电路
阻抗		$\|Z\| = \sqrt{R^2 + X_L^2}$	$\|Z\| = \sqrt{R^2 + X_C^2}$	$\|Z\| = \sqrt{R^2 + (X_L - X_C)^2}$
电流和电压间的关系	大小	$I = \frac{U}{\|Z\|}$	$I = \frac{U}{\|Z\|}$	$I = \frac{U}{\|Z\|}$
	相位	电压超前电流 φ $\tan\varphi = \frac{X_L}{R}$	电压滞后电流 φ $\tan\varphi = -\frac{X_C}{R}$	$\tan\varphi = \frac{X_L - X_C}{R}$ $X_L > X_C$，电压超前电流 φ $X_L < X_C$，电压滞后电流 φ $X_L = X_C$，电压电流同相
有功功率		$P = U_R I = UI\cos\varphi$	$P = U_R I = UI\cos\varphi$	$P = U_R I = UI\cos\varphi$
无功功率		$Q = U_L I = UI\sin\varphi$	$Q = U_C I = UI\sin\varphi$	$Q = (U_L - U_C) I = UI\sin\varphi$
视在功率		$S = UI = \sqrt{P^2 + Q^2}$		

5. 电路的有功功率与视在功率的比值称为电路的功率因数，即 $\lambda = \cos\varphi$。

为提高发电设备的利用率，减少电能损耗，提高经济效益，必须提高电路的功率因数。方法是在电感性负载两端并联一只电容量适当的电容器。

6. 对称三相交流电大小相等、频率相同,相位依次互差 120°。

7. 三相绕组的连接。

(1)星形连接:$U_{YL}=\sqrt{3}U_{YP}$,U_{YL}超前 U_{YP}30°。通常 $U_{YL}=380V$,$U_{YP}=220V$。

(2)三角形连接:$U_{\triangle P}=U_{\triangle L}$。

8. 三相负载的连接。

(1)星形连接:$U_{YL}=\sqrt{3}U_{YP}$,U_{YL}超前 U_{YP}30°,$I_{YL}=I_{YP}$。

①对称负载:

$$Z_1=Z_2=Z_3=Z_{相},\varphi_1=\varphi_2=\varphi_3$$

各相的电流对称,均为:

$$I_{YL}=I_{YP}=\frac{U_{YP}}{|Z_P|}$$

中性线电流为:

$$\dot{I}_N=\dot{I}_1+\dot{I}_2+\dot{I}_3=0$$

②不对称负载:Z_1、Z_2、Z_3或 φ_1、φ_2、φ_3不完全相同各相电流不对称,分别为:

$$I_1=\frac{U_{YP}}{|Z_1|},I_2=\frac{U_{YP}}{|Z_2|},I_3=\frac{U_{YP}}{|Z_3|}$$

中性线电流为:

$$\dot{I}_N=\dot{I}_1+\dot{I}_2+\dot{I}_3\neq 0$$

(2)三角形连接:$U_{\triangle P}=U_{\triangle L}$。

①对称负载:$I_{\triangle L}=\sqrt{3}I_{\triangle P}$。

②不对称负载:用欧姆定律分别计算各相相电流,然后再用相量合成方法求各线电流。

9. 三相电功率。

无论负载是否对称,如何连接,均有:

$$P=P_1+P_2+P_3$$

若是三相对称负载,无论如何连接,均有:

$$P=3U_PI_P\cos\varphi=\sqrt{3}U_LI_L\cos\varphi$$

$$Q=\sqrt{3}U_LI_L\sin\varphi$$

$$S=\sqrt{3}U_LI_L$$

项目 3

变压器与电动机

概　述

电工技术课程所要讲到的变压器、电动机以及继电器接触器等控制电器的内部结构都有铁芯和线圈，其目的都是为了当线圈通有较小电流时，能在铁芯内部产生较强的磁场，使线圈上感应出电动势或者对线圈产生电磁力。

变压器是一种常见的电气设备，用途可归纳为：经济的输电、合理的配电、安全的用电。它具有变换电压、变换电流、变换阻抗的功能，因而在电力系统输电和用户用电以及工程的各个领域得到广泛应用。

直流电动机是一种将直流电能转换成机械能的装置。直流电动机具有较为优良的调速和起动性能：它的调速范围广，平滑性、经济性好，这些性能对有些机械的拖动是十分重要的，如大型机床、电力机床、大型起重设备等。另外，在无交流电源而以蓄电池作为电源的机械设备上，也使用直流电动机进行起动或拖动机械，如汽车、拖拉机、电瓶车等。

作为电动机运行的三相异步电机，转子的转速低于旋转磁场的转速，转子绕组因与磁场间存在着相对运动而感生电动势和电流，并与磁场相互作用产生电磁转矩，实现能量变换。与单相异步电动机相比，三相异步电动机运行性能好，并可节省各种材料。按转子结构的不同，三相异步电动机可分为笼型和绕线型两种。笼型转子的异步电动机结构简单、运行可靠、质量轻、价格便宜，得到了广泛的应用，其主要缺点是调速困难。绕线型三相异步电动机的转子和定子一样也设置了三相绕组并通过滑环、电刷与外部变阻器连接。调节变阻器电阻可以改善电动机的起动性能和调节电动机的转速。

任务 1　变　压　器

1 任务引入

变压器的应用非常广泛，那么它具有哪些结构？工作原理是什么？

2 相关理论知识

2.1　变压器的工作原理

变压器的结构示意图及表示符号如图 3-1-1 所示。

原绕组匝数为 N_1，电压为 u_1，电流为 i_1，主磁电动势为 e_1，漏磁电动势为

$e_{\sigma1}$;副绕组匝数为 N_2,电压为 u_2,电流为 i_2,主磁电动势为 e_2,漏磁电动势为 $e_{\sigma2}$。

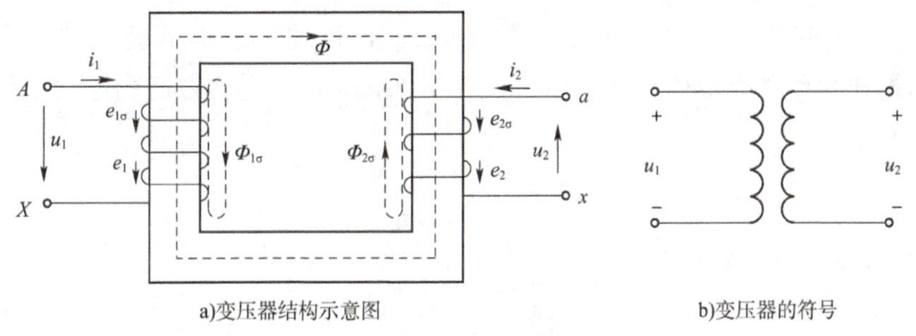

图 3-1-1　变压器的结构示意图

2.1.1　电压变换

原绕组的电压方程:

$$U_1 = R_1I_1 + jX_{\sigma1}I_1 - E_1$$

忽略电阻 R_1 和漏抗 $X_{\sigma1}$ 的电压,则:

$$U_1 \approx E_1 = 4.44fN\Phi_m$$

副绕组的电压方程:

$$U_2 = E_2 - R_2I_2 - jX_{\sigma2}I_2$$

空载时副绕组电流 $I_2 = 0$,电压 $U_{20} = E_2$

$$U_{20} = E_2 = 4.44fN\Phi_m$$

$$\frac{U_1}{U_{20}} \approx \frac{E_1}{E_2} = \frac{N_1}{N_2} = K$$

式中:K——变压器的变比。

在负载状态下,由于副绕组的电阻 R_2 和漏抗 X_σ 很小,其上的电压远小于 E_2,仍有:

$$U_2 \approx E_2 = 4.44fN\Phi_m$$

$$U_2 \approx E_2$$

$$\frac{U_1}{U_2} \approx \frac{E_1}{E_2} = \frac{N_1}{N_2} = K$$

三相变压器的两种接法以及电压的变换关系如图 3-1-2 所示。

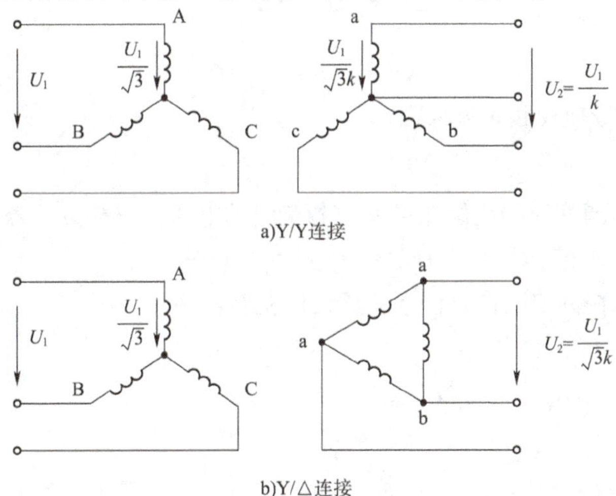

图 3-1-2　变压器的两种接法

2.1.2 电流变换

由 $U_1 \approx E_1 = 4.44N_1 f\Phi_m$ 可知，U_1 和 f 不变时，E_1 和 Φ_m 也都基本不变。因此，有负载时产生主磁通的原、副绕组的合成磁动势（$i_1N_1 + i_2N_2$）和空载时产生主磁通的原绕组的磁动势 i_0N_1 基本相等，即：

$$i_1N_1 + i_2N_2 = i_0N_1$$
$$I_1N_1 + I_2N_2 = I_0N_1$$

空载电流 i_0 很小，可忽略不计。

$$I_1N_1 \approx -I_2N_2$$
$$\frac{I_1}{I_2} \approx -\frac{N_2}{N_1} = -\frac{1}{K}$$

2.1.3 阻抗变换

设接在变压器副绕组的负载阻抗 Z 的模为 $|Z|$，则：

$$|Z| = \frac{U_2}{I_2}$$

Z 反映到原绕组的阻抗模 $|Z'|$ 为：

$$|Z'| = \frac{U_1}{I_1} = \frac{kU_2}{\frac{I_2}{k}} = k^2\frac{U_2}{I_2} = k^2|Z|$$

2.2 变压器的使用

2.2.1 外特性

$$\Delta U = \frac{U_{20} - U_2}{U_{20}} \times 100\%$$

电压变化率反映电压 U_2 的变化程度。通常希望 U_2 的变动越小越好，一般变压器的电压变化率在 5% 左右。

2.2.2 损耗与效率

损耗：

$$\Delta P = \Delta P_{cu} + \Delta P_{Fe}$$

铜损：

$$\Delta P_{cu} = I_1^2R + I_2^2R$$

铁损 ΔP_{Fe} 包括磁滞损耗和涡流损耗。

2.2.3 额定值

（1）额定电压 U_N：指变压器副绕组空载时各绕组的电压。三相变压器是指线电压。

（2）额定电流 I_N：指允许绕组长时间连续工作的线电流。

（3）额定容量 S_N：在额定工作条件下变压器的视在功率。

单相变压器：$S_{2N} = U_{2N}I_{2N} \approx U_{1N}I_{1N}$

三相变压器：$S_{2N} = \sqrt{3}U_{2N}I_{2N} \approx \sqrt{3}U_{1N}I_{1N}$

2.2.4 变压器线圈极性的测定

（1）同极性端的标记，如图 3-1-3 所示。

（2）同极性端的测定，如图 3-1-4 所示。

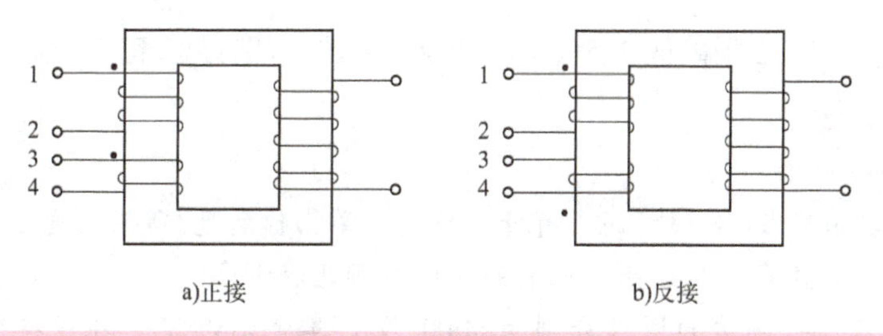

a)正接　　b)反接

图3-1-3　同极性端的标记

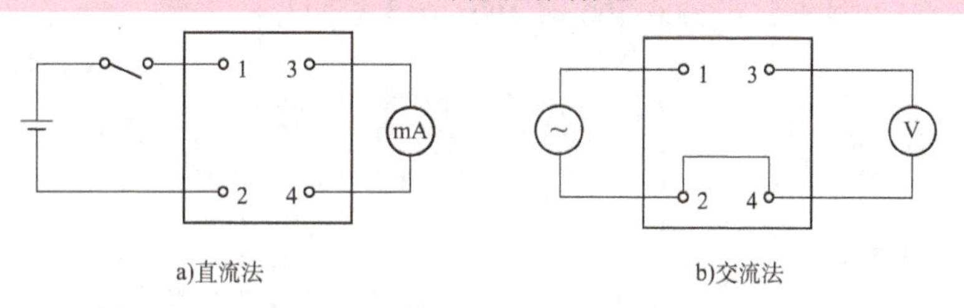

a)直流法　　b)交流法

图3-1-4　极性端测定方法

毫安表的指针正偏1和3是同极性端;反偏1和4是同极性端。

$U_{13}=U_{12}-U_{34}$时,1和3是同极性端;$U_{13}=U_{12}+U_{34}$时1和4是同极性端。

3 任务实施

如图3-1-5所示的变压器,有两个8.2V、0.5A的次级绕组。现在,如果想得到一组稍低于8V的电压,用这只变压器(不能拆它),能实现吗?

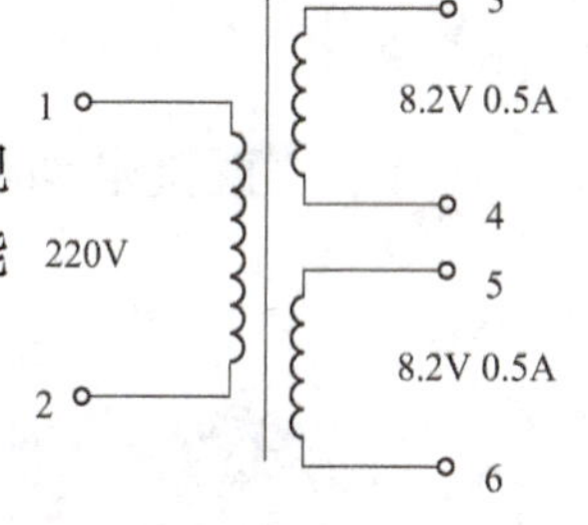

图3-1-5　变压器

3.1 准备工作

阅读实验指导书,制订测试方案,准备所需仪器、设备和工具。

3.2 操作流程

(1)用交流法判别变压器各绕组的同名端。

(2)将变压器的1、2两端接交流220V,测量并记录两个次级绕组的输出电压。

(3)将1、3连通,2、4两端接交流220V,测量并记录5、6两端的电压。

(4)将1、4连通,2、3两端接交流220V,测量并记录5、6两端的电压。

(5)将4、5连通,1、2两端接交流220V,测量并记录3、6两端的电压。

(6)将3、5连通,1、2两端接交流220V,测量并记录4、6两端的电压。

(7)将3、5连通,4、6连通,1、2两端接交流220V,测量并记录3、4两端的电压。

3.3 操作提示

(1)由于实验中用到220V交流电源,因此操作时应注意安全,要树立良好的安全文明操作意识,加强操作规范的执行,养成良好的职业素养。做每个实验和测试之前,均应先将调压器的输出电压调为0V,在接好连线和仪表,经检查无误后,再慢慢将调压器的输出电压调到220V。测试、记录完毕后立即将调压器的输出电压调为0V。

(2)图3-1-5中,变压器两个次级绕组所标注的输出电压是在额定负载下的输出电压。本实验中所测得的各个次级绕组的电压实际上是空载电压,要比所标注的电压高。

(3)实验内容7中,必须确保3、5(或4、6)为同名端,否则会烧坏变压器。

复习与思考题

1. 变压器除具有变压作用外,还具有什么作用?举出你所见、所用的变压器。

2. 什么是变压器的变比?确定变压器的变比有哪几种方法?

3. 一台变压器,原、副边的匝数分别为4000/200,其变比为20。在保持变比不变的情况下,能否将原、副边分别减小为2000/100,或400/20甚至20/1?

任务2　直流电动机

1 任务引入

汽车起动机上用的就是直流电动机,直流电动机是将电能转化为机械能的装置,其功用是将蓄电池输入的电能转换为机械能,产生发动机起动时所需要的电磁转矩。那么它的基本构造、基本原理是什么?

2 相关理论知识

2.1 直流电动机的结构

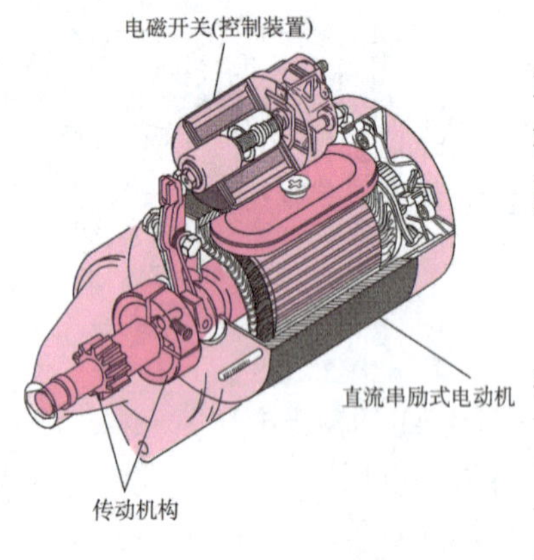

图3-2-1　汽车起动机

汽车起动机的结构由三部分组成:传动机构、控制装置、直流电动机,如图3-2-1所示。直流电动机主要由电枢(转子)、磁极(定子)、换向器和电刷等主要部件构成。图3-2-2所示是电动机各个部件展开图。

2.1.1 磁极

磁极又称定子,其功用是产生磁场。主要由励磁绕组、磁极和外壳组成,如图3-2-3所示。

磁极用低碳钢制成极掌形状,并用埋头螺钉紧固在机壳上。磁极一般是4个,相对交错安装在电动机的壳体内,电枢与磁极形成的磁通回路如图3-2-4所示,低碳钢板制成的机壳也是磁路的一部分。

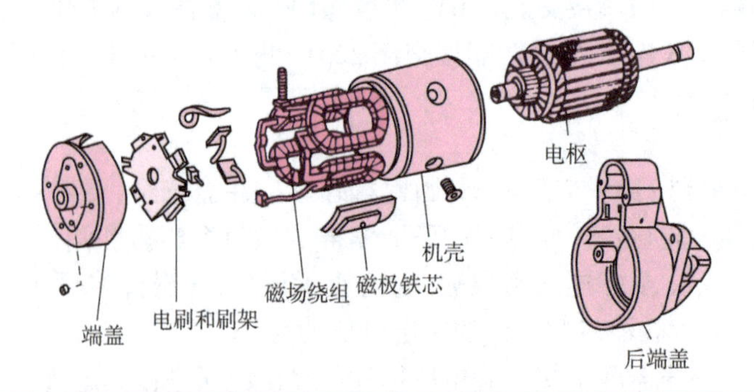

图3-2-2　汽车起动机部件

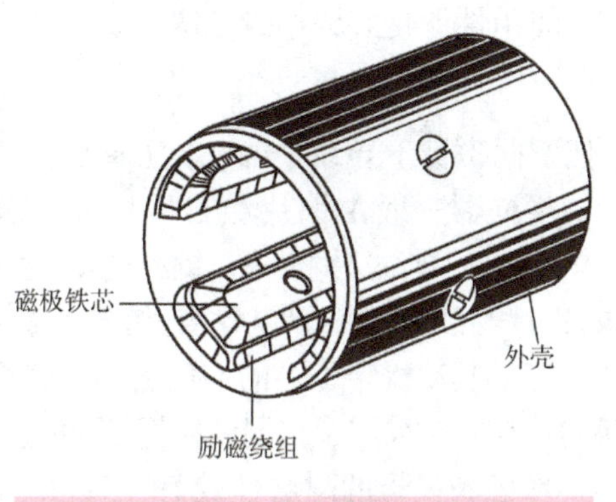

图 3-2-3 磁极结构

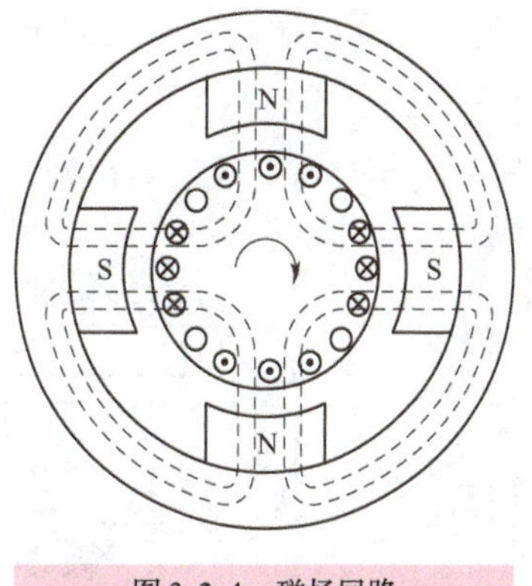

图 3-2-4 磁场回路

励磁绕组由扁铜带(矩形截面)绕制而成。其匝数一般为 6 ~ 10 匝,扁铜带之间用绝缘纸绝缘,并用白布带以半叠包扎法包好后浸上绝缘漆烘干而成。

直流电动机的性能与它的励磁方式有密切的联系,励磁方式不同,电动机的运行特性有很大差异。按照励磁方式可分为他励电动机、并励电动机、串励电动机和复励电动机,如图 3-2-5 所示。

在小型直流电机中,也有用永久磁铁作为磁极的。

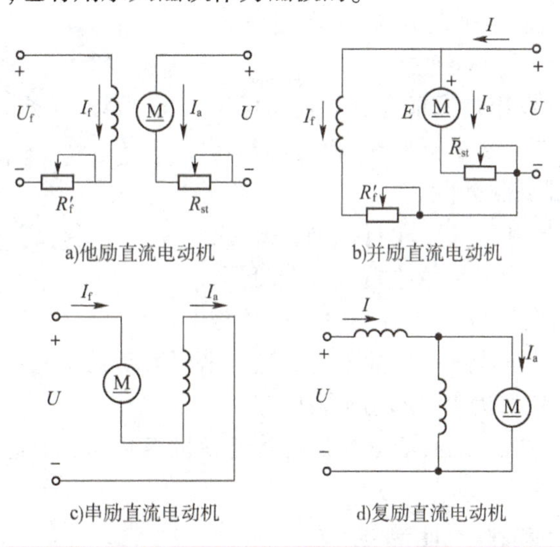

图 3-2-5 磁场绕组的连接

2.1.2 电枢

电枢是直流电动机的转动部分,又称转子。其作用是产生电磁转矩。主要由铁芯、电枢绕组、电枢轴和换向器组成,如图 3-2-6 所示。

铁芯由硅钢片叠压而成,内以花键固装在电枢轴上。铁芯外围均匀排列绕线线槽,用以放置电枢绕组。为了获得足够大的转矩,通过电枢绕组的电流较大(汽油机为 200 ~ 600A;柴油机可达 1000A),因此,电枢绕组采用较粗的矩形裸铜漆包线绕制成型绕组。在铁芯线槽口两侧,用轧纹将电枢绕组挤紧以免转子作高速旋转时由于惯性作用将绕组甩出。转子绕组的端头均匀地焊在换向片上。为防

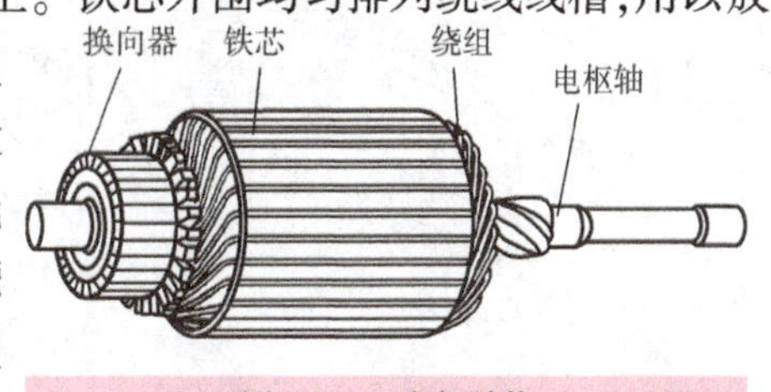

图 3-2-6 电枢结构

止绕组短路,在铜线与铜线之间及铜线与铁芯之间用性能良好的绝缘纸隔开。

2.1.3 换向器

换向器的功用是将电流引入电枢绕组,并使不同磁极下导线中的电流方向保持不变。

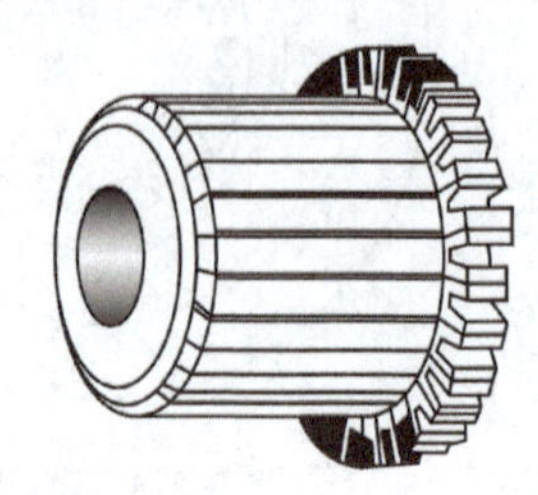

图 3-2-7 换向器结构

换向器一般由铜片和云母片叠压而成,压装于电枢轴的前端,铜片间、铜片与轴之间相互绝缘,铜片与线头采用焊锡焊接,如图 3-2-7 所示。

速型起动机转子上的换向器用塑料取代云母,换向片与线头采用了银铜硬钎焊,耐高速又耐高温。

考虑到云母的耐磨性较好,当换向片磨损后,云母片就会凸起,影响电刷与换向片的接触。因此,有些微型汽车使用的起动机铜片之间的云母片规定割低 0.5 ~0.8mm,但大多数起动机的云母片与换向片齐平即可。

2.1.4 端盖与电刷组件

电刷端盖一般用浇铸或冲压法制成,盖内装有 4 个电刷架、电刷及电刷弹簧,如图 3-2-8 所示。其中两个搭铁电刷利用与端盖相通的电刷架搭铁,另外两个电刷的电刷架则与端盖绝缘,绝缘电刷引线与励磁绕组的一个端头相连接。

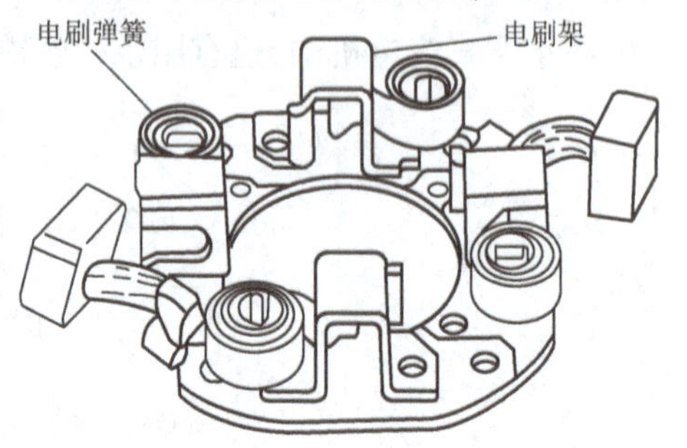

图 3-2-8 电刷架总成

电刷弹簧压在电刷上.其作用是保证电刷与换向器接触良好。电刷通常用铜粉(80% ~90%)和石墨粉压制而成,以减小电阻并提高耐磨性。

驱动端盖上有拔叉座和驱动齿轮行程调整螺钉,还有支撑拨叉的轴销孔。为了避免电枢轴弯曲变形,一些起动机中装有中间支撑板。端盖及中间支撑板上的轴承多用青铜石墨轴承或铁基含油轴承。轴承采用滑动式(俗称“铜套”),以承受起动机工作时的冲击性负荷。有些减速型起动机采用球轴承。

两端盖与机壳靠 2 个较长的穿心连接螺栓将起动机组装成一个整体。端盖与机壳间接合面上一般制有安装记号。

2.2 直流电动机的工作原理

2.2.1 转动原理

图 3-2-9 所示为简单的直流电动机原理图。N 和 S 是直流电动机的一对固定的磁极,它的电枢绕组只有一个线圈 abcd,线圈 abcd 的两端分别与两个换向片相连。静止的电刷放置在换向片上。电枢转动时,换向片随之旋转。

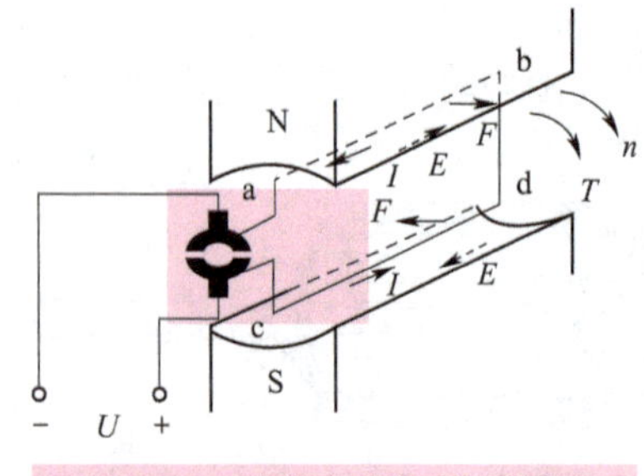

图 3-2-9 直流电动机工作原理图

当外加直流电源接到电刷两端时,直流电从两电刷之间通入到电枢绕组,由于换向片和电源固定连接,无论绕组怎样转动,总是 S 极有效边的电流方向向里,N 极有效边的电流方向向外。电动机电枢绕组通电后受力(左手定则),按顺时针方向旋转。

2.2.2 反电动势

当电枢绕组在磁场中旋转时,切割磁力线,在绕组中产生感应电动势。由右手定则,感应电动势的方向与电流的方向相反,因而称为反感应电动势。直流电动机电刷间的电动势常用下式表示:

$$E = K_E \Phi n$$

式中:K_E——与电动机结构有关的常数;

Φ——一个磁极的磁通,Wb;

n——电枢转速,r/min。

由此可见,直流电动机在转动时,反电动势 E 的大小与每极磁通 Φ、电动机转速 n 的乘积成正比,它的方向与电枢电流相反,在电路中起着限制电流的作用。

2.2.3 电磁转矩

电动机电枢绕组中通入直流电流后,电流与磁极磁通相互作用,产生电磁力和电磁转矩。对于给定的电动机,电磁转矩常用下式表示:

$$T = K_T \Phi I_a$$

式中:K_T——与电动机结构有关的常数;

Φ——一个磁极的磁通,Wb;

I_a——电枢电流,A。

由此可见,直流电动机的电磁转矩 T 与每极磁通 Φ、电枢电流 I_a 的乘积成正比,电磁转矩的方向由 Φ 和 I_a 的方向决定,只要改变其中一个量的方向,电磁转矩的方向也随之改变。

电动机的电磁转矩为驱动转矩,它使电枢转动。在电动机运行时,电磁转矩必须和机械负载转矩及空载损耗转矩相平衡,即当电动机轴上的机械负载发生变化时,通过电动机转速、电动势、电枢电流的变化,电磁转矩将自动调整,以适应负载的变化,保持新的平衡。

根据基尔霍夫定律,在电动机稳定运行时,加于电枢绕组两端的电压 U、反电动势 E 与电枢绕组 R_a 的压降满足方程:

$$U = E + I_a R_a$$

该式称为直流电动机的电压平衡方程式。

2.3 直流电动机的机械特性

电动机拖动机械负载旋转,对于机械负载来说,最重要的是驱动它的转矩和转速,即电动机的电磁转矩 T 和转速 n。当直流电动机外加电压 U 为额定值,电枢回路电阻 R_a 和励磁回路电阻 R_f 保持不变时,转速 n 与电磁转矩 T 之间的关系 $n=f(T)$,称为电动机的机械特性。下面以常用的并励和串励电动机来分析电动机的机械特性。

2.3.1 并励电动机的机械特性

并励电动机的励磁绕组与电枢并联。$n=f(T)$ 可通过基本方程式导出,转速 n 与电磁转矩 T 满足方程:

$$n = \frac{U}{K_E \Phi} - \frac{R_a}{K_E K_T \Phi^2} T$$

$$n = n_0 - \beta T = n_0 - \Delta n$$

式中:n_0——理想空载转速,$n_0 = \dfrac{U}{K_E \Phi}$;

β——机械特性曲线的斜度，$\beta=\frac{R_a}{K_E K_T \Phi^2}$。

$\Delta n=\beta T$ 表示有负载转矩时，电动机的转速比理想空载转速降低的数值，称为转速降。

上式所表示的机械特性如图 3-2-10a）所示。由于电枢电阻 R_a 很小，在负载变化时，转速 n 的变化不大，因此，并励电动机具有硬的机械特性。对于永磁电动机，也能得到和并励电动机特性相近的机械特性曲线，如图 3-2-10c）所示。

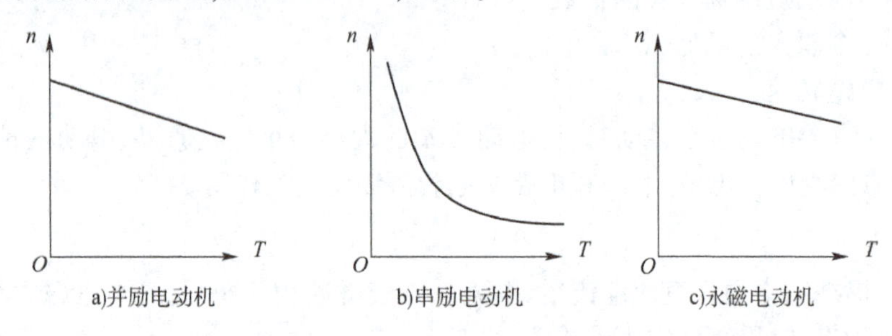

图 3-2-10　直流电动机的机械特性

2.3.2　串励电动机的机械特性

对于串励电动机，电枢电流与励磁电流相同。磁通是随电枢电流而变化的。磁路未饱和时，磁通基本上与电枢电流成正比，即 $\Phi=K_\Phi I_a$（K_Φ 为磁通常数）。

$$T = K_T \Phi I_a = K_T K_\Phi I_a^2$$

可推出

$$n \approx \frac{U}{K\sqrt{T}}$$

由上式可知，串励电动机在磁路不饱和时的机械特性曲线为双曲线，如图 3-2-10b）所示。转速随转矩的增加下降较快，是软的机械特性。

因串励电动机空载转速过高，所以串励电动机不允许空载运行，为保证这一点，它和负载不能用皮带传动，以防皮带断裂或滑脱造成“飞车”事故。当磁路饱和时，转矩增大，电枢电流增大时，磁通变化不大，机械特性为直线。

3 任务实施

随着电动机及其相关技术的发展，汽车也在不断地追求驾驶舒适性和自动操纵性，微小型直流电动机已成为现代汽车小可缺少的部件。有的轿车上已安装了 20 个以上微型电动机，可活动的设备无论是作圆周运动，或作横向摆动，或作直线移动，一般都有微型电动机作为动力源。例如电动座椅坐垫的位置移动、靠背和头枕角度的变化、后视镜的摆动、照明灯的洗涤、玻璃窗的开启关闭、电动车门锁的操纵、散热器冷却风扇的转动等。

刮水器的作用是用来清除风窗玻璃上的雨水、雪或尘土，以确保驾驶员良好的能见度。电动刮水器由直流电动机和一套传动机构组成。电动机旋转经减速和连动机构的作用变成刮水臂的摆动。目前汽车上广泛使用的是永磁式刮水电动机，利用三个电刷来实现变速。

3.1　准备工作

阅读实验指导书，制订测试方案，准备所需仪器、设备和工具。

3.2 操作流程

(1)拆卸电动刮水器电动机及联动机构。

(2)用万用表检测电路。

(3)装回并通电动作。

3.3 操作提示

(1)线路连接要正确。

(2)通电时注意安全。

复习与思考题

1. 直流电动机由哪几个部分组成?各起什么作用?

2. 直流电动机是如何转动的?

3. 有一并励电动机,额定功率 $P_N=18kW$,额定电压 $U_N=220V$,额定效率 $\eta_N=85\%$,额定转速 $n_N=1500r/min$,并已知励磁电阻 $R_f=50\Omega$,电枢电阻 $R_a=0.02\Omega$,试求:(1)额定电枢电流 I_{aN} 及额定励磁电流 I_{fN};(2)额定转矩 T_N;(3)反电动势 E_N。

任务3 三相异步电动机

1 任务引入

三相异步电动机的种类很多,那么它具有哪些结构?是如何工作的?

2 相关理论知识

2.1 三相异步电动机的结构

三相异步电动机的都由定子和转子这两大基本部分组成,在定子和转子之间具有一定的气隙。此外,还有端盖、轴承、接线盒、吊环等其他附件,如图3-3-1所示。

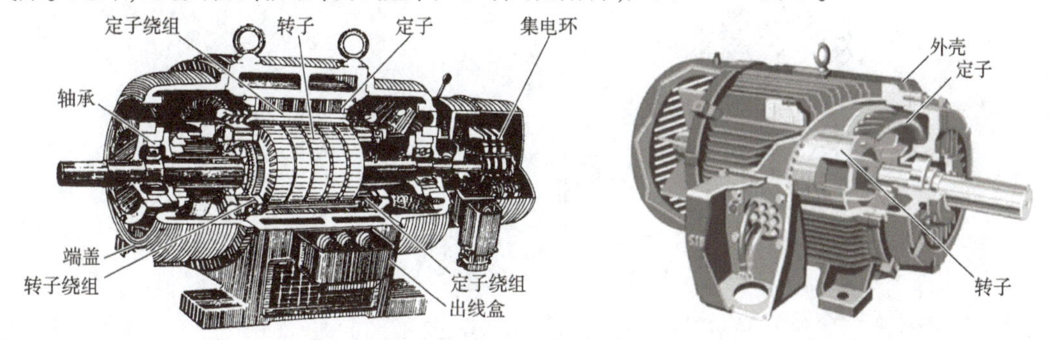

图3-3-1 三相异步电动机的结构

2.1.1 定子部分

定子是用来产生旋转磁场的。三相电动机的定子一般由外壳、定子铁芯、定子绕组等

部分组成。

1)外壳

三相电动机外壳包括机座、端盖、轴承盖、接线盒及吊环等部件。

机座:铸铁或铸钢浇铸成型,它的作用是保护和固定三相电动机的定子绕组。中、小型三相电动机的机座还有两个端盖支承着转子,它是三相电动机机械结构的重要组成部分。通常,机座的外表要求散热性能好,所以一般都铸有散热片。

端盖:用铸铁或铸钢浇铸成型,它的作用是把转子固定在定子内腔中心,使转子能够在定子中均匀地旋转。

轴承盖:也是铸铁或铸钢浇铸成型的,它的作用是固定转子,使转子不能轴向移动,另外起存放润滑油和保护轴承的作用。

接线盒:一般是用铸铁浇铸,其作用是保护和固定绕组的引出线端子。

吊环:一般是用铸钢制造,安装在机座的上端,用来起吊、搬抬三相电动机。

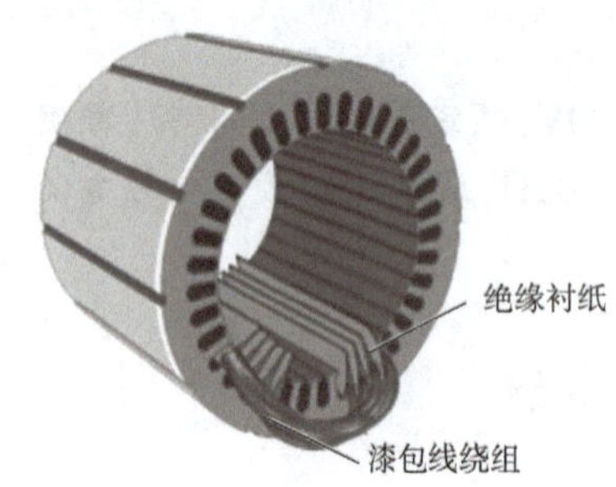

图 3-3-2 定子铁芯

2)定子铁芯

异步电动机定子铁芯是电动机磁路的一部分,由 0.35 ~ 0.5mm 厚表面涂有绝缘漆的薄硅钢片叠压而成,如图 3-3-2 所示。由于硅钢片较薄而且片与片之间是绝缘的,所以减少了由于交变磁通通过而引起的铁芯涡流损耗。铁芯内圆有均匀分布的槽口,用来嵌放定子绕圈。

3)定子绕组

定子绕组是三相电动机的电路部分,三相电动机有三相绕组,通入三相对称电流时,就会产生旋转磁场。三相绕组由三个彼此独立的绕组组成,且每个绕组又由若干线圈连接而成。每个绕组即为一相,每个绕组在空间相差 120°电角度。线圈由绝缘铜导线或绝缘铝导线绕制。中、小型三相电动机多采用圆漆包线,大、中型三相电动机的定子线圈则用较大截面的绝缘扁铜线或扁铝线绕制后,再按一定规律嵌入定子铁芯槽内。定子三相绕组的六个出线端都引至接线盒上,首端分别标为 U_1、V_1、W_1,末端分别标为 U_2、V_2、W_2。这六个出线端在接线盒里的排列如图 3-3-3 所示,可以接成星形或三角形。

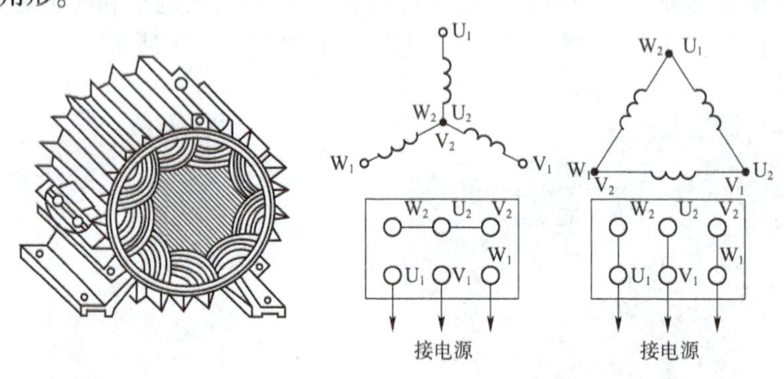

图 3-3-3 定子绕组及其接线端

2.1.2 转子部分

1)转子铁芯

用 0.5mm 厚的硅钢片叠压而成,套在转轴上,作用和定子铁芯相同,一方面作为电动机磁路的一部分,一方面用来安放转子绕组。

2)转子绕组

异步电动机的转子绕组分为绕线型与笼型两种,由此分为绕线转子异步电动机与笼型异步电动机。

(1)绕线型绕组。与定子绕组一样也是一个三相绕组,一般接成星形,三相引出线分别接到转轴上的三个与转轴绝缘的集电环上,通过电刷装置与外电路相连,这就有可能在转子电路中串接电阻或电动势以改善电动机的运行性能,如图3-3-4所示。

(2)笼型绕组。在转子铁芯的每一个槽中插入一根铜条,在铜条两端各用一个铜环(称为端环)把导条连接起来,称为铜排转子,如图3-3-5a)所示。也可用铸铝的方法,把转子导条和端环风扇叶片用铝液一次浇铸而成,称为铸铝转子,如图3-3-5b)所示。100kW以下的异步电动机一般采用铸铝转子。

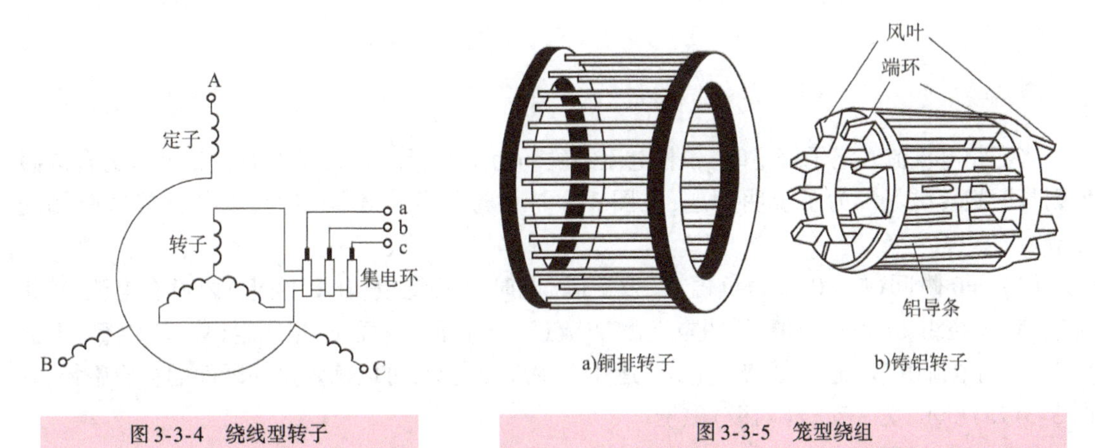

图3-3-4 绕线型转子

图3-3-5 笼型绕组

2.1.3 其他部分

端盖除了起防护作用外,在端盖上还装有轴承,用以支撑转子轴。风扇则用来通风冷却电动机。三相异步电动机的定子与转子之间的空气隙,一般仅为0.2~1.5mm。气隙太大,电动机运行时的功率因数降低;气隙太小,使装配困难,运行不可靠,高次谐波磁场增强,从而使附加损耗增加以及使起动性能变差。

2.2 三相异步电动机的工作原理

三相异步电动机是根据磁场与在载流导体相互作用产生电磁力的原理而制成的。要了解其工作原理,首先必须理解旋转磁场的产生及其性质。

2.2.1 旋转磁场

1)旋转磁场的产生

三相异步电动机的定子铁芯中放有三相对称绕组U_1U_2、V_1V_2、W_1W_2。设将三相绕组接成星形绕组,通入三相对称电流,如图3-3-6a)所示。

三相定子绕组对称放置在定子槽中,即三相绕组的首端U_1、V_1、W_1(或末端U_2、V_2、W_2)的空间位置相差120°。若三相绕组连接成星形,末端U_2、V_2、W_2相连,首端U_1、V_1、W_1接到三星对称电源上,则在定子绕组中通过三相对称电流i_U、i_V、i_W(习惯规定电流参考方向由首端指向末端)。

$$i_U = I_m \sin\omega t$$
$$i_V = I_m \sin(\omega t - 120°)$$
$$i_W = I_m \sin(\omega t + 120°)$$

三相对称电流的波形如图3-3-6b)所示。

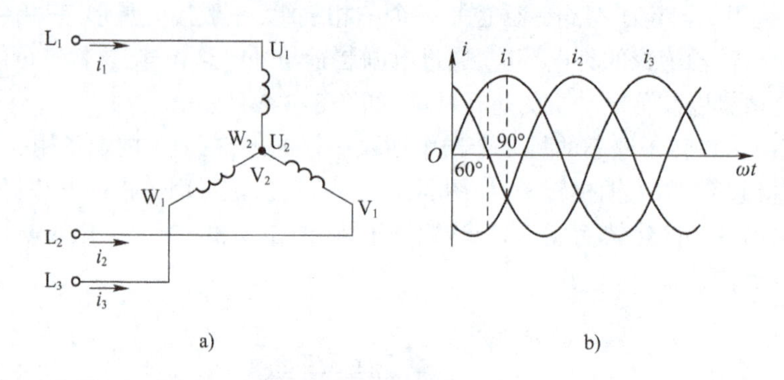

图3-3-6　三相对称电流

当三相电流流入定子绕组时，各相电流的磁场为交变、脉动的磁场，而三相电流的合成磁场则是一旋转磁场。为了说明问题，在图3-3-7中选择几个不同瞬间，来分析旋转磁场的形成。

(1) $t=0$ 瞬间($i_U=0$，i_V为负值，i_W为正值)此时U相绕组(U_1U_2绕组)内没有电流；V相绕组(V_1V_2绕组)电流为负值，说明电流由V_2流进，由V_1流出；而W相绕组(W_1W_2绕组)电流为正，说明电流由W_1流进，由W_2流出。运用右手螺旋定则，可以确定这一瞬间的合成磁场，如图3-3-7a)所示，为一对极(两极)磁场。

(2) $t=T/6$ 瞬间(i_U为正值，i_V为负值，$i_W=0$)：U相绕组电流为正，电流由U_1流进，由U_2流出；V相绕组电流未变；W相绕组内没有电流。合成磁场如图3-3-7b)所示，同$t=0$瞬间相比，合成磁场沿顺时针方向旋转了60°。

(3) $t=T/3$ 瞬间(i_U为正值，$i_V=0$，i_W为负值)：合成磁场沿顺时针方向又旋转了60°。如图3-3-7c)所示。

(4) $t=T/2$ 瞬间($i_U=0$，i_V为正值，i_W为负值)：与$t=0$瞬间相比，合成磁场共旋转了180°。如图3-3-7d)所示。

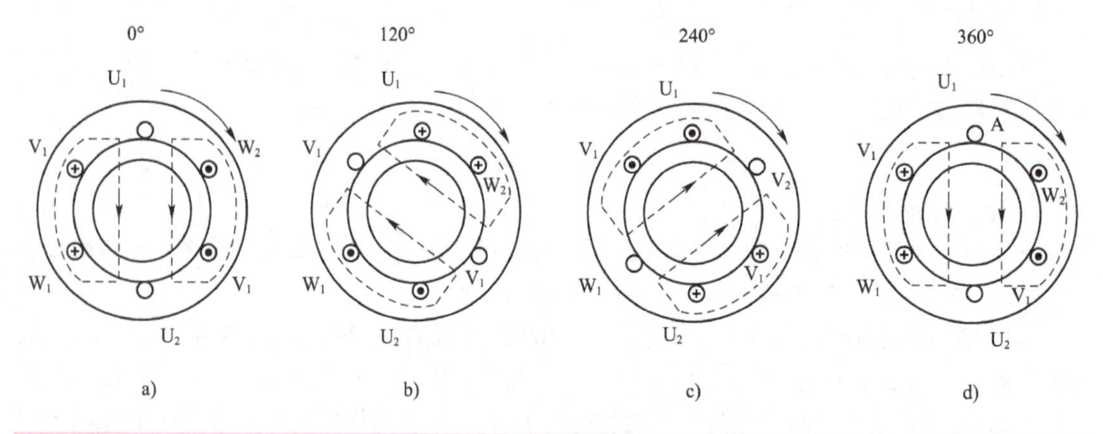

图3-3-7　两极旋转磁场

由此可见，随着定子绕组中三相对称电流的不断变化，所产生的合成磁场也在空间不断地旋转。由上述两极旋转磁场可以看出，电流变化一周，合成磁场在空间旋转 360°(1 转)，且旋转方向与线圈中电流的相序一致。

以上分析的是每相绕组只有一个线圈的情况，产生的旋转磁场具有一对磁极。旋转磁场的极数与定子绕组的排列有关。如果每相定子绕组分别由两个线圈串联而成，如图 3-3-8a)所示，其中，U 相绕组由线圈 U_1U_2 和 $U'_1U'_2$ 串联组成，V 相绕组由 V_1V_2 和 $V'_1V'_2$ 串联组成，W 相绕组由 W_1W_2 和 $W'_1W'_2$ 串联组成，当三相对称电流通过这些线圈时，便能产生两对极旋转磁场(四极)。

采用上述同样的分析方法，四极旋转磁场在电流变化一周时，旋转磁场在空间旋转 180°，如图 3-3-8b)所示。

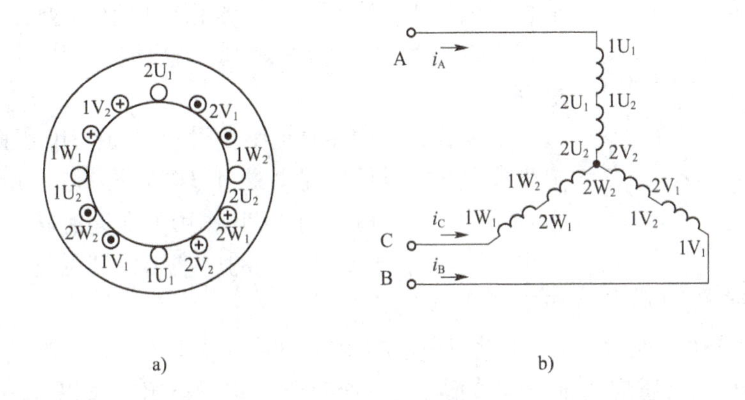

图 3-3-8 四极定子绕组

2)旋转磁场的转速

由以上分析可以看出，旋转磁场的转速与磁极对数、定子电流的频率之间存在着一定的关系。一对极的旋转磁场，电流变化一周时，磁场在空间转过 360°(一转)；两对极的旋转磁场，电流变化一周，磁场在空间转过 180°(1/2 转)。以此类推，当旋转磁场具有 P 对磁极时，电流变化一周，其旋转磁场就在空间转过 $1/P$ 转。

通常转速是以每分钟的转数来表示的，所以旋转磁场的计算公式为：

$$n_1 = 60\frac{f_1}{p}$$

式中：n_1——旋转磁场的转速(又称同步转速)，r/min；

f_1——定子电流的频率，Hz；

p——旋转磁场的极对数。

国产异步电动机定子绕组的电流频率为 50Hz，所以不同极对数的异步电动机所对应的旋转磁场的转数也就不同，见表 3-3-1。

异步电动机转数和极对数的关系 表 3-3-1

P	1	2	3	4
n_1(r/min)	3000	1500	1000	750

旋转磁场的转向与电流的相序一致，如图 3-3-7 和图 3-3-8 中电流的相序为 U—V—W，

则磁场的旋转方向为顺时针。必须指出,电动机三相绕组的任一相都可以是U相(或V相、W相),而电源的相序总是固定的(正序)。因此,如果将3根电源线中的任一两根(如U相和V相)对调,也就是说,电源的U相接到V相绕组上,电源的V相接到U相绕组上,在V相绕组中流过的电流是U相电流 i_U,而在U相绕组中,流过的是V相电流 i_V,这时,三相对称的定子绕组中电流的相序为U—W—V(逆时针),所以旋转磁场的转向也变为逆时针。

2.2.2 三相异步电动机的工作原理

当电动机的定子绕组通过以三相交流电时,便在气隙中产生旋转磁场。设旋转磁场以 n_1 的速度顺时针旋转,则静止的转子绕组同旋转磁场就有了相对运动,从而在转子导体中产生了感应电动势,其方向可根据右手定则判断(假定磁场不动,导体以相反的方向切割磁力线)。如图3-3-9所示,可以确定出上半部导体的感应电动势垂直纸面向外,下半部导体的感应电动势垂直纸面向里。由于转子电路为闭合电路,在感应电动势的作用下,产生了感应电流。

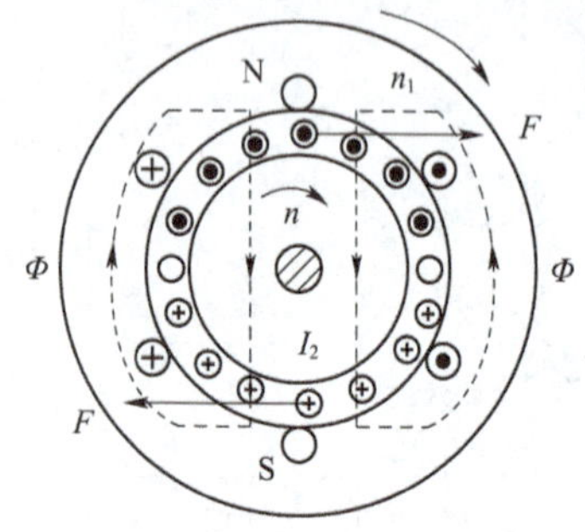

图3-3-9 异步电动机的工作原理

由于载流导体在磁场中要受到力的作用,因此,可以用左手定则确定转子导体所受电磁力方向如图3-3-9所示。这些电磁力对转轴形成一电磁转矩,其作用方向同旋转磁场的旋转方向一致。这样,转子便以一定的速度沿旋转磁场的旋转方向转动起来

从上面的分析可以知道,异步电动机电磁转矩的产生必须具备以下条件:①气隙中有旋转磁场;②转子导体中有感应电流;不难知道,在三相对称的定子绕组中通以三相对称的电流就能产生旋转磁场,而闭合的转子绕组在感应电动势的作用下能够形成感应电流,从而产生相应的电磁力矩。

如果旋转磁场反转,则转子的旋转方向也随之改变。

异步电动机转子的旋转方向虽然和旋转磁场的方向一致,但其转速 n 始终小于同步转速 n_1。这是由异步电动机的工作原理决定的。如果 $n = n_1$,则转子与磁场之间便无相对运动,转子导体将不再切割磁力线,因而其感应电动势、感应电流及电磁转矩均为零。所以这种电动机的转速不可能等于同步转速,只能以 $n < n_1$ 的转速而旋转。正因为如此,此类电动机才称为异步电动机。由于该类电动机的转子电流是由电磁感应而产生的,所以又称为感应电动机。

当转子获得的电磁转矩 T 与其他机械作用在轴上的负载转矩 T_c 相等时,电动机就以某一转速稳定运转;若负载发生变化,当 $T > T_c$ 时,则电动机加速;当 $T < T_c$ 时,电动机减速。

电动机不带机械负载的状态称为空载。这时负载转矩是由轴与轴承的摩擦力及风阻力造成的,称为空载转矩,其值很小。这时电动机的电磁转矩也很小,但其转速 n_0(或称空载转速)很高,接近于同步转速。

异步电动机的工作原理与变压器有许多相似之处,例如两者都是以工作磁通为媒介来传递能量;异步电动机每相定子绕组的感应电动势 E_1 也近似与外加电源电压 U_1 平衡,即:

$$U_1 \approx E_1 = 4.44 f_1 N_1 \Phi K_1$$

式中:K_1——定子绕组系数,与电动机的结构有关;

Φ——旋转磁场的每极平均磁通。

同样，异步电动机定子电路与转子电路的电流也满足磁通势平衡关系，即：

$$i_1N_1 + i_2N_2 = i_0N_1$$

由上式可知：当异步电动机负载增大时，转子电流增大，在外加电压不变时，定子绕组电流也增大，从而抵消转子磁通势对旋转磁通的影响。可见，同变压器类似，定子绕组电流是由转子电流决定的。

当然，异步电动机与变压器也有许多不同之处。例如变压器是静止的，而异步电动机是旋转的；异步电动机的负载是机械负载，输出机械功率，而变压器的负载为电负载，输出的是电功率；此外，异步电动机的定子与转子之间有空气隙，所以它的空载电流较大（为额定电流的20% ~40%），异步电动机的定子电流频率与转子电流频率一般是不同的。

2.2.3 转差率

异步电动机的转子转速 n 低于同步转速 n_1，两者的差值$(n_1 - n)$称为转差。转差就是转子与旋转磁场之间的相对转速。

转差率就是相对转速（即转差）与同步转速之比，用 s 表示，即：

$$s = \frac{n_1 - n}{n}$$

转差率就是分析异步电动机转速特征的一个重要参数。在电动机启动的瞬间，$n=0$，$s=1$；当电动机转速达到同步转速（为理想空载转速，电动机实际运行中不可能达到）时，$n=n_1$，$s=0$。由此可见，异步电动机在运行状态下，转差率的范围为$(0<s<1)$。在额定状态下运行时，$s=0.02 \sim 0.06$。

可得：

$$n = (1-s)n_1 = \frac{(1-s)60f_1}{\rho}$$

【例3-1】 一台三相四极50Hz异步电动机，已知额定转速为 $n_N = 1425\text{r/min}$。求额定转差率 s_N。

解：该电动机的同步转速为：

$$N_1 = 60f/p = 60 \times 50/2 = 1500(\text{r/min})$$

因而电动机的额定转差率为：

$$s_N = n_1 - n/\ n_1 = 1500 - 1425/1500 = 0.05$$

2.3 三相异步电动机的铭牌

三相异步电动机的额定值刻印在每台电动机的铭牌上，一般包括下列数据。

2.3.1 型号

为了适应不同用途和不同工作环境的需要，电动机制成不同的系列，每种系列用各种型号表示。

例如： Y 132 M—4

Y——三相异步电动机，其中三相异步电动机的产品名称代号还有：YR为绕线式异步电动机；YB为防爆型异步电动机；YQ为高启动转距异步电动机。

132——机座中心高，mm；

M——机座长度代号，S，短机座，M，中机座，L，长机座；

4——磁极数。

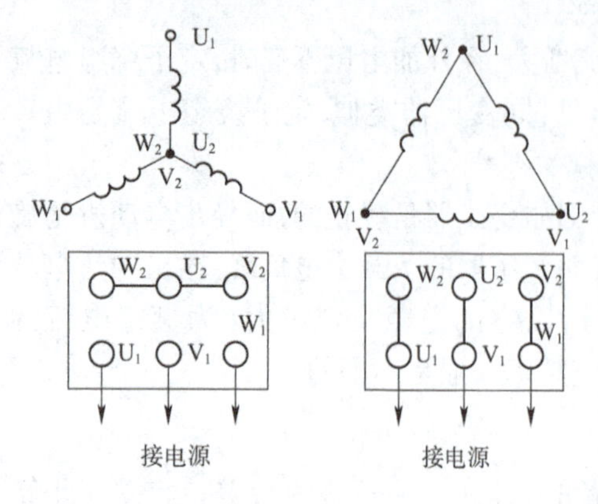

图3-3-10　定子绕组接法

2.3.2　接法

这是指定子三相绕组的接法。一般笼型电动机的接线盒中有六根引出线，标有 U_1、V_1、W_1、U_2、V_2、W_2。其中：U_1 U_2是第一相绕组的两端；V_1 V_2是第二相绕组的两端；W_1 W_2是第三相绕组的两端。如果 U_1、V_1、W_1分别为三相绕组的始端（头），则、U_2、V_2、W_2是相应的末端（尾）。这六个引出线端在接电源之前，相互间必须正确连接。连接方法有星形（Y）连接和三角形（△）连接两种（图3-3-10）。通常三相异步电动机在3kW以下者，连接成星形；在4kW以上者，连接成三角形。

2.3.3　额定功率 P_N

额定功率 P_N是指电动机在制造厂所规定的额定情况下运行时，其输出端的机械功率，单位一般为千瓦（kW）。对三相异步电机，其额定功率：

$$P_N = U_N I_N \eta_N \cos\varphi_N$$

式中：η_N 和 $\cos\varphi_N$——分别为额定情况下的效率和功率因数。

2.3.4　额定电压 U_N

额定电压 U_N：是指电动机额定运行时，外加于定子绕组上的线电压，单位为伏（V）。

我国生产的Y系列中、小型异步电动机，其额定功率在3kW以上的，额定电压为380V，绕组为三角形连接。额定功率在3kW及以下的，额定电压为380/220V，绕组为Y/△连接（即电源线电压为380V时，电动机绕组为星形连接；电源线电压为220V时，电动机绕组为三角形连接）。

2.3.5　额定电流 I_N

额定电流 I_N：是指电动机在额定电压和额定输出功率时定子绕组的线电流，单位为安（A）。

2.3.6　额定频率 f_N

额定频率 f_N：我国电力网的频率为50Hz，因此，除外销产品外，国内用的异步电动机的额定频率为50Hz。

2.3.7　额定转速 n_N

额定转速 n_N：是指电动机在额定电压、额定频率下，输出端有额定功率输出时，转子的转速，单位为转/分（r/min）。由于生产机械对转速的要求不同，需要生产不同磁极数的异步电动机，因此有不同的转速等级。最常用的是四个极的异步电动机（n_0 = 1500r/min）。

2.3.8　额定效率 η_N

额定效率 η_N：是指电动机在额定情况下运行时的效率，是额定输出功率与额定输入功率的比值。即：

$$\eta_N = \frac{P_{2N}}{P_{1N}} \times 100\% = \frac{P_N}{\sqrt{3}U_N I_N \cos\varphi_N} \times 100\%$$

异步电动机的额定效率 η_N 为 75% ~92%。在额定功率的 75% 左右时效率最高。

2.3.9 额定功率因数 $\cos\varphi_N$

因为电动机是电感性负载，定子相电流比相电压滞后一个 φ 角，$\cos\varphi$ 就是异步电动机的功率因数。

三相异步电动机的功率因数较低，在额定负载时为 0.7 ~0.9，而在轻载和空载时更低，空载时只有 0.2 ~0.3。因此，必须正确选择电动机的容量，防止"大马拉小车"，并力求缩短空载的时间。

2.3.10 绝缘等级

它是按电动机绕组所用的绝缘材料在使用时容许的极限温度来分级的。

所谓极限温度，是指电动机绝缘结构中最热点的最高容许温度。其技术数据见表 3-3-2。

绝 缘 等 级 表 3-3-2

绝缘等级	A	E	B	F	H
极限温度(℃)	105	120	130	155	180

2.3.11 工作方式

指对电动机在铭牌规定的技术条件下运行持续时间的限制，以保证电动机的温度不超过允许值。电动机的工作方式可分为以下三种：

(1)连续工作：在额定情况下可长期连续工作，如水泵、通风机、机床等设备所用的异步电动机。

(2)短时工作：在额定情况下持续运行的时间不允许超过规定的时限(分钟)。有 15、30、60、90 等四种。否则会使电动机过热。

(3)断续工作：可按一系列相同的工作周期，以间歇方式运行，如吊车和起重机等。

除此而外，还有其他电动机的主要技术参数如过载系数 $\lambda_m(T_m/T_N)$、起动系数 $\lambda_S(T_{st}/T_N)$ 及起动电流与额定电流比 I_{st}/I_N 等。

一般情况下，要求异步电动机具有理想的工作特性，例如启动转矩足够大但启动电流不能太大，有较大且平滑的调速范围，制动可靠、准确等。

2.4 三相异步电动机的启动

从异步电动机接入电源，转子开始转动到稳定运转的过程，称为启动。在启动开始的瞬间($n=0,s=1$)，转子和定子绕组都有很大的启动电流。一般中、小型笼型电动机的定子启动电流(线电流)是额定电流的 4 ~7 倍。过大的启动电流会造成输电线路的电压降增大，容易对处在同一电网中的其他电气设备的工作造成危害，例如，使照明灯的亮度减弱，使邻近异步电动机的转矩减小等。另外，虽然转子电流较大，但由于转子电路的功率因数 $\cos\varphi_2$ 很低，启动转矩并不是很大。

为了改善电动机的启动过程，要求电动机在启动时既要把启动电流限制在议定书之内，同时要有足够大地启动转矩，以便缩短启动过程，提高生产效率。

下面分别介绍笼型电动机和绕线型电动机的启动方法。

2.4.1 笼型电动机的启动

笼型电动机的启动方式有直接启动和降压启动两种。

1)直接启动

直接启动(也称全压启动)就是将电动机直接接入电网使其在额定电压下启动,如图3-3-11a)所示。

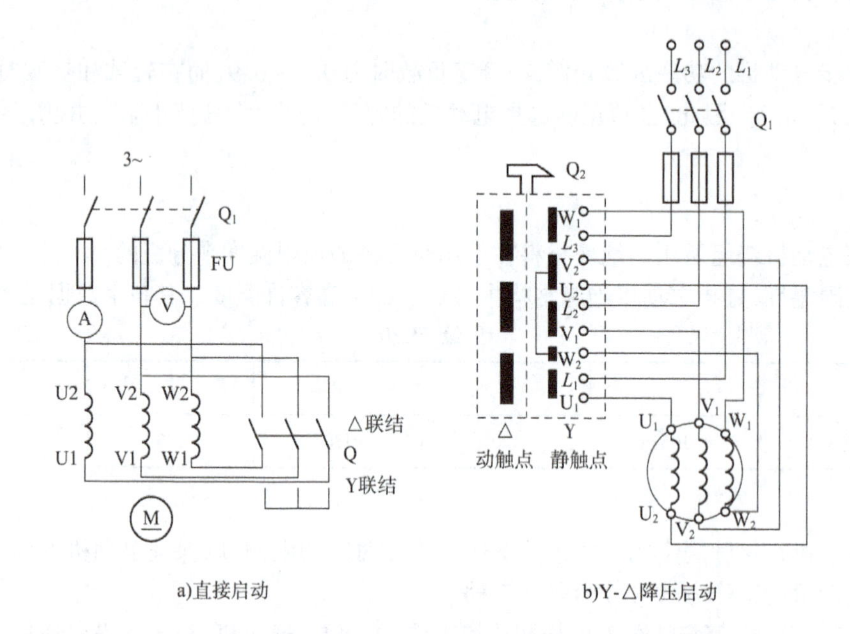

a)直接启动　　b)Y-△降压启动

图3-3-11　笼型异步电动机启动

这种方法最简单,设备少,投资少,启动时间短,但启动电流较大,启动转矩小,一般只适合小容量电动机(7.5kW以下)的启动。

较大容量的电动机,在电源容量也较大的情况下,可参考一下经验公式确定能否直接启动:

$$I_{ST}/I_N = 3/4 + \text{供电变压器容量}(kV \cdot A)/4 \times \text{电动机容量}(kW)$$

上式左边为电动机的启动电流倍数,右边为电源允许的启动电流倍数。只有满足该条件,才能直接启动。

2)Y-△降压启动

降压启动的主要目的是为了限制启动电流,但同时也限制了启动转矩,只是用于在轻载或空载的情况下启动。

Y-△降压启动只适应于正常运转时定子绕组进行三角形连接的电动机。启动时,现将定子绕组改接成星形,使加在每相绕组上的电压降低到额定电压的$\frac{1}{\sqrt{3}}$从而降低了启动电流;待电动机转速升高后,再将绕组接成三角形,使其在额定电压下运行。Y-△启动线路如图3-3-11b)所示。

星形启动时的启动电流(线电流)仅为三角形直接启动时电流(线电流)的1/3,即$I_{yst} = (1/3)I_{\triangle st}$,其启动转矩也为后者的1/3,即$T_{yst} = (1/3)T_{\triangle st}$。

Y-△启动的优点是启动设备简单、成本低、能量损失小。目前,4～100kW 的电动机均设计成 380V 三角形连接,所以,这种方法有很广泛的应用意义。

2.4.2 绕线型电动机的启动

绕线型电动机是在转子电路中接入电阻来启动的,如图 3-3-12 所示。启动时,现将启动变阻器调到最大值,使转子电路电阻最大,从而降低启动电流和提高启动转矩。随着转子转速的升高,逐步减小变阻器电阻。启动完毕时,切除启动电阻。

绕线型电动机常用于要求启动转矩较大的启动的生产机械上,如卷扬机、锻压机、起重机及转炉等。

绕线型电动机还有另一种启动方法,是在转子回路中串联一个频敏变阻器,具体电路原理可参阅有关资料。

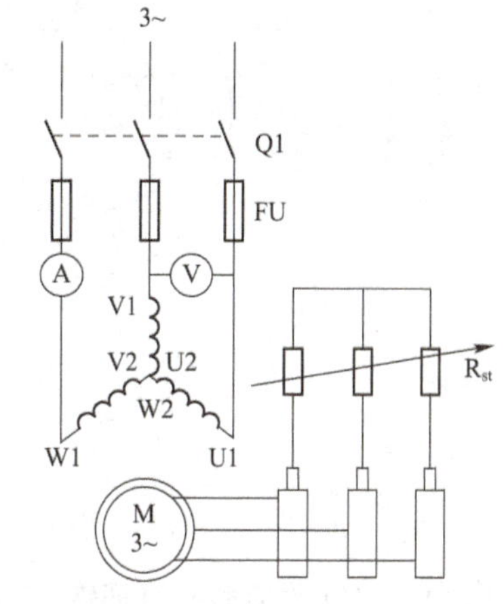

图 3-3-12 绕线式异步电动机串电阻启动

2.5 三相异步电动机的反转、调速和制动

2.5.1 反转

根据电动机的转动原理,如果旋转磁场反转,则转子的转向也随之改变。改变三相电源的相序(即把任意两相对调),就可改变旋转磁场的方向。

2.5.2 调速

为了满足生产过程的需要,提高生产效率,许多生产机械都有调速要求。所谓调速,就是在同一负载下使用电动机得到不同的转速。生产机械采用电气调速,可以大大简化机械变速机构。

改变电动机的转速可有 3 种方式,即改变电源频率 f_1、改变极对数 P、改变转差率 s。

1)变频调速

近年来,交流变频调速在国内外发展非常迅速。由于晶闸管变流技术的日趋成熟和可靠变频调速在生产实际中的应用非常普遍,它打破了直流拖动在调速领域中的统治地位。交流变频调速需要有一套专门的变频设备,所以价格较高。但由于其调速范围大,平滑性好,试用面广,能做到无级调速,因此,它的应用日趋广泛。

2)变极调速

改变磁极对数,可有级地改变电动机的转速。增加磁极对数,可以降低电动机的转速,但磁极对数只能成整数倍地变化,因此,该调速方法无法做到平滑调速。变极调速的实质是改变电动机的旋转磁场的转速。在生产实际中,极对数可以改变的电动机称为多速电动机,如双速、三速、四速等。双速电动机定子每相绕组由两个相同部分组成,这两部分若串联连接,则获得的磁极对数为两部分并联时的两倍,如图 3-3-13 所示。

因为变极调速经济、简便,因而在金属切削机床中经常应用。

3)变转差率调速

在绕线型电动机的转子电路中,接入调速变阻器,改变转子回路电阻,即可实现调速。这种调速方法也能平滑的调节电动机的转速,但能耗较大,效率低,目前,主要应用在起重设备中。

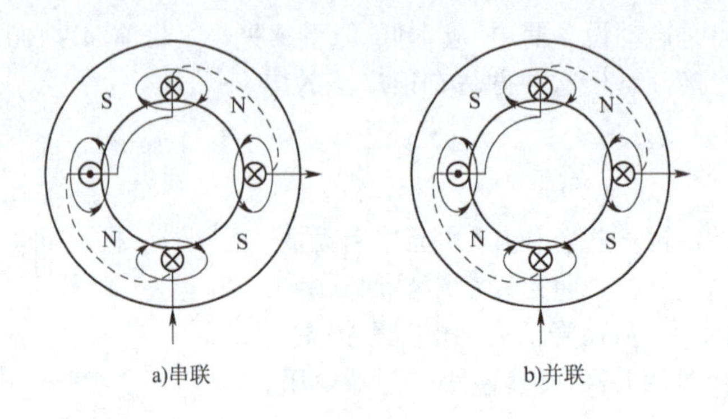

图 3-3-13 磁极对数改变的方法

2.5.3 三相异步电动机的制动

由于电动机转动部分有惯性,所以电动机脱离电源后,还会继续转动一段时间才能停止。为了提高生产效率,保障安全,某些生产机械要求电动机迅速停转,这就需要对电动机进行制动,制动的方法较多,如机械制动、电气制动等。以下仅对常见的电气制动作一简要介绍。

1)能耗制动

这种制动方法是在电动机脱了三相电源的同时,将定子绕组接入直流电源,从而在电动机中产生一个不旋转的直流磁场,如图 3-3-14 所示。此时,由于转子的惯性而继续旋转,根据右手定则和着手定则不难确定,转自感应电流和直流磁场相互作用所产上的电磁转矩与转子转动方向相反,称为制动转矩,电动机在自动转矩的作用下就很快停止。由于该制动方法是把电动机的旋转转动动能转化为电能消耗在转子电阻上,故称能耗制动。用断开 QS,闭合 SA 来实现。

能耗制动能量消耗小,制动平稳,无冲击,但需要直流电源,主要应用于要求平稳准确停车的场合。

2)反接制动

在点击停车时,可将三相电源中的任一两相电源接线对调,此时旋转磁场便反向旋转,转子绕组中的感应电流及电磁转矩方向改变,与转子转动方向相反,因而成为制动转矩。在制动转矩的作用下,电动机的转速很快降到零。应当注意,当电动机的转速接近于零时,应及时切断电源,以防电动机旋转。反接制动的电路原理如图 3-3-15 所示。断开 QS_1,接通 QS_2即可。

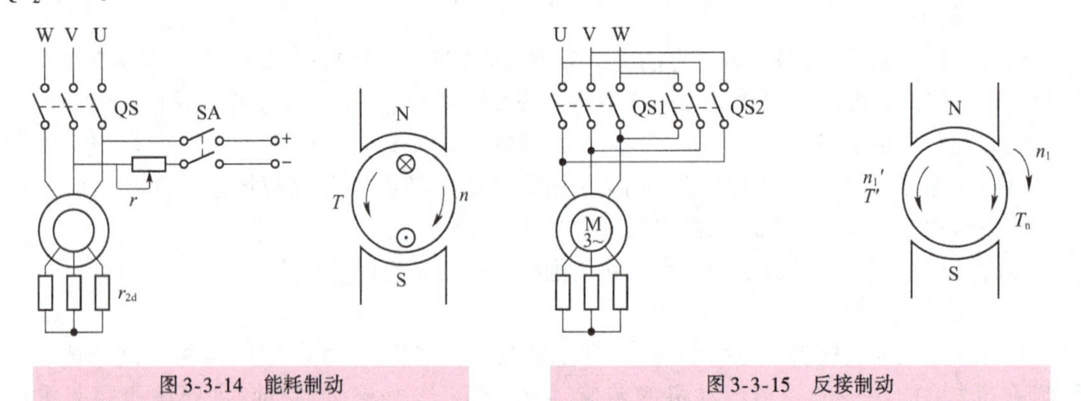

图 3-3-14 能耗制动

图 3-3-15 反接制动

反接制动线路简单,制动力大,制动效果好,但由于制动过程中冲击大,制动电流大,不宜

在频繁制动的场合下使用。

2.6 控制、保护电器

以三相异步电动机及控制线路为重点，介绍常用低压电器的结构、功能和用途以及三相异步电动机典型控制电路的工作原理。

根据其在电路中所起作用的不同，电器可分为控制电器和保护电器。控制电器主要控制接通或断开，例如刀开关、接触器等。保护电器主要的作用是使得电源、设备等不工作在短路或过载等非正常状态，例如热继电器、熔断器等都属于保护电器。

2.6.1 刀开关

刀开关是一种手动电器，用于接通或断开电路。刀开关可分为开启式负荷开关、封闭式负荷开关、熔断式刀开关等。

开启式负荷开关又称闸刀开关，其外形如图 3-3-16 所示。闸刀开关没有灭弧装置，仅以上、下胶木盖为掩护以防止电弧伤人，通常作为隔离开关，也用于不频繁的接通或断开的电路中。

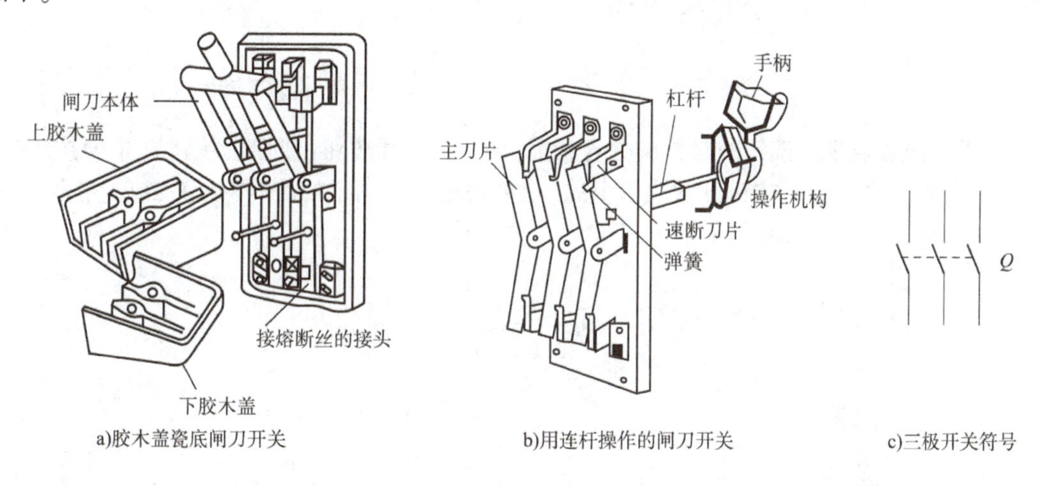

图 3-3-16 闸刀开关

2.6.2 组合开关

组合开关又称为转换开关。组合开关的外形如图3-3-17所示，它的刀片（动触头）是转动的，能组成各种不同的线路。动触片装在有手柄的绝缘方轴上，方轴可90°旋转，动触片随方轴的旋转使其与静触片接通或断开。

2.6.3 熔断器

熔断器俗称保险丝。它主要由熔断体和绝缘管或绝缘座组成，熔断体（熔断丝）是熔断器的核心部分。熔断器应与电路串联，它的主要是用作短路或严重过载保护。熔断器可分为瓷插式熔断器、螺旋式熔断器、管式熔断器等。

2.6.4 按钮

按钮是一种手动操作接通或断开控制电路的主令电器，它主要控制接触器和继电器，也可作为电路中的电气互锁。按钮的结构如图 3-3-18 所示。常态（未受外力）时，静触点 1、2 通过桥式动触点 5 闭合，所以称 1、2 为常闭（动断）触点；静触点 3、4 分断，所以称为常开（动合）触点；当按下按钮帽 6 时，桥式动触点在外力的作用下向下运动，使 1、2 分断，3、4 闭合。此时复位弹簧 7 受压力状态。当外力撤销后，桥式动触点在弹簧的作用下回到原位，静触点 1、2 和 3、4 也随之恢复到原位，此过程称为复位。

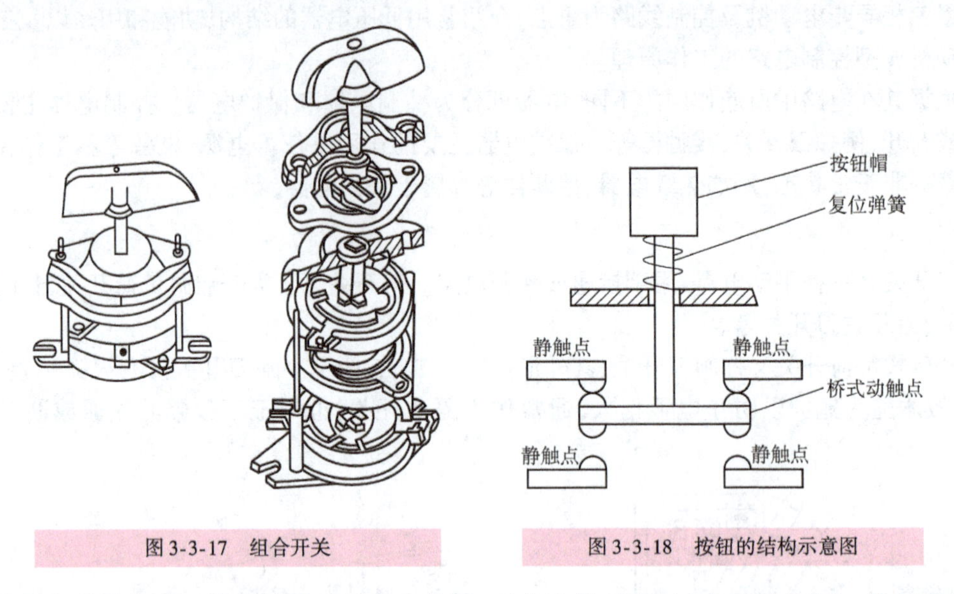

图 3-3-17　组合开关　　图 3-3-18　按钮的结构示意图

按钮的种类较多。按钮按触头的分合状况，可分为常开按钮（或启动按钮）、常闭按钮（或停止按钮）和复合按钮。按钮可做成单个的（称单联按钮）、两个的（又称双联按钮）和多个的。按钮的类型如图 3-3-19 所示。

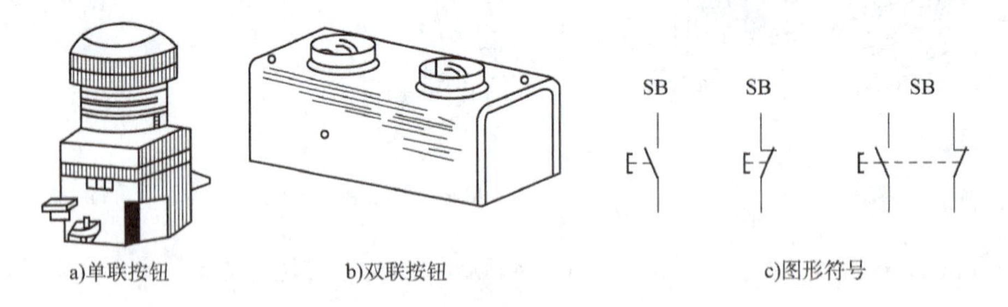

a)单联按钮　b)双联按钮　c)图形符号

图 3-3-19　按钮的类型及图形符号

2.6.5　接触器

接触器是用来频繁接通和断开电路的自动切换电器，它具有手动切换所不能实现的遥控功能，同时还具有欠电压、失电压保护的功能，但却不具备短路保护和过载保护功能。接触器的主要控制对象是电动机。

接触器触头按通断能力，可分为主触头和辅助触头。主触头主要用于通断较大电流的电路（此电路称为主电路），它的体积较大，一般由 3 对常开触头组成。辅助触头主要用于通断较小的电流的电路（此电路称控制电路），它的体积较小，有常开触头和常闭触头之分。接触器按线圈电流类型的不同可分为交流接触器和直流接触器。交流接触器的外形和结构如图 3-3-20 所示。当给交流接触器的线圈通入交流电时，在铁芯上会产生电磁吸力，克服弹簧的反作用力，将衔铁吸合；衔铁的运动带动动触点的运动，使静触点闭合。将电磁线圈断电后，铁芯上的电磁吸力消失，衔铁在弹簧的作用回到原位，触点也随之回到原始状态。

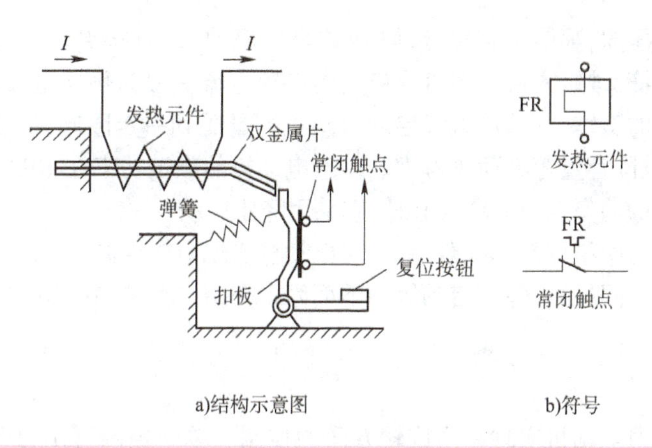

图 3-3-20 交流接触器

2.6.6 继电器

继电器是一种根据外来信号接通或断开电路,已实现对电路的控制和保护作用自动切换电器。继电器一般不直接控制电路,其反应的是控制信号。继电器的种类很多,根据用途可分为控制继电器和保护继电器;根据反应的不同信号可分为电压继电器、电流继电器、中间继电器、时间继电器、热继电器、速度继电器、温度继电器、压力继电器。

热继电器是利用发热元件感受到的热量而运动的一种保护继电器,主要对电动机实现过载保护、电流不平衡运动等。

热继电器的工作原理示意图如图 3-3-21 所示。热继电器的发热元件(电阻丝)绕在具有不同热膨胀系数的双金属片上,下层金属膨胀系数大,上层膨胀系数小。当电路中电流超过容许值而使双金属片受热时,双金属片的自由端便向上弯曲与扣板脱离接触,扣板在弹簧的拉力下将常闭触点断开。触点是接电动机的控制电路中的,控制电路断开便使接触器的线圈断电,从而断开电动机的主电路,达到保护的目的。

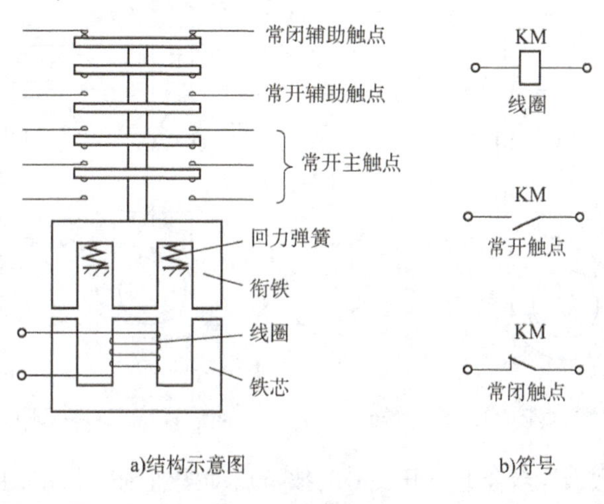

图 3-3-21 热继电器

2.7 三相异步电动机的基本控制线路

三相笼型异步电动机的结构简单,价格便宜,维修较为方便,所以在生产机械中应用较为广泛。电动机的启动控制方式有直接启动和降压启动两种。在启动时,加在电动机定子绕组上的电压是额定电压的,都属于直接启动(或称全压启动)。直接启动的优点是电气设备少,电路简单、可靠、经济,维修方便。但直接启动的启动电流一般为额定电流的5~7倍,会影响同一电网其他设备的工作。所以,直接启动电动机容量受到一定限制,可以根据电动机容量、电动机启动次数、电网容量等方面来考虑。一般电动机的额定功率在10kW以下,均可采用直接启动。当电动机的功率在10kW以上时,应采用降压启动。

电器元件在电路中组成基本控制电路,对电动机实现单向控制、点动控制、正反转控制、行程控制、顺序控制、时间控制、降压启动等。下面简单介绍一下单向控制、点动控制和正反转控制电路。

2.7.1 单向控制电路

单向控制是指对电动机实现一个旋转方向的控制。单向控制可用刀开关控制,也可用接触器控制。

1)刀开关控制的单向控制电路

刀开关控制的单向控制电路如图3-3-22所示。图中QS为刀开关,M为三相笼型异步电动机,FU为三相熔断器,U,V,W为三相电源。当合上刀开关QS时,三相电源与电动机接通,电动机开始旋转。当断开开关QS时三相电动机因断电而停止。

上述控制所用的电器元件较少,电路也比较简单,但在启动和停止时不方便、不安全,也不能实现失电压、欠电压和过载保护。所以,此电路适用于不频繁启动的小容量电动机。在实际中,应用较多的是用接触器控制电路。

2)接触器控制的单向控制电路

接触器控制的电动机单向控制电路如图3-3-23所示。图中的KM为接触器,SA为停止按钮,SB为启动按钮,FR为热继电器,FU为熔断器。

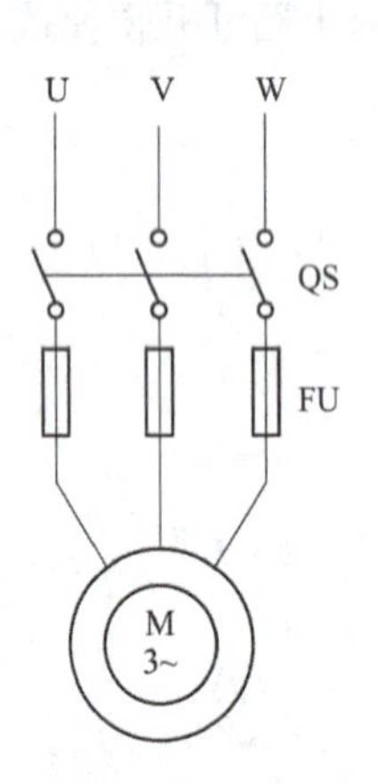

图3-3-22 刀开关控制的单向控制电路

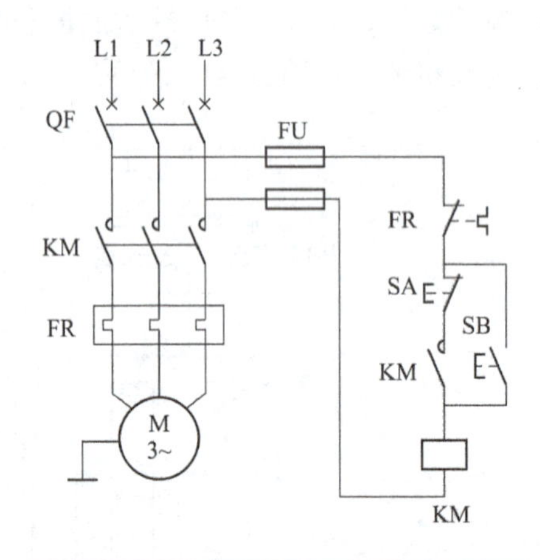

图3-3-23 接触器控制的单向控制电路

电路的工作原理如下:当合上刀开关QF,按下启动按钮SB时,KM的线圈通电,其三相主触点闭合,使电动机通入三相电源而旋转。同时,与启动按钮SB并联的KM常开辅助触点也闭合,此时,若放开SB,KM线圈仍保持通电状态。这种依靠接触器自身的常开辅助触点使自身的线圈保持通电的电路,称为自锁电路。辅助常开触点称为自锁触点。当电动机需要停止时,按下停止按钮SA,KM线圈断电,使它的三相触点断开,电动机断电停止。同时,KM的常开辅助触点也断开。此时,即使放开停止按钮SA,KM线圈也不会通电,电动机不能自行启动。

若使电动机再次启动,则需要再次按下启动按钮 SB。此电路具有短路保护、过载保护、失电压和欠电压保护的功能。

2.7.2　点动控制电路

在某些生产机械中,除了要求电动机正常连续运转外,有的还需要做点动控制。所谓点动控制,就是指按下按钮,电动机因通电而运转;松开按钮,电动机因断电而停止。点动控制电路如图 3-3-24 所示。它的工作过程较为简单:合上刀开关 Q1,按下点动按钮 SB1,KM 的线圈通电,三相主触点闭合,电动机运行;当松开点动按钮 SB1,KM 线圈通电,三相主触点断开,电动机断电,停止运转。

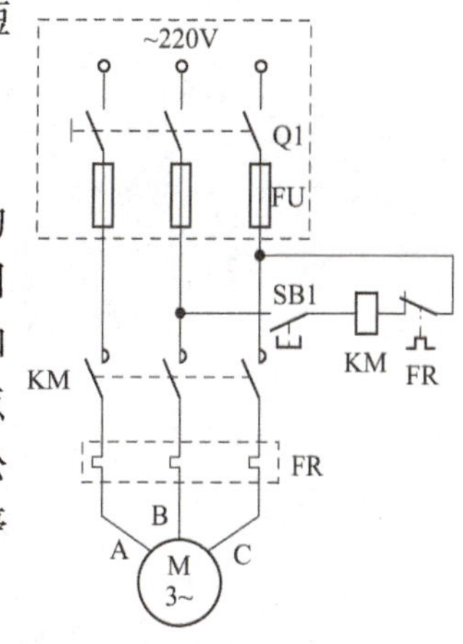

图 3-3-24　点动控制电路

2.7.3　正反转控制电路

生产机械的运动部件往往需要作正、反两个方向的运动。例如车床主轴的正传和反转,工作台的前进和后退等,这就要求拖动生产机械的电动机具有正、反转控制。

若要实现电动机反向控制,只需将电源的 3 根相线任意对调两根(称换向)即可。在实际中应用较多的是用接触器控制电路。

1)无互锁的正、反转控制电路

用接触器控制的正反转控制电路如图 3-3-25 所示。

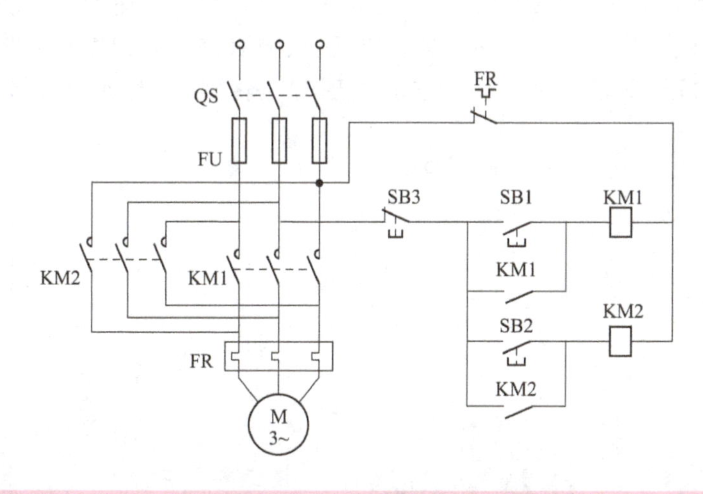

图 3-3-25　用接触器控制的正反转控制电路

当合上刀开关 QS,按下正转启动按钮 SB1 时,KM1 线圈通电,KM1 三相主触点闭合,电动机旋转。同时,KM1 辅助常开触点闭合自锁。若电动机反转时,按下反转按钮 SB2,KM2 线圈通电,KM2 的三相触点闭合,电源 L1 和 L3 对调,实现换相,此时电动机为反转。

此电路存在的问题时:当正转,KM1 通电时,若按下 SB2,KM2 也通电,在主电路中,会发生电源直接短路的故障。因此,此电路在实际中不能采用。

2)有互锁的正、反转控制电路

为了克服上述电路的缺点,常用具有互锁的控制电路。具有电气互锁的控制电路如图 3-3-26 所示。

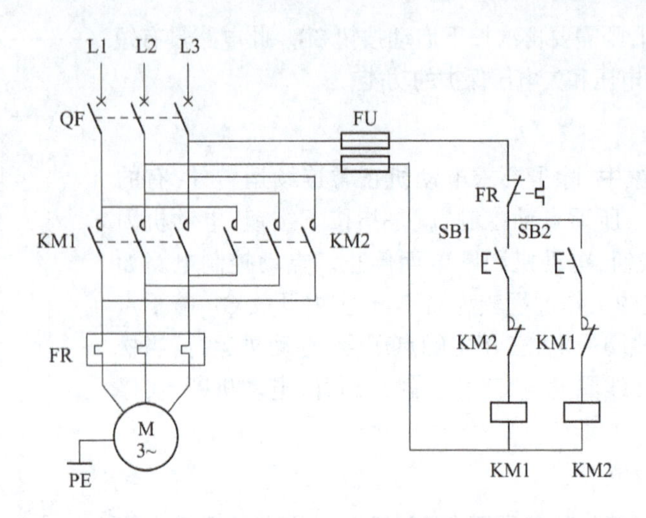

图 3-3-26　电气互锁的正反转控制电路

当按下 SB1,KM1 通电时,KM1 的辅助常闭触点断开,这时,如果按下 SB2,KM2 的线圈就不会通电,这就保证了电路的安全。这种将一个接触器的辅助常闭触点串联在另一个线圈电路中,是两个接触器相互制约的控制,称为互锁控制。利用接触器(或继电器)的辅助常闭触点的互锁,称电气互锁。

在正、反转控制电路中,除采用电气互锁外,还可采用机械互锁,如图 3-3-27 所示。SB1 和 SB2 的常闭按钮串联在对方的常开触点电路中。这种利用按钮的常开、常闭触点,在电路中互相牵制的接法,称为机械互锁。具有电气、机械双重互锁的控制电路是电路中常见的,也是最可靠的正、反转控制电路。它能实现有正转到反转,或由反转直接到正转的控制。

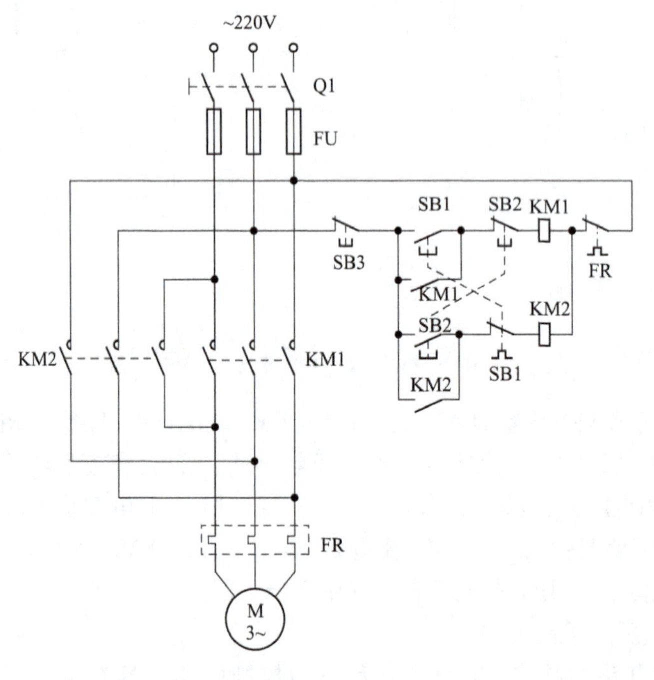

图 3-3-27　机械互锁的正反转控制电路

3 任务实施

3.1 准备工作

认识各电器的结构、图形符号、接线方法;抄录电动机及各电器铭牌数据;并用万用表 Ω 挡检查各电器线圈、触头是否完好。

笼型电动机三角形接法;试验线路电源端接三相自耦调压器输出端 U、V、W,供电线电压为 220V。

3.2 操作流程

按图 3-3-28 点动控制线路进行安装接线,接线时,先接主电路,即从 220 V 三相交流电源的输出端 U、V、W 开始,经接触器 KM 的主触头,热继电器 FR 的热元件到电动机 M 的三个线端 A、B、C,用导线按顺序串联起来。主电路连接完整无误后,再连接控制电路,即从 220V 三相交流电源某输出端(如 V)开始,经过常开按钮 SB1、接触器 KM 的线圈、热继电器 FR 的常闭触头到三相交流电源另一输出端(如 W)。显然这是对接触器 KM 线圈供电的电路。

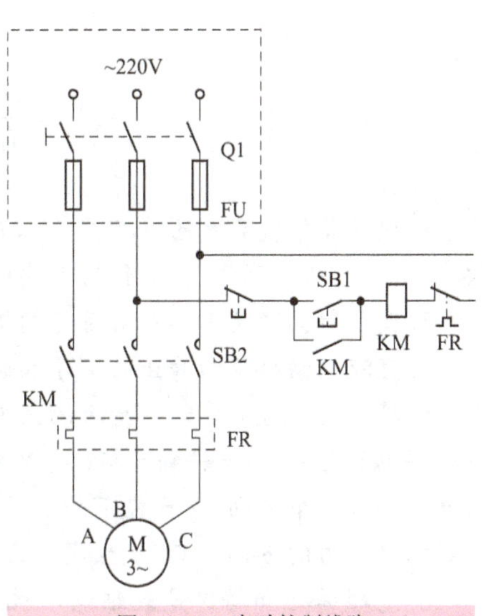

图 3-3-28 点动控制线路

接好线路,经指导教师检查后,方可进行通电操作。

(1)开启控制屏电源总开关,按启动按钮,调节调压器输出,使输出线电压为 220V。

(2)按起动按钮 SB1,对电动机 M 进行点动操作,比较按下 SB1 与松开 SB1 电动机和接触器的运行情况。

(3)试验完毕,按控制屏停止按钮,切断试验线路三相交流电源。

3.3 操作提示

(1)接线时合理安排挂箱位置,接线要求牢靠、整齐、清楚、安全可靠。

(2)操作时要胆大、心细、谨慎,不许用手触及各电器元件的导电部分及电动机的转动部分,以免触电及意外损伤。

(3)通电观察继电器动作情况时,要注意安全,防止碰触带电部位。

复习与思考题

1. 什么是旋转磁场? 旋转磁场的转速和旋转方向取决于什么?

2. 三相异步电动机转子的转速能否等于或大于旋转磁场的转速? 为什么?

3. 异步电动机的转差率有何意义? 在什么情况下,转差率分别为:(1)$s=0$;(2)$s=1$;(3)$s>1$;(4)$0<s<1$;(5)$s<0$。

4. 三相异步电动机的电磁转矩与哪些因素有关? 三相异步电动机带动额定负载工作时,若电源电压下降过多,往往会使电动机发热,甚至烧毁,试说明原因。

5. 若三相异步电动机转子被卡住不转,这时接通电源,会引起什么后果? 若三相异步电动机在正常运行时,转子突然被卡住,试问这时电动机的电流有何变化?对电动机有何影响?

知识点小结

1. 变压器是根据电磁感应原理制成的静止电器。变压器主要由用硅钢片叠成的铁芯和绕在铁芯柱上的线圈(绕组)构成。变压器具有变换电压、电流和阻抗的功能,变换关系式分别为:

$$\frac{U_1}{U_2}=\frac{N_1}{N_2}=k$$

$$\frac{I_1}{I_2}=\frac{N_2}{N_1}=\frac{1}{k}$$

$$|Z'|=\frac{U_1}{I_1}=\frac{kU_2}{\frac{I_2}{k}}=k^2\frac{U_2}{I_2}=k^2|Z|$$

2. 变压器带负载时的外特性 $U_2=f(I_2)$ 是一条稍微向下倾斜的曲线,若负载增大、功率因数减小,端电压就下降,其变化情况由电压变化律来表示。

3. 变压器铭牌是工作人员运行的依据,因此,必须掌握各额定值的含义。

4. 直流电动机是由静止的定子和旋转的转子(又称电枢)两大部分组成的。

5. 换向器是直流电动机特有的装置。直流电动机运行时,换向器的作用是当线圈的有效边从N极(或S极)下转到S极(或N极)下时,改变其中的电流方向。使N极下的有效边中的电流总是一个方向,而S极下的有效边中的电流总是另一个方向,这样才能使两个有效边上受到的电磁力的方向不变,产生同一方向的转矩。

6. 电磁转矩和转速是表征电动机运行状态的两个主要物理量。把转速与电磁转矩的关系称为机械特性 $n=f(T)$。电动机的机械特性可分为固有(自然)机械特性和人为机械特性。

7. 机械特性是研究电动机稳定运行、起动、调速和制动等运行的基础。

8. 直流电动机的基本方程包括电枢电路的反电动势、电压平衡方程、功率平衡方程和转矩平衡方程等,用来说明直流电动机的能量关系。

9. 直流电动机反转即改变电动机的转向。可将电枢绕组两端的接线对换,即改变 I_a 的方向;也可将励磁绕组两端的接线对换,即改变 Φ 的方向。通常采用改变 I_a 的方向来反转。

10. 三相异步电动机由定子和转子两部分组成。转子按结构形式的不同分为笼型和绕线型两种。

11. 三相异步电动机的转动原理是:在三相定子绕组中通入三相交流电流产生旋转磁场,旋转磁场与转子产生相对运动,在转子绕组中感应出电流,转子感应电流与旋转磁场相互作用产生电磁转矩,驱动电动机旋转。转子的转动方向与旋转磁场的方向及三相电流的相序一致,这是三相异步电动机改变转向的原理。旋转磁场的转速即同步转速为:$n_1=60f_1/p$。

12. 三相异步电动机旋转的必要条件是转差率的存在,即转子转速恒小于旋转磁场转速。转差率是三相异步电动机的一个重要的参数,定义为:$s=(n_1-n)/n$。

13. 三相异步电动机直接启动时启动电流大而起动转矩小。对稍大容量的笼型电动机常采用降压启动来限制启动电流。

三相异步电动机的调速有变极调速、变频调速和变转差率调速3种。

14. 铭牌是电动机的运行依据,其中额定功率是指在额定状态下电动机转子轴上输出的机械功率。额定电压和额定电流均指线电压和线电流。

15. 控制电器是电气控制的基本元件,分为手动电器(如刀开关、组合开关、按钮等)和自动电器(如接触器、继电器等)两大类。接触器用来接通或切断带负载的主电路,并易于实现远距离控制的自动切换。继电器及其他一些控制电器用来对主电路进行控制、检测及保护。

16. 用继电器、接触器及按钮等有触点的控制电器来实现的自动控制称为继电接触器控制。继电接触器控制工作可靠、维护简单,并能对电动机实现起动、调速、正反转、制动等自动控制,所以应用极广。

项目 4 常用半导体器件及应用

概　　述

所谓半导体，顾名思义，就是指导电能力介于导体和绝缘体之间的物质。在自然界中属于半导体的物质很多，如硅、锗、硒以及大多数金属氧化物和硫化物。用来制造半导体器件的材料主要是硅、锗和砷化镓等，其中硅应用最广泛，是当前制作集成器件的主要材料。

很多半导体的导电能力在不同的条件下有很大的差别。例如有些半导体（如钴、锰、镍等的氧化物）对温度的反应特别灵敏，环境温度增高导电能力增强很多，基于这种特性做成各种热敏电阻。又如有些半导体（如镉铅等的硫化物与硒化物）受到光照时，它们的导电能力变得很强；当无光照时，又变得像绝缘体那样不导电，利用这种特性就做成了各种光敏电阻。更重要的是，如果在纯净的半导体中掺入微量的某种杂质后。它的导电能力就可增加几十万乃至几百万倍。利用这种特性就做成了各种不同用途的半导体器件，如半导体二极管、三极管、场效应管及晶闸管等。

任务 1　半导体的基本知识

1 任务引入

生活中有哪些物体属于半导体？半导体的基本特性是什么？

2 相关理论知识

2.1　本征半导体与杂质半导体

2.1.1　本征半导体

纯净的半导体称为本征半导体。由于其原子结构是晶体结构，故半导体管又称晶体管。半导体硅和锗的原子外层轨道上都有 4 个电子（通常称为价电子），两个相邻的原子共用 1 对价电子，形成共价键，如图 4-1-1 所示。在热力学温度零度时，共价键结构使价电子受原子核束缚较紧，无法挣脱其束缚，因此，晶体中没有自由电子，半导体不能导电。

共价键上的某些电子受外界能量激发（如受热或光照）后会挣脱共价键束缚，成为带负电荷的自由电子。在电场力作用下，自由电子逆着电场方向作定向运动，形成电子电流。这时半导体具有一定的导电能力。一般自由电子数量较少，所以半导体的导电能力很弱。

共价键上的电子挣脱共价键束缚成为自由电子的同时,在原来的位置留下一个空位,称为空穴。空穴的出现是半导体区别于导体的一个重要特点。

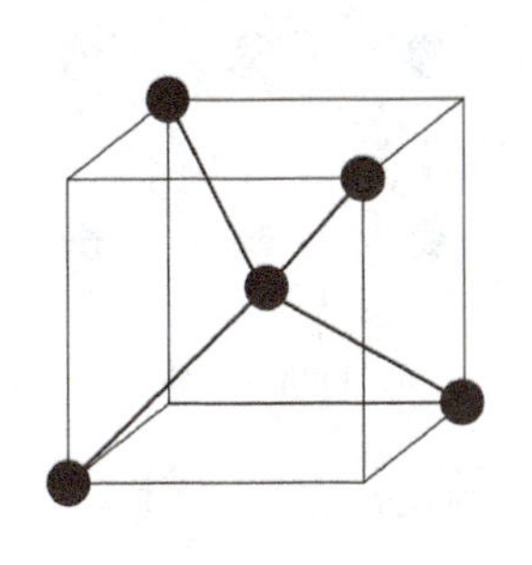

a)硅晶体的空间排列

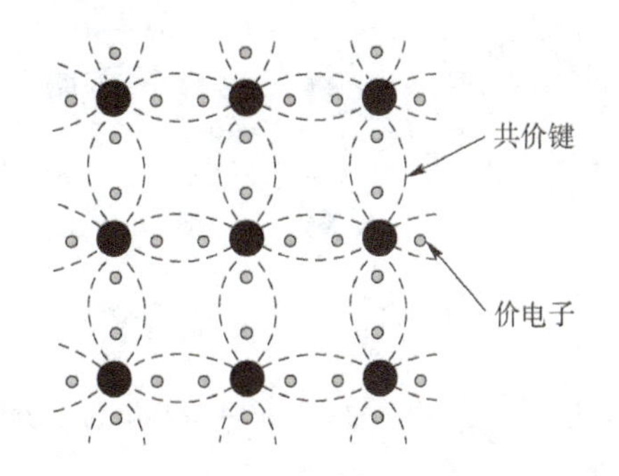

b)共价键结构平面示意图

图 4-1-1 硅原子空间排列及共价键结构平面示意图

空穴出现后,对邻近原子共价键上的电子有吸引作用。如果邻近共价键的电子进来填补,则其共价键又会产生新的空穴,再吸引其他的电子来填补。从效果上看,相当于空穴沿着电子填补运动的反方向移动。为了与自由电子移动相区别,把这种电子的填补运动称为空穴运动,形成的电流称为空穴电流。所以,半导体中存在两种载流子:电子和空穴。电子带负电荷,空穴带正电荷。自由电子和空穴是两种电量相等、性质相反的载流子。

在本征半导体中,自由电子和空穴总是成对出现的,称为电子—空穴对。因此,自由电子和空穴两种载流子的浓度是相等的。由于物质运动,半导体中的电子—空穴对不断产生,同时也不断会有电子填补空穴,使电子—空穴对消失,达到动态平衡时会有确定的电子—空穴对浓度。常温下,载流子很少,导电能力很弱。当温度升高或光照增强时,激发出的电子—空穴对数目增加,半导体的导电性能将增强。利用本征半导体的这种特性,可以制成热敏器件和光敏器件,例如热敏电阻和光敏电阻等,其阻值可以随温度的高低和光照射的强弱而变化。

本征半导体常温下很弱的导电能力,以及对热和光的敏感,决定了不能直接使用这种材料制造半导体器件。实际的器件材料是采用在本征半导体中掺入微量杂质形成的杂质半导体。

2.1.2 杂质半导体

在本征半导体中掺入微量杂质形成杂质半导体后,其导电性能将发生显著变化。按掺入杂质的不同,杂质半导体可分为 N 型半导体和 P 型半导体。

1) N 型半导体

如果在本征半导体硅(或锗)中掺入微量 5 价杂质元素,如磷、锑、砷等,由于杂质原子的最外层有 5 个价电子,当其中的 4 个与硅原子形成共价键时,就会有多余的 1 个价电子。这个电子只受自身原子核的吸引,不受共价键的束缚,室温下就能变成自由电子,如图 4-1-2a)所示。磷(或锑、砷)原子失去一个电子后,成为不能移动的正离子。掺入的杂质元素越多,自由电子的浓度就越高,数量就越多。并且在这种杂质半导体中,电子浓度远远大于空穴浓度。因此,电子称为多数载流子(简称多子),空穴称为少数载流子(简称少子)。在外电场的作用下,这种杂质半导体的电流主要是电子电流。由于电子带负电荷,因此,这种以电子导电为主的半导体称为 N 型半导体。

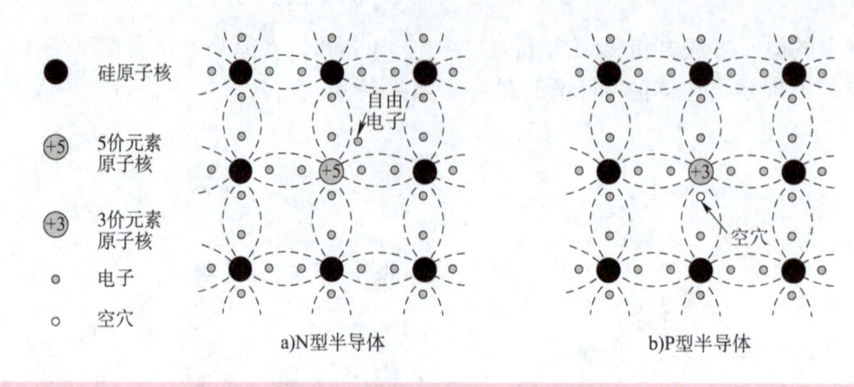

图 4-1-2 N 型半导体和 P 型半导体

2)P 型半导体

如果在本征半导体硅(或锗)中掺入微量 3 价元素,如硼、镓、铟等,由于杂质原子的最外层有 3 个价电子,当它和周围的硅原子形成共价键时,将缺少 1 个价电子而出现 1 个空穴,附近的共价键中的电子很容易来填补。如图 4-1-2b)所示。硼(或镓、铟)原子获得 1 个价电子后,成为不能移动的负离子,同时产生 1 个空穴。所以,掺入了 3 价元素的杂质半导体,空穴是多数载流子,电子是少数载流子。在外电场的作用下,其电流主要是空穴电流。这种以空穴导电为主的半导体称为 P 型半导体。

综上所述,在本征半导体中掺入 5 价元素可以得到 N 型半导体,掺入 3 价元素可以得到 P 型半导体。在 N 型半导体中,由于自由电子数目大大增加,增加了与空穴复合的机会,因此,空穴数目便减少了;同样,在 P 型半导体中,空穴数目大大增加,自由电子数目较掺杂前减少了。由此可知,多数载流子的浓度取决于掺杂浓度;而少数载流子的浓度受温度影响很大。

应当注意的是,掺杂后对于 P 型半导体和 N 型半导体而言,尽管都有一种载流子是多数载流子,一种载流子是少数载流子,但整个半导体中由于正负电荷数是相等的,它们的作用相互抵消,因此保持电中性。

2.2 PN 结

2.2.1 PN 结及其单向导电性

本征半导体掺杂后形成的 P 型半导体和 N 型半导体,虽然导电能力大大增强,但一般并不能直接用来制造半导体器件,各种半导体器件的核心结构是将 P 型半导体和 N 型半导体通过一定的制作工艺形成的 PN 结,因此,掌握 PN 结的基本原理十分重要。

2.2.2 PN 结的形成

如果一块半导体的两部分分别掺杂形成 P 型半导体和 N 型半导体,在它们的交界面处就形成了 PN 结。交界面处存在载流子浓度的差异,会引起载流子的扩散运动,如图 4-1-3a)所示。P 区空穴多,电子少;N 区电子多,空穴少。于是,N 区电子要向 P 区扩散,扩散到 P 区的电子与空穴复合,在交界面附近的 N 区留下一些带正电的 5 价杂质离子,形成正离子区;同时,P 区空穴向 N 区扩散,P 区一侧留下带负电的 3 价杂质离子,形成负离子区。这些正负离子通常称为空间电荷,它们不能自由移动,不参与导电。扩散运动的结果,产生从 N 区指向 P 区的内电场,如图 4-1-3b)所示。

在内电场的作用下,P 区的少子电子向 N 区运动,N 区的少子空穴向 P 区运动。这种在内电场作用下的载流子运动称为漂移运动。

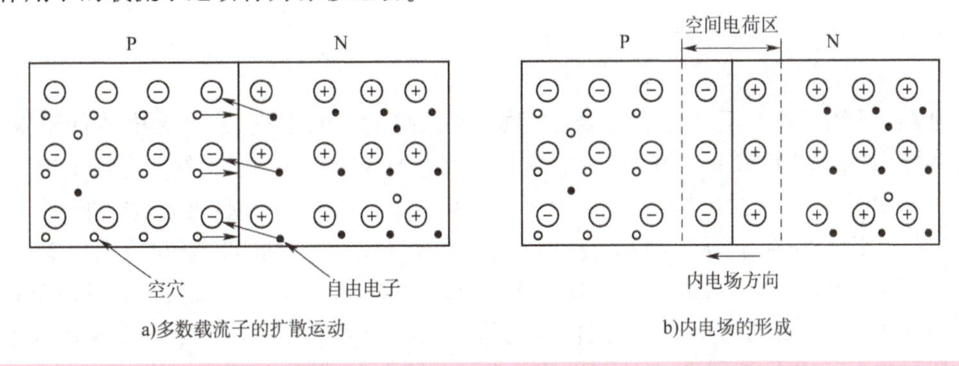

图 4-1-3　PN 结的形成

由上述分析可知,P 型半导体和 N 型半导体交界面存在着两种相反的运动——多子的扩散运动和少子的漂移运动。内电场促进了少子的漂移运动,却阻挡多子的扩散运动。当这两种运动达到动态平衡时,空间电荷区的宽度稳定下来,不再变化,这种宽度稳定的空间电荷区,就称为 PN 结。

在 PN 结内,由于载流子已扩散到对方并复合掉了,或者说被耗尽了,所以空间电荷区又称为耗尽层。

2.3　PN 结的单向导电性

PN 结无外加电压时,扩散运动和漂移运动处于动态平衡,流过 PN 结的电流为 0。当外加一定的电压时,由于所加电压极性的不同,PN 结的导电性能不同。

2.3.1　正向偏置——PN 结低阻导通

通常将加在 PN 结上的电压称为偏置电压。若 PN 结外加正向电压(P 区接电源的正极,N 区接电源的负极,或 P 区电位高于 N 区电位),称为正向偏置,如图 4-1-4a)所示。这时外加电压在 PN 结上形成的外电场的方向与内电场的方向相反,因此,扩散运动与漂移运动的平衡被破坏。外电场有利于扩散运动,不利于漂移运动,于是多子的扩散运动加强,中和了一部分空间电荷,整个空间电荷区变窄,形成较大的扩散电流,方向由 P 区指向 N 区,称为正向电流。在一定范围内,外加电压越大,正向电流越大,PN 结呈低阻导通状态。

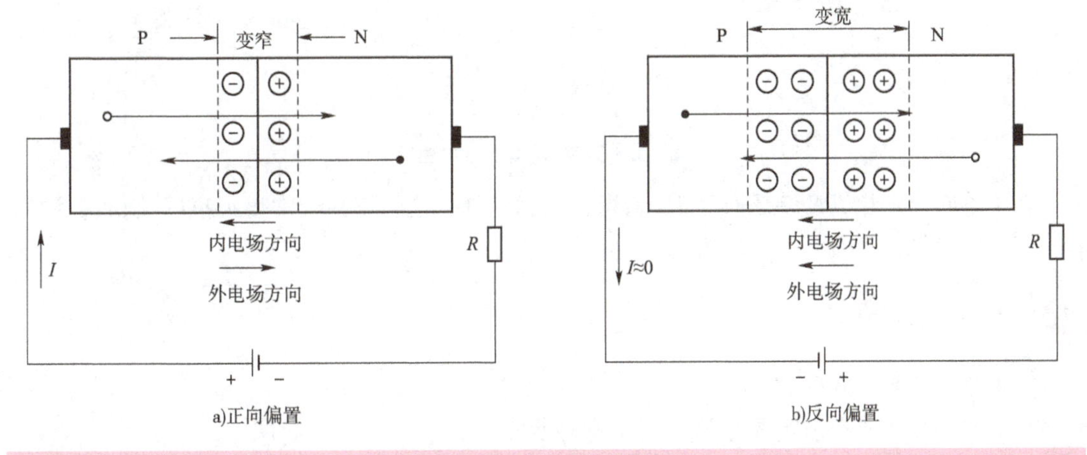

图 4-1-4　PN 结的正向偏置和反向偏置

注意:正向电流由两部分组成,即电子电流和空穴电流,虽然电子和空穴的运动方向相反,但形成的电流方向一致。

2.3.2 反向偏置——PN 结高阻截止

若 PN 结外加反向电压(P 区接电源的负极,N 区接电源的正极,或 P 区电位低于 N 区电位),称为反向偏置。如图 4-1-4b)所示。这时外加电压在 PN 结上形成的外电场的方向与内电场的方向相同,加强了内电场,促进了少子的漂移运动,使空间电荷区变宽,不利于多子扩散运动的进行。此时主要由少子的漂移运动形成的漂移电流将超过扩散电流,方向由 N 区指向 P 区,称为反向电流。由于在常温下少数载流子数量很少,所以反向电流很小。此时 PN 结呈高阻截止状态。在一定温度下,若反向偏置电压超过某个值(零点几伏),反向电流不会随着反向电压的增大而增大,称为反向饱和电流。反向饱和电流是由少子产生的,因此,对温度变化非常敏感。

综上所述,PN 结具有单向导电性:正向偏置时,呈导通状态;反向偏置时,呈截止状态。PN 结的单向导电性能如图 4-1-5 所示。

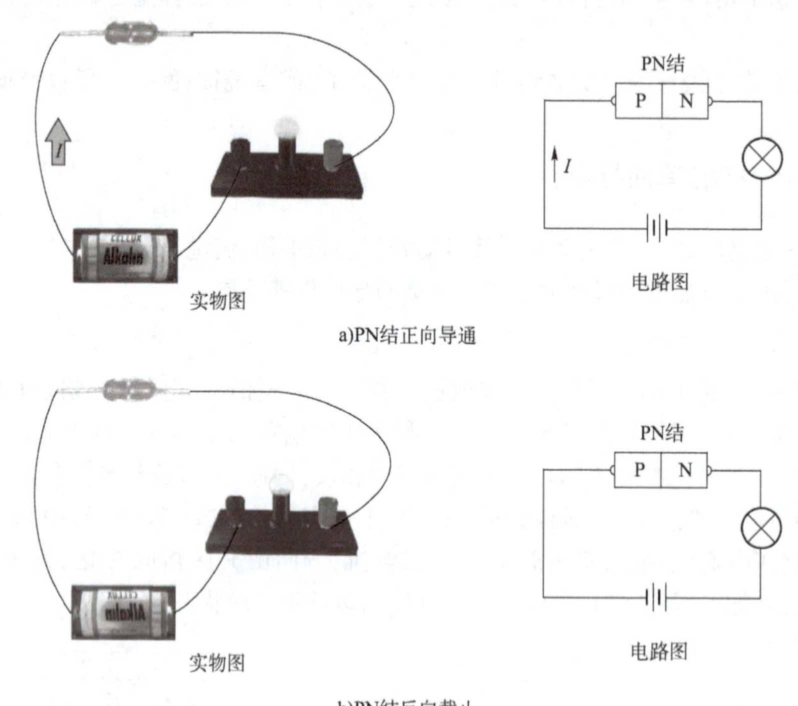

图 4-1-5 PN 结的单向导电性

除了单向导电性,PN 结还有感温、感光、发光等特性,这些特性经常得到应用,制成各种用途的半导体器件。

复习与思考题

1. 半导体的定义是什么?
2. 本征半导体与杂质半导体的不同点有哪些?
3. PN 结的特性是什么?

任务2 二 极 管

1 任务引入

汽车电路中存在很多二极管,那么,这些二极管的作用和基本特性是什么呢?

2 相关理论知识

2.1 二极管的结构和类型

从PN结的P区引出一个电极,称阳极;从N区引出一个电极,称阴极。用金属、玻璃或塑料封装起来就构成一只晶体二极管(简称二极管)。二极管是具有一个PN结的半导体元件,具有单向导电性。图4-2-1a)所示是二极管的结构示意图,图4-2-1b)所示是二极管的图形符号。符号中的箭头方向表明,二极管的电流从阳极流向阴极。

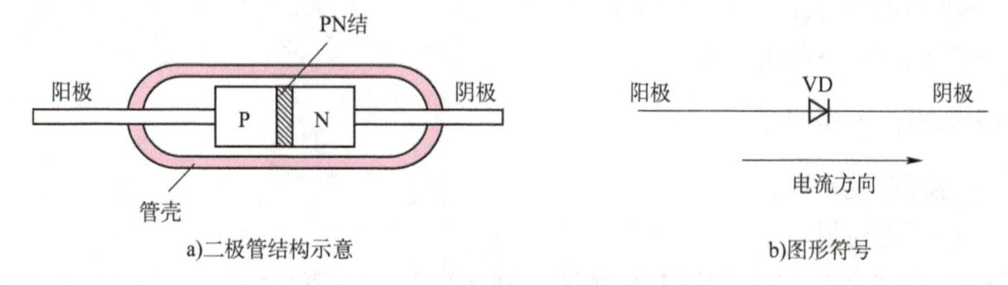

图4-2-1 二极管的结构示意与符号

常见的二极管的结构类型如图4-2-2所示。二极管按结构分为点接触型、面接触型和平面型三大类。点接触型二极管的PN结面积小,结电容小,用于检波和变频等高频电路;面接触型二极管的PN结面积大,用于工频大电流整流电路;平面型二极管常用于集成电路制造工艺中,其PN结面积可大可小,用于高频整流和开关电路中。

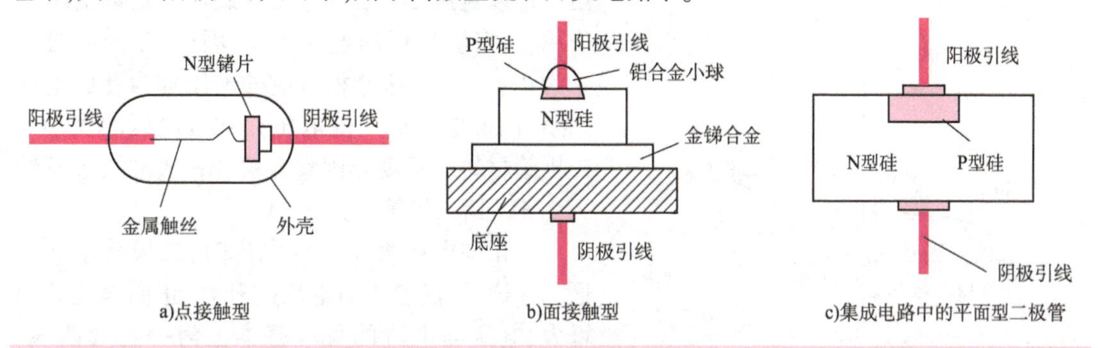

图4-2-2 常见的二极管的结构类型

二极管的种类很多,按制造材料分,有硅二极管和锗二极管;按用途分,有整流二极管、检波二极管、稳压二极管、开关二极管等。各种类型二极管的型号与符号的意义可参考有关技术手册及文献。

汽车交流发电机用的整流二极管是面接触型硅二极管。它的内部结构与一般硅整流二极管基本相同,而外形结构却不同,它只有一根引出线,另一个电极是外壳。汽车交流发电机用的整流二极管如图4-2-3所示。

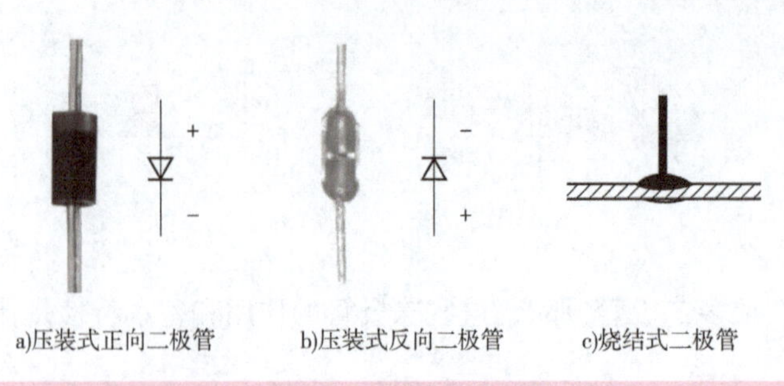

图 4-2-3　汽车交流发电机用的整流二极管

2.2　二极管的伏安特性

二极管两端的电压与通过它的电流的关系曲线,称为二极管的伏安特性,其伏安特性与 PN 结的伏安特性是一致的。根据半导体物理理论推导,二极管的伏安特性曲线可用下式表示:

$$i_D = I_S\left(e^{\frac{U_D}{U_T}} - 1\right) \tag{4-2-1}$$

式中:I_S——反向饱和电流;

U_D——二极管两端的电压降;

$U_T = \frac{KT}{q}$称为温度的电压当量;

K——玻耳兹曼常数;

q——电子电荷量;

T——热力学温度。室温时(相当于 $T = 300K$),有 $U_T = 26mV$。

二极管的伏安特性曲线如图 4-2-4 所示,根据二极管所加电压的正负,特性曲线分为正向特性和反向特性两部分。

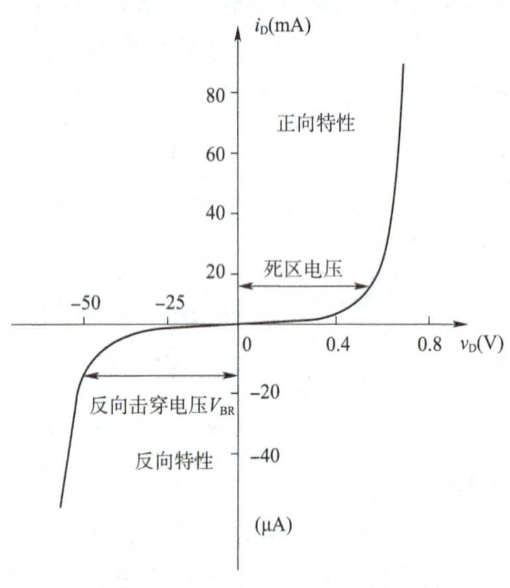

图 4-2-4　二极管的伏安特性曲线

1)正向特性

当二极管所加正向电压较小时,由于外加电压不足以克服 PN 结内电场对载流子运动的阻挡作用,二极管呈现的电阻较大,因此,正向电流几乎为 0。与这一部分相对应的电压称为死区电压(也称门槛电压或阈值电压),死区电压的大小与二极管材料及温度等因素有关。一般硅二极管约为 0.5V,锗二极管约为 0.1V。

当正向电压大于死区电压时,二极管正向导通。导通后,随着正向电压的升高,正向电流急剧增大,电压与电流的关系基本上为一指数曲线。导通后二极管两端的正向电压称为正向压降,一般硅二极管约为 0.7V,锗二极管约为 0.2V。由图 4-2-4 可见,这个电压比较稳定,几乎不随流过二极管电流的大小而变化。

2)反向特性

当二极管加上反向电压时,加强了 PN 结内电场,只有少数载流子在反向电压作用下通过 PN 结,形成很小的反向电流。反向电压增加但不超过某一数值时,反向电流很小且基本不变,此处的反向电流通常也称为反向饱和电流，特性曲线图中此段区域称为反向截止区。反向电流是由少数载流子形成的，它会随温度升高而增大，实际应用中，此值越小越好。当反向电压增大到超过某一个值时（特性曲线图中的对应电压称为反向击穿电压，不同二极管的反向击穿电压不同），反向电流急剧增大，此时二极管失去了单向导电性，这种现象称为反向击穿（属于电击穿）。反向击穿后电流很大，电压又很高，因而消耗在二极管上的功率很大，容易使PN结发热而超过它的耗散功率，产生热击穿。

2.3 二极管的主要参数

二极管的主要参数及其意义如下。

2.3.1 最大整流电流 I_F

指二极管长期运行时，允许通过管子的最大正向平均电流值。I_F的数值是由二极管允许的温升所限定，半导体器件手册上提供的I_F是在一定的散热条件下得到的。因此，使用时必须满足一定的散热条件并使流过管子的正向平均电流不超过此值，否则，可能使二极管过热而损坏。不同型号的二极管I_F的数值是不同的，根据I_F的数值二极管有大功率管和小功率管之分。

2.3.2 最大反向工作电压 U_{RM}

指工作时加在二极管两端的反向电压不得超过此值，否则，二极管可能被击穿。为了留有余地，手册中通常将击穿电压U_{BR}的一半定为U_R。U_R数值较大的二极管称为高压二极管。

2.3.3 反向击穿电压 U_{BR}

指反向电流明显增大，超过某规定值时的反向电压。

2.3.4 最高工作频率 f_M

最高工作频率f_M是指允许加在二极管两端交流电压的最高频率值，使用中若加在二极管两端交流电压的频率超过此值，二极管的单向导电性能将变差甚至失去单向导电性。f_M值主要决定于PN结结电容的大小。结电容越大，则二极管允许的最高工作频率越低。

2.4 几种特殊的二极管

2.4.1 稳压二极管

1）稳压二极管的伏安特性

稳压二极管是一种特殊的面接触型硅二极管，其图形符号和伏安特性曲线如图4-2-5所示，它的正向特性曲线与普通二极管相似，而反向击穿特性曲线很陡。正常情况下稳压二极管工作在反向击穿区，由于曲线很陡，反向电流在很大的范围内变化时，端电压变化很小，而具有稳压的作用。只要反向电流不超过其最大稳定电流，就不会形成破坏性的热击穿。因此，在电路中应与稳压二极管串联适当的限流电阻。

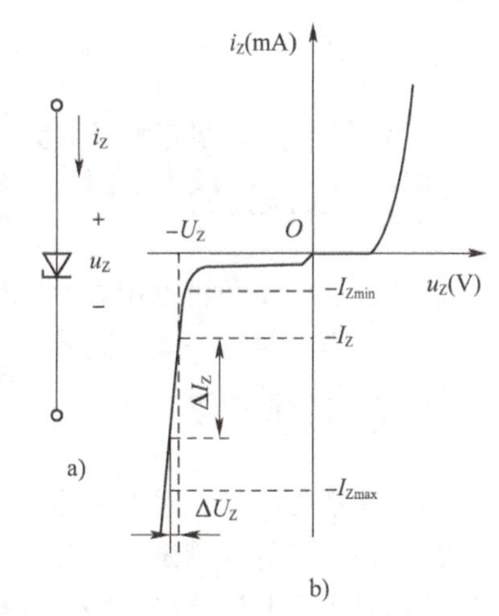

图4-2-5 稳压二极管的伏安特性曲线

2）稳压二极管的主要参数

（1）稳定电压U_Z。稳定电压指流过规定电流时稳压二极管两端的反向电压值，其值决定于稳压二极管的反向击穿电压值。

(2)稳定电流 I_Z。稳压二极管稳定工作时的参考电流值,通常为工作电压等于 U_Z 时所对应的电流值。当工作电流低于 I_Z 时,稳压效果变差,若低于 I_{Zmin} 时,稳压二极管将失去稳压作用。

(3)最大耗散功率 P_{ZM} 和最大工作电流 I_{ZM}。P_{ZM} 和 I_{ZM} 是为了保证稳压二极管不被热击穿而规定的极限参数,由稳压二极管允许的最高结温决定,$P_{ZM}=I_{ZM}U_Z$。

(4)动态电阻 r_Z。动态电阻是稳压范围内电压变化量与相应的电流变化量之比,即 $r_Z=\Delta U_Z/\Delta I_Z$,$r_Z$ 值很小,约几欧到几十欧。r_Z 越小,即反向击穿特性越陡,稳压性能就越好。

(5)电压温度系数 C_T。电压温度系数指温度每增加1℃时,稳定电压的相对变化量,即 $C_T=\Delta U_Z/U_Z\Delta T\times 100\%$。

2.4.2 发光二极管

它是一种把电能直接转化为光能的发光元件,它也具有单向导电性,其材料主要为砷化镓或磷砷化镓,在外加正向电压使得其正向电流足够大时,它可以发出红、绿、黄等颜色的光,红色的光在1.6~1.8V,绿色的光约为2V。正向电流越大,发光越强,但是在使用时应注意不要超过最大耗散功率、最大正向电流和反向击穿电压等极限参数。发光二极管是一种功率控制器件,常用来作为数字电路的数码及图形显示的七段式或阵列式器件;单个发光二极管常作为电子设备通断指示灯或快速光源以及光电耦合器中的发光元件等。

2.4.3 光电二极管

它是一种充分利用了半导体材料的光敏性把光能转化为电能的器件。它和普通二极管一样也具有单向导电性,用光刻工艺在其管壳上刻了一个能射入光线的窗口。光电二极管工作在反向偏置状态,当在PN结上加反向电压时,用光照射PN结就能形成反向的光电流,光电流受入射照度的控制,照度一定时,光电二极管可等效成恒流源,光照越强,光电流越大。因为稳压管的正向特性与普通二极管相同,正向电阻非常小,工作在正向导通区时,正向电压一般为0.6V左右,此电压数值一般变化不大。光电二极管一般可用作传感器的光敏元件,或者遥控报警等电路中。

3 任务实施——二极管的简易测试

3.1 准备工作

阅读实验指导书,制订测量方案,准备所需仪器、设备和工具。

3.2 操作目的

(1)能够让学生利用万用表对二极管进行测试。

(2)培养学生树立一丝不苟的工作态度和精益求精的工匠精神。

3.3 操作流程

(1)判断常见的二极管的类型。

(2)二极管的好坏测试。

(3)用万用表判定二极管的单向导通性能。

(4)记录二极管的导通电压值。

3.4 操作提示

(1)在操作流程中,要注意正确选择万用表的挡位。
(2)在测量过程中,测量二极管的单向导通性能要用到万用表的二极管挡位。

复习与思考题

1. 二极管的特性是什么?
2. 常见的二极管的结构类型有哪几种?
3. 二极管的特性曲线是怎样的?
4. 二极管的主要参数有哪些?

任务3 三 极 管

1 任务引入

现代工业控制电路中,很多地方用到三极管来设计开关电路和放大电路。那么,三极管的特性和基本工作原理是什么呢?

2 相关理论知识

晶体三极管又称半导体三极管,简称三极管。三极管是最重要的一种半导体器件之一,它的放大作用和开关作用,促使了电子技术的飞跃。本节将讨论三极管的结构、工作原理、主要参数及特性曲线等。

2.1 晶体三极管的基本结构和类型

2.1.1 晶体三极管的外形

三极管有3个脚,图4-3-1所示为常见的三极管封装外形。功率大小不同的三极管体积和封装形式也不同。近年来生产的小、中功率管多采用硅酮塑料封装;大功率三极管采用金属封装,通常做成扁平形状并有螺钉安装孔,有的大功率管做成螺栓形状,这样能使三极管的外壳和散热器连成一体,便于散热。

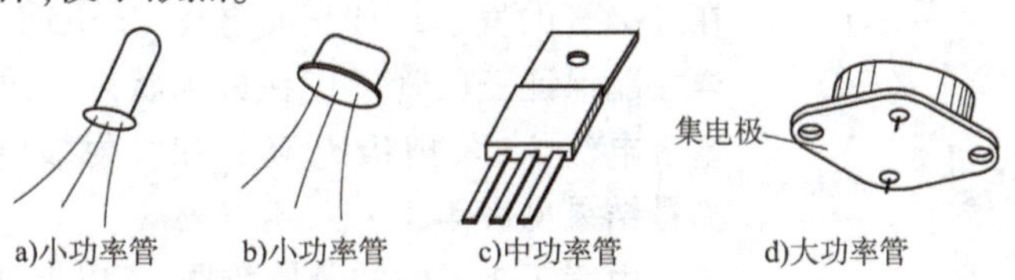

图4-3-1 晶体三极管的外形

2.1.2 晶体三极管的结构

晶体三极管是由两个PN结,三层半导体材料,并引出三个电极而形成的电子器件,在模拟电路中担负电流放大作用。按照各层半导体排列次序的不同有NPN型和PNP型两种结构形式。三极管有两个PN结:发射结和集电结;三个电极:基极B、发射极E和集电极C。图4-3-2所示是NPN型三极管的结构示意图和图形符号,图4-3-3所示是PNP型三极管的结构示意图和图形符号。两种型号三极管的符号用发射极上的箭头方向来加以区分。使用时要注意区分发射极和集电极。PNP 型三极管和 NPN 型三极管尽管结构不同,但在电路中的工作原理是基本相同的,只是工作时所采用的电源极性相反。

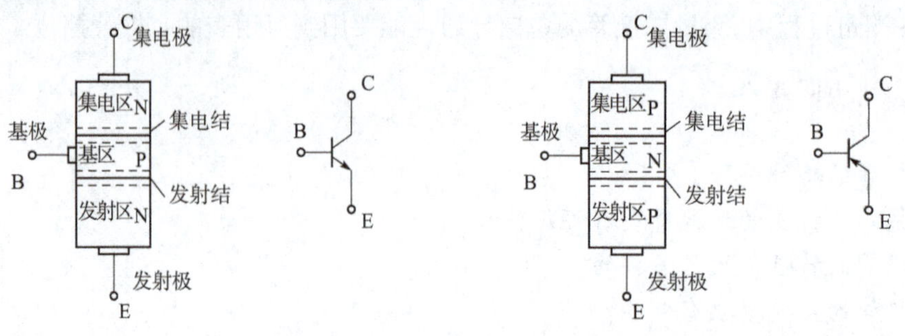

图 4-3-2　NPN 型三极管结构及图形符号　　图 4-3-3　PNP 型三极管结构及图形符号

在制造三极管的过程中,对其内部三个区域(发射区、基区和集电区)都有一定的工艺要求,必须保证它们具有下列特点:

(1)发射区很小,但掺杂浓度高。

(2)基区最薄且掺杂浓度最小(比发射区小到 2 ~ 3 个数量级)。

(3)集电结面积最大且集电区掺杂浓度小于发射区的掺杂浓度。

基于上述特点,可知三极管并不是两个 PN 结的简单组合,它不能用两个二极管代替,也不能将发射极和集电极互换使用。

2.1.3　晶体三极管的分类

三极管的分类很多,通常按以下方法进行分类。

(1)根据三极管基本结构不同分为:NPN 型和 PNP 型。

(2)根据使用的半导体材料分为:硅管和锗管。

(3)根据工作频率不同可分为高频管(工作频率不低于 3MHz)和低频管(工作频率在 3MHz 以下)。

2.2　晶体三极管的电流分配与放大作用

2.2.1　三极管的电流放大作用

三极管的各极电流之间有什么关系呢?我们通过一个试验来说明,电路如图 4-3-4 所示,在三极管的发射结加正向电压,集电结加反向电压,只有这样才能保证三极管工作在放大状态。改变可变电阻 R_B,则基极电流 I_B、集电极电流 I_C 和发射极电流 I_E 都发生变化。测量结果见表 4-3-1。

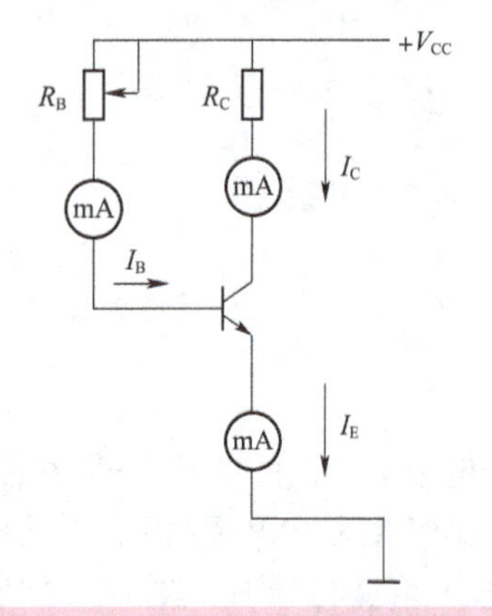

图 4-3-4　三极管电流放大试验电路

由表 4-3-1 中的测量数据,可以得到如下结论:

(1)I_B、I_C、I_E 满足节点电流定律,即:$I_E = I_C + I_B$。

(2)每一列中的集电极电流都比基极电流大很多,且基本上满足一定的比例关系,从第四列和第五列的数据可以得出 I_C 与 I_B 的比值分别为:

$$\frac{I_C}{I_B} = \frac{0.980}{0.020} = 49 \qquad \frac{I_C}{I_B} = \frac{1.99}{0.04} = 49.75$$

三极管各极电流测量数据(单位:mA) 表4-3-1

I_B	0	0.010	0.020	0.060	0.080
I_C	<0.001	0.485	0.980	2.995	3.995
I_E	<0.001	0.495	1.000	3.055	4.075

(3)从各列中求得 I_C 和 I_B 的变化量,再加以比较,比如选第四、五列中的数据,可得:

$$\frac{\Delta I_C}{\Delta I_B}=\frac{1.990-0.980}{0.040-0.020}=\frac{1.010}{0.020}=50.5$$

这说明当基极电流有一个微小的变化(0.02mA)时,会引起集电极电流相应有一个较大的变化(1.01mA),这就是三极管的电流放大作用。

2.2.2 电流分配与放大

三极管在使用时,要实现电流放大,必须做到:发射结应正向偏置,集电结应反向偏置。如图4-3-5a)所示。发射结回路为输入回路,集电结回路为输出回路。发射极是两个回路的公共端,称这种接法为共射极接法。

三极管内部载流子的运动,如图4-3-5b)所示,假设 $\Delta u_I=0$。

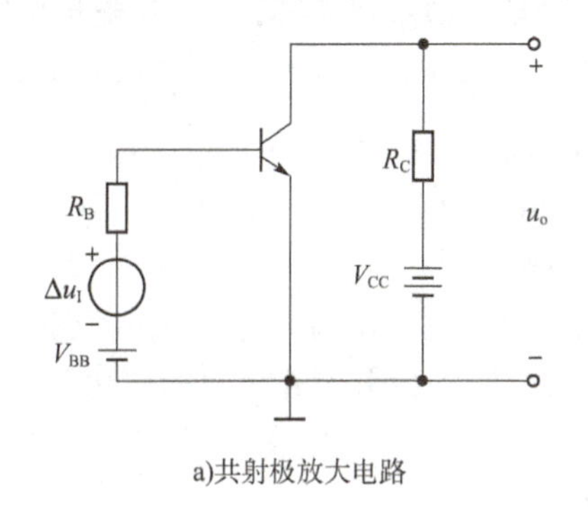

a)共射极放大电路

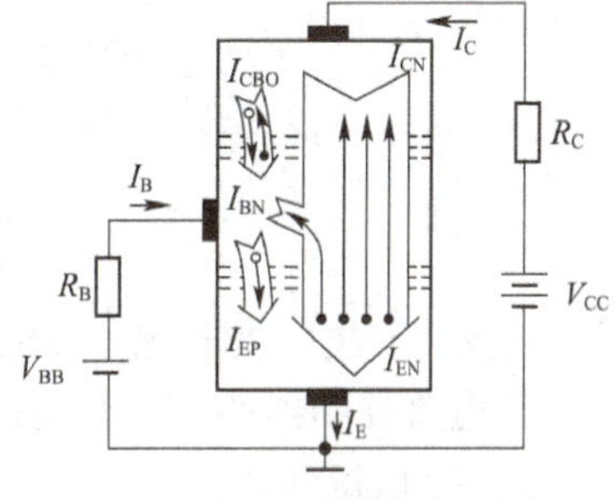

b)三极管内部载流子运动

图4-3-5 放大电路及载流子运动示意图

1)发射区向基区扩散电子

发射结正偏,发射区掺杂浓度大且集结面积小(薄),故有利于多数载流子的扩散运动,该区的多子源源不断地扩散到基区,形成发射极电流 I_E。同时,基区的多子也要扩散到发射区,形成空穴电流,二者共同形成发射极电流 I_E。

因空穴扩散电流很小,可以忽略不计,发射极的电流 I_E 可以认为主要是由发射区发射的电子流形成。

2)电子在基区的扩散与复合

发射区的自由电子进入基区后,开始大部分聚集在发射结附近,形成了发射结和集电结电子浓度上的差别,于是发射结的自由电子继续向集电结扩散。在扩散过程中,部分电子与基区的空穴不断相遇而复合,这样,基区扩散到发射区以及复合掉的空穴由基极电源来补充,从而形成基极电流 I_B,基极电流主要是复合电流而且很小。

由于基区很薄且杂质浓度很低,所以在扩散过程中只有一小部分电子与基区空穴复合,大部分电子扩散到集电结边缘,电子在基区主要是扩散活动。但扩散到集电结的电子与复合掉的电子的比例决定了三极管的电流放大能力,三极管的电流控制就发生在这一过程。

3)集电区收集电子

集电结加较大反偏,基电结内电场很强,这个内电场对集电区电子扩散运动是阻碍作用,而对基区扩散过来的电子有很强的吸引力,故从基区扩散来的电子在强电场的作用下迅速漂移越过集电结进入集电区,形成集电极电流 I_C;另一方面,集电区的少子空穴也会漂移越过集电结进入基区,基区的少子电子也要漂移越过集电结进入集电区,少子漂移形成反向饱和电流 I_{CBO}。该电流很小,与外加电压关系不大,对放大作用没有贡献,反过来,由于它受温度的影响较大,易使三极管工作不稳定,所以在制造三极管时,总是尽量设法减小 I_{CBO}。

4)电流分配关系

如上所述,三个电极上的电流分别为:

$$I_E = I_{EN} + I_{EP} = I_{BN} + I_{CN} + I_{EP} \approx I_{BN} + I_{CN} \tag{4-3-1}$$

$$I_B = I_{BN} + I_{EP} - I_{CBO} \approx I_{BN} - I_{CBO} \tag{4-3-2}$$

$$I_C = I_{CN} + I_{CBO} \tag{4-3-3}$$

由式(4-3-1)~式(4-3-3)可以得出:

$$I_E = I_B + I_C \tag{4-3-4}$$

由图4-3-5b)可知,I_{CN}代表从发射区注入到基区而扩散到集电区的电子流,I_{BN}代表从发射区注入到基区被复合而形成的电子流。三极管制成后,I_{CN}与 I_{BN}的比例关系是确定的。由于基区很薄掺浓度很低,所以 $I_{CN} >> I_{BN}$。故 I_{CN}与 I_{BN}的比值是一个远大于1的常数,这个常数称之为共发射极直流电流放大系数,用$\bar{\beta}$表示。即:

$$\bar{\beta} = \frac{I_{CN}}{I_{BN}} = \frac{I_C - I_{CBO}}{I_B + I_{CBO}} \approx \frac{I_C}{I_B} \tag{4-3-5}$$

$\bar{\beta}$反映了基极电流与集电极电流的分配关系,也就是基极电流对集电极电流的控制关系。所以三极管是一个电流控制器件,当 I_B有较小的变化时,将会引起 I_C很大的变化。

变换式(4-3-5)可以得到:

$$I_C = \bar{\beta} I_B + (1 + \bar{\beta}) I_{CBO} = \bar{\beta} I_B + I_{CEO}$$

其中:$I_{CEO} = (1 + \bar{\beta}) I_{CBO}$,称为穿透电流。

共射交流电流放大系数β为:

$$\beta = \frac{\Delta I_C}{\Delta I_B}$$

一般情况下$\bar{\beta} \approx \beta$,可不区分。

2.3 三极管的特性曲线

三极管有放大电流的作用,一般是用三极管的伏安特性来描述三极管的特性。三极管的伏安特性分成两部分:输入特性曲线和输出特性曲线。它反映了三极管的外部性能,是分析放大电路的重要依据。

按信号输入和输出回路公共端的不同,放大电路有3种不同的组态,如图4-3-6所示。这里以共发射极放大电路为例来讨论三极管的特性曲线。

2.3.1 输入特性曲线

当集电极和发射极之间的电压 U_{CE}为一定值时,改变基极和发射极之间的电压 U_{BE},基极中的电流就会发生变化。这个变化关系用曲线表示出来,就称为三极管的输入伏安特性。如

图4-3-7所示。三极管的输入特性曲线方程式为：

$$I_B = f(U_{BE}) \mid U_{CE} = \text{常数} \tag{4-3-6}$$

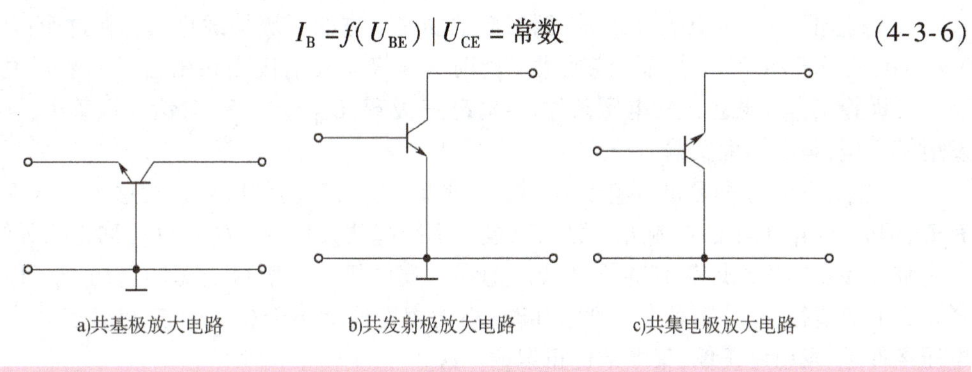

图4-3-6　放大电路三种组态

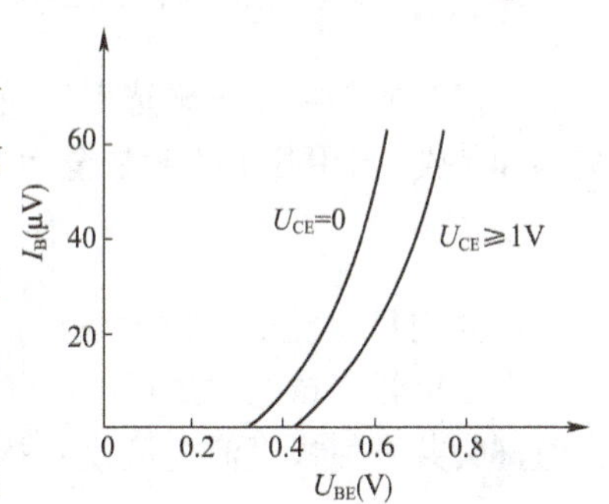

图4-3-7　三极管输入特性曲线

由图4-3-7可知：

（1）$U_{CE}=0$时，集电极与发射极短接，三极管相当于两个二极管并联，U_{BE}即为加在并联二极管上的电压，故三极管的输入特性曲线与二极管伏安特性曲线的正向特性相似。

（2）当$U_{CE}=1V$时，曲线右移，因为，此时集电结加了反偏电压，三极管处于放大状态，I_C增大。对应于相同的U_{BE}，I_B比$U_{CE}=0$时小，故曲线右移。

（3）$U_{CE}>1V$以后的曲线与$U_{CE}=1V$时的曲线近乎重合。因此，三极管实际放大时，通常就用$U_{CE}=1V$这条曲线来代表输入特性曲线。

（4）输入特性是非线性的，有死区，硅管为0.7V，锗管为0.2V。

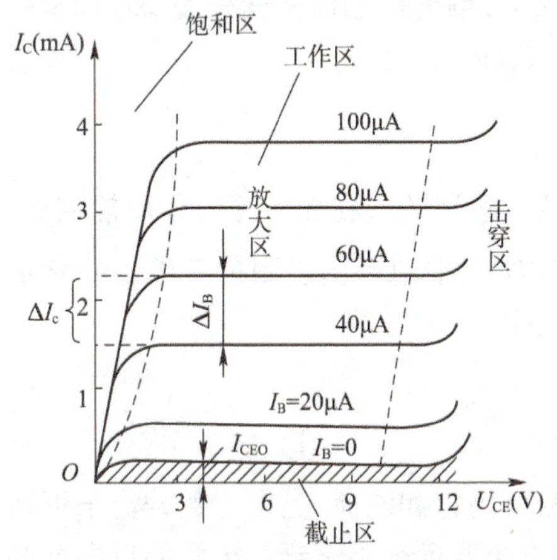

图4-3-8　三极管输出特性曲线

2.3.2　输出特性曲线

当基极电流I_B为一定值时，改变集电极和发射极之间的电压U_{CE}，集电极电流I_C将随之变化，两者之间的关系是一条曲线。当基极电流I_B取不同的值时，可以得到不同的曲线，所以三极管的输出伏安特性是一组曲线，如图4-3-8所示。

三极管的输出特性曲线方程式为：

$$I_C = f(U_{CE}) \mid I_B = \text{常数} \tag{4-3-7}$$

由图4-3-8中可以看出：

（1）在一条曲线上（此时I_B保持不变），刚开始I_C随着U_{CE}的增加而增加，在U_{CE}超过一定数值（约1V）后，U_{CE}再增加，I_C也不再有明显的增加。这表示出三极管具有恒流的特性。

（2）对应于不同的I_B，当U_{CE}大于1V后保持不变时，I_C的值有明显的变化，这表示出三极管具有电流放大的特性。

根据三极管的工作状态不同，输出的特性曲线可分为三个区域：

（1）放大区。输出特性曲线近似于水平的部分是放大区。在这个区域里，基极电流不为零，集电极电流也不为零，且$I_C=\beta I_B$，具有可控性（只有I_B可以控制I_C）和恒流性（I_C几乎不随

U_{CE}和负载变化而变化)。三极管工作在放大区的电压条件是:发射结正偏,集电结反偏。

(2)截止区。在基极电流 $I_B = 0$ 所对应的曲线下方的区域是截止区。在这个区域里,$I_B = 0$,$I_C \approx 0$,三极管不导通,也就不能放大。此时集电极与发射极之间相当于一个开关的断开状态。三极管工作在截止区的电压条件是:对硅三极管,$U_{BE} \leqslant 0.5V$,对锗三极管 $U_{BE} \leqslant 0.2V$,即发射结反偏,集电结也反偏。

(3)饱和区。饱和区是对应于 U_{CE}较小(此时 $U_{CE} < U_{BE}$)的区域。在这个区域里,有 I_B,也有 I_C,但 $I_C \neq \beta I_B$,I_B不能控制 I_C,因此,三极管不能起放大作用。$U_{CE} = U_{BE}$称为临界饱和状态,所有临界拐点的连线即为临界饱和线。饱和时集电极与发射极之间的电压 U_{CES}称为饱和压降。它的数值很小,特别是在深度饱和时,小功率管通常小于 0.3V。三极管工作在饱和区的电压条件是:发射结正偏,集电结也正偏。

2.4 三极管的主要参数

三极管的参数是正确选用三极管的主要根据,在计算机辅助分析和设计中,根据三极管的结构和特性,要用几十个参数全面描述它。在这里只介绍其中的主要参数。

2.4.1 电流放大系数

1)共射极直流电流放大系数 $\bar{\beta}$

当三极管接成共发射极电路时,在没有信号输入的情况下,集电极电流 I_C和基极电流 I_B的比值称为共发射极直流电流放大系数,即:

$$\bar{\beta} = \frac{I_C}{I_B}$$

2)共射交流电流放大系数 β

当三极管接成共发射极电路时,在有信号输入的情况下,集电极电流的变化量 ΔI_C和基极电流的变化量 ΔI_B的比值称为共发射极交流电流放大系数,即:

$$\beta = \frac{\Delta I_C}{\Delta I_B} \tag{4-3-8}$$

这两个参数从定义上是不同的。在试验中发现,这两个参数的值在放大区时是非常相近,所以今后在进行电路计算时,可以用 $\bar{\beta}$ 值来代替 β 值。在实践中用万用表测量三极管的 $\bar{\beta}$ 值很容易,而测量 β 值则需要使用专门的仪器(晶体管特性图示仪)。

2.4.2 三极管极间反向电流

1)集—基极反向饱和电流 I_{CBO}

当发射极开路时,集电极和基极之间的反向电流称为反向饱和电流,是由少数载流子形成的。这个参数受温度的影响较大。硅三极管的反向饱和电流要远远小于锗三极管的反向饱和电流,其数量级在微安和毫安之间。这个值越小越好。

2)集—射极穿透电流 I_{CEO}

当基极开路时,由集电区穿过基区流入发射区的电流称为穿透电流,也是由少数载流子形成的。穿透电流受温度的影响大,对三极管的工作影响很大,要求反向电流越小越好。

2.4.3 三极管的极限参数

1)集电极最大允许电流 I_{CM}

三极管工作在放大区时,若集电极电流超过一定值时,其电流放大系数就会下降。三极管的β值下降到正常值2/3时的集电极电流,称为三极管的集电极最大允许电流,用I_{CM}来表示。集电极电流超过I_{CM}过大时会引起三极管的损坏,输出信号失真。

2)集电极和发射极反向击穿电压$U_{(BR)CEO}$

当基极开路时,加于集电极和发射极之间的使三极管击穿的电压值,一般为几十伏到几百伏以上,视三极管的型号而定。选择三极管时,要保证$U_{(BR)CEO}$大于工作电压U_{CE}两倍以上,这样才有一定的安全系数。当三极管的集射极电压U_{CE}大于该值时,I_C会突然大幅上升,说明三极管已被击穿。

3)集电极最大允许功耗P_{CM}

三极管工作于放大区,当集电极电流I_C流过时,半导体管芯就会产生热量,致使集电结的温度上升。三极管工作时,其温度有一定的限制(硅管的允许温度大约为150℃)。由此可以在三极管的输出特性曲线上画出一个允许管耗线,如图4-3-9所示。当三极管因受热而引起的参数变化不超过允许值时,集电结所消耗的最大功率称为集电极最大允许耗散功率P_{CM}。

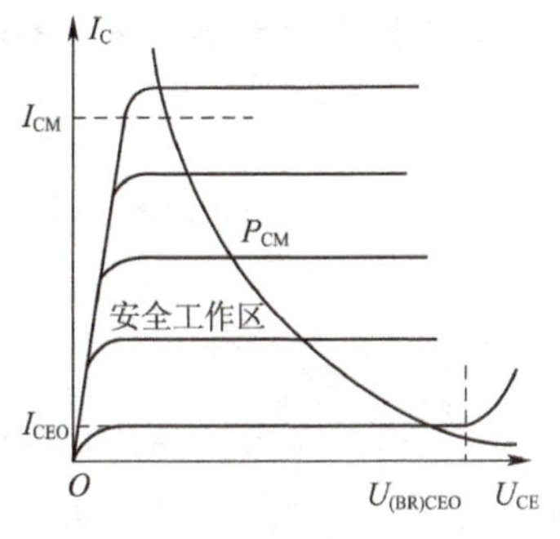

图4-3-9 三极管的安全工作区

$$P_{CM} = I_C U_{CE} \tag{4-3-9}$$

在曲线的右上方$I_C U_{CE} > P_{CM}$,这个范围称为过损耗区,在曲线的左下方$I_C U_{CE} < P_{CM}$,这个范围称为安全工作区。三极管应选在此区域内工作。

P_{CM}值与环境温度和管子的散热条件有关,因此为了提高P_{CM}值,常采用散热装置。

2.4.4 参数与温度的关系

由于半导体的载流子受温度影响,因此,三极管的参数受温度影响,温度上升,输入特性曲线向左移,温度每升高1℃,U_{BE}将减小2~2.5mV,即三极管具有负温度系数,基极的电流不变,温度每增加10℃,I_{CBO}增大一倍,硅管优于锗管。输出特性曲线上移。温度升高,放大系数也增加,温度每升高1℃,β增加0.5%~1.0%。

3 任务实施

3.1 准备工作

阅读试验指导书,制订测量方案,准备所需仪器、设备和工具。

3.2 操作流程

(1)判断常见的三极管的类型。

(2)判断常见三极管的基极、集电极和发射极。

(3)用万用表判定三极管的好坏。

(4)记录三极管的导通电压值。

3.3 操作提示

(1)在操作流程中,要注意正确选择万用表的挡位。

(2)在测量过程中,测量三极管时要用到万用表的三极管挡位。

复习与思考题

1. 三极管的特性是什么?
2. 常见的三极管的结构类型有哪几种?
3. 三极管的特性曲线是怎样的?
4. 三极管的主要参数有哪些?

任务4 晶 闸 管

1 任务引入

晶闸管的全称是晶体闸流管(Thyristor),又称可控硅(Silicon Controlled Rectifier),它是一种应用十分广泛的半导体功率器件。晶闸管是可用作可控整流、交流调压、无触点开关电路以及大功率变频和调速系统中的重要器件。它和大功率晶体三极管比较,具有效率高、电流容量大、使用方便而又经济等特点。

2 相关理论知识

晶闸管的品种很多,有普通单向和双向晶闸管、可关断晶闸管、光控晶闸管等。

下面主要介绍普通晶闸管的工作原理、特性、参数等。

2.1 晶闸管的结构和工作原理

2.1.1 晶闸管的结构和等效电路

晶闸管的外形和图形符号如图 4-4-1 所示,内部结构如图 4-4-2 所示。它是由 P_1—N_1—P_2—N_2 四层半导体硅构成,共包含三个 PN 结:J_1、J_2 和 J_3,由 P_1 层引出的电极称为阳极 A,由 N_2 层引出的电极称为阴极 K,由 P_2 层引出的电极 G 称为控制极(或门极)。

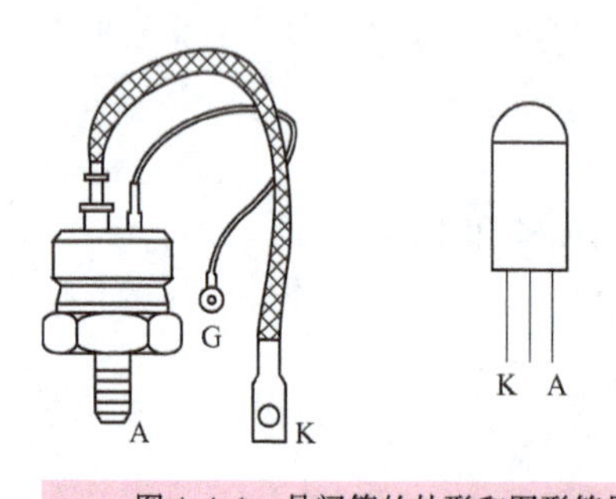

图 4-4-1 晶闸管的外形和图形符号

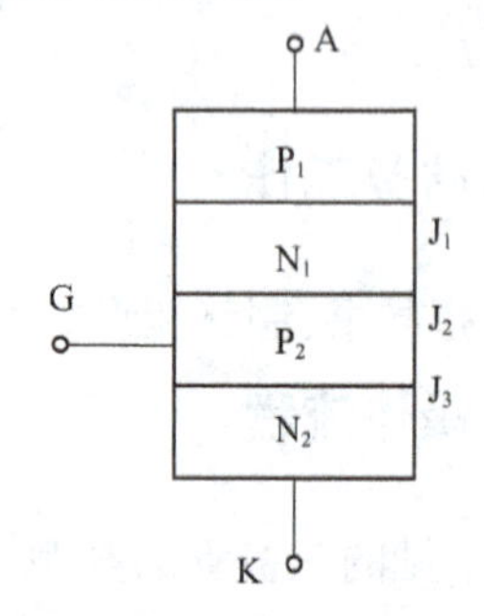

图 4-4-2 晶闸管的内部结构图

为了更好地了解晶闸管的工作原理,常将其 N_1 和 P_2 两个区域分解成两部分,使得 P_1—N_1—P_2 构成一只 PNP 型管,N_1—P_2—N_2 构成一只 NPN 型管,用三极管的符号表示等效电路,如图 4-4-3 所示。

2.1.2 晶闸管的工作原理

晶闸管的工作原理如图 4-4-4 所示。

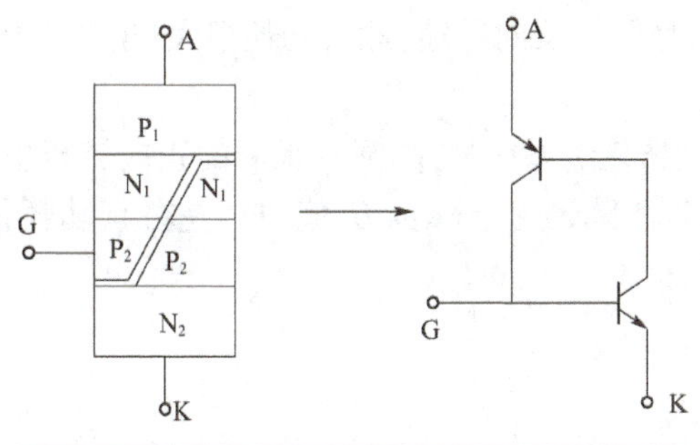

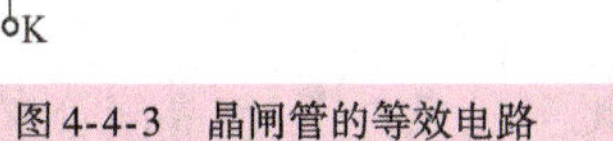
图4-4-3 晶闸管的等效电路

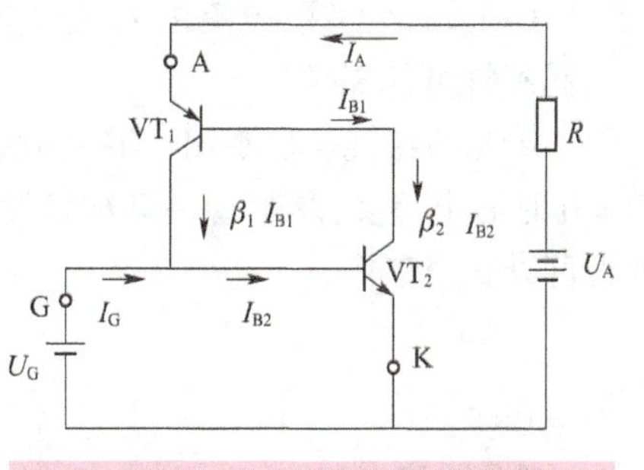

图4-4-4 晶闸管的工作原理

(1)晶闸管加阳极负电压 $-U_A$ 时,J_1 和 J_3 处于反向偏置,管子不导通,处于反向阻断状态。

(2)晶闸管加阳极正电压 U_A,控制极不加电压时,J_2 处于反向偏置,管子不导通,处于正向阻断状态。

(3)晶闸管加阳极正电压 U_A,三极管 VT_1 和 VT_2 都承受正常工作的集射电压,同时也加控制极正电压 U_G,VT_2 具备放大条件而导通,流入 VT_2 的基极电流 I_{B2}(即 I_G)被放大后产生集电极电流 $\beta_2 I_{B2}$,它又作为输入 VT_1 的基极电流 I_{B1},又经 VT_1 放大后产生 VT_1 的集电极电流 $\beta_1\beta_2 I_{B2}$,这个电流又反馈入 VT_2 的基极,再一次得到放大,如此循环不止,很快地,两个三极管都饱和导通,晶闸管导通。

(4)晶闸管一旦导通,控制极就失去控制作用,三极管依靠内部的正反馈始终维持导通状态。要使导通的晶闸管截止,必须将阳极电压降至零或为负,或使晶闸管阳极电流减小到小于一定数值 I_H,导致晶闸管不能维持正反馈过程,管子将关断,I_H 称为维持电流。

综上所述,可得如下结论:

(1)晶闸管与硅整流二极管相似,都具有反向阻断能力,但晶闸管还具有正向阻断能力,即晶闸管正向导通必须具有一定的条件:阳极加正向电压,同时控制极也加正向触发电压。

(2)晶闸管一旦导通,控制极即失去控制作用。要使晶闸管重新关断,必须至少具备以下条件之一:一是将阳极电流减小到小于维持电流 I_H;二是将阳极电压减小到零或使之反向。

2.2 晶闸管的伏安特性和主要参数

2.2.1 晶闸管的伏安特性

晶闸管的阳、阴极间电压和阳极电流的关系(伏安特性)如图4-4-5所示。当控制极不加电压($I_G=0$)时,从图4-4-2的结构图可以看出,尽管晶闸管的阳、阴极间加上正向电压,由于 J_2 结处于反向偏置,因此,晶闸管只能流过很小的正向漏电流 I_{DR}(图4-4-5)。我们称晶闸管处于"正向阻断状态",当正向电压增大到特性上的正向转折电压 U_{BO} 值时,J_2 结被击穿,电流由 I_{DR} 值突然上升,晶闸管就由阻断状态变为正向导通状态,管压降迅速降为 U_F 值。

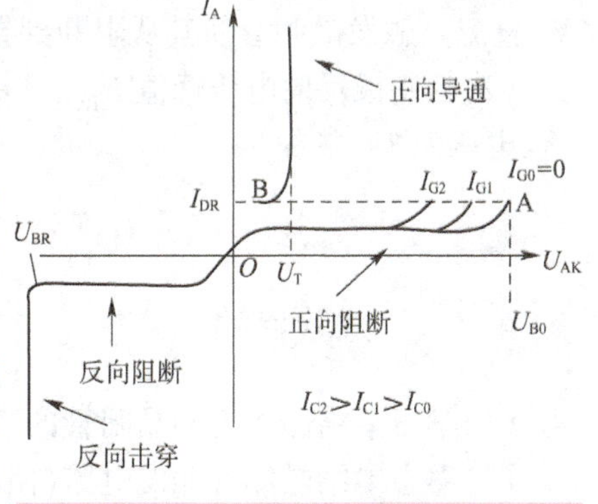

图4-4-5 晶闸管的伏安特性

当晶闸管的阳、阴加反向电压时,从图4-4-2的结构图可以看出,J_1 和 J_3 结处于反向偏置,晶闸管也只能流过很小的反向电流 I_R。我们称晶闸管处于"反向阻断状态",当反向电压增大到特性上的反向转折电压

U_{BR}值时，J_1、J_3结被击穿，电流由I_R值突然上升，晶闸管反向导通，此时功耗很大（击穿电压U_{BR}很大），晶闸管可能损坏。

图4-4-5的特性还反映出，当控制极加有电压使$I_G>0$时，晶闸管承受的正向转折电压要比$I_G=0$时的小得多，晶闸管一旦被触发导通，管压降迅速下降至U_F值（1V左右），功耗很小，晶闸管可以安全工作。

2.2.2　主要参数

1）电压参数

（1）正向转折电压U_{BO}。指在额定结温和控制极断开的条件下，使晶闸管直接导通的正向电压，其值越大越好。

（2）断态重复峰值电压U_{DRM}。又称正向阻断峰值电压，这是安全工作的正向最大电压，其值规定为：$U_{DRM}=U_{BO}-100V$。

（3）反向转折电压U_{BR}。又称反向击穿电压。

（4）反向重复峰值电压U_{RRM}。又称反向阻断峰值电压，这是安全工作的反向最大电压，其值规定为：$|U_{RRM}|=|U_{BR}|-100V$。

（5）晶闸管额定电压U_T。通常把U_{DRM}和U_{RRM}中较小者的标准值作为器件的标称额定电压。为了防止工作中的晶闸管遭受瞬态过电压的损害，在选用晶闸管的额定电压时要留有余量。通常取电压安全系数为2～3，即取额定电压为电路正常峰值电压的2～3倍。

（6）正向平均电压U_F（或$U_{T(AV)}$）。晶闸管导通时管压降的平均值，一般在0.4～1.2V范围内，分为A～I九个等级。器件发热的管耗由$U_F \cdot I_T$乘积决定。

2）电流参数

（1）额定通态平均电流$I_{T(AV)}$（额定电流）。指在规定环境温度及散热条件下，允许通过的正弦半波电流的平均值。为了安全工作起见，一般取$I_{T(AV)}$为电路正常工作平均电流的1.5～2倍，即电流安全系数为1.5～2。

（2）擎住电流I_{La}。晶闸管从断态到通态，去掉控制极电压，能使它保持导通所需的最小电流。

（3）维持电流I_H。晶闸管从通态到断态的最小电流，当晶闸管导通后，必降低所加的正向电压，直至阳极电流$I_A<I_H$时，晶闸管才会关断。一般有$I_H\approx\frac{1}{4}\sim\frac{1}{2}I_{La}$。

3）控制极参数

（1）控制极触发电压U_{GT}和电流I_{GT}。指环境温度不高于40℃，阳阴极间所加正向电压为6V（直流），触发晶闸管使其从阻断到导通所需的最小控制极直流电压和电流。

（2）控制极反向电压峰值U_{RGM}。一般控制极所加反向电压应小于其允许电压峰值，通常安全电压为5V左右。

3 任务实施——晶闸管可控整流电路

3.1 试验目的

（1）学习单结晶体管和晶闸管的简易测试方法。

（2）熟悉单结晶体管触发电路（阻容移相桥触发电路）的工作原理及调试方法。

（3）熟悉用单结晶体管触发电路控制晶闸管调压电路的方法。

3.2 试验设备及器件

(1) ±5V、±12V 直流电源。
(2)可调工频电源。
(3)万用表。
(4)双踪示波器。
(5)交流毫伏表。
(6)直流电压表。
(7)晶闸管 3CT3A。
(8)单结晶体管 BT33。
(9)二极管 IN4007 ×4。
(10)稳压管 IN4735。
(11)灯泡 12V/0.1A。

3.3 试验内容

1)单结晶体管的简易测试

用万用表 $R\times10\Omega$ 挡分别测量 EB_1、EB_2间正、反向电阻,记入表4-4-1。

单结晶体管测试记录 表4-4-1

$R_{EB1}(\Omega)$	$R_{EB2}(\Omega)$	$R_{B1E}(k\Omega)$	$R_{B2E}(k\Omega)$	结　论

2)晶闸管的简易测试

用万用表 $R\times1k\Omega$ 挡分别测量 A-K、A-G 间正、反向电阻;用 $R\times10\Omega$ 挡测量 G-K 间正、反向电阻,记入表4-4-2。

晶闸管测试记录 表4-4-2

$R_{AK}(k\Omega)$	$R_{KA}(k\Omega)$	$R_{AG}(k\Omega)$	$R_{GA}(k\Omega)$	$R_{GK}(k\Omega)$	$R_{KG}(k\Omega)$	结　论

3)晶闸管导通,关断条件测试

断开 ±12V、±5V 直流电源,按图4-4-6连接试验电路。

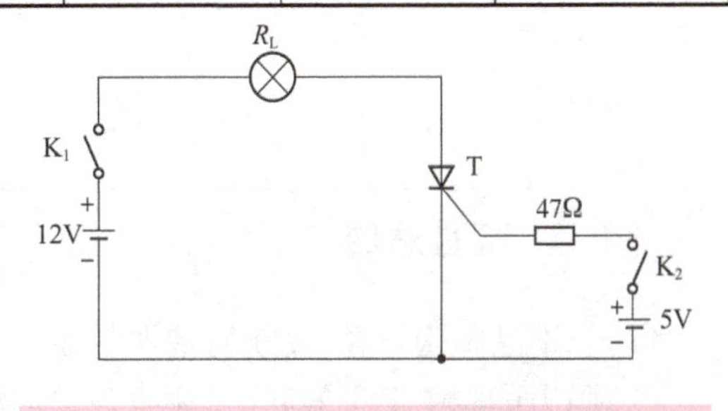

图4-4-6 晶闸管导通、关断条件测试

(1)晶闸管阳极加12V正向电压,门极开路;加5V正向电压,观察管子是否导通(导通时灯泡亮,关断时灯泡熄灭);管子导通后,去掉+5V门极电压、反接门极电压(接-5V),观察管子是否继续导通。

(2)晶闸管导通后,去掉+12V阳极电压;反接阳极电压(接-12V),观察管子是否关断。记录之。

4)晶闸管可控整流电路

按图4-4-7连接试验电路。取可调工频电源14V电压作为整流电路输入电压 u_2,电位器 R_W 置中间位置。

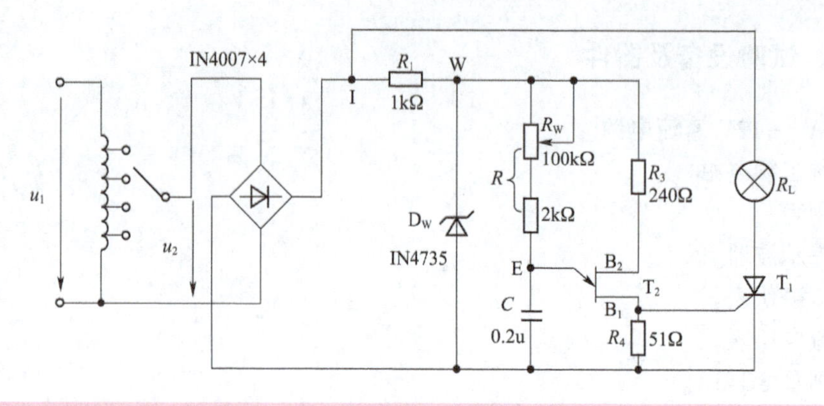

图4-4-7　单相半控桥式整流试验电路

(1)单结晶体管触发电路。

①断开主电路(把灯泡取下),接通工频电源,测量 U_2 值。用示波器依次观察并记录交流电压 u_2、整流输出电压 $u_I(I-0)$、削波电压 $u_W(W-0)$、锯齿波电压 $u_E(E-0)$、触发输出电压 $u_{B1}(B_1-0)$。记录波形时,注意各波形间对应关系,并标出电压幅度及时间。记入表4-4-3。

②改变移相电位器 R_W 阻值,观察 u_E 及 u_{B1} 波形的变化及 u_{B1} 的移相范围,记入表4-4-3。

单结晶体管触发电路测试记录　　表4-4-3

u_2	u_1	u_W	u_E	u_{B1}	移相范围

(2)可控整流电路。

断开工频电源,接入负载灯泡 R_L,再接通工频电源,调节电位器 R_W,使电灯由暗到中等亮,再到最亮,用示波器观察晶闸管两端电压 u_{T1}、负载两端电压 u_L,并测量负载直流电压 U_L 及工频电源电压 U_2 有效值,记入表4-4-4。

可控整流电路测试记录　　表4-4-4

参　数	暗	较　亮	最　亮
u_L波形			
u_T波形			
导通角 θ			
U_L(V)			
U_2(V)			

3.4　试验总结

(1)总结晶闸管导通、关断的基本条件。

(2)画出试验中记录的波形(注意各波形间对应关系),并进行讨论。

(3)对试验数据 U_L 与理论计算数据 $U_L=0.9U_2\frac{1+\cos\alpha}{2}$ 进行比较,并分析产生误差原因。

(4)分析试验中出现的异常现象。

复习与思考题

1. 晶闸管的结构由哪几部分组成?

2. 晶闸管的工作原理是怎样的?

3. 晶闸管的主要参数有哪些?

知识点小结

1. 半导体——物质的导电能力介于导体与绝缘体之间称为半导体。

2. P 型半导体和 N 型半导体。

(1)N 型半导体——在纯净的半导体硅和锗中掺入少量的五价磷或砷等元素就制成了 N 型半导体,由于这种半导体主要依靠自由电子导电,故又称电子型半导体。

(2)P 型半导体在纯净的半导体硅和锗中掺入少量的三价硼元素就制成了 P 型半导体,由于这种半导体主要依靠空穴导电,故又称空穴型半导体。

3. PN 结及其特性。

(1)PN 结的形成——在 P 型半导体和 N 型半导体的交界面上形成一层特殊的薄层,这种薄层就称为 PN 结。

(2)PN 结的特性——PN 结具有单向导电性能。即加正向电压时,PN 结导通;加反向电压时,PN 结截止。

4. 晶体二极管(简称二极管)是由一个 PN 结加上相应的电极引线和外壳封装而成的。

5. 晶体二极管的伏安特性:

(1)二极管的正向特性——当加在二极管两端的正向电压达到一定数值时,二极管处于导通状态。

(2)二极管的反向特性——当加在二极管两端的电压是反向电压时,二极管处于截止状态。

6. 晶体三极管——是由两个 PN 结构成的一种半导体器件。根据 PN 结的组合方式不同,三极管可分为 PNP 型和 NPN 型两种类型。

7. 晶体三极管的电流分配和放大作用。

(1)晶体三极管的偏置电压。要使三极管工作在放大状态,应在三极管的两个 PN 结加上适当的偏置电压,即必须在发射结加正向电压,在集电结加反向电压。

(2)晶体三极管的电流分配。三极管各电极加了合适的外加电压之后,管子内部电流的分配关系——发射极电流等于集电极电流和基极电流之和,即 $I_e = I_b + I_c$,由于 I_b 的数值远远小于 I_c,如忽略 I_b 的值,则 $I_c = I_e$。

(3)晶体三极管的放大特性。当基极电流 I_b 有个很小的变化 ΔI_b 时,会引起集电极电流 I_c 的很大变化 ΔI_c。

8. 晶体三极管的特性曲线:

(1)输入特性曲线。

(2)输出特性曲线。

项目5 基本放大电路

概　述

晶体管放大电路，简称放大器，是一种应用非常广泛的电子电路。它的主要任务是把非常微弱的信号加以放大，然后送到执行机构（如仪表指示、喇叭报警、继电器触点通、断等），以完成其特定的功能。扩音机就是放大电路应用的一个实例。扩音机的框图如图5-0-1所示。

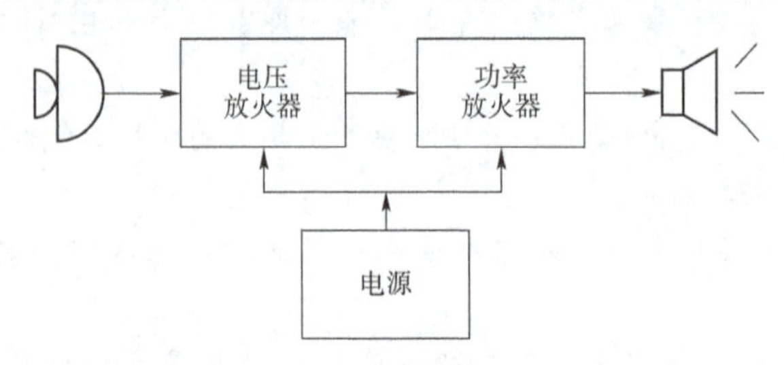

图5-0-1　扩音机的组成

其工作原理是：当人们对着话筒讲话时，话筒把声音信号转变成微弱的电压信号，然后送入电压放大器中进行电压放大，将信号的振幅放大到一定数值，再送入功率放大器中进行功率放大，使输出端有足够的功率去推动负载（喇叭）。通过喇叭再将电能重新转换成声音，但此时喇叭放出的声音比人讲话的声音强得多。晶体管放大电路在汽车电子装置中得到广泛的应用。

放大器的种类很多，按频率高低可分为低频放大器、直流放大器和高频放大器；按放大级数可分为单级放大器和多级放大器；按用途可分为电压放大器、电流放大器和功率放大器。本节主要介绍低频小信号电压放大器。这种放大器的主要特点是：

（1）信号频率不高，一般在20～200000Hz范围内。

（2）放大器的输入量与输出量都是电压信号，输入、输出电压都很小，所以称为小信号电压放大器。

（3）分析放大电路时，信号源提供的是正弦交流信号。

任务1　基本放大电路的组成

1 任务引入

工业控制系统中，有很多信号需要进行放大，而基本放大电路就是其中的一种常用的放大

电路。要想弄清整个放大过程,就要首先学习三极管放大电路的基本组成原则及工作原理。

2 相关理论知识

2.1 放大的概念及放大电路主要性能指标

2.1.1 放大电路的基本介绍

1)定义

放大就是将输入的微弱信号(简称信号,指变化的电压、电流等)放大到所需要的幅度值且与原输入信号变化规律一致的信号,即进行不失真的放大。放大电路是指能够放大微弱信号的模拟电路。

2)本质

能量的转换和控制过程,将直流电源的能量转化为交流信号的能量。

3)组成原则

放大电路的组成原则包括以下三个方面:

(1)必须有直流电源,并保证晶体管处于放大状态。

(2)必须设置合理的信号通道,保证信号由输入端经过放大后传送到输出端。

(3)必须合理设置静态工作点,保证信号不失真放大,并满足性能指标要求。

4)分类

按被放大信号的强弱不同分为:电压放大电路和功率放大电路。

按被放大信号的频率不同分为:直流放大电路、低频放大电路和高频放大电路。

按使用的器件不同分为:电子管放大电路、晶体管放大电路、场效应管放大电路以及集成运算放大电路等。

2.1.2 放大电路连接模型。

放大电路连接模型如图5-1-1所示。

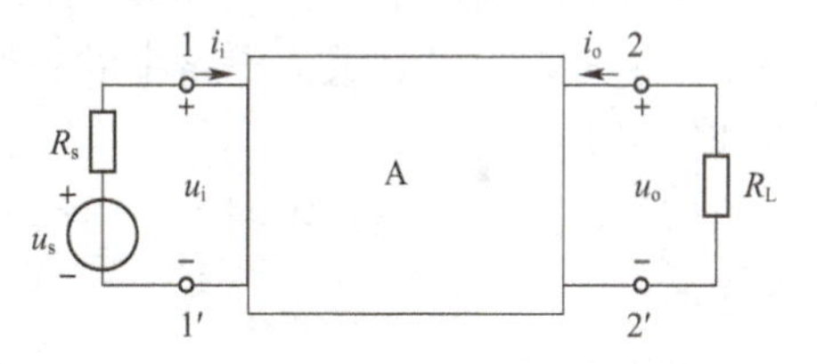

图5-1-1 放大电路的连接模型

2.1.3 放大电路的主要性能指标

1)放大倍数

放大倍数是衡量放大电路放大信号能力的重要指标,通常用“A”表示。定义为放大电路输出量与输入量之比,常用3种形式表示。

(1)电压放大倍数A_u:

$$A_u = \frac{u_o}{u_i} \tag{5-1-1}$$

(2)电流放大倍数A_i:

$$A_i = \frac{i_o}{i_i} \tag{5-1-2}$$

(3)功率放大倍数A_p:

$$A_p = \frac{P_o}{P_i} \tag{5-1-3}$$

工程上常用增益来衡量放大能力,单位是分贝(dB)。定义为电压增益:

$$A_u(\mathrm{dB}) = 20\lg\frac{u_o}{u_i} \tag{5-1-4}$$

电流增益：

$$A_i(\mathrm{dB}) = 20\lg\frac{i_0}{i_i} \tag{5-1-5}$$

功率增益：

$$A_P(\mathrm{dB}) = 10\lg\frac{P_0}{P_i} \tag{5-1-6}$$

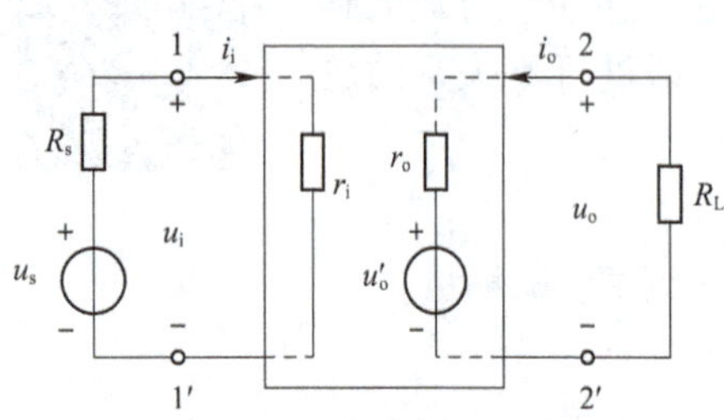

图 5-1-2　输入电阻和输出电阻

2）输入电阻

输入电阻反映了放大电路的从信号源中吸取信号的能力，常用 r_i 表示。定义为从放大电路输入端看向输出端，放大电路的等效电阻，如图 5-1-2 所示。

3）输出电阻

输出电阻反映了放大电路的携带负载的能力，常用 r_o 表示。定义为从放大电路输出端看向输入端，放大电路的等效电阻，如图 5-1-2 所示。

由图 5-1-2 可知：对于信号源 u_s 来说，r_i 是 u_s 的负载，当负载开路，信号源短路时：

$$r_i = \frac{u_i}{i_i} \tag{5-1-7}$$

对于负载 R_L 来说，放大电路是其信号源，r_o 则是放大电路的内阻。

4）失真

失真是指放大电路的输入信号波形和输出信号波形相比，其形状发生变化。失真要求是越小越好。根据产生原理的不同可分为非线性失真和频率失真。

（1）非线性失真：放大电路中的三极管由线性区进入到非线性区引起的。可分为截止失真和饱和失真。

（2）频率失真：是由电路中的电容和电抗元器件对不同频率的信号具有不同的放大能力造成的。

5）通频带

放大电路有电容元件、三极管极间也存在寄生电容，有的放大电路还有电感元件。它们的电抗值对不同频率的信号有不同的阻抗，所以放大电路对不同频率的输入信号有着不同的放大能力。通常在中间一段频率范围内受电抗元件影响最小，其放大倍数基本不变，而当频率过高或过低时放大倍数都将下降。我们把放大倍数下降到中频放大倍数的 0.707 倍时两个所限定的频率范围称为放大电路的通频带，用符号 BW 表示，如图 5-1-3 所示。

通频带反映了放大电路对输入信号频率变化的适应能力。

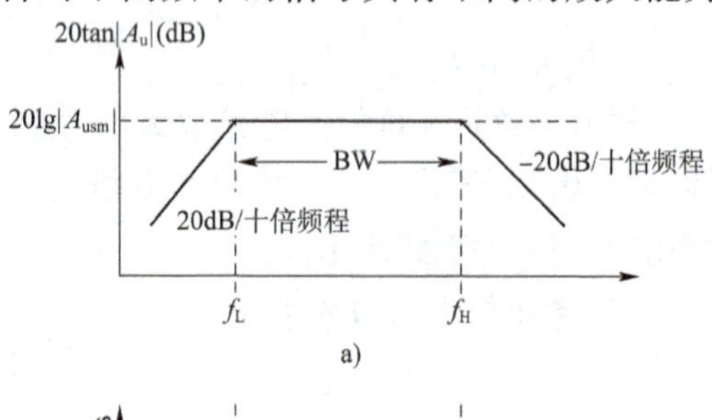

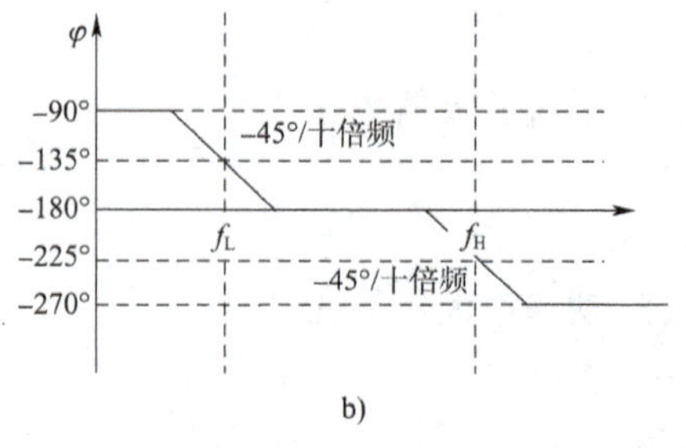

图 5-1-3　放大电路通频带

6)最大不失真输出电压

定义为当输入电压再增大就会使输出波形产生非线性失真时的输出电压。

7)最大输出功率与效率

在输出信号不失真的情况下,负载上能够获得的最大功率称为最大输出功率 P_{om},效率等于最大输出功率 P_{om} 与 P_v 之比。

2.1.4 放大器的三种基本形式

根据输入和输出回路公共端的不同,放大器有三种基本形式:共射放大器、共基放大器和共集放大器。

(1)共发射极电路:以发射极作为输入回路和输出回路的公共端,而构成不同的放大电路,如图5-1-4a)所示。

(2)共集电极电路:以集电极作为输入回路和输出回路的公共端,而构成不同的放大电路,如图5-1-4b所示。

(3)共基极电路:以发射极作为输入回路和输出回路的公共端,而构成不同的放大电路,如图5-1-4c)所示。

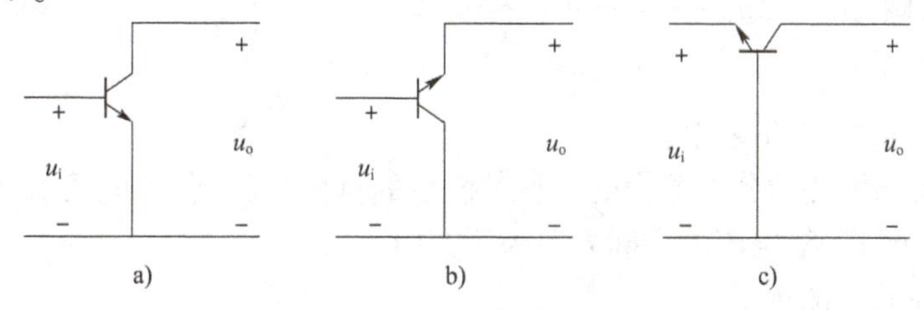

图5-1-4 放大器的三种基本形式

2.2 单管共发射极电压放大器的工作原理

2.2.1 单管共射极放大电路的组成

图5-1-5所示为典型的共射极放大电路。

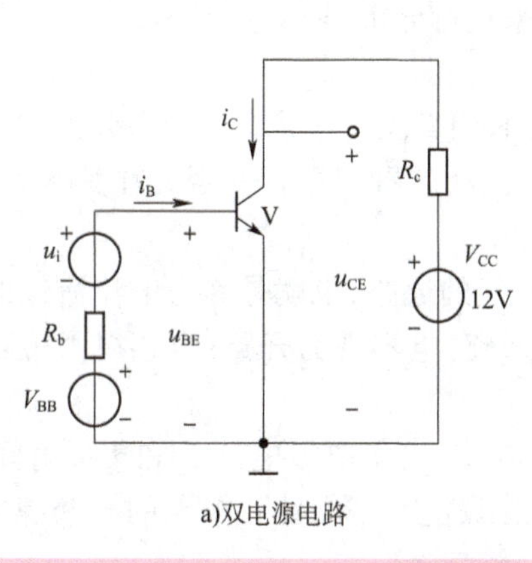

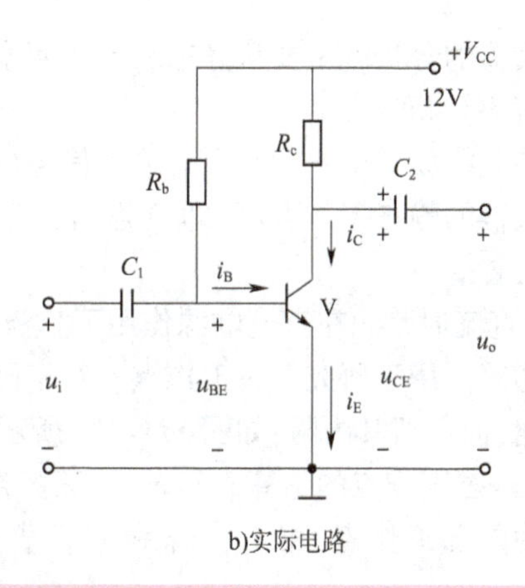

图5-1-5 单管共射极放大电路

2.2.2 放大电路中各元件的名称及作用

(1)三极管V:为放大器中的核心元件,起电流放大作用。工作在放大状态,要求发射结正向偏置,集电结反向偏置。这一点由 V_{CC} 的极性和适当的元件参数来保证。

(2) R_b称为基极偏置电阻,它的作用:一是给发射结提供正偏电压;二是调节基极电流 I_B 的大小,为基极提供合适的偏置电流。R_B的阻值为几十千欧姆至几百千欧姆。

(3) R_c 称为集电极负载电阻,它的作用:一是给集电结提供反偏电压;二是把放大的集电极电流转换成电压,即把三极管的电流放大作用转换成电压放大输出。

(4) C_1、C_2分别称为输入、输出耦合电容,它们的作用是"隔直流,通交流",即保证输入、输出信号(交流)顺利的传递,又能使本级静态工作点(直流)独立。C_1、C_2常选容量较大的电解电容器,一般为几微法至几十微法。

(5) u_i是输入端需要被放大的交流信号。

(6)基极电源 V_{BB}使三极管发射结电压 U_{BE}大于开启电压 U_{ON},并与基极电阻 R_b共同决定基极电流 I_B。

(7)直流电源 V_{CC},其作用:一方面给三极管的发射结提供正偏电压,给集电结提供反偏电压,以保证三极管工作在放大状态。另一方面,是把直流电源的能量通过三极管的转换变成负载所需要的交流能量,即三极管的放大作用也遵循能量守恒。

信号放大的过程:在三极管 V 工作在放大区情况下,假设在输入端加上一个微小的输入电压变化量 Δu_i,则:$\Delta u_i \rightarrow \Delta u_{BE} \rightarrow \Delta i_B \rightarrow \Delta i_C \rightarrow \Delta u_{CE}$。

2.2.3 放大电路中电压、电流的方向及符号的规定

1)电压、电流正方向的规定

规定输入、输出回路的公共端为电压参考极性的负极,其他各点电压对地为正极;电流的参考方向选用三极管各极电流的实际方向为正方向。

2)电压、电流符号的规定

(1)直流分量:用 I_B、I_C、U_{BE}、U_{CE}表示。

(2)交流分量的瞬时值:用 i_b、i_c、u_{be}、u_{ce}表示。

(3)交流分量的有效值:用 I_b、I_c、U_{be}、U_{ce}表示。

(4)总量变化(即交直流的叠加):用 i_B、i_C、u_{BE}、u_{CE}表示。

2.2.4 放大器的工作原理分析

放大器的分析就是要从静态和动态两个方面来进行分析。

1)静态分析

静态是指放大电路没有交流输入信号($u_i=0$)时的直流工作状态。静态分析的目的,是要确定放大器的静态工作点值(即 Q 点值):I_B、I_C、U_{BE}、U_{CE},看三极管是否处在其伏安特性曲线的合适位置。

(1)直流通路。在直流电源作用下直流电流流经的通路,也就是静态电流流经的通路,称为直流通路。用于研究静态工作点。对于画直流通路,电容视为开路;电感视为短路;信号源视为短路,但保留其内阻,如图 5-1-6b)所示。

(2)静态工作点的估算。静态时,三极管基极电流 I_B、集电极电流 I_C和集—射间电压 U_{CE}的值称为静态工作点,用 I_{BQ}、I_{CQ}和 U_{CEQ}表示。在工程上对静态工作点的分析常常采用估算法。

由于 I_B、I_C、U_{BE}、U_{CE}都是直流量,因此可以从放大器的直流通路求得。根据图 5-1-6b)所示直流通路,可求得三极管的静态值 I_{BQ}为:

$$I_{BQ} = \frac{V_{CC} - U_{BEQ}}{R_b} \tag{5-1-8}$$

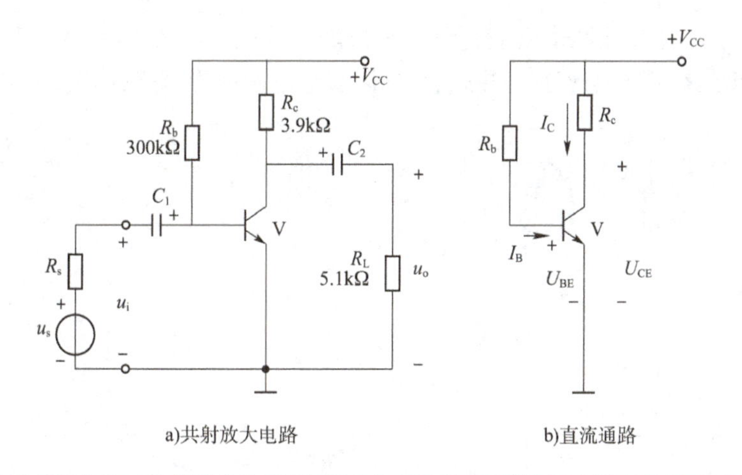

图5-1-6　共射基本放大电路及其直流通路

三极管工作于放大状态时，发射结正偏，这时 U_{BEQ} 基本不变，对于硅管约为0.7V，锗管约为0.3V。由于 U_{BEQ} 一般比 V_{CC} 小得多，式(5-1-8)可以写成：

$$I_{BQ} \approx \frac{V_{CC}}{R_b} \tag{5-1-9}$$

三极管具有电流放大能力，因此有：

$$I_{CQ} = \beta I_{BQ} \tag{5-1-10}$$

$$U_{CEQ} = V_{CC} - I_{CQ}R_C \tag{5-1-11}$$

【例5-1】 已知在图5-1-6b)中，电源电压 $V_{CC}=12V$，集电极电阻 $R_C=3k\Omega$，基极电阻 $R_B=30\Omega$，三极管为3DG6，$\beta=50$。求：

(1)放大器的静态工作点；

(2)若偏置电阻 $R_B=30k\Omega$，放大器的静态工作点。此时三极管工作在什么状态？

解：(1)根据

$$I_B = \frac{V_{CC}-U_{BE}}{R_B} = \frac{12-0.7}{300} \approx \frac{12}{300} = 0.04(\text{mA})$$

$$I_C = \beta I_B = 50 \times 0.04 = 2(\text{mA})$$

$$U_{CE} = V_{CC} - I_C R_C = 12 - 2 \times 3 = 6(\text{V})$$

(2)当 $R_B=30k\Omega$ 时：

$$I_B = \frac{V_{CC}-U_{BE}}{R_B} = \frac{12-0.7}{30} \approx \frac{12}{30} = 0.4(\text{mA})$$

$$I_C = \beta I_B = 50 \times 0.4 = 20(\text{mA})$$

$$U_{CE} = V_{CC} - I_C R_C = 12 - 20 \times 3 = -48(\text{V})$$

由此可见，共射放大电路的静态工作点是由基极偏置电阻 R_B 决定的。因此，通过调节基极偏置电阻 R_B 可以使放大电路获得一个合适的静态工作点。

2)动态分析

放大电路在有输入信号时($u_i \neq 0$)的工作状态称为动态。动态分析的目的，是要确定放大器对信号的电压放大倍数 A_u，分析放大器的输入电阻 R_i 和输出电阻 R_0 等。

(1)交流通路。输入信号作用下交流信号流经的通路称为交流通路。用于研究动态参数。对于画交流通路,耦合电容视为短路;无内阻直流电源视为短路,如图5-1-7所示。

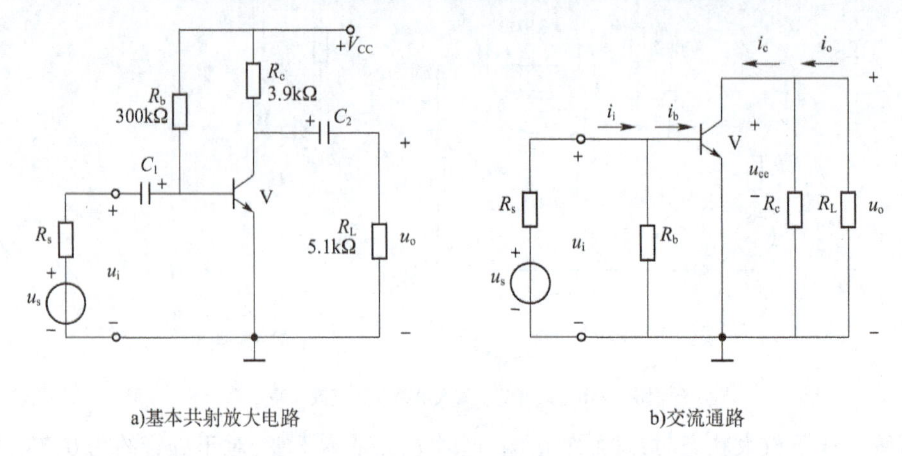

图5-1-7 共射基本放大电路的交流通路

(2)放大电路中的电压电流波形。放大电路在直流电压 V_{CC} 和输入交流电压信号 u_i 的作用下,电路中的电流和电压既有直流又有交流,是随交流信号变化的脉动直流,其波形如图5-1-8所示。

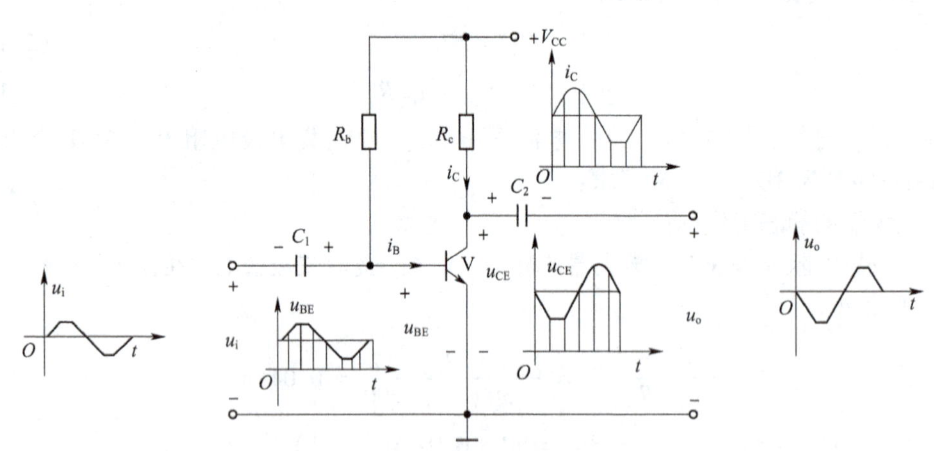

图5-1-8 动态分析波形

总之,共射电路中,直流电源 V_{CC} 提供电路所需的能源,并使三极管工作于放大区,输入信号 u_i 经过耦合电容 C_1 加在三极管的基极和发射极之间,通过三极管的电流放大作用放大后,经耦合电容 C_2 由集电极输出给负载,这就是共射放大电路的基本工作原理。

在分析放大电路时,应遵循“先静态,后动态”的原则,求解静态工作点时应利用直流通路,求解动态参数时应利用交流通路,两种通路不可混淆。分析方法可以有图解法,也可以利用微变等效电路法,在下面的学习中我们将逐一介绍。

复习与思考题

1. 基本放大电路的组成有哪些?
2. 基本放大电路的性能指标是什么?

3. 基本放大电路的分析方法有哪些？

4. 如何画出基本放大电路的直流通路和交流通路？

任务2 放大电路的分析方法

1 任务引入

学习完放大电路的基本组成之后，就要对放大电路进行分析。要想分析整个工作过程，就要首先学习放大电路的分析方法。

2 相关理论知识

2.1 放大电路的图解分析法

在已知放大管的特性曲线及电路中各元件的参数的情况下，利用作图的方法对放大电路进行分析的方法称为图解法。图解法可以使我们直观地看到交流信号放大传输的过程，正确选择静态工作点和确定动态工作范围，估算电压放大倍数。

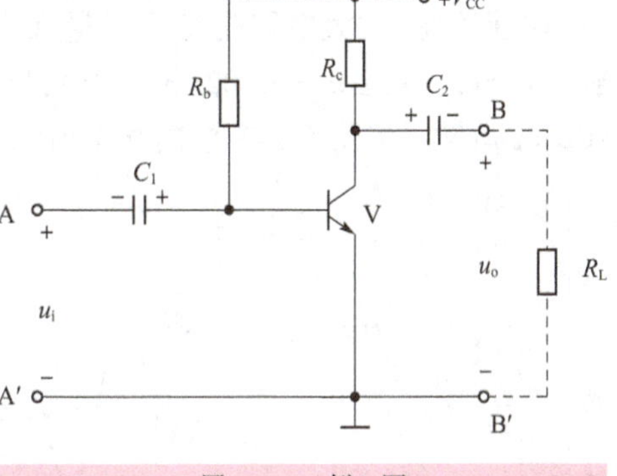

图5-2-1 例2图

【例5-2】 在图5-2-1所示共射放大电路中，已知 $V_{CC}=20V$，$R_C=6.2k\Omega$，$R_b=500k\Omega$，三极管为3DG100，$\beta=45$。试求放大电路的静态工作点。

2.1.1 静态工作点的图解分析

图解分析静态的主要目的是确定静态时的 I_{CQ} 和 U_{CEQ} 的值，基极电流 I_{BQ} 则可用前面讲到的估算法来计算。

用图解法求【例5-2】所示共射电路静态工作点的步骤如下：

(1) 估算基极电流 I_{BQ}，有：

$$I_{BQ}\approx\frac{V_{CC}}{R_b}=\frac{20V}{500k\Omega}=40\mu A$$

(2) 作直流负载线。直流负载线是放大电路输出回路的直流伏安关系曲线。为分析问题方便，作出直流通路的输出回路如图5-2-2a)所示。图中，虚线左侧三极管的 I_C 和 U_{CE} 关系由其输出特性曲线决定。虚线右侧为三极管外部电路，其 I_C 和 U_{CE} 关系满足 $U_{CE}=V_{CC}-I_CR_C$，用截距法在输出特性曲线的坐标平面上作出相应的直线，就是直流负载线。显然，直流负载线在 U_{CE} 轴上的截距为 V_{CC}，在 I_C 轴上的截距为 V_{CC}/R_C，其斜率则决定于集电极负载电阻 R_C，故称直流负载线。例2中，$V_{CC}=20V$（M点），$V_{CC}/R_C\approx3.2mA$（N点），连接M、N两点所得直流负载线，如图5-2-2b)所示。

(3) 求静态工作点。直流负载线和三极管的输出特性都反映了 I_C 和 U_{CE} 的关系，其交点就是放大电路的静态工作点。本例中，已求得基极电流 $I_{BQ}=40\mu A$，这条输出特性曲线与直流负载线的交点Q，即静态工作点，如图5-2-2b)所示。Q点对应的值就是 U_{CEQ} 和 I_{CQ}。由图可见，$U_{CEQ}=8.8V$，$I_{CQ}=1.8mA$，可以证明此结果应与估算的结果是一致的。

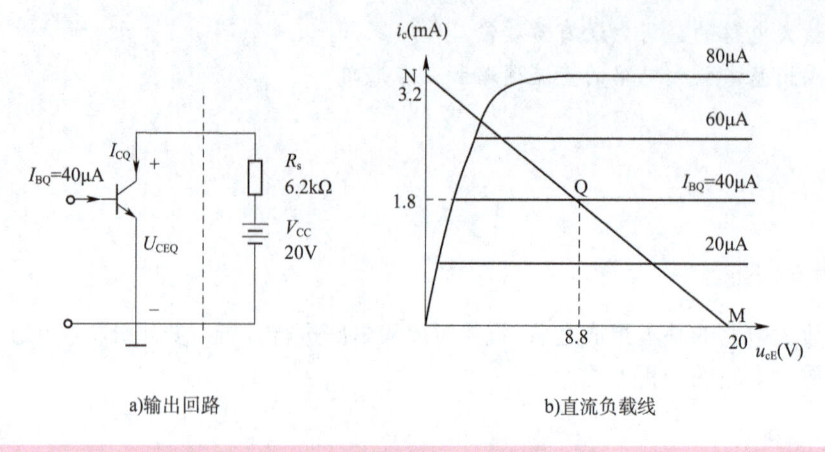

图 5-2-2　输出回路与直流负载线

2.1.2　动态过程的图解分析

图解分析动态的主要目的是分析放大电路输入和输出电压、电流的波形。

1）输入回路 u_{BE}和 i_B的波形

如前所述，放大电路是直流分量和交流分量叠加而成的脉动直流量。图 5-2-1 所示电路中，设输入电压 $u_i=0.02\sin\omega t$（V），则三极管 b、e 间的总电压为 $u_{BE}=U_{BEQ}+u_i=0.7+0.02\sin\omega t$（V），如图 5-2-3 中曲线 1 所示。

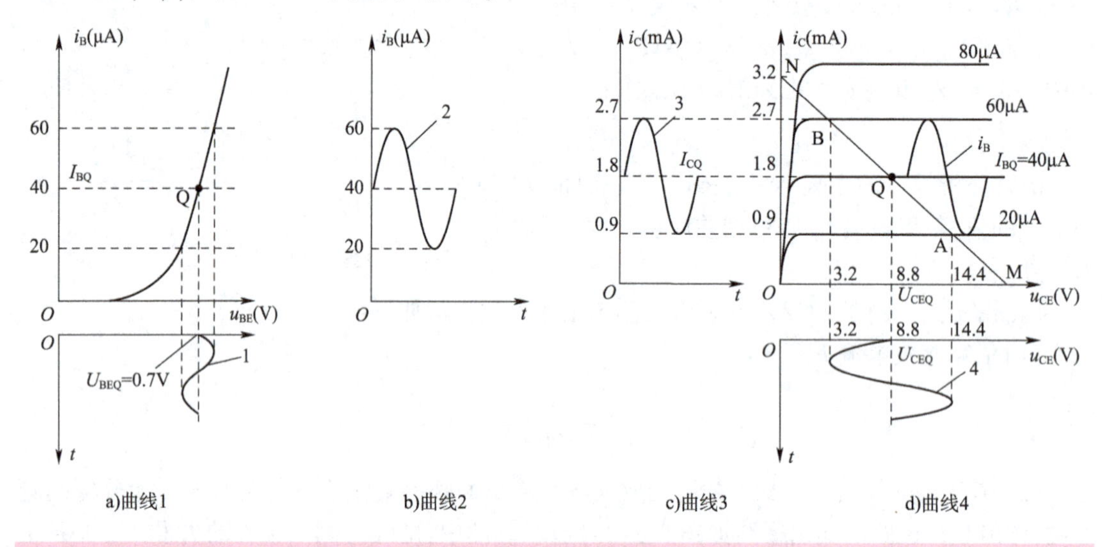

图 5-2-3　动态分析图

根据 u_{BE}的变化规律，可由输入特性曲线画出 i_B的曲线如图 5-2-3 中曲线 2 所示，由图可见，i_B在 20～60μA 之间变化，并且具有和 u_{BE}相似的波形，这是由于在小信号输入的情况下，Q 点附近的曲线近似为直线段的缘故。

2）输出回路 i_C和 u_{CE}的波形

当放大电路输出端负载开路（不带负载 R_L）时，其输出回路的伏安特性为 $u_{CE}=V_{CC}-i_CR_C$，在输出特性曲线的坐标平面上，这是一条与直流负载线重合的直线。

当 i_B在 20～60μA 之间变化时，工作点 Q 将沿负载线 MN 移动（Q→B→Q→A→Q），由此可画出相应的 i_C和 u_{CE}的波形如图 5-2-3 中曲线 3 和 4 所示。

根据图 5-2-3 所示波形，有：

$$i_C = I_{CQ} + i_c = 1.8 + 0.9\sin\omega t(\text{mA})$$

$$u_{CE} = U_{CEQ} + u_{CE} = 8.8 + 5.6\sin(\omega t - 180°)(\text{V})$$

由于耦合电容 C_2 的隔直作用，放大电路仅输出交流分量 u_{ce}，因此：

$$u_O = u_{CE} = 5.6\sin(\omega t - 180°)(\text{V})$$

上式表明，共射放大电路的输出电压 u_O 是输入电压 u_i 的线性放大，两者波形一致，但相位相反。

通过上面的分析我们可以总结一下，放大电路的图解分析法其步骤主要是：估算基极电流 I_{BQ}，作直流负载线，根据得出的 I_{BQ} 值，找到对应于 $i_B = I_{BQ}$ 的输出曲线与直流负载线的交点 Q（U_{CEQ}，I_{CQ}），从而确定 I_{CQ} 和 U_{CEQ} 值，求得静态工作点。

2.1.3 放大电路非线性失真分析

实践表明，若静态工作点 Q 设置不当，在放大电路中将会出现输出电压 u_o 和输入电压 u_i 波形不一致的现象，即非线性失真，如图 5-2-4 所示。

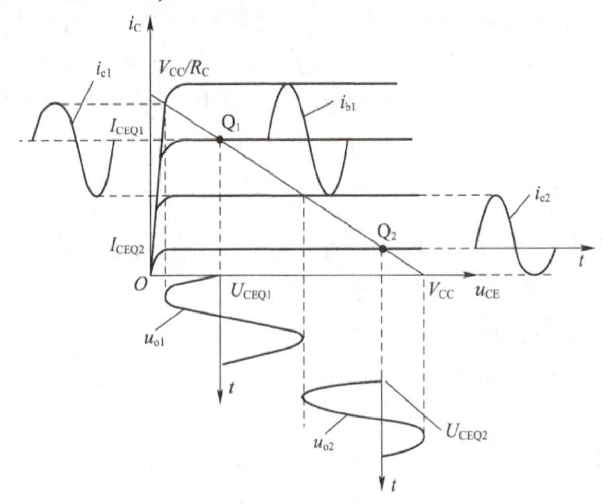

图 5-2-4 失真波形图

1）饱和失真

图 5-2-4 中，若静态工作点设置在 Q_1 点，则集电极电流 I_{CQ1} 过大，接近饱和区。当 i_{b1} 按正弦规律变化时，Q_1 点进入饱和区，造成 i_{C1} 的正半周和输出电压 u_{o1} 的负半周出现平顶畸变。这种由于三极管进入饱和区工作而引起的失真称为饱和失真。通过增大基极偏置电阻 R_b，减小 I_{BQ1}，可将静态工作点适当下移，以消除饱和失真。

2）截止失真

图 5-2-4 中，若静态工作点设置在 Q_2 点，则集电极电流 I_{CQ2} 太小，接近截止区。由图 5-2-4 可见，此时 i_{C2} 的负半周和输出电压 u_{o2} 的正半周出现平顶畸变。这种由于三极管进入截止区工作而引起的失真称为截止失真。通过减小基极偏置电阻 R_b，增大 I_{BQ2}，可将静态工作点适当上移，以消除截止失真。

根据以上分析，可得出如下结论：

(1)在交流输入的情况下，三极管各极间电压和电流，都是直流分量和交流分量的叠加。

(2)共射放大电路的输出电压 u_o 和输入电压 u_i 相位相反，即电路具有倒相作用。

(3)共射放大电路的输出电压 u_o 比输入电压 u_i 大得多，表明电路具有电压放大能力。

(4)静态工作点设置不合适时,将出现非线性失真。

如果放大电路是用PNP三极管组成的共发射极放大电路,其失真波形正好与NPN型的相反。截止失真时,u_{CE}是底部失真;饱和失真时,u_{CE}是顶部失真。

为了减小或避免非线性失真,必须合理选择静态工作点位置,一般选在交流负载线的中点附近,同时限制输入信号的幅度。

2.1.4 图解法的适用范围

图解法的优点是能直观形象地反映三极管工作情况,但必须实测所用管子的特性曲线,且用它进行定量分析时误差较大,此外仅能反映信号频率较低时的电压、电流关系。因此,图解法一般适用于输出幅值较大而频率不高时的电路分析。在实际应用中,多用于分析Q点位置、最大不失真输出电压、失真情况及低频功放电路等。

2.2 放大电路的微变等效电路分析

放大电路的微变等效电路,就是把非线性元件(三极管)所组成的放大电路等效为一个线性电路,即三极管进行线性化。这样,就可以像处理线性电路一样处理三极管放大电路。非线性元件线性化的条件,就是三极管在小信号情况下工作,才能在静态工作点附近的小范围内用直线近似代替三极管的特性曲线。因此,微变等效电路法仅适用于输入信号是小信号的情况。

2.2.1 三极管的微变等效模型

在低频小信号条件下,工作在放大状态的三极管在放大区的特性可近似看成线性,此时,三极管可用一线性电路来等效,称为微变等效模型。

1)三极管输入回路的等效电路

三极管输入回路的等效电路如图5-2-5所示。

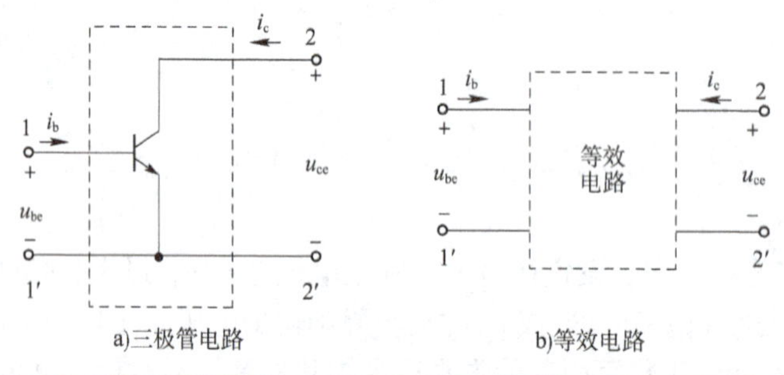

a)三极管电路　　b)等效电路

图5-2-5　三极管与二端口网络的等效

在小信号工作时:因输入信号 u_i 很小,故 Δu_{BE}只是输入特性曲线中很小的一段,如图5-2-6所示,则 Δi_B与 Δu_{BE}可近似看作线性关系,用一等效电阻 r_{be}来表示,即:

$$r_{be} = \left.\frac{\Delta u_{BE}}{\Delta i_B}\right|_{u_{CE}=\text{常数}}$$

r_{be}的一般计算公式为:

$$r_{be} \approx 300 + (1+\beta)\frac{26(\text{mV})}{I_E(\text{mA})} \tag{5-2-1}$$

r_{be}是动态电阻,只能用于计算交流量,且仅适用于 $0.1\text{mA} < i_C < 5\text{mA}$ 范围内,否则将产生较大误差。

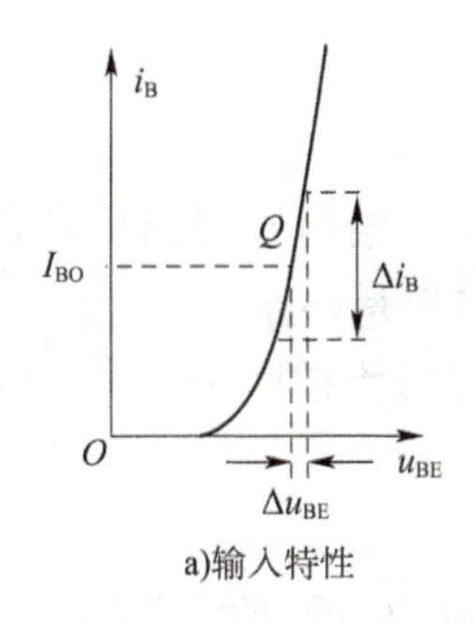

a)输入特性

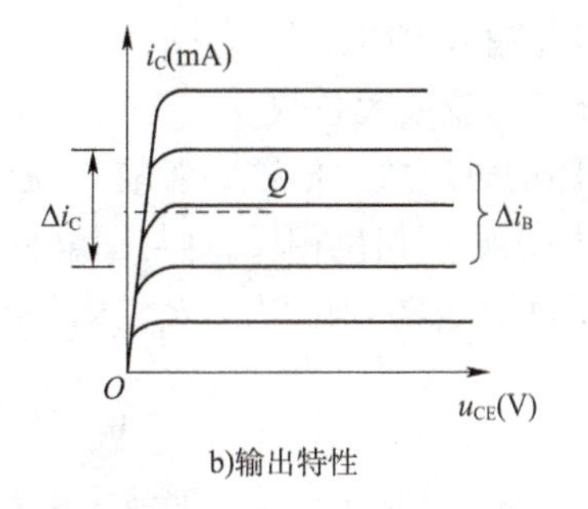

b)输出特性

图 5-2-6 晶体三极管的特性曲线

2)三极管输出回路的等效电路

由三极管的输出特性曲线可知，在放大区，当 u_{CE}变化时，电流 i_C几乎不变，只有基极电流 i_B变化，i_C才变化，并且满足 $i_C=\beta i_B$，反映了三极管的电流控制作用，故可等效为受控电流源。受控电流源 βi_B也可用 $g_m u_{b'E}$表示。g_m表示基极电压对集电极电流的控制能力，单位为毫西门子(mS)。g_m越大，管子的放大能力越强。由此得出图 5-2-7 所示三极管简化微变等效电路。

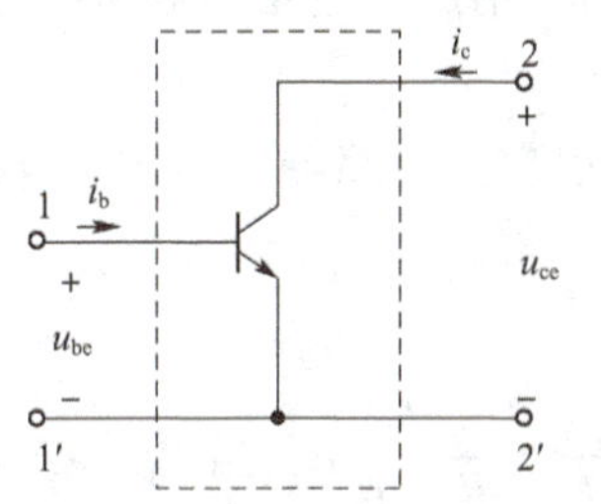

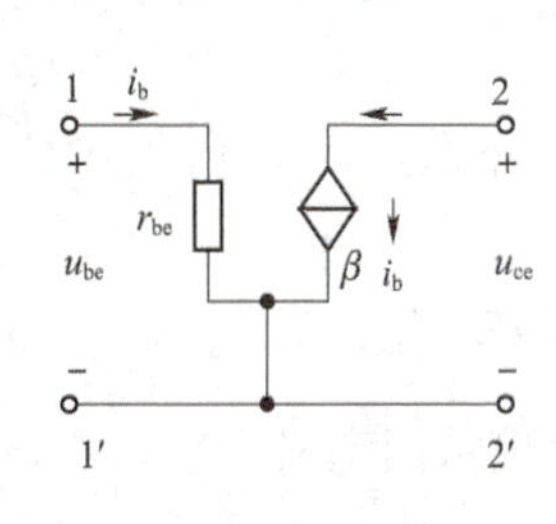

图 5-2-7 三极管简化微变等效电路

2.2.2 三极管放大电路的微变等效电路分析

1)适用范围

三极管的微变等效电路分析法只适用于放大电路的动态分析，不适用于静态分析。微变等效电路只适用于放大电路是低频小信号的电路中。

2)分析步骤

(1)画出直流通路，进行静态分析，求静态工作点 Q。

(2)画出交流通路，将其中的三极管用微变等效模型代替，得到微变等效电路，如图 5-2-8 所示。

(3)求解微变等效电路中各动态性能指标。

3)共射放大电路动态性能指标分析

(1)电压放大倍数 A_u。由图 5-2-8 可知：

$$U_i=I_b r_{be} \qquad U_0=-I_C(R_C \,//\, R_L)$$

因此，共射放大电路的电压放大倍数为：

$$A_u=\frac{U_o}{U_i}=-\beta\frac{R'_L}{r_{be}} \tag{5-2-2}$$

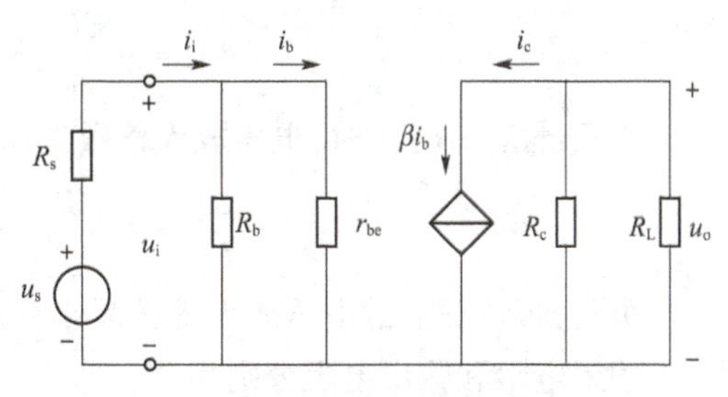

图 5-2-8 基本共射电路的微变等效电路

式中：A_u——电压放大倍数；

R'_L——交流负载等效电阻，$R'_L=R_C \,//\, R_L$；

r_{be}——三极管输入电阻；

β——三极管电流放大系数。

共射放大电路的电压放大倍数一般较大，通常为几十倍至几百倍。在式(5-2-2)中，负号表示输出电压与输入电压相位相反，这与图解分析的结果是一致的。

空载时，交流负载等效电阻 $R'_L = R_C$，因此空载电压放大倍数为：

$$A_{uo} = -\beta \frac{R_C}{r_{be}} \tag{5-2-3}$$

由于 $R_C /\!/ R_L < R_C$，因此 $A_u < A_{uo}$，即放大电路接负载 R_L 后，放大倍数下降。

(2)输入电阻 R_i。根据图5-2-8所示电路，共射放大电路的输入电阻为 R_b 与 r_{be} 的并联值，即：

$$R_i = R_b /\!/ r_{be} \tag{5-2-4}$$

通常，R_b 为几百千欧，r_{be} 约为1kΩ，$R_b >> r_{be}$，所以：

$$R_i \approx r_{be} \tag{5-2-5}$$

可见，共射放大电路的输入电阻 R_i 较小，一般为几百欧至几千欧。

(3)输出电阻 R_o。如图5-2-8所示电路，有共射放大电路的输出电阻为：

$$R_o \approx R_C \tag{5-2-6}$$

由于 R_C 一般为几千欧至几十千欧，因此共射放大电路输出电阻 R_o 较大，电路的带负载能力也较差。

(4)源电压放大位数 A_{us}。

根据源电压放大倍数的定义，$A_{us} = \frac{U_o}{U_S} = \frac{U_i U_o}{U_S U_i} = \frac{R_i}{R_i + R_s} A_u$，当 $R_b >> r_{be}$ 时，

$$A_{us} = \frac{R_b /\!/ r_{be}}{R_s + R_b /\!/ r_{be}} A_u \approx \frac{-r_{be}}{R_s + r_{be}} \cdot \frac{\beta R'_L}{r_{be}} = -\frac{\beta R'_L}{R_s + r_{be}} \tag{5-2-7}$$

【例5-3】 在图5-1-5b)所示共射放大电路中，已知 $R_L = 6\text{k}\Omega$，试求：(1) A_{uo}、A_u、R_i 和 R_o；(2)若输入信号有效值 $u_i = 10\text{mV}$，则输出电压的幅值有多大？

解：(1)由例2已求得该电路的静态工作点为：

$I_{BQ} = 40\mu\text{A}$；$I_{CQ} = 1.8\text{mA}$；$U_{CEQ} = 8.8\text{V}$

$I_E \approx I_{CQ} = 1.8\text{mA}$；

三极管的输入电阻 r_{be} 为：

$$r_{be} = 300 + (1+\beta)\frac{26(\text{mV})}{I_E(\text{mA})} = 300 + (1+45)\frac{26(\text{mV})}{1.8(\text{mA})} \approx 1\text{k}\Omega$$

因此，空载电压放大倍数 A_{uo} 为：

$$A_{uo} = -\frac{\beta R_C}{r_{be}} = -\frac{45 \times 6.2}{1} = -279$$

带负载 $R_L = 6\text{k}\Omega$ 时，电压放大倍数 A_u 为：

$$A_u = \frac{U_o}{U_i} = -\beta\frac{R'_L}{r_{be}} = -45 \times \frac{6.2 /\!/ 6}{1} \approx -135$$

可见，带负载后的电压放大倍数减小。

输入电阻和输出电阻分别为：

$$R_i \approx r_{be} = 1\text{k}\Omega$$

$$R_o \approx R_C = 6.2\text{k}\Omega$$

(2)输出电压的幅值为：

$$U_{om} = \sqrt{2}U_o = \sqrt{2}A_u U_i = \sqrt{2} \times 135 \times 10\text{mV} \approx 1.91\text{V}$$

2.2.3 分压式基本工作点稳定电路

如前所述，静态工作点设置不合适时，将导致放大电路出现非线性失真。实际应用中，影响静态工作点的因素有很多，例如电源电压的波动、电路参数的变化以及温度波动等。实践表明，温度的波动是其中最主要的因素。为克服温度等不利因素的影响，通常采用图 5-2-9 所示分压式共射偏置电路以稳定静态工作点。

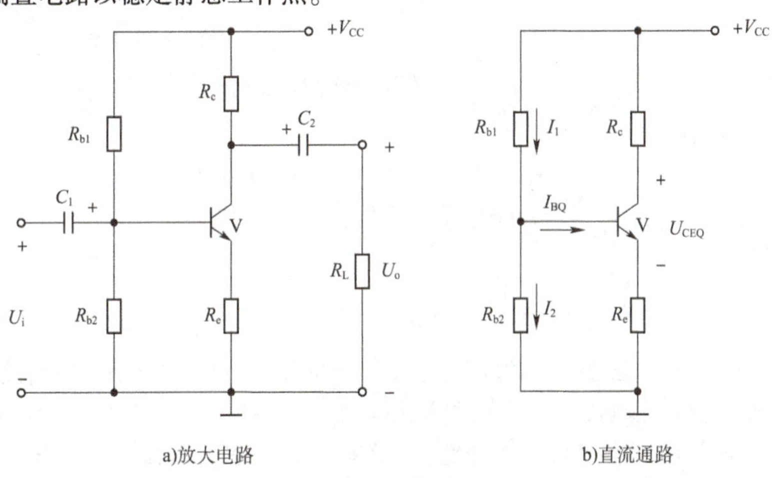

图 5-2-9 分压式共射偏置电路

1)稳定静态工作点原理

在这个电路中，R_{b1}、R_{b2}分别称为上偏置电阻和下偏置电阻，R_e是发射极电阻。R_{b1}和R_{b2}对电源电压分压使基极有一定的电位。设流过偏置电阻R_{b1}和R_{b2}的电流分别为I_1和I_2，据 KCL 定律，则$I_1 = I_2 + I_{BQ}$。

一般I_{BQ}很小，I_1远大于I_B，所以可以认为$I_1 = I_2$，则基极的电位为：

$$V_B \approx \frac{R_{b2}}{R_{b1} + R_{b2}} V_{CC} \tag{5-2-8}$$

则：

$$I_C = I_E = \frac{V_B - U_{BE}}{R_E} \approx \frac{V_B}{R_E} \tag{5-2-9}$$

随温度的变化很小，所以基极的电位可以认为不随温度的变化而变化。

当发射极电流流过发射极电阻R_e时，在其上产生压降，则发射极的电位$U_E = I_E R_E$。假设温度上升，导致三极管的集电极电流增大，则发射极电流也增大，这必将引起发射极电位的上升，因为$V_B = U_{BE} + U_E$，所以U_{BE}将减小，U_{BE}减小将使基极电流I_B降低，致使集电极电流降低。这样就实现了静态工作点的稳定。这个过程可以用下面的流程图来表示：

$$T(℃)\uparrow \rightarrow I_C^{\uparrow} \rightarrow U_E^{\uparrow} \rightarrow U_{BE}^{\downarrow} \rightarrow I_B^{\downarrow} \rightarrow I_C^{\downarrow}$$

在分压偏置式放大电路中，I_1和V_B比较大时，工作点的稳定性越好。但是I_1不能太大，否则电流在电阻R_{b1}和R_{b2}上的损耗太大；V_B的值也不能太大，V_B增大将导致U_{CE}的减少，使放大电路的动态范围变小，这也会影响放大电路的性能。综合考虑，一般选：$I_1 \approx (5 \sim 10) I_B$；$V_B \approx (5 \sim 10) U_{BE}$为宜。

2)电压放大倍数估算

画出图 5-2-9 所示分压式共射偏置电路的交流通路和微变等效电路,如图 5-2-10 所示。

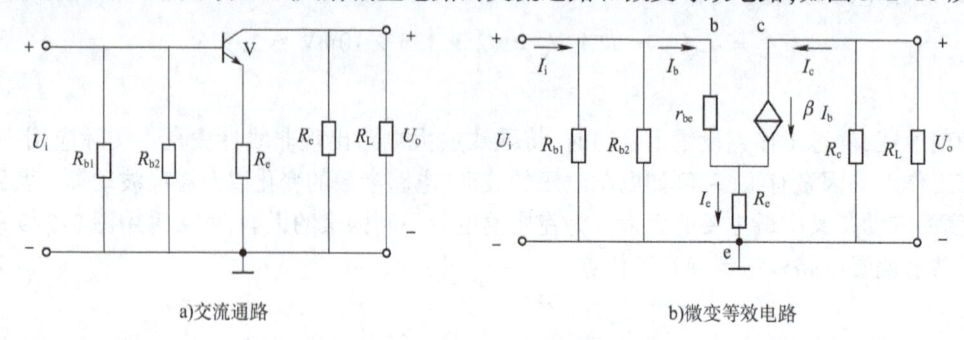

图 5-2-10　分压式共射偏置电路等效电路

根据图 5-2-10,有:

$$U_i = I_b r_{be} + I_e R_e = I_b[r_{be} + (1+\beta)R_e]$$

$$U_o = -\beta I_b(R_C // R_L) = -\beta I_b R'_L$$

因此

$$A_u = \frac{U_o}{U_i} = -\beta\frac{R'_L}{r_{be} + (1+\beta)R_e} \quad (5\text{-}2\text{-}10)$$

由式(5-2-10)可见,R_e虽然起到稳定静态工作点的作用,但也使电压放大倍数下降。为保持静态工作点稳定,又不影响放大倍数,可以用电容 C_E(约几十至几百微法)与 R_E并联,如图 5-2-11所示。电容 C_E对直流可看成开路,不影响 R_E对静态工作点的稳定作用;对交流则可看成短路,使 R_E被短接,发射极接地,因而称为旁路电容。接旁路电容 C_E后,电压放大倍数不受 R_E影响,即:

$$A_u = -\beta\frac{R'_L}{r_{be}} \quad (5\text{-}2\text{-}11)$$

输入电阻:

$$r_i = R_{B1} // R_{B2} // r_{be} \quad (5\text{-}2\text{-}12)$$

输出电阻:

$$r_0 = R_c \quad (5\text{-}2\text{-}13)$$

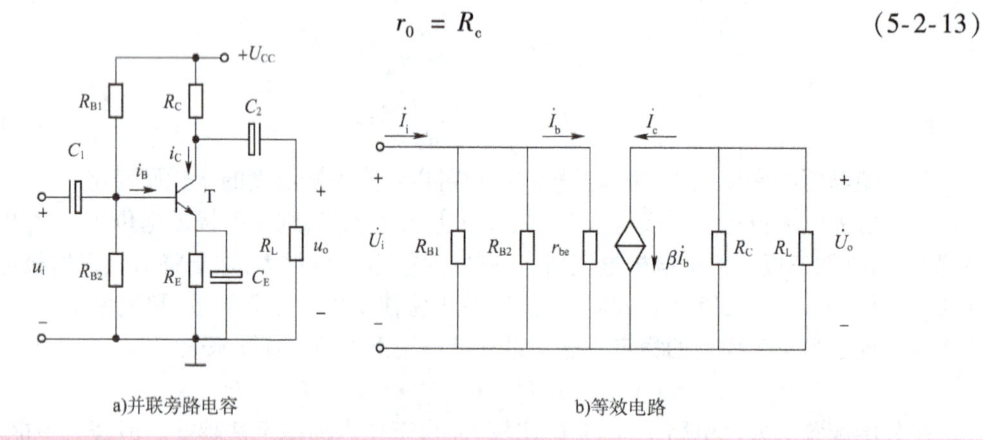

图 5-2-11　静态工作点稳定电路

这种电路既具有稳定工作点的能力,交流放大受到影响又不大,故成为共射放大电路的代表电路,又称静态工作点稳定电路。

2.2.4 其他稳定偏置电路

稳定静态工作点的方法除了可以采用上面提到的工作点稳定电路外,还可以采用其他稳定偏置电路,如采用热敏电阻的偏置电路,利用二极管进行补偿的偏置电路,如图5-2-12所示。

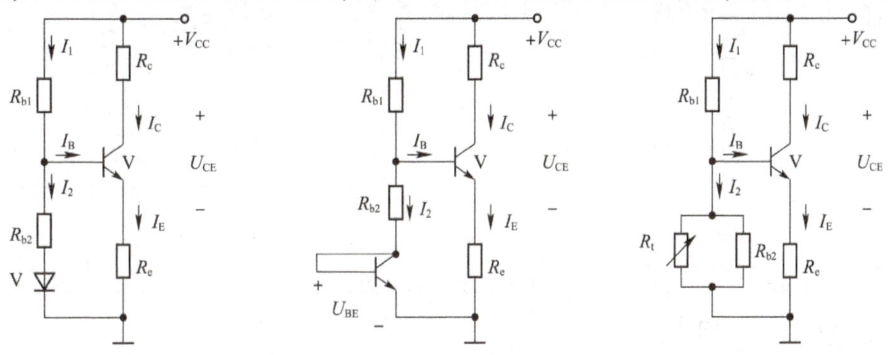

图5-2-12 偏置电路

【例5-4】 电路如图5-2-11a)所示,$R_{B1}=39\text{k}\Omega$,$R_{B2}=20\text{k}\Omega$,$R_C=2.5\text{k}\Omega$,$R_E=2\text{k}\Omega$,$R_L=5.1\text{k}\Omega$,$U_{CC}=12\text{V}$,三极管的$\beta=40$,$r_{be}=0.9\text{k}\Omega$,试估算静态工作点;计算电压放大倍数A_u、输入电阻r_i和输出电阻r_0。

解:静态工作点:

$$V_B=\frac{R_{B2}}{R_{B1}+R_{B2}}U_{CC}=\frac{20}{39+20}\times 12=4.1(\text{V})$$

$$I_C\approx I_E=\frac{V_B-U_{BE}}{R_E}=\frac{4.1-0.7}{2\times 10^3}=1.7(\text{mA})$$

$$I_B=\frac{I_C}{\beta}=\frac{1.7\times 10^{-3}}{40}=42.5(\mu\text{A})$$

$$\begin{aligned}U_{CE}&=U_{CC}-I_CR_C-I_ER_E\\&=12-1.7\times 10^{-3}\times 2.5\times 10^3-1.7\times 10^{-3}\times 2\times 10^3=4.35(\text{V})\end{aligned}$$

动态分析,图5-2-11b)所示为电路的微变等效电路。

电压放大倍数为:

$$A_u=-\beta\frac{R'_L}{r_{be}}=-40\times\frac{2.5\,/\!/\,5.1}{0.9}=-74.6$$

输入电阻和输出电阻为:

$$r_i=R_{B1}\,/\!/\,R_{B2}\,/\!/\,r_{be}\approx r_{be}=0.9\text{k}\Omega$$

$$r_o=R_C=2.5\text{k}\Omega$$

【例5-5】 电路如图5-2-13所示,$R_{B1}=39\text{k}\Omega$,$R_{B2}=13\text{k}\Omega$,$R_C=2.4\text{k}\Omega$,$R_{E1}=0.2\text{k}\Omega$,$R_{E2}=1.8\text{k}\Omega$,$R_L=5.1\text{k}\Omega$,$U_{CC}=12\text{V}$,三极管的$\beta=40$,$r_{be}=1.09\text{k}\Omega$,试画出该电路的微变等效电路,并计算电压放大倍数$A_u$、输入电阻$r_i$和输出电阻$r_o$。

解:该放大电路的微变等效电路如图5-2-13b)所示。

电压放大倍数为:

$$\begin{aligned}A_u&=\frac{\dot{U}_o}{\dot{U}_i}=\frac{-\beta\dot{I}_b\times R'_L}{\dot{I}_b\times r_{be}+(1+\beta)\dot{I}_b\times R_{E1}}=-\beta\frac{R'_L}{r_{be}+(1+\beta)R_{E1}}\\&=-40\times\frac{2.4\,/\!/\,5.1}{1.09+(1+40)\times 0.2}\approx -7\end{aligned}$$

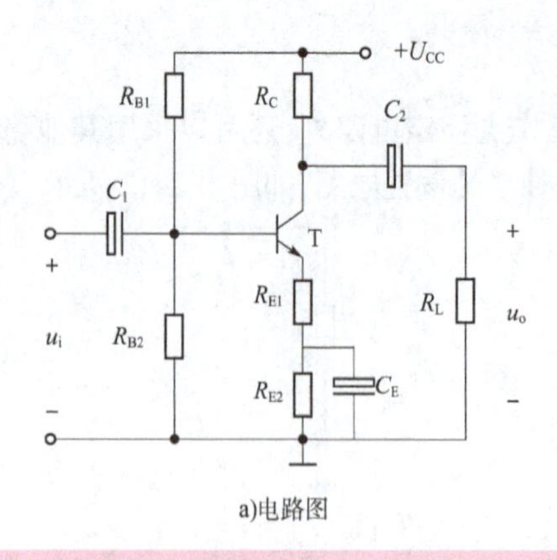

a)电路图

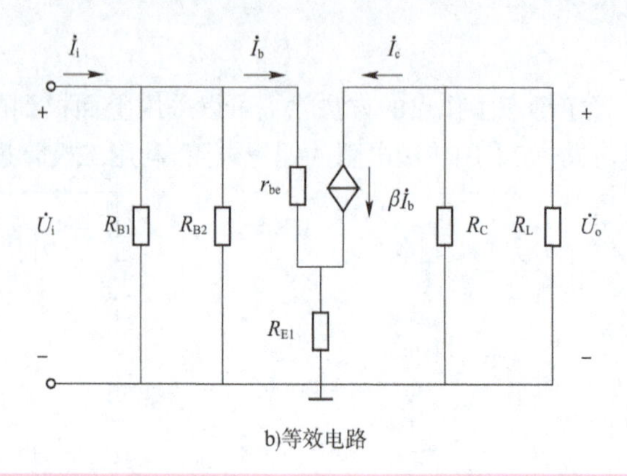

b)等效电路

图 5-2-13　例 5-5 图

输入电阻和输出电阻为：

$$r_i = // R_{B1} // R_{B2} // [r_{be} + (1+\beta)R_{E1}]$$
$$= 39 // 13 // [1.09 + (1+40) \times 0.2] \approx 4.76(\text{k}\Omega)$$
$$r_o = R_C = 2.4\text{k}\Omega$$

3 任务实施——基本放大电路测试

3.1 目的要求

(1)学会放大器静态工作点的调试方法，分析静态工作点对放大器性能的影响。

(2)掌握放大器电压放大倍数、输入电阻、输出电阻及最大不失真输出电压的测试方法。

(3)熟悉常用电子仪器及模拟电路实验设备的使用。

3.2 预习要求

(1)阅读教材中有关单管放大电路的内容并估算试验电路的性能指标。

假设：3DG6 的 $\beta=100$，$R_{B1}=20\text{k}\Omega$，$R_{B2}=60\text{k}\Omega$，$R_C=2.4\text{k}\Omega$，$R_L=2.4\text{k}\Omega$。估算放大器的静态工作点，电压放大倍数 A_V，输入电阻 R_i 和输出电阻 R_o。

(2)阅读试验附录中有关放大器干扰和自激振荡消除内容。

(3)能否用直流电压表直接测量三极管的 U_{BE}？为什么试验中要采用测 U_B、U_E，再间接算出 U_{BE} 的方法？

3.3 所用器材

(1) +12V 直流电源。

(2)函数信号发生器。

(3)双踪示波器。

(4)交流毫伏表。

(5)直流电压表。

(6)直流毫安表。

(7)频率计。

(8)万用表。

(9)晶体三极管 3DG6 ×1($\beta=50\sim100$)或 9011 ×1。

(10)电阻器、电容器若干。

3.4 内容及步骤

电路如图5-2-14所示。它的偏置电路采用R_{B1}和R_{B2}组成的分压电路,并在发射极中接有电阻R_E,以稳定放大器的静态工作点。当在放大器的输入端加入输入信号u_i后,在放大器的输出端便可得到一个与u_i相位相反、幅值被放大了的输出信号u_o,从而实现了电压放大。为防止干扰,各仪器的公共端必须连在一起,同时信号源、交流毫伏表和示波器的引线应采用专用电缆线或屏蔽线,如使用屏蔽线,则屏蔽线的外包金属网应接在公共接地端上。

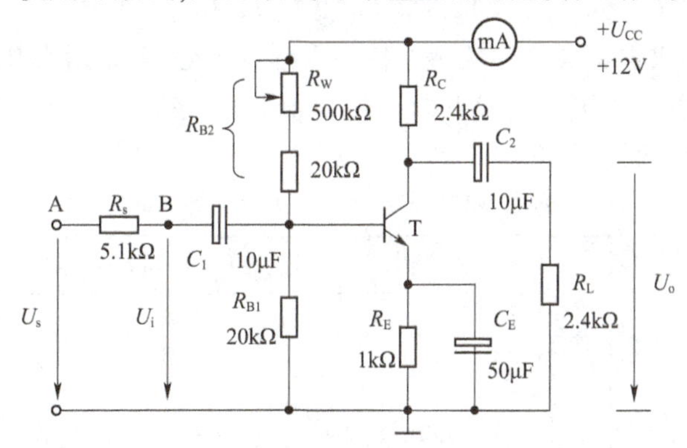

图5-2-14 共射极单管放大器电路

1)调试静态工作点

接通直流电源前,先将R_W调至最大,函数信号发生器输出旋钮旋至零。接通+12V电源、调节R_W,使I_C=2.0mA(即U_E=2.0V),用直流电压表测量U_B、U_E、U_C及用万用表测量R_{B2}值。记入表5-2-1。

U_B、U_E、U_C、R_{B2}测量值记录表(I_C=2mA) 表5-2-1

测量值				计算值		
U_B(V)	U_E(V)	U_C(V)	R_{B2}(kΩ)	U_{BE}(V)	U_{CE}(V)	I_C(mA)

2)测量电压放大倍数

在放大器输入端加入频率为1kHz的正弦信号u_S,调节函数信号发生器的输出旋钮使放大器输入电压U_i≈10mV,同时用示波器观察放大器输出电压u_o波形,在波形不失真的条件下用交流毫伏表测量下述三种情况下的U_o值,并用双踪示波器观察u_o和u_i的相位关系,记入表5-2-2。

u_o≈u_1 波形(I_c=2.0mA U_i≈10mV) 表5-2-2

R_C(kΩ)	R_L(kΩ)	U_o(V)	A_V	观察记录一组u_o和u_1波形
2.4	∞			u_i t u_o t
1.2	∞			
2.4	2.4			

3)观察静态工作点对电压放大倍数的影响

置R_C=2.4kΩ,R_L=∞,U_i适量,调节R_W,用示波器监视输出电压波形,在u_o不失真的条件下,测量数组 I_C 和 U_o 值,记入表 5-2-3。

测量 I_C 和 U_o 值($R_C = 2.4\text{k}\Omega$　$R_L = \infty$　U_i 适量)　　表 5-2-3

I_C(mA)			2.0		
U_o(V)					
A_V					

测量 I_C 时,要先将信号源输出旋钮旋至零(即使 $U_i = 0$)。

4)观察静态工作点对输出波形失真的影响

置 $R_C = 2.4\text{k}\Omega$,$R_L = 2.4\text{k}\Omega$,$u_i = 0$,调节 R_W 使 $I_C = 2.0\text{mA}$,测出 U_{CE} 值,再逐步加大输入信号,使输出电压 u_o 足够大但不失真。然后保持输入信号不变,分别增大和减小 R_W,使波形出现失真,绘出 u_o 的波形,并测出失真情况下的 I_C 和 U_{CE} 值,记入表 5-2-4 中。每次测 I_C 和 U_{CE} 值时都要将信号源的输出旋钮旋至零。

测量 I_C 和 U_{CE} 值($R_C = 2.4\text{k}\Omega$　$R_L = \infty$)　　表 5-2-4

I_C(mA)	U_{CE}(V)	u_o 波形	失真情况	管子工作状态
2.0				

3.5 试验报告要求

(1)列表整理测量结果,并把实测的静态工作点、电压放大倍数、输入电阻、输出电阻之值与理论计算值比较(取一组数据进行比较),分析产生误差原因。

(2)总结 R_C、R_L 及静态工作点对放大器电压放大倍数、输入电阻、输出电阻的影响。

(3)讨论静态工作点变化对放大器输出波形的影响。

(4)分析讨论在调试过程中出现的问题。

复习与思考题

1. 基本放大电路通常采用什么方法进行分析?
2. 如何求解基本放大电路的静态工作点?
3. 如何画出基本放大电路的微变等效电路?
4. 基本放大电路的放大倍数如何求解?
5. 如何进行基本放大电路测试?

任务3 多级放大器

1 任务引入

在实际应用中,放大电路的输入信号都非常微弱,一般为毫伏级甚至是微伏级。为获得推动负载工作的足够大的电压和功率,需将输入信号放大成千上万倍。由于前述单级放大电路的电压放大倍数通常只有几十倍,所以需要将多个单级放大电路联结起来,组成多级放大电路对输入信号进行连续放大。

2 相关理论知识

2.1 多级放大电路的组成

多级放大电路的组成框图如图5-3-1所示。

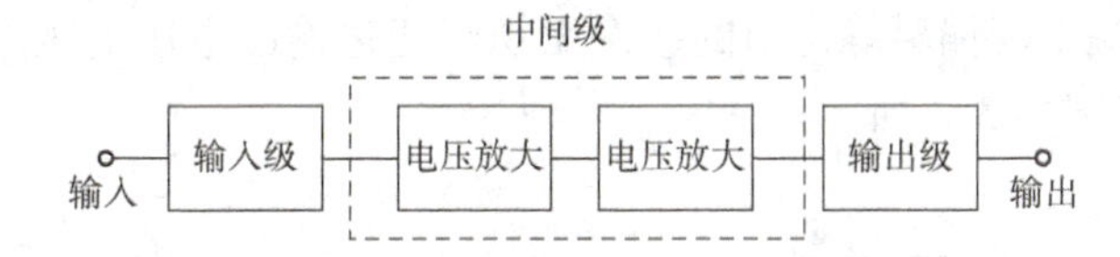

图5-3-1 多级放大电路的组成框图

多级放大电路中,输入级主要完成与信号源的衔接并对信号进行放大;为使输入信号尽量不受信号源内阻的影响,输入级应具有较高的输入电阻,因而常采用高输入电阻的放大电路,例如射极输出器等。中间电压放大级用于小信号电压放大,将微弱的输入电压放大到足够的幅度。输出级用于对信号进行功率放大,输出负载所需要的功率并完成和负载的匹配。

2.2 多级放大电路的耦合方式

在多级放大电路中,级与级之间的联结方式称为耦合。级间耦合时应满足以下要求:各级要有合适的静态工作点;信号能从前级顺利传送到后级;各级技术指标能满足要求。

常见的耦合方式有直接耦合、阻容耦合、变压器耦合以及光电耦合等。

2.2.1 直接耦合

直接耦合多级放大电路如图5-3-2所示。由图5-3-2可见,前级的输出端直接与后级的输入端相连,因而称为直接耦合。

直接耦合的多级放大电路具有良好的频率特性,不但能放大交流,还能放大直流和缓变信号,所以又称"直流放大电路"。但由于前级与后级直接相连,因此需要解决以下两个问题。

(1)静态工作点相互牵制。由图5-3-2a)可见,V_1管的集电极电位等于V_2管的基极电位,被钳制在0.7V左右,处于接近饱和状态。同时,V_2管的基极电流由电源V_{CC}经R_{C1}提供,过大的偏流使V_2管深度饱和。可见,静态工作点的互相牵制使两级放大电路均无法进行正常的线性放大。因此,必须采取有效的措施,既保证信号的有效传递,又使每一级有合适的静态工作点。

①抬高后级发射极电位。图5-3-2a)中,若在V_2管的发射极接电阻或二极管、稳压管,则V_2的发射极和V_1的集电极电位被抬高,只要元件参数选择适当,放大电路就可以得到合适的工作点。

②用 PNP 和 NPN 管配合实现电平移动。上述电路中，V_2管的发射极电位抬高时，其集电极电位相应抬高，从而使输出电压的动态范围减小。为降低输出端的直流电位，可在后级采用 PNP 管，因为 PNP 管的集电极电位低于基极电位，如图 5-3-2b）所示。

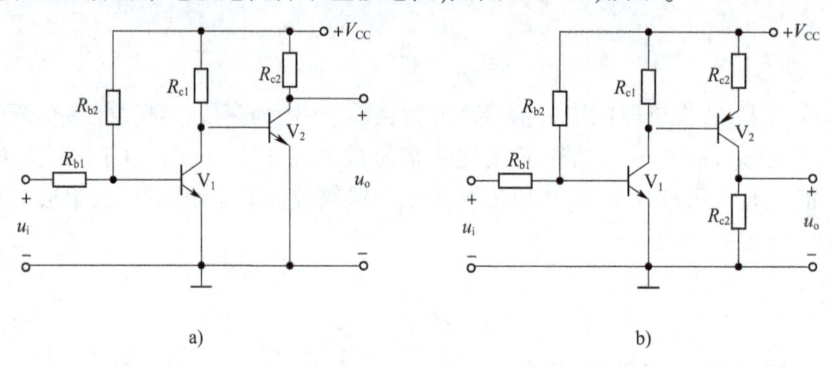

图 5-3-2　直接耦合方式

（2）零点漂移现象。所谓零点漂移现象，就是当直接耦合放大电路的输入端短路，即输入电压为零时，其输出端出现偏离静态值的缓慢无规则变化输出电压的现象。零点漂移测试电路及漂移电压波形如图 5-3-3 所示。

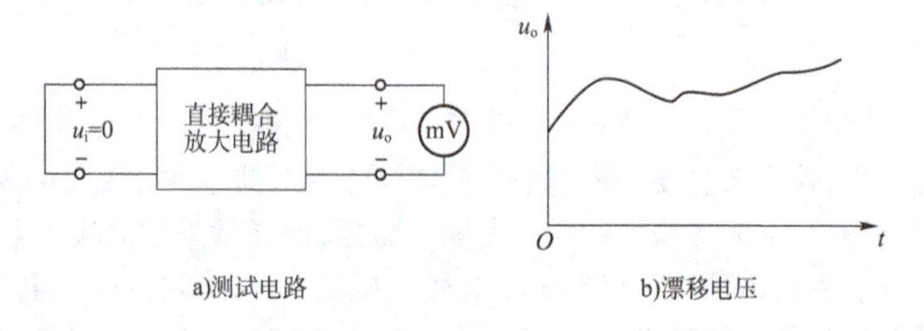

图 5-3-3　零点漂移

产生零点漂移现象的主要原因是三极管参数 I_{CBO}、β、U_{BE} 等随温度变化，使各级静态工作点产生变动，因此零点漂移又称温度漂移。直接耦合放大电路中，前级与后级直接相连，故前级工作点的微小变化将会逐渐传递、放大，从而在输出端产生一个缓慢变化的漂移电压信号，以致影响整个放大电路工作。放大电路的级数越多，放大倍数越大，零点漂移就越大。在各级漂移中，第一级的漂移对输出的影响最大，因此零点漂移的抑制着重在第一级，这个内容将在后面专门讲述。

由于直接耦合无耦合电容、无变压器，因而在集成电路中获得广泛应用。

2.2.2　阻容耦合方式

图 5-3-4 所示为两级阻容耦合放大电路。两级放大电路之间通过电容连接起来，第一级的输出信号是第二级的输入信号，第二级的输入电阻是第一级的负载。这种连接方式称为阻容耦合。由于电容器具有“隔直流、通交流”的作用，在电容器取值合适的条件下，前级放大电路的输出信号通过耦合电容传递到后级放大电路的输入端，而两级放大电路的静态工作点各自独立，互不影响，非常有利于放大电路的设计、调试和维修，这是它的优点之一。由于阻容耦合的体积小、质量轻，使它在多级放大电路中得到广泛的应用。但阻容耦合放大电路不能放大直流和缓变信号，并且集成电路中制造大电容也比较困难，使阻容耦合的应用又具有很大的局限性。

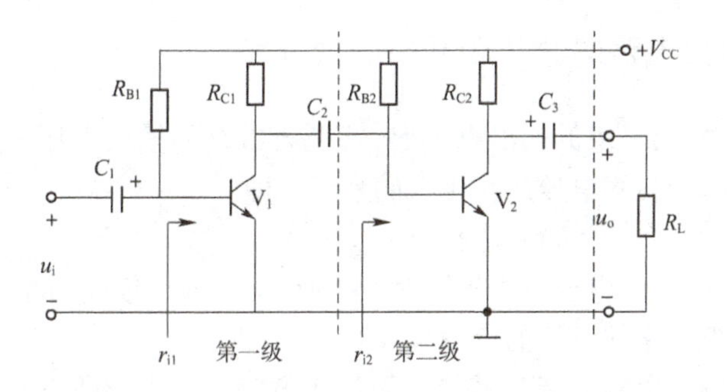

图 5-3-4 阻容耦合放大电路

2.2.3 变压器耦合方式

通过变压器来实现级间耦合的放大电路如图 5-3-5 所示。变压器 T_1 把第一级放大电路的输出信号传递给第二级放大电路，变压器 T_2 再将第二级放大电路的输出信号耦合给负载。由于变压器具有“通交流、隔直流”的性质，所以采用变压器耦合方式的放大电路各级 Q 点彼此独立，便于设计、调试和维修。这种耦合方式的最大优点在于其能实现电压、电流和阻抗的变换，特别适合于放大电路之间、放大电路与负载之间的阻抗匹配，变压器耦合的缺点是体积和质量都比较大，要耗费有色金属，再则是其频率特性不好。常用于选频放大或要求不高的功率放大电路。

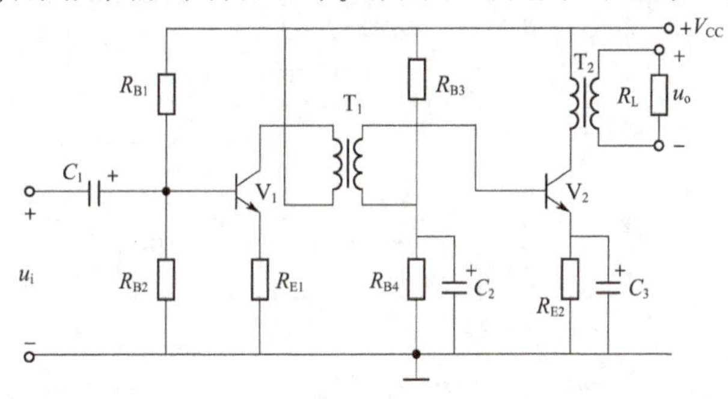

图 5-3-5 变压器耦合放大电路

2.2.4 光电耦合

级与级之间通过光电耦合器相连接的方式，称为光电耦合。由光敏晶体管作为接收管的光电耦合器如图 5-3-6a) 所示，由光敏二极管作为接收端的光电耦合器如图 5-3-6b) 所示。图中，方框内是光电耦合器，它由光敏二极管和光敏晶体管封装在同一管壳内组成。前级输出信号使光敏二极管发光，光敏晶体管接受光照后，产生光电流。光电流的大小随输入端信号的增加而增大。光电耦合器以光为媒介，实现电信号从前级向后级传输，它的输入端和输出端在电气上绝缘，具有抗干扰、隔噪声等特点，已得到越来越广泛的应用。

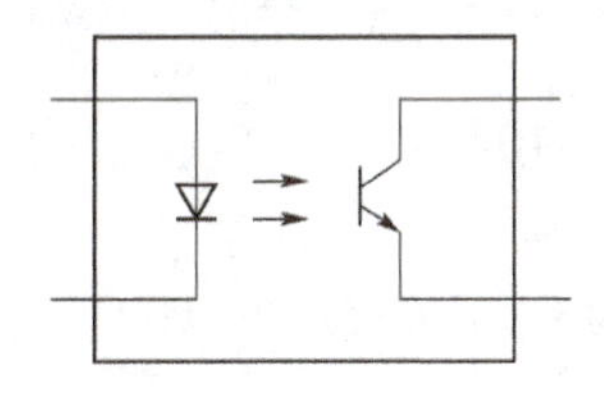

a) 光敏晶体管作为接收管的光电耦合器

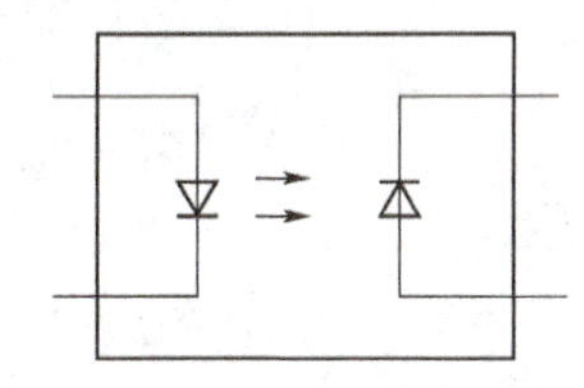

b) 光敏二极管作为接收端的光电耦合器

图 5-3-6 光电耦合器

2.3 多级放大电路的分析和动态参数计算

在多级放大电路中，第一级的输出电压 U_{o1} 就是第二级的输入电压 U_{i2}，所以，多级放大电路的电压放大倍数就等于各级电压放大倍数的乘积。即：

$$A_U = A_{U1} \times A_{U2} \times \cdots \times A_{Un} \tag{5-3-1}$$

注意：在计算各级放大电路的电压放大倍数时，必须考虑到前后级间的相互影响。一般将第后级放大电路的输入电阻当作前一级的负载来计算。

多级放大电路的输入电阻 R_i 等于从第一级放大电路的输入端所看到的等效电阻，即为第一级的输入电阻 R_{i1}，即：

$$R_i = R_{i1} \tag{5-3-2}$$

多级放大电路的输出电阻 R_0 等于从最后一级放大电路的负载两端(不含负载)所看到的等效电阻，即为最后一级(第 n 级)的输出电阻 R_{on}，即：

$$R_o = R_{on} \tag{5-3-3}$$

【例 5-6】 两级放大电路如图 5-3-7 所示。试计算总电压放大倍数、输入电阻和输出电阻。已知 $\beta_1 = \beta_2 = 50$，$r_{be1} = 0.95\text{k}\Omega$，$r_{be2} = 1.65\text{k}\Omega$。

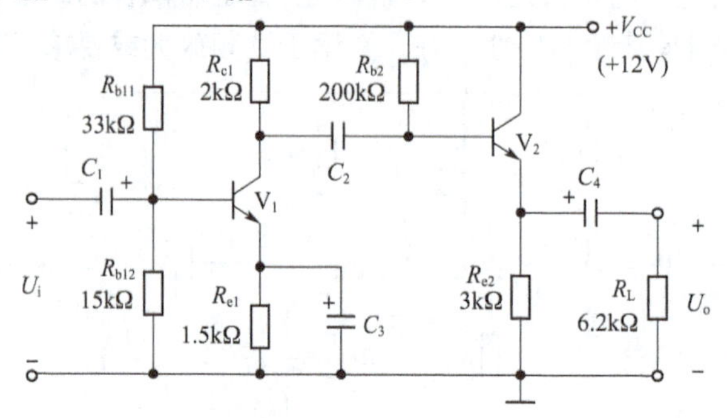

图 5-3-7　例 5-6 图

解：(1)计算电压放大倍数。

总电压放大倍数为 $A_U = A_{U1} \cdot A_{U2}$

由于第一级的负载电阻 R_{L1} 就是第二级的输入电阻 R_{i2}，因此

$$R_{L1} = R_{i2} = R_{b2} /\!/ [r_{be2} + (1+\beta)R'_{L2}]$$

其中 $R'_{L2} = R_{e2} /\!/ R_L = 3 /\!/ 6.2\text{k}\Omega \approx 2\text{k}\Omega$

所以 $R_{L1} = R_{i2} = R_{b2} /\!/ [r_{be2} + (1+\beta_2)R'_{L2}] = 200 /\!/ (1.65 + 51 \times 2)\text{k}\Omega \approx 68.7\text{k}\Omega$

$$A_{u1} = -\beta_1 \frac{R_{C1} /\!/ R_{L1}}{r_{be1}} = -50 \times \frac{2 /\!/ 68.7}{0.95}\text{k}\Omega \approx -102$$

$$A_{u2} \approx 1$$

$$A_u = A_{u1} \times A_{u2} = -102$$

(2)计算输入电阻。

$$R_i = R_{i1} = R_{b11} /\!/ R_{b12} /\!/ r_{be1} = 33 /\!/ 15 /\!/ 0.95\text{k}\Omega \approx 0.95\text{k}\Omega$$

(3)计算输出电阻。

$$R_o = R_{o2} = R_{e2} /\!/ \frac{r_{be2} + R_{b2} /\!/ R_{c1}}{\beta_2} = 3 /\!/ \frac{1.65 + 200 /\!/ 2}{50}\text{k}\Omega \approx 71\Omega$$

复习与思考题

1. 多级放大电路的作用是什么?
2. 多级放大电路的组成有哪些?
3. 多级放大电路的耦合方式有哪些?
4. 如何进行多级放大电路的分析和动态参数计算?

任务4　放大电路中的反馈

1 任务引入

在许多实际的物理系统中,都存在着某种类型的反馈。反馈概念和理论在生物工程、经济和社会生活的各个领域广泛应用。

2 相关理论知识

2.1 反馈的基本概念

反馈是改善放大电路性能的一种重要手段,因此,在电子技术中得到了广泛的应用。在各种电子设备和仪器的放大电路中,几乎都引入了某种形式的反馈。

2.1.1 反馈的定义

将放大器输出信号(电压或电流)的一部分(或全部),经过一定的电路(称为反馈网络)送回到输入回路,与原来的输入信号(电压或电流)共同控制放大器,这样的作用过程称为反馈,具有反馈的放大器称为反馈放大器(Feedback amplifier)。其组成框图如图5-4-1所示。

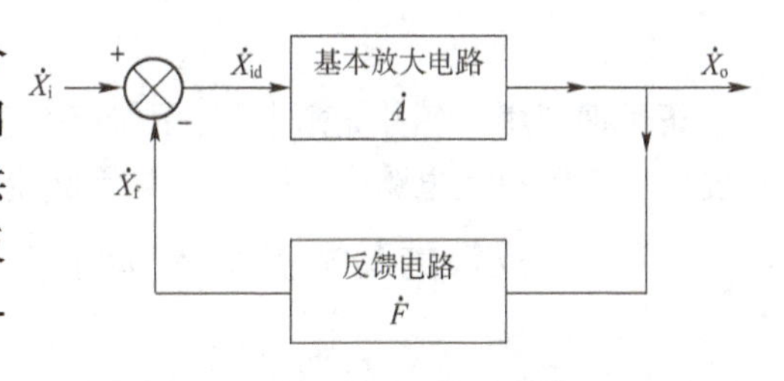

图5-4-1　反馈放大器的组成框图

由图5-4-1可见,反馈放大电路由基本放大电路和反馈电路两部分组成。在基本放大电路中,信号从输入端到输出端进行正向传输,而在反馈网络中,信号则由输出端到输入端反向传输。

2.1.2 有无反馈的判断

识别一个电路是否存在反馈,只要分析放大电路的输出回路与输入回路之间是否存在起联系作用的反馈网络(又称反馈通路)。反馈网络通常由一个纯电阻或串、并联电容无源网络构成,也可以由有源网络构成。其功能是将取自输出回路的电量(电压或电流),变换成与原输入相同量纲的电量,送到输入回路。

2.1.3 负反馈放大电路的一般表达式

负反馈放大电路可用图5-4-1所示的框图表示。图中 $\dot{A}$ 表示基本放大电路的增益,$\dot{F}$ 表示反馈网络的反馈系数。$\dot{A}\dot{F}$ 表示具有负反馈放大电路的增益。负反馈放大电路的输入量、净输入量、反馈量和输出量分别用 $\dot{X}_i$、$\dot{X}_{id}$、$\dot{X}_f$ 和 $\dot{X}_o$ 表示,它们可以表示电压,也可以表示电流。分析放大电路时，常用正弦量作为输入信号，因此图中信号均使用相量来表示。

在图5-4-1框图中，符号"⊗"表示比较环节，X_i和X_f通过这个比较环节进行比较，得到差值信号（净输入信号）X_{id}，图中箭头表示信号传递方向。理想情况下，在基本放大电路中，信号是正向传递，即输入信号只通过基本放大电路到达输出端。在反馈网络中，信号则是反向传递，即反馈信号只通过反馈网络到达输入端。

现在我们来分析接入反馈后放大电路放大倍数的一般关系式。

基本放大电路的输出信号$\dot{X}_o$与净输入信号$\dot{X}_{id}$之比称为开环放大倍数，即$\dot{A}$为：

$$\dot{A}=\frac{\dot{X}_o}{\dot{X}_{id}} \tag{5-4-1}$$

反馈网络的反馈系数$\dot{F}$，为反馈信号$\dot{X}_f$与放大电路输出信号$\dot{X}_o$之比，即：

$$\dot{F}=\frac{\dot{X}_f}{\dot{X}_o} \tag{5-4-2}$$

负反馈放大电路的输出信号$\dot{X}_o$与输入信号$\dot{X}_i$之比称为闭环放大倍数$\dot{A}_f$，即：

$$\dot{A}_f=\frac{\dot{X}_o}{\dot{X}_i}=\frac{\dot{X}_o}{\dot{X}_{id}+\dot{X}_f}=\frac{\dot{X}_o}{\dot{X}_{id}+\dot{A}\dot{F}\dot{X}_{id}}=\frac{\dot{X}_o}{\dot{X}_{id}(1+\dot{A}\dot{F})}=\frac{\dot{A}}{1+\dot{A}\dot{F}} \tag{5-4-3}$$

式(5-4-3)是一个十分重要的关系式，又称闭环增益方程，在以后的分析中将经常用到。

由于负反馈放大电路各方面性能变化的程度都与$|1+\dot{A}\dot{F}|$有关，因此，把$|1+\dot{A}\dot{F}|$称为反馈深度，它反映了负反馈的程度。

2.1.4 反馈的应用

正反馈应用于各种振荡电路，用作产生各种波形的信号源；负反馈则是用来改善放大器的性能。在实际放大电路中几乎都采取负反馈措施。

2.2 反馈的基本类型及其判别

2.2.1 正反馈和负反馈及判断

根据反馈极性的不同，可将反馈分为正反馈和负反馈。

图5-4-1所示框图中，输入量X_i与反馈量X_f都作用在基本放大电路的输入端，从而使输入端获得净输入量X_{id}。当反馈量与输入量相位相同时，$X_{id}=X_i+X_f$，净输入量X_{id}增加，放大倍数也增大，称为正反馈；反之，当反馈量与输入量相位相反时，$X_{id}=X_i-X_f$，净输入X_{id}减小，放大倍数也减小，称为负反馈。显然，图5-4-1所示为负反馈放大电路的框图。

判断方法一般采用瞬时极性法。具体步骤是：

(1)首先找出反馈支路，然后假设输入端的瞬时极性为⊕（或⊖），按放大信号路径和反馈信号路径，标出相关点的极性。

(2)反馈信号送回输入端，在输入端看反馈信号和原输入信号的极性：若反馈信号使净输入减小，为负反馈；使净输入增加，为正反馈。

注意：信号传输过程中经电容、电阻后瞬时极性不改变。

【例5-7】 试判别图5-4-2所示的电路的反馈极性。

解：图5-4-2所示的放大电路是由集成运放构成的放大电路。后面的章节中会具体介绍有关集成运放的知识。题目中要求判断反馈极性，首先要确定放大电路有无反馈，判别有无反馈的方法是：找出反馈元件，确认反馈通路，如果在电路中存在连接输出回路和输入回路的反馈通路，即存在反馈。

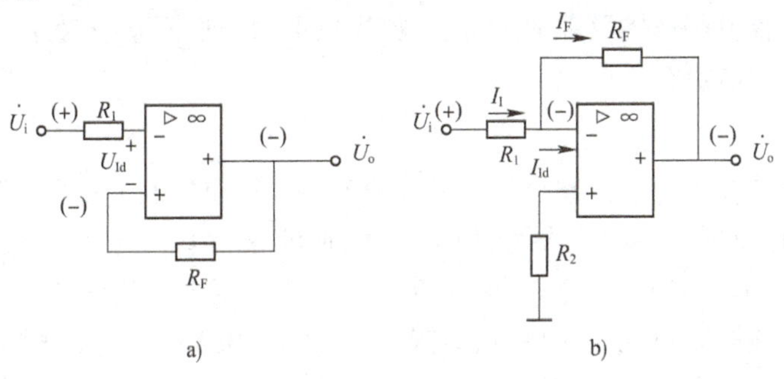

图5-4-2　例5-7图

图5-4-2a)电路中，反馈元件R_F接在输出端与同相输入端之间，所以该电路存在反馈。设输入信号u_I对地瞬时极性为(+)，因u_I加在运放的反相输入端，所以输出信号u_o瞬时极性为(−)，经R_F得到的反馈信号u_f与输出信号瞬时极性相同，也为(−)。因为u_i与u_F下加在运放两个不同的输入端，所以净输入$u_{id}=u_i-(-u_F)$，使净输入增加，是正反馈。这里要指出的是，对于由单个运放组成的反馈放大电路来讲，如反馈信号接在同相输入端，为正反馈；反馈信号接在反相输入端，为负反馈。

图5-4-2b)电路中，反馈元件R_F接在运放的输出端与反相输入端之间，所以该电路存在反馈。假设输入信号u_i对地瞬时极性为(+)，因u_i加在反相输入端，所以u_o为(−)，根据瞬时极性法所标出的瞬时极性，可以看出反相输入端的净输入电流$i_{id}=i_i-i_F$，净输入电流减小，所以该电路是负反馈电路。

2.2.2　直流反馈和交流反馈及判断

若反馈回来的信号是直流量，为直流反馈。若反馈回来的信号是交流量，为交流反馈。若反馈信号既有交流分量，又有直流分量，则为交、直流负反馈。

判断方法：反馈回路中有电容元件时，为交流反馈；无电容元件时，则为交、直流反馈。

2.2.3　电压反馈和电流反馈及判断

如果反馈信号取自输出电压，称为电压反馈；如果反馈信号取自输出电流，称为电流反馈。

判断方法：

(1)短路法。将输出端短路，若反馈信号因此而消失，为电压反馈；如果反馈信号依然存在，则为电流反馈。

(2)对共射极电路还可用取信号法。即反馈信号取自输出端的集电极时为电压反馈；反馈信号取自输出端的发射极时则为电流反馈。

需要说明的是：电压负反馈有稳定输出电压u_o的作用。电流负反馈具有稳定输出电流i_0的作用。

2.2.4　串联反馈和并联反馈

根据反馈信号与输入信号在放大电路输入端的连接方式不同，有串联反馈和并联反馈。

如果反馈信号与输入信号在输入端串联连接，也就是说，反馈信号与输入信号以电压比较方式出现在输入端，则称为串联反馈。如果反馈信号与输入信号在输入端并联连接，也就是说，反馈信号与输入信号以电流比较方式出现在输入端，则称为并联反馈。

串联反馈和并联反馈可以根据电路结构判定：当反馈信号和输入信号接在放大电路的同一点时，可判定为并联反馈；而接在放大电路不同的点时，可判定为串联反馈。

若是针对由三极管组成的反馈放大电路，如果反馈信号送回基极为并联反馈；如果反馈信号送回发射极则为串联反馈。

2.2.5 负反馈的四种类型

反馈网络连接于输出与输入端之间。按反馈网络在输出端的连接方式可将反馈分为电压反馈和电流反馈；按反馈网络在输入端的连接方式则可分为串联反馈和并联反馈。综合反馈网络在输出与输入端之间的连接方式，可将负反馈分为电压串联负反馈、电压并联负反馈、电流串联负反馈和电流并联负反馈四种组态，依次如图 5-4-3a)、b)、c)、d)所示。

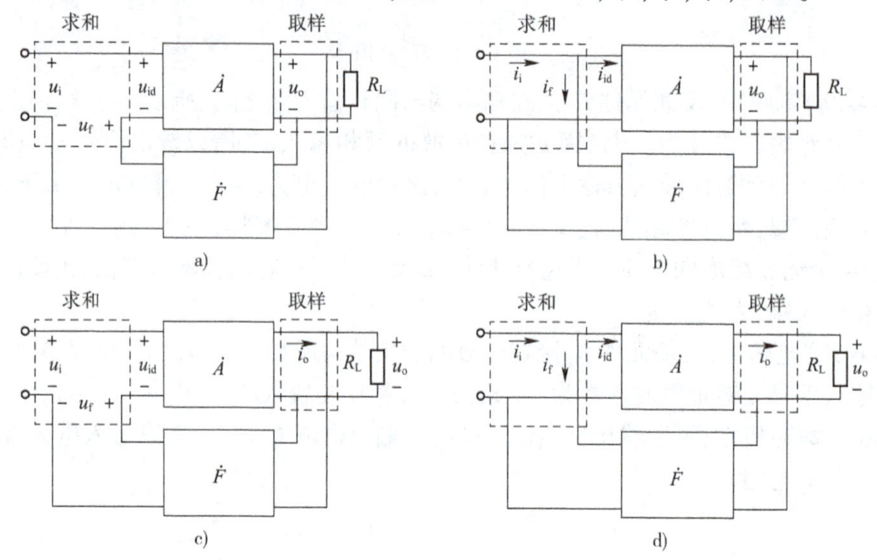

图 5-4-3 负反馈的四种组态

【例 5-8】 判断图 5-4-4 所示电路的反馈类型。

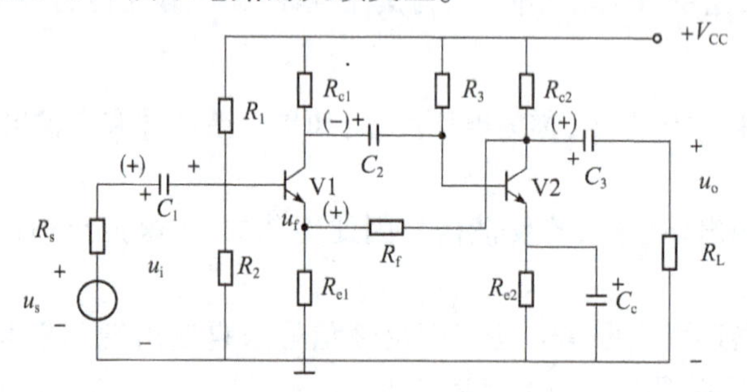

图 5-4-4 例 5-8 图

解：首先设 V_1 的基极瞬时极性为正，则发射极瞬时极性也为正，由于共发射极电路输出电压与输入电压反相，所以电路各处的瞬时极性如图 5-4-4 所示。反馈信号取自 V_2 管集电极，瞬时极性为正，最后送回到输入端的发射极，与发射极的原极性相同，所以是负反馈。

由于反馈回路中无电容元件，因此是交、直流反馈。

输出级是共射极电路，信号取自集电极，因此是电压反馈。

反馈信号送回输入端的发射极,因此是串联反馈。

综上所述,该电路为电压串联负反馈电路。

【例 5-9】 判断图 5-4-5 所示电路的反馈类型。

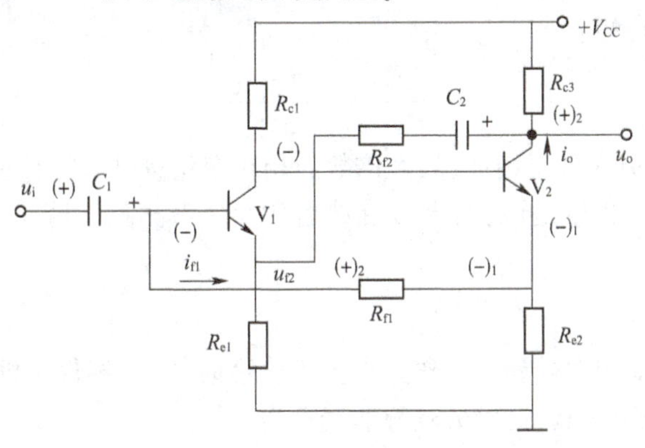

图 5-4-5 例 5-9 图

解:电路中有两个级间反馈通路:R_{f1} 和 C_2、R_{f2}。由图 5-4-5 可看出,R_{f1} 反馈回路中无电容元件,因此是交、直流反馈。R_{f2} 反馈回路中有电容元件 C_2,因此只有交流反馈。首先设 V_1 的基极瞬时极性为正,则的发射极瞬时极性也为正,由于共发射极电路输出电压与输入电压反相,所以电路各处的瞬时极性如图 5-4-5 所示。对 R_{f1} 反馈,反馈信号取自 V_2 管集电极,瞬时极性为正,最后送回到输入端的发射极,与发射极的原极性相同,所以是负反馈。将输出端短路,反馈信号会消失因此是电压反馈,反馈信号送回输入端的发射极,因此是串联反馈,所以 R_{f1} 反馈为电压串联负反馈。

对 R_{f2} 反馈,反馈信号取自 V_2 管发射极,瞬时极性为负,最后送回到输入端的基极,与基极的原极性相反,所以也是负反馈。将输出端短路,反馈信号不会消失因此是电流反馈,反馈信号送回输入端的基极,因此是并联反馈,所以 R_{f2} 反馈为电流并联负反馈。

2.3 负反馈对放大电路性能的影响

通过四种反馈组态的具体分析,使我们知道负反馈有稳定输出量的特点。负反馈的效果不仅仅是这些,只要引入负反馈,不管它是什么组态,都能使放大倍数稳定,通频带展宽,非线性失真减小等。当然这些性能的改善都是以降低放大倍数为代价的。

2.3.1 提高放大倍数的稳定性

一般来说,在基本放大电路未引入负反馈时,其开环电压放大倍数 A 是不稳定的,例如,基本共射放大电路的放大倍数,A_u 与三极管的 β 有关,而 β 受环境(例如温度)影响较大。此外,当负载发生变化时,A_u 也随之发生明显的变化,因此 A_u 是不稳定的。

根据负反馈放大电路的一般关系式可知,引入负反馈后的闭环放大倍数为:

$$A_f = \frac{A}{1 + AF}$$

显然,$A_f < A$,表明放大电路在引入负反馈后其电压放大倍数下降。深度负反馈时,即 $1 + AF >> 1$ 时,有:

$$A_f \approx \frac{1}{F} \tag{5-4-4}$$

A_f只决定于反馈网络的反馈系数,而与基本放大电路的增益几乎无关。反馈网络一般选用性能比较稳定的无源线性元件组成,因此引入负反馈后,增益是比较稳定的。

为了说明放大倍数稳定性提高程度,通常用放大倍数的相对变化量作为衡量指标。对闭环放大倍数A_f求微分可得:

$$\frac{dA_f}{A_f}=\frac{1}{1+AF}\frac{dA}{A} \tag{5-4-5}$$

式(5-4-5)表明,引入负反馈后,放大倍数的相对变化量是未加负反馈时放大倍数相对变化量的$1/(1+AF)$倍。也就是说,引入负反馈后放大倍数虽然下降了,但是稳定度却提高了$(1+AF)$倍。

2.3.2 减小输出波形的非线性失真

当输入信号的幅度较大或静态工作点设置不合适时,放大器件可能工作在特性曲线的非线性部分,而使输出波形失真,这种失真称非线性失真。

假设正弦信号X_i经过开环放大电路A后,变成了正半周幅度大、负半周幅度小的输出波形,如图5-4-6a)所示。这时引入负反馈,如图5-4-6b)所示,则将得到正半周幅度大、负半周幅度小的反馈信号X_f。净输入信号$X_{id}=X_i-X_f$,由此得到的净输入信号X_{id}则是正半周幅度小、负半周幅度大的波形,即引入了失真(称预失真),经过基本放大电路放大后,就使输出波形趋于正弦波,减小了输出波形的非线性失真。

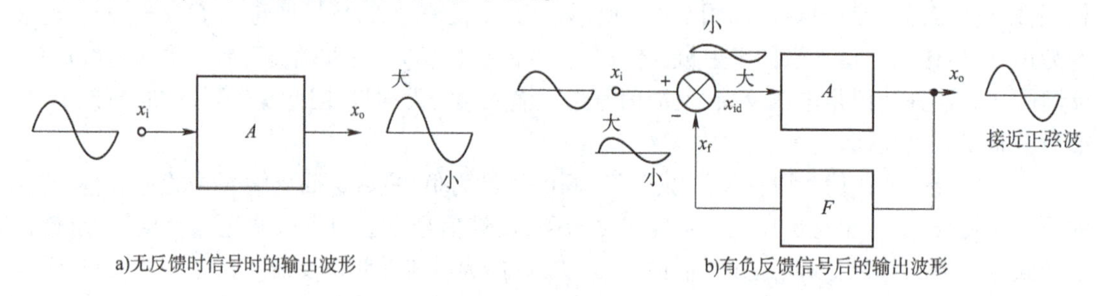

图5-4-6　非线性失真的改善

从本质上说,负反馈是利用失真的净输入波形来改善输出波形的失真,从而使输出信号的失真得到一定程度的补偿,因此负反馈只能减小失真,无法完全消除失真。

要指出的是:负反馈只能减小放大电路自身产生的非线性失真,而对输入信号的非线性失真,负反馈是无能为力的。引入负反馈也可以抑制电路内部的干扰和噪声,其原理与改善非线性失真相似。但对来自外部的干扰以及与输入同时混入的噪声是无能为力的。

2.3.3 扩展通频带

由于三极管本身某些参数随频率变化,电路中又总是存在一些电抗元件,从而使放大电路的放大倍数随频率而变化。无反馈放大电路的幅频特性如图5-4-7所示。可以看出,在中频区放大倍数A大,而在高频区和低频区放大倍数都随频率的升高和降低而减小。图中f_H为上限截止频率,f_L为下限截止频率,可以看出,其通频带$f_{bw}=f_H-f_L$是比较窄的。

如果在放大电路中引入负反馈(以电压串联负反馈为例),则在中频区,由于输出电压u_o大,反馈电压u_f也大,即反馈深。使放大电路输入端的有效控制电压(即净输入电压)大幅度下降,从而使中频区大倍数有比较明显的降低。而在放大倍数较低的高频区及低频区,由于输出电压小,所以反馈电压也小,即反馈弱。因此使有效控制电压比中频区减小的就少一些,这样在高频区及低频区，放大倍数降低的就少，从而使放大倍数随频率的变化减小，幅频特性变得平坦，使上限截止频率升高，下限截止频率下降，通频带被展宽了，如图5-4-7所示。

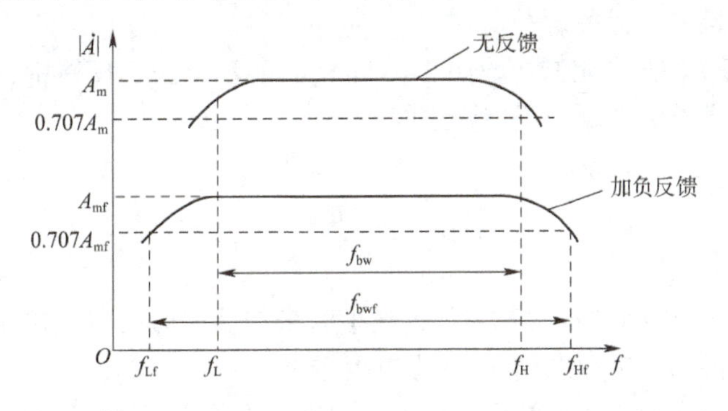

图5-4-7 负反馈展宽频带

2.3.4 改变放大电路的输入和输出电阻

1）对输入电阻的影响

负反馈放大电路对输入电阻的影响，主要取决于串、并联反馈的类型，而与输出端取样方式无关。

（1）在串联负反馈电路中，反馈网络与基本放大电路的输入电阻串联，如图5-4-8a）所示，这时的输入电阻为：

$$R_{if}=\frac{u_i}{i_i}=\frac{u_{id}+u_f}{i_i}=\frac{u_{id}+AFu_{id}}{i_i}=R_i(1+AF) \tag{5-4-6}$$

其中R_i是基本放大电路的输入电阻。引入串联负反馈后，闭环输入电阻R_{if}是未加反馈时的开环输入电阻R_i的$(1+AF)$倍，故串联负反馈放大电路的输入电阻是增加的。反馈深度越深，R_{if}越大。

（2）在并联负反馈中，反馈网络与基本放大电路的输入电阻为并联，如图5-4-8b）所示，这时的输入电阻为：

$$R_{if}=\frac{u_i}{i_i}=\frac{u_i}{i_{id}+i_f}=\frac{u_i}{i_{id}+AFi_{id}}=\frac{R_i}{1+AF} \tag{5-4-7}$$

引入并联负反馈后，闭环输入电阻R_{if}是未加反馈时的开环输入电阻R_i的$1/(1+AF)$倍，故并联负反馈放大电路的输入电阻是减小的。反馈深度越深，R_{if}越小。

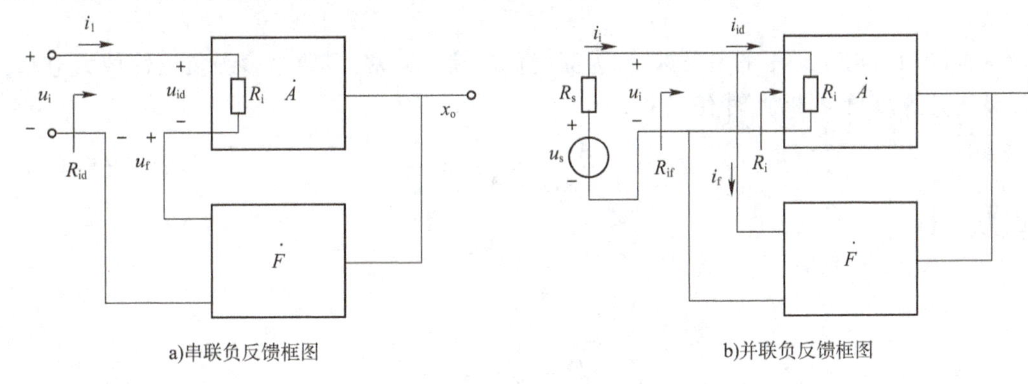

图5-4-8 对输入电阻的影响

2)对输出电阻的影响

负反馈对放大电路输出电阻的影响主要取决于反馈取样方式，即与电压或电流反馈类型有关，而与输入端连接方式无关。

(1)电压负反馈使输出电阻减小。图5-4-8a)、b)所示电压负反馈中，从输出端向放大电路看过去，相当于基本放大电路与反馈网络并联。

根据输出电阻的定义，可求得：

$$R_{of} = \frac{R_o}{1 + \dot{A}\dot{F}} \tag{5-4-8}$$

可见，引入电压负反馈后的输出电阻 R_{of} 减小为未加反馈时的输出电阻 R_o 的 $1/(1 + AF)$ 倍，输出电阻减小。显然反馈深度越深，输出电阻越小。

根据以上分析，引入电压负反馈后放大电路输出电阻很小，其特性接近恒压源。当输出端接不同阻值的负载时，输出电压基本不变，因此电压负反馈能稳定输出电压，带负载能力强。

(2)电流负反馈使输出电阻增大。根据输出电阻的定义，可求得：

$$R_{of} = (1 + \dot{A}\dot{F})R_o \tag{5-4-9}$$

可见，引入电流负反馈后的输出电阻 R_{of} 增大为未加反馈时的输出电阻 R_o 的 $(1 + AF)$ 倍，输出电阻增大。显然反馈深度越深，输出电阻越大。

引入电流负反馈后放大电路输出电阻很大，其特性接近恒流源。当输出端接不同阻值的负载时，输出电流基本不变，因此电流负反馈能稳定输出电流。

总之，在放大电路中引入负反馈，可以提高放大倍数的稳定性、减小非线性失真、展宽频带、改变输入输出电阻等。一般而言，反馈越深，性能改善越显著，但放大倍数也下降越多，因此，反馈也并非越深越好。

2.3.5 负反馈选取的原则

(1)要稳定静态工作点，应引入直流负反馈。

(2)要改善交流性能，应引入交流负反馈。

(3)要稳定输出电压，应引入电压负反馈；要稳定输出电流，应引入电流负反馈。

(4)要提高输入电阻，应引入串联负反馈；要减小输入电阻，应引入并联负反馈。

2.4 深度负反馈放大电路的特点及其电压放大倍数的估算

2.4.1 深度负反馈的特点

反馈深度 $(1 + AF) \gg 1$ 的负反馈，称为深度负反馈。通常，只要是多级负反馈放大电路，都可以认为是深度负反馈，此时有：

$$A_f = \frac{A}{1 + AF} \approx \frac{A}{AF} = \frac{1}{F} \tag{5-4-10}$$

因为

$$A_f = \frac{X_o}{X_i}$$

$$F = \frac{X_f}{X_o}$$

所以

$$X_i \approx X_f \tag{5-4-11}$$

在深度负反馈条件下，反馈信号 X_f 与外加输入信号 X_i 近似相等，则净输入信号 $X_{id} \approx 0$。对于串联负反馈，$u_i \approx u_f$，$u_{id} \approx 0$；并联负反馈，$i_i \approx i_f$，$i_{id} \approx 0$，$u_{id} \approx 0$。

在深度负反馈的情况下，串联负反馈的 $R_{if} \to \infty$；并联负反馈的 $R_{if} \approx 0$；电压负反馈的 $R_{of} \approx 0$；电流负反馈的 $R_{of} \to \infty$。

2.4.2 深度负反馈放大器的估算

1）电压串联负反馈

图 5-4-9a）所示是集成运放组成的电压串联负反馈电路，在深度负反馈条件下，根据分压公式有：

$$u_f = \frac{R_1}{R_1 + R_f} u_o$$

根据 $u_i \approx u_f$，得电压放大倍数：

$$A_{uf} = \frac{u_o}{u_i} \approx \frac{u_o}{u_f} = \frac{R_1 + R_f}{R_1} = 1 + \frac{R_f}{R_1} \tag{5-4-12}$$

式（5-4-9）表明，在深度负反馈条件下，电压串联负反馈电路的电压放大倍数，只取决于反馈网络的阻值，与运放电路内部无关，电路非常稳定。

图 5-4-9b）所示分立元件电压串联深度负反馈电路的电压放大倍数亦可用式（5-4-12）估算。

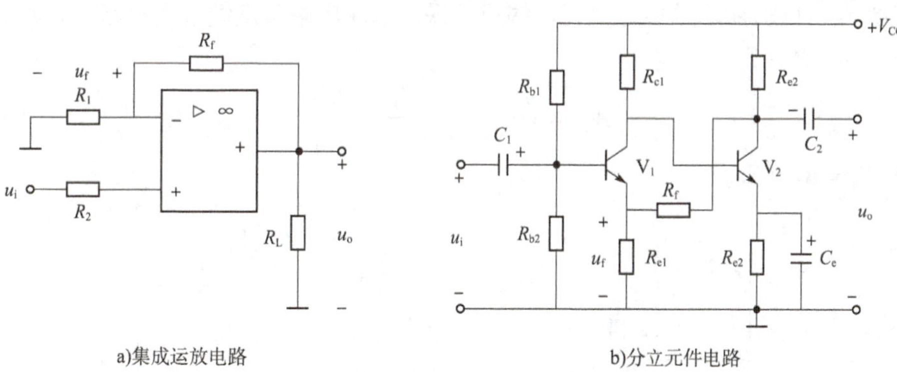

a)集成运放电路　　b)分立元件电路

图 5-4-9　电压串联负反馈电路

2）电压并联负反馈电路

图 5-4-10a）所示电路为由集成运放构成的电压并联负反馈放大电路，在深度负反馈条件下，由图可知：$i_i \approx i_f$，$i_- \approx 0$，$u_+ = u_- \approx 0$，所以则

$$\frac{u_i}{R_1} \approx -\frac{u_o}{R_f}$$

所以

$$A_{uf} = \frac{u_o}{u_i} = -\frac{R_f}{R_1} \tag{5-4-13}$$

式（5-4-10）表明深度负反馈时，电压并联负反馈的电压放大倍数只取决于 R_f 与 R_1 的比值，式中的负号表明输出电压与输入电压反相。

分立元件电压并联深度负反馈电路如图 5-4-10b）所示，其电压放大倍数亦可用式（5-4-10）估算。

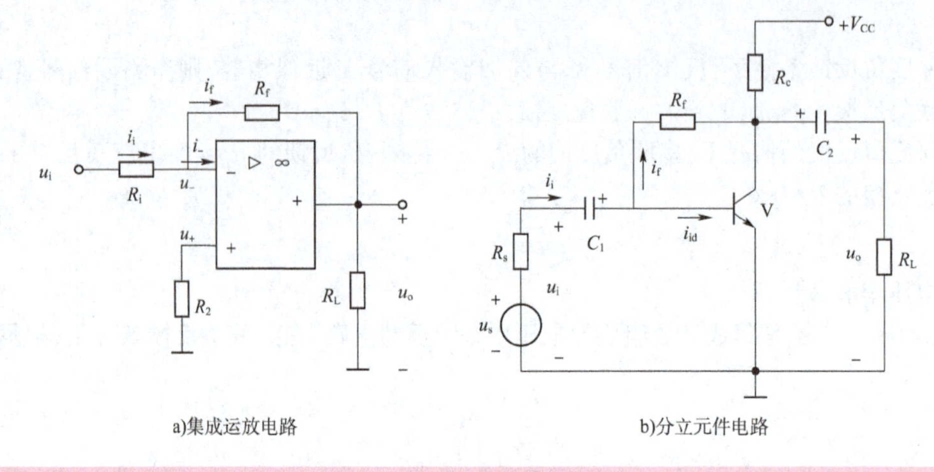

图 5-4-10　电压并联负反馈电路

3)电流串联负反馈

集成运放构成的电流串联负反馈放大电路如图 5-4-11a)所示,在深度负反馈条件下,有 $u_i \approx u_f = \frac{u_o}{R_L}R$,所以:

$$A_{uf} = \frac{u_o}{u_i} \approx \frac{u_o}{u_f} = \frac{R_L}{R} \tag{5-4-14}$$

对于图 5-4-11b)所示的由分立元件构成的深度电流串联负反馈放大电路,因为 $u_i \approx u_f$,$u_f = i_e R_{e1}$,$u_0 = -i_o R'_L$,则:

$$A_{uf} = \frac{u_o}{u_i} = \frac{-i_o R'_L}{i_e R_{e1}} = \frac{R'_L}{R_{e1}} \tag{5-4-15}$$

式中 $R'_L = R_C // R_L$。

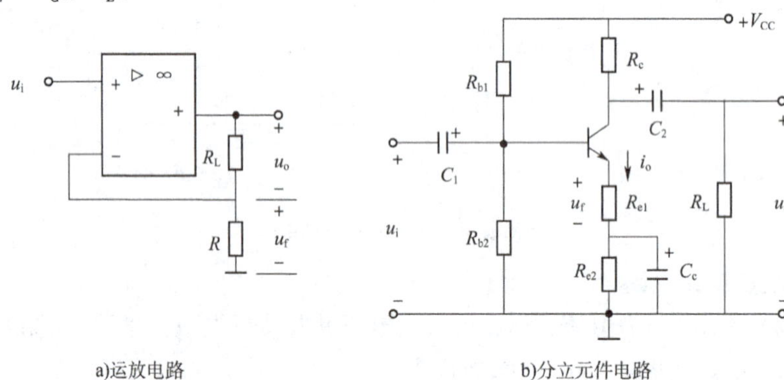

图 5-4-11　电流串联负反馈

4)电流并联负反馈

由集成运放构成的电流并联负反馈放大电路如图 5-4-12a)所示,在深度负反馈条件下,$i_i \approx i_f$,$u_+ = u_- = 0$,$i_i = \frac{u_i - u_-}{R_1} \approx \frac{u_i}{R_1}$,由分流公式得:

$$i_f = \frac{R}{R + R_f} i_o = -\frac{R}{R + R_f}\frac{u_0}{R_L},$$

则

$$\frac{u_i}{R_1} = -\frac{R}{R+R_f}\frac{u_o}{R_L}$$

所以

$$A_{uf} = \frac{u_o}{u_i} = \frac{R_f + R}{RR_1}R_L = -\left(1 + \frac{R_f}{R}\right)\frac{R_L}{R_1} \quad (5\text{-}4\text{-}16)$$

由分立元件构成的电流并联深度负反馈电路如图5-4-12b)所示，其电压放大倍数为：

$$A_{uf} = \frac{u_o}{u_s} = \frac{R_f + R_{e2}}{R_{e2}}\frac{R'_L}{R_s} \quad (5\text{-}4\text{-}17)$$

式中，$R'_L = R_{C2} // R_L$。

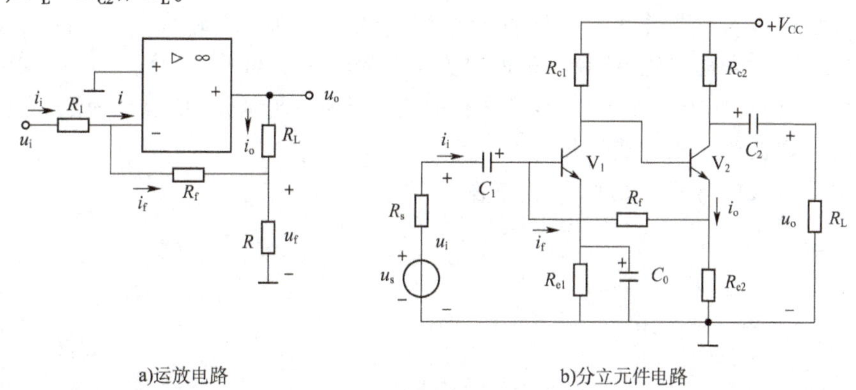

图5-4-12 电流并联负反馈电路

从以上分析过程可以看到，在深度负反馈条件下，放大倍数仅由一些电阻来决定，几乎与放大电路无关。若不是深度负反馈，则用上述方法计算出来的结果误差较大，此时应采用其他方法分析。

复习与思考题

1. 什么是放大电路的反馈？
2. 如何判别反馈的基本类型？
3. 负反馈对放大电路性能的影响有哪些？
4. 负反馈放大电路的特点是什么？

知识点小结

1. 放大倍数是衡量放大电路放大信号能力的重要指标，通常用“A”表示。电压放大倍数 $A_u = \frac{u_o}{u_i}$。

2. 输入电阻反映了放大电路从信号源中吸取信号的能力，常用 r_i 表示。定义为从放大电路输入端看向输出端，放大电路的等效电阻。

3. 输出电阻反映了放大电路的携带负载的能力，常用 r_o 表示。定义为从放大电路输出端看向输入端，放大电路的等效电阻。

4. 根据输入和输出回路公共端的不同，放大器有三种基本形式：共射放大器、共基放大器和共集放大器。

5. 放大电路中各元件的名称及作用。

6. 放大器的分析就是要从静态和动态两个方面来进行分析。静态是指放大电路没有交流输入信号($u_i=0$)时的直流工作状态。放大电路在有输入信号时($u_i \neq 0$)的工作状态称为动态。动态分析的目的,是要确定放大器对信号的电压放大倍数 A_u,分析放大器的输入电阻 R_i 和输出电阻 R_o 等。

7. 直流通路:在直流电源作用下直流电流流经的通路,也就是静态电流流经的通路,称为直流通路。用于研究静态工作点。对于画直流通路,电容视为开路;电感视为短路;信号源视为短路,但保留其内阻。

8. 交流通路:输入信号作用下交流信号流经的通路称为交流通路。用于研究动态参数。对于画交流通路,耦合电容视为短路;无内阻直流电源视为短路。

9. 放大电路的微变等效电路分析:就是把非线性元件(晶体管)所组成的放大电路等效为一个线性电路,即晶体管进行线性化。

10. 三极管输入回路的等效电路,如下图所示。

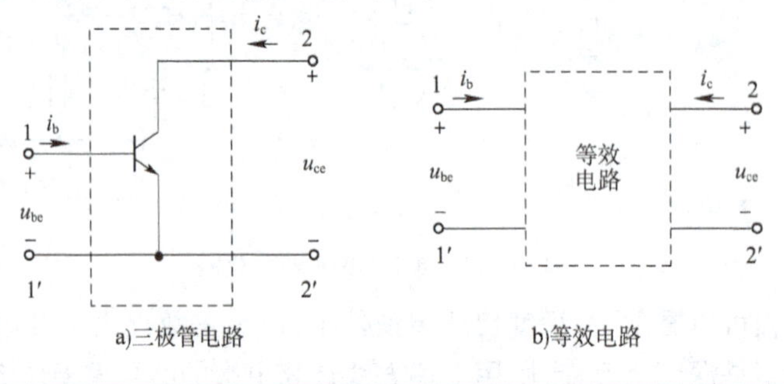

三极管与二端口网络的等效

11. 三极管输出回路的等效电路如下图所示。

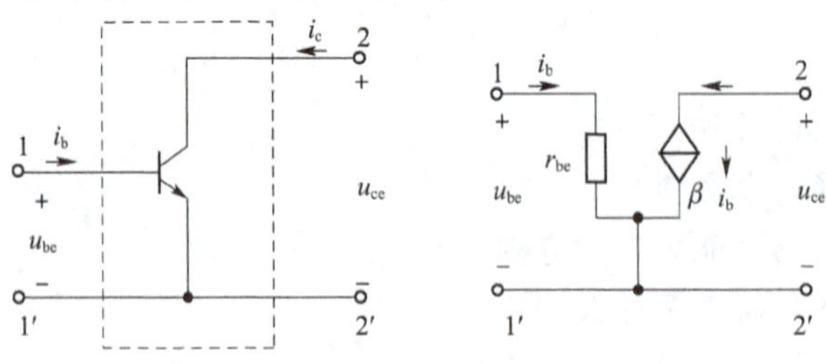

三极管简化微变等效电路

12. 多级放大电路的组成框图如下图所示。

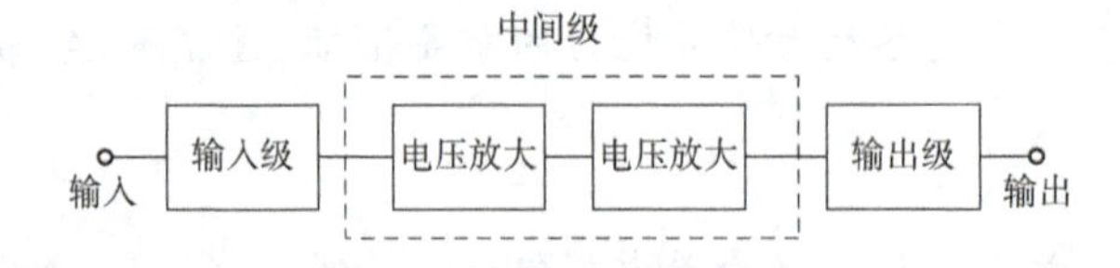

多级放大电路的组成框图

13. 多级放大电路的耦合方式:直接耦合、阻容耦合、变压器耦合以及光电耦合等。

14. 反馈放大电路由基本放大电路和反馈电路两部分组成。在基本放大电路中,信号从输入端到输出端进行正向传输,而在反馈网络中,信号则由输出端到输入端反向传输。

15. 根据反馈极性的不同,可将反馈分为正反馈和负反馈。

项目 6

集成运算放大器

概　　述

放大微弱信号是模拟电子电路的主要任务之一，可以采用半导体三极管或场效应管组成单级或多级放大电路来完成放大信号的任务，但由于半导体器件参数的分散性，以及在不同场合对放大电路各项指标要求的不同，使得采用单个元件组成的放大电路在使用中调试很麻烦，不便于应用。

集成电路是 20 世纪 60 年代发展起来的一种新型电子器件，它采用半导体制造工艺，将放大元件和电阻等元件及电路的连线都集中制作在一块半导体硅基片上，称为集成电路。集成电路分为模拟集成电路和数字集成电路两大类。集成运算放大器是模拟集成电路的一种，由于它最初是做运算、放大使用，所以称为集成运算放大器（简称集成运放）。随着电子技术的飞速发展，集成运放的各项性能不断提高，应用领域日益扩大，集成运放已成为模拟电子技术领域中的核心器件。

任务 1　集成运放的基本原理

1 任务引入

集成运算放大器，简称集成运放，是具有高放大倍数的集成电路。它的内部是直接耦合的多级放大器，整个电路可分为输入级、中间级、输出级三部分。集成运放广泛用于模拟信号的处理和产生电路之中，因其高性能、低价位，在大多数情况下，已经取代了分立元件放大电路。

2 相关理论知识

2.1 集成运算放大器概述

2.1.1 集成运放的特点

集成电路与分立元件电路相比，除了体积小、元件高度集中之外还有以下特点：

（1）各元件是在同一硅片采用相同的工艺制造，因而参数具有同向偏差，温度均一性好，容易制造对称性较高的电路。

（2）电阻元件由硅半导体的体电阻构成，因而其阻值范围受到局限，一般在几十欧到几十千欧之间，过低或过高阻值的电阻制造较困难。为此，常采用三极管恒流源来代替所需高阻值电阻。

(3)集成电路工艺也不适于制造几十皮法以上的电容,更不容易制造电感器件。为避免使用大电容或电感,集成电路中大都采用直接耦合方式。

(4)集成电路中,需要二极管的地方,常将三极管的集电极与基极短接,用三极管的发射结来代替二极管。由于制作工艺的限制,集成电路内部各级之间只能采用直接耦合的形式,因此零点漂移就成为影响模拟集成运算放大器性能的首要问题。

2.1.2 集成运算放大器的基本组成

集成运算放大器(简称集成运放)是模拟电子电路中最重要的器件之一,它本质上是一个高电压增益、高输入电阻和低输出电阻的直接耦合多级放大电路,因最初它主要用于模拟量的数学运算而得此名。近几年来,集成运放得到迅速发展,有各种不同类型、不同结构的,但基本结构具有共同之处。集成运放内部电路由输入级、中间电压放大级、输出级和偏置电路四部分组成,如图 6-1-1 所示。

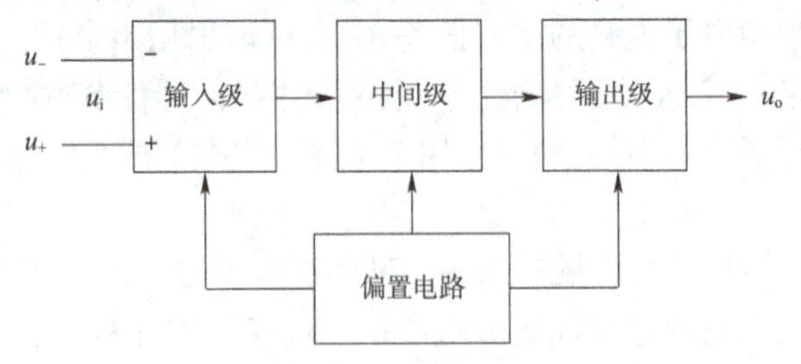

图 6-1-1 集成运算放大器的基本组成

1)输入级

对于高增益的直接耦合放大电路,减小零点漂移的关键在第一级,所以要求输入级温漂小、共模抑制比高,因此,集成运放的输入级都是由具有恒流源的差动放大电路组成,并且通常工作在低电流状态,以获得较高的输入阻抗。

2)中间电压放大级

集成运放的总增益主要是由中间级提供的,因此,要求中间级有较高的电压放大倍数。中间级一般采用带有恒流源负载的共射放大电路,其放大倍数可达几千倍以上。

3)输出级

输出级应具有较大的电压输出幅度、较高的输出功率与较低的输出电阻,并有过载保护。一般采用甲乙类互补对称功率放大电路,主要用于提高集成运算放大器的负载能力,减小大信号作用下的非线性失真。

4)偏置电路

偏置电路为各级电路提供合适的静态工作电流,由各种电流源电路组成。此外,集成运算放大器还有一些辅助电路,如过电流保护电路等。

2.1.3 集成运放的封装符号与引脚功能

目前,集成运放常见的两种封装方式是金属封装和双列直插式塑料封装,其外形如图 6-1-2 所示。金属封装有 8、10、12 管脚等种类,双列直插式有 8、10、12、14、16 管脚等种类。

金属封装器件是以管键为辨认标志,由顶向下看,管键朝向自己。管键右方第一根引线为引脚 1,然后逆时针围绕器件,其余各引脚依次排列。双列直插式器件是以缺口作为辨认标志(也有的产品以商标方向来标记),由器件顶向下看,辨认标志朝向自己,标记右方第一根引线为引脚 1,然后逆时针围绕器件,可依次数出其余各引脚。

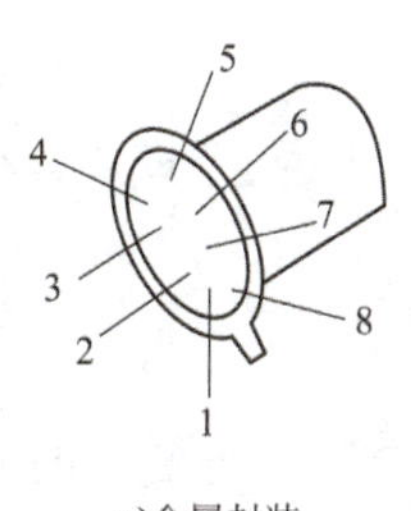

a)金属封装

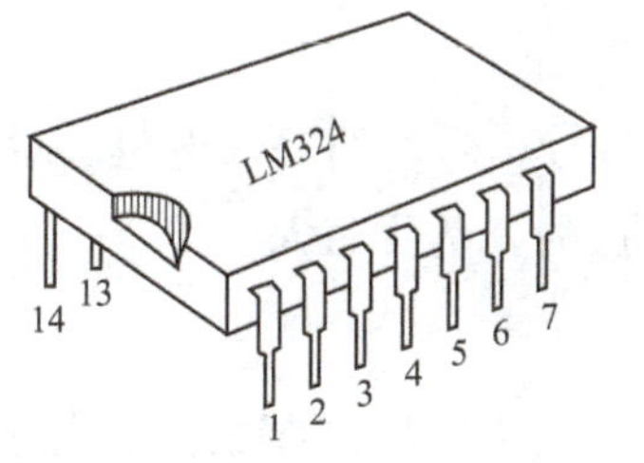

b)双列直插式塑料封装

图6-1-2 集成运放的两种封装形式

集成运放的符号如图6-1-3所示。对它的外引线排列,各制造厂家有自己的规范,例如图6-1-3c)所示的F007的主要引脚有:引脚4、7分别接电源 $-V_{EE}$ 和 $+V_{CC}$。引脚1、5外接调零电位器,其滑点与电源 $-V_{EE}$ 相连。如果输入为零,输出不为零,调节调零电位器使输出为零。引脚6为输出端。引脚2为反相输入端。即当同相输入端接地时,信号加到反相输入端,输出端得到的信号与输入信号极性相反。引脚3为同相输入端。即当反相输入端接地时,信号加到同相输入端,则得到的输出信号与输入信号极性相同。

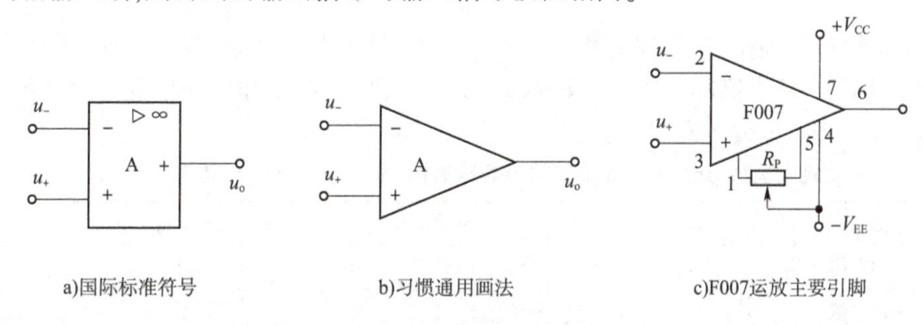

a)国际标准符号 b)习惯通用画法 c)F007运放主要引脚

图6-1-3 集成运放的符号

2.2 集成运放的主要技术指标

在实用中,正确合理地选择使用集成运算放大器是非常重要的。因此必须要熟悉它的特性和参数,这里只对集成运放的主要常用参数作简单介绍。

2.2.1 最大差模输入电压 U_{idmax}

该参数表示运放两个输入端之间所能承受的最大差模电压值,输入电压超过该值时,差动放大电路的对管中某侧的三极管发射结会出现反向击穿,损坏运放电路。运放μA741的最大差模输入电压为30V。

2.2.2 最大共模输入电压 U_{icmax}

这是指运算放大器输入端能承受的最大共模输入电压。当运放输入端所加的共模电压超过一定幅度时,放大管将退出放大区,使运放失去差模放大的能力,共模抑制比明显下降。运放μA741在电源电压为±15V时,输入共模电压应在±13V以内。

2.2.3 开环差模电压放大倍数(又称电压增益)A_{ud}

开环是指运放未加反馈回路时的状态,开环状态下的差模电压增益叫开环差模电压增益 A_{ud}。$A_{ud}=U_{od}/U_{id}$。用分贝表示则是 $20\lg|A_{ud}|$(dB)。高增益的运算放大器的 A_{ud} 可达140dB以上,即1000万倍以上。理想运放的 A_{ud} 为无穷大。

2.2.4 差模输入电阻 r_{id}

是指运放在输入差模信号时的输入电阻。对信号源来说,差模输入电阻 r_{id} 的值越大,对其影响越小。理想运放的 r_{id} 为无穷大。

2.2.5 开环输出电阻 r_o

运放在开环状态且负载开路时的输出电阻。其数值越小,带负载的能力越强。理想运放的 $r_o=0$。

2.2.6 共模抑制比 K_{CMR}

$K_{CMR}=\left|\frac{A_{ud}}{A_{uc}}\right|$,它是运放的差模电压增益与共模电压增益之比的绝对值,也常用分贝值表示。K_{CMR} 的值越大表示运放对共模信号的抑制能力越强。理想运放的 K_{CMR} 为无穷大。

2.2.7 最大输出电压 U_{opp}

运算放大器输出的最大不失真电压的峰值称为最大输出电压。一般情况下该值略小于电源电压。

集成运放的种类很多,这里仅将集成运放 μA741 的参数列入表 6-1-1 中,以便参考。集成运放除通用型外,还有高输入阻抗、低漂移、低功耗、高速、高压和大功率等专用型集成运放。它们各有特点。因而也就各有其用途。

集成运放 μA741 在常温下的电参数表(电源电压 ±15V,温度 25℃)　表 6-1-1

参数名称		参数符号	测试条件	最小	典型	最大	单位
输入失调电压		U_{IO}	$R_S \leqslant 10k\Omega$		1.0	5.0	mV
输入失调电流		I_{IO}			20	200	nA
输入偏置电流		I_{IB}			80	500	nA
差模输入电阻		r_{id}		0.3	2.0		MΩ
输入电容		C_i			1.4		pF
输入失调电压调整范围		U_{IOR}			±15		mV
差模电压增益		A_{ud}	$R_L \geqslant 2k\Omega, U_o \geqslant \pm 10V$	50000	200000		V/V
输出电阻		r_o			75		Ω
输出短路电流		I_{OS}			25		mA
电源电流		I_S			1.7	2.8	mA
功耗		P_C			50	85	mW
瞬态响应(单位增益)	上升时间	t_τ	$U_i=20mv; R_L=2k\Omega, C_L \leqslant 100pF$		0.3		μs
	过冲	K(V)			5.0%		
转换速率		S_R	$R_L \geqslant 2k\Omega$		0.5		V/μs

2.3 理想集成运放的传输特性

在分析集成运放组成的各种应用电路时,常常将其中的集成运放看成是一个理想运算放大器。所谓理想运算放大器就是将集成运放的各项技术指标理想化,以便于在分析估算应用电路的过程中,抓住事物的本质,忽略次要因素,使分析的过程大为简化,给分析应用电路带来方便。

2.3.1 理想运放的技术指标

理想运算放大器满足以下各项技术指标：

(1)开环差模电压放大倍数 $A_{od}=\infty$。

(2)差模输入电阻 $r_{id}=\infty$。

(3)输出电阻 $r_o=0$。

(4)共模抑制比 $K_{CMR}=\infty$。

(5)输入失调电压、失调电流及它们的温漂均为零。

(6)带宽 $BW=\infty$。

实际的集成运算放大器当然不可能达到上述理想化的技术指标。但是,随着集成运放工艺水平的不断改进,集成运放产品的各项性能指标越来越好。实际集成运放的各项技术指标与理想运放的指标非常接近,因此在分析估算集成运放的应用电路时,将集成运放理想化,按理想运放进行分析和估算,其结果十分符合实际情况。而将实际运放视为理想运放所造成的误差,在工程上是允许的。在以后章节的分析中,若无特别说明,则均将集成运放作为理想运放来考虑。

2.3.2 集成运放的传输特性

1)传输特性

集成运放是一个直接耦合的多级放大器,它的传输特性见图6-1-4所示曲线①。图中 BC 段为集成运放工作的线性区,AB 段和 CD 段为集成运放工作的非线性区(即饱和区)。由于集成运放的电压放大倍数极高,BC 段十分接近纵轴。在理想情况下,认为 BC 段与纵轴重合,所以它的理想传输特性可以由曲线②表示,则 $B'C'$ 段表示集成运放工作在线性区,AB' 和 $C'D$ 段表示运放工作在非线性区。

2)工作在线性区的集成运放

当集成运放电路的反相输入端和输出端有通路时(称为负反馈),如图6-1-5所示,一般情况下,可以认为集成运放工作在线性区。由图6-1-4曲线②可知,这种情况下,理想集成运放具有两个重要特点：

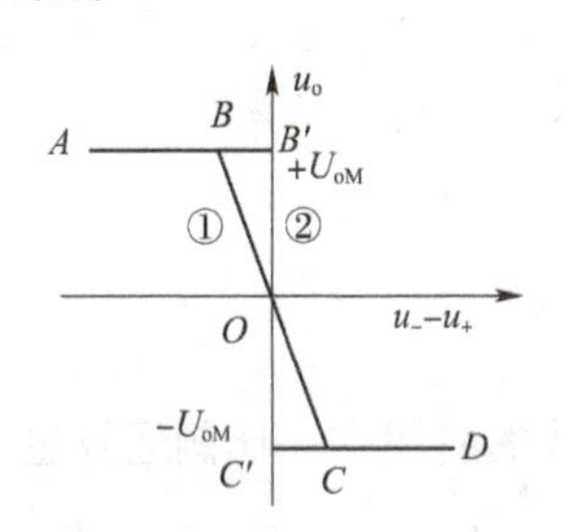

图6-1-4 运放传输特性曲线

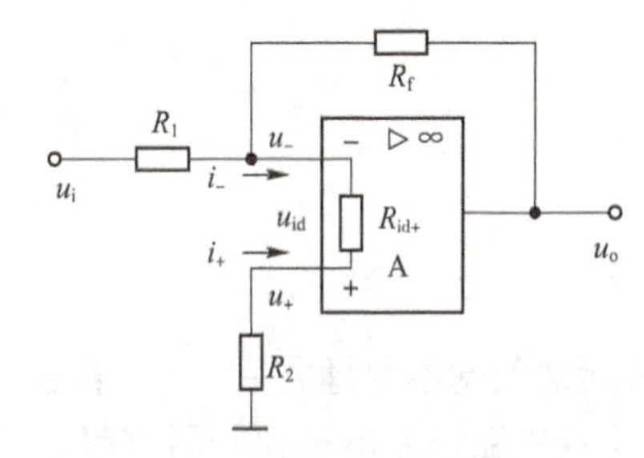

图6-1-5 带有负反馈的运放电路

(1)由于理想集成运放的 $A_{uo}\to\infty$,故可以认为它的两个输入端之间的差模电压近似为零,即 $u_{id}=u_- - u_+\approx 0$,即 $u_-=u_+$,而 u_o 具有一定值。由于两个输入端之间的电压近似为零,故称为“虚短”。

(2)由于理想集成运放的输入电阻 $R_{id}\to\infty$,故可以认为两个输入端电流近似为零,即 $i_-=i_+\approx 0$,这样,输入端相当于断路,而又不是断路,称为“虚断”。

利用集成运放工作在线性区时的两个特点,分析各种运算与处理电路的线性工作情况将十分简便。

另外由于理想集成运放的输出阻抗 $R_o \to 0$，一般可以不考虑负载或后级运放的输入电阻对输出电压 u_o 的影响，但受运放输出电流限制，负载电阻不能太小。

2.3.3 工作在非线性区的集成运放

当集成运算放大器处于开环状态或集成运放的同相输入端和输出端有通路时（称为正反馈），如图6-1-6和图6-1-7所示，这时集成运放工作在非线性区。它具有如下特点。

对于理想集成运放而言，当反相输入端 u_- 与同相输入端 u_+ 不等时，输出电压是一个恒定的值，极性可正可负，当

$$u_- > u_+, u_o = -U_{OM}$$

$$u_- < u_+, u_o = U_{OM}$$

其中 U_{OM} 是集成运算放大器输出电压最大值。其工作特性如图6-1-4中 AB' 和 $C'D$ 段所示。集成运放工作在非线性区的具体内容我们将在后面任务中学习。

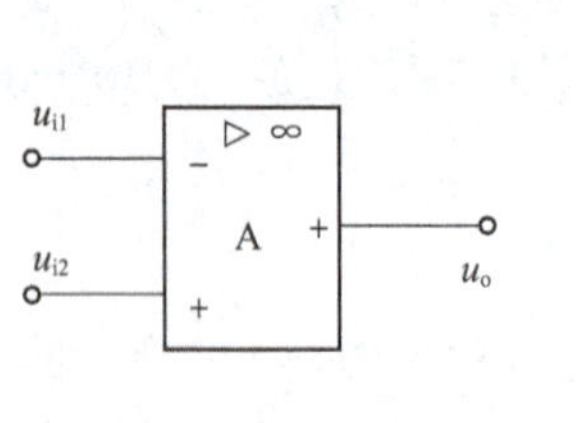

图6-1-6 开环状态

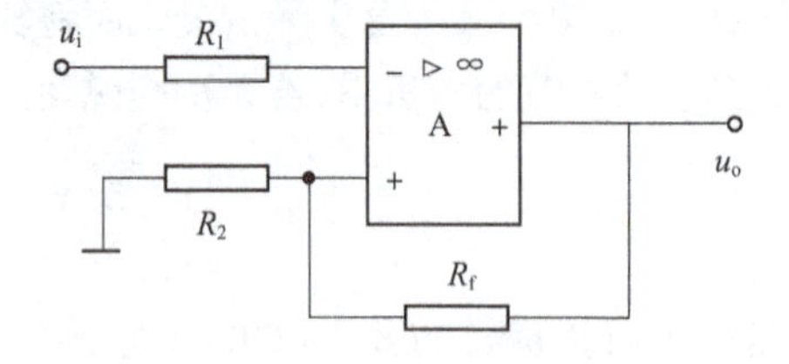

图6-1-7 正反馈电路

复习与思考题

1. 什么是集成运算放大器？
2. 集成运算放大器的基本组成有哪些？
3. 集成运放的主要技术指标有哪些？
4. 理想集成运放的传输特性是什么？

任务2 集成运放的应用

1 任务引入

学习完集成运放的基本原理之后，就要学习其具体的应用——比例运算电路、加减法运算电路、积分微分运算电路以及电压比较器电路。

2 相关理论知识

2.1 比例运算电路

2.1.1 反相比例运算电路

当输入信号从反相输入端输入时，输出信号与输入信号相位相反，这样比例运算电路就构成了反相比例运算电路。

如图6-2-1所示，同相输入端通过电阻 R_2 接地，输入信号 u_i 通过 R_1 送到反相输入端，输出

端与反相输入端间跨接反馈电阻 R_F。根据集成运算电路的“虚断”和“虚短”可得：

$$i_1 \approx i_f$$

$$u_- = u_+ = 0$$

由图6-2-1可得：

$$i_1 = \frac{u_i - u_-}{R_1} = \frac{u_i}{R_1} = i_f = \frac{u_- - u_o}{R_f} = \frac{u_o}{R_f}$$

由此得出：

$$u_o = -\frac{R_f}{R_1}u_i$$

该电路的闭环电压放大倍数为：

$$A_{uf} = \frac{u_o}{u_i} = -\frac{R_f}{R_1} \tag{6-2-1}$$

式(6-2-1)表明，电路的电压放大倍数只与外围电阻有关，而与运放电路本身无关，这就保证了放大电路放大倍数的精确和稳定。当 R_f 无穷大(开环)时，放大倍数也为无穷大。式中的“-”号表示输出电压的相位与输入电压的相位相反。

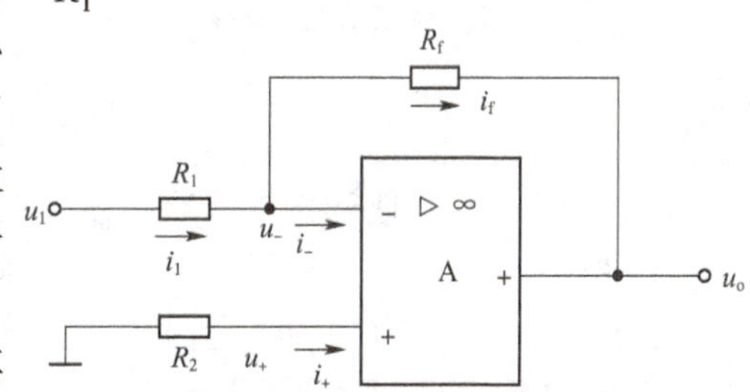

图6-2-1 反相比例运算电路

图6-2-1中的 R_2 为平衡电阻，$R_2 = R_1 /\!/ R_f$，其作用是消除静态电流对输出电压的影响。

该电路的反馈类型为并联电压负反馈。

【例6-1】 在图6-2-1中，$R_1 = 10\text{k}\Omega$，$R_f = 50\text{k}\Omega$，求 A_{uf} 和 R_2；若输入电压 $u_i = 1.5\text{V}$，则 u_o 为多大？

解：将数据代入上面的闭环电压放大倍数公式得：

$$A_{uf} = -\frac{R_f}{R_1} = -\frac{50}{10} = -5$$

$$u_o = A_{uf}u_i = -5 \times 1.5 = -7.5(\text{V})$$

$$R_2 = R_1 /\!/ R_f = \frac{R_1 R_f}{R_1 + R_f} = \frac{10 \times 50}{10 + 50} = \frac{500}{60} \approx 8.3(\text{k}\Omega)$$

当 $R_1 = R_f$ 时，$A_{uf} = 1$，电路为反相器。

2.1.2 同相比例运算电路

如果输入信号从同相输入端引入，运放电路就成了同相比例运算放大电路。如图6-2-2所示。根据理想运算放大器的特性：$u_- = u_+ = u_i$，$i_1 \approx i_f$ 得：

$$i_1 = -\frac{u_-}{R_1} = -\frac{u_i}{R_1} = i_f = \frac{u_- - u_o}{R_f} = \frac{u_i - u_o}{R_f}$$

因而：

$$u_o = \left(1 + \frac{R_f}{R_1}\right)u_i, \quad A_{uf} = \frac{u_o}{u_i} = 1 + \frac{R_f}{R_1} \tag{6-2-2}$$

可见，输出电压与输入电压之间的比例关系与运算放大器本身无关。同相输入比例运算放大电路的电压放大倍数 $A_{uf} \geq 1$；同相比例电路中，当 $R_1 = \infty$ 或 $R_f = 0$ 时，电路的电压放大倍数为1，这时就成了电压跟随器，如图6-2-3所示。其输入电阻为无穷大，对信号源几乎无任何影响。输出电阻为零，为一理想恒压源，所以带负载能力特别强。它比射极输出器的跟随效果好得多，可以作为各种电路的输入级、中间级和缓冲级等。

该电路的反馈类型为串联电压负反馈。

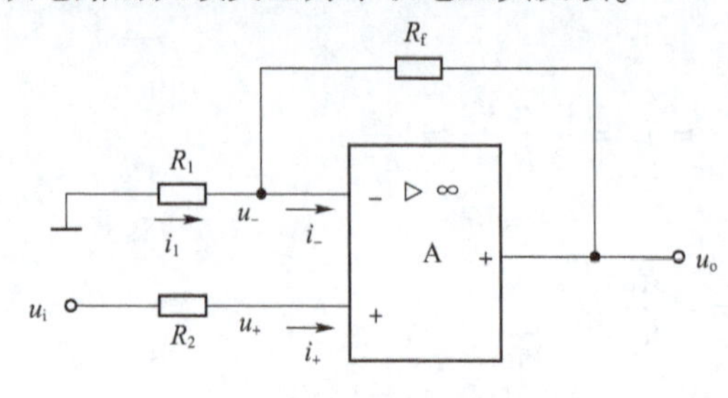

图 6-2-2　同相比例运算电路

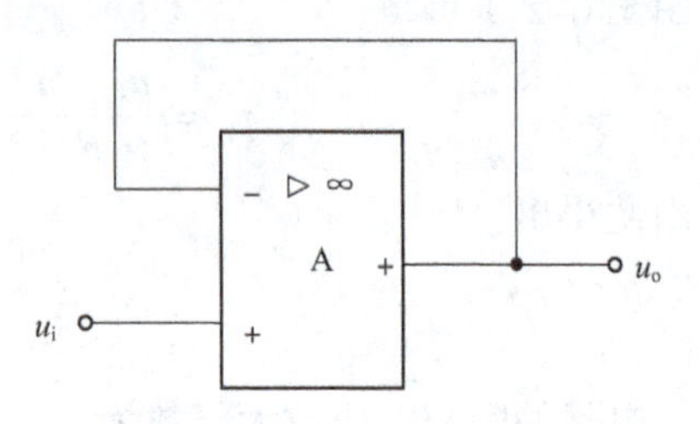

图 6-2-3　电压跟随器

2.2　加、减法运算电路

2.2.1　反相加法器

如果在反相输入比例运算电路的输入端增加若干输入支路，就构成反相加法运算电路，也称求和电路，如图 6-2-4 所示。根据“虚短”和“虚断”概念，由图可列出：

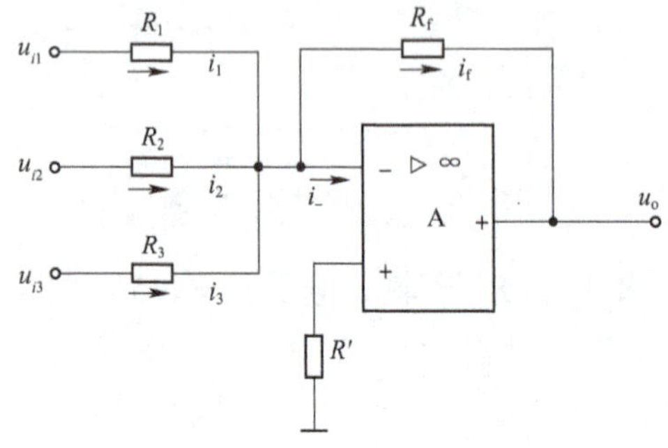

图 6-2-4　反相加法运算电路

$$i_{11} = \frac{u_{i1}}{R_{11}};i_{12} = \frac{u_{i2}}{R_{12}};i_{13} = \frac{u_{i3}}{R_{13}};$$

$$i_f = -\frac{u_o}{R_f} = i_{11} + i_{12} + i_{13}$$

由上列各式可得：

$$u_o = -\left(\frac{R_f}{R_{11}}u_{i1} + \frac{R_f}{R_{12}}u_{i2} + \frac{R_f}{R_{13}}u_{i3}\right) \quad (6\text{-}2\text{-}3)$$

当 $R_{11} = R_{12} = R_{13} = R_1$ 时，上式为：

$$u_o = -\frac{R_f}{R_1}(u_{i1} + u_{i2} + u_{i3}) \quad (6\text{-}2\text{-}4)$$

当 $R_1 = R_f$ 时，则：

$$u_o = -(u_{i1} + u_{i2} + u_{i3}) \quad (6\text{-}2\text{-}5)$$

由此看出：加法运算电路也与运算放大电路本身的参数无关，只要电阻值足够精确，就可保证加法运算的精度和稳定性。另外，反相加法电路中无共模输入信号（即 $u_+ = u_- = 0$），抗干扰能力强，因此应用广泛。

平衡电阻 R_2 的取值：

$$R_2 = R_{11} /\!/ R_{12} /\!/ R_{13} /\!/ R_f \quad (6\text{-}2\text{-}6)$$

2.2.2　同相加法运算

同相输入加法电路如图 6-2-5 所示，输入信号加到同相端。由集成运放的“虚断”（$i_- = 0$）可得：

$$i_{21} + i_{22} + i_{23} = i_3$$

即：

$$\frac{u_{i1}-u_+}{R_{21}}+\frac{u_{i2}-u_+}{R_{22}}+\frac{u_{i3}-u_+}{R_{23}}=\frac{u_+}{R_3}$$

$$u_+=(R_3 /\!/ R_{21} /\!/ R_{22} /\!/ R_{23})\left(\frac{u_{i1}}{R_{21}}+\frac{u_{i2}}{R_{22}}+\frac{u_{i3}}{R_{23}}\right)$$

令 $R=R_3/\!/R_{21}/\!/R_{22}/\!/R_{23}$，上式为：

$$u_+=R\left(\frac{u_{i1}}{R_{21}}+\frac{u_{i2}}{R_{22}}+\frac{u_{i3}}{R_{23}}\right) \qquad (6\text{-}2\text{-}7)$$

又根据“虚短”（$u_+=u_-$）可得：

$$u_+=\frac{R_1u_o}{R_1+R_f}$$

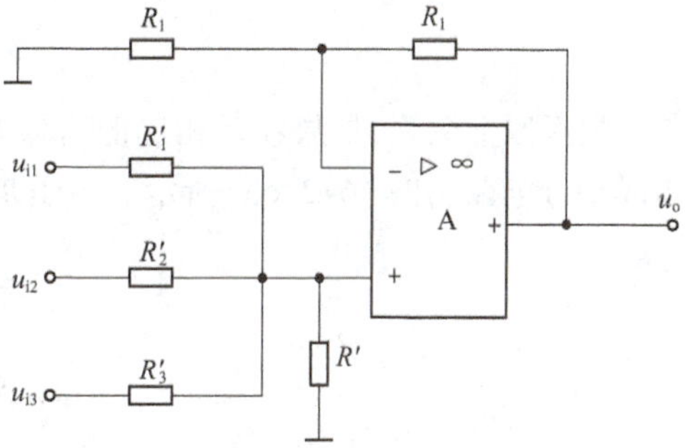

图 6-2-5　同相加法运算电路

所以

$$u_o=\frac{R_1+R_f}{R_1}u_+=\frac{R(R_1+R_f)}{R_1}\left(\frac{u_{i1}}{R_{21}}+\frac{u_{i2}}{R_{22}}+\frac{u_{i3}}{R_{23}}\right)$$

当 $R_{21}=R_{22}=R_{23}=R_3$ 时，上式为：

$$u_o=\frac{R(R_1+R_f)}{R_1R_3}(u_{i1}+u_{i2}+u_{i3})$$

$$=\frac{(R_1+R_f)}{4R_1}(u_{i1}+u_{i2}+u_{i3})$$

当 $R_f=3R_1$ 时：

$$u_o=u_{i1}+u_{i2}+u_{i3} \qquad (6\text{-}2\text{-}8)$$

可见，同相加法器的输出和输入同相，但同相加法电路中存在共模输入电压（即 u_+ 和 u_- 不等于零），因此不如反向输入加法器应用普遍。

【例 6-2】 如图 6-2-4 所示，若 $R_{11}=R_{12}=10\text{k}\Omega$，$R_{13}=5\text{k}\Omega$，$R_f=20\text{k}\Omega$，$u_{i1}=1\text{V}$，$u_{i2}=u_{i3}=1.5\text{V}$，

（1）求输出电压 u_o。

（2）若再设 $U_{CC}=\pm15\text{V}$，$u_{i3}=3\text{V}$，其他条件不变，再求 u_o。

解：（1）根据公式得：

$$u_o=-\left(\frac{R_f}{R_{11}}u_{i1}+\frac{R_f}{R_{12}}u_{i2}+\frac{R_f}{R_{13}}u_{i3}\right)$$

$$u_o=-\left(\frac{20}{10}\times1+\frac{20}{10}\times1.5+\frac{20}{5}\times1.5\right)=-11(\text{V})$$

（2）当 $u_{i3}=3\text{V}$ 时，同样代入上式得 $u_o=-17\text{V}$，该值已超出 $U_{CC}=\pm15\text{V}$ 的范围，运放已处于反向饱和状态，故 $u_o=-15\text{V}$。

2.3　积分和微分运算

2.3.1　积分电路

在电工学中论述过电容元件上的电压 u_C 与电容两端的电荷量 q 关系为：$C=q/u$，即 $q=Cu$，根据电流的定义，可得电容上的电流为：$i_c=\frac{dq}{dt}$，由此得：

$$i_c=\frac{d(Cu_c)}{dt}=C\frac{du_c}{dt}$$

$$u_c = \frac{1}{C}\int i_c \mathrm{d}t$$

根据以上关系，如果在反相比例运算电路中，用电容 C 代替电阻 R_f 作为反馈元件，就可以构成积分电路，如图6-2-6a)所示。由于是反相输入，且 $u_+ = u_- = 0$，所以有：

$$i_1 = i_f = \frac{u_i}{R_1} = i_c$$

$$u_c = \frac{q}{C} = \frac{1}{c}\int i_c \mathrm{d}t$$

$$u_o = -u_c = -\frac{1}{C}\int i_f \mathrm{d}t = -\frac{1}{R_1 C}\int u_i \mathrm{d}t$$

上式表明 u_o 与 u_i 的积分成比例，式中的负号表示两者相位相反，R_1C 称为积分时间常数。当 u_i 为一常数时，则 u_o 成为一个随时间 t 变化的直线，即：

$$u_o = -\frac{1}{R_1 C}\int u_i \mathrm{d}t = -\frac{U_i}{R_1 C}t \tag{6-2-9}$$

所以，当 u_i 为方波时，输出电压 u_o 应为三角波，图6-2-6b)所示。

由于输出电压与放大电路本身无关，因此，只要电路的电阻和电容取值适当，就可以得到线性很好的三角波形。

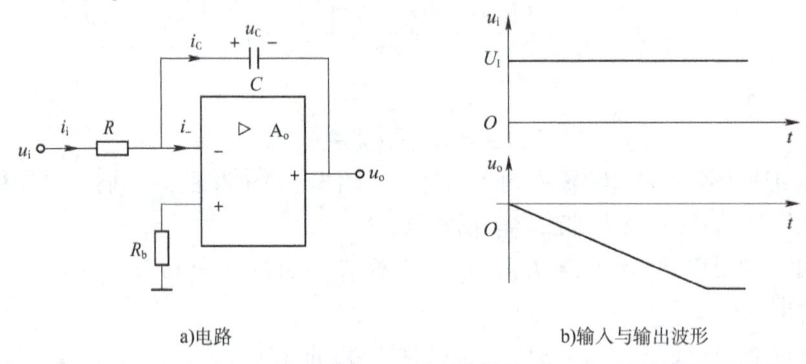

a)电路　　b)输入与输出波形

图6-2-6　积分运算电路

2.3.2　微分电路

微分运算是积分运算的逆运算，只需将积分电路中输入端的电阻和反馈电容互换位置即可，如图6-2-7所示。

由图可列出：

$$i_1 = C\frac{\mathrm{d}u_c}{\mathrm{d}t} = C\frac{\mathrm{d}u_1}{\mathrm{d}t}$$

$$u_o = -i_f R_f = -i_1 R_f$$

故：

$$u_o = -R_f C\frac{\mathrm{d}u_i}{\mathrm{d}t} \tag{6-2-10}$$

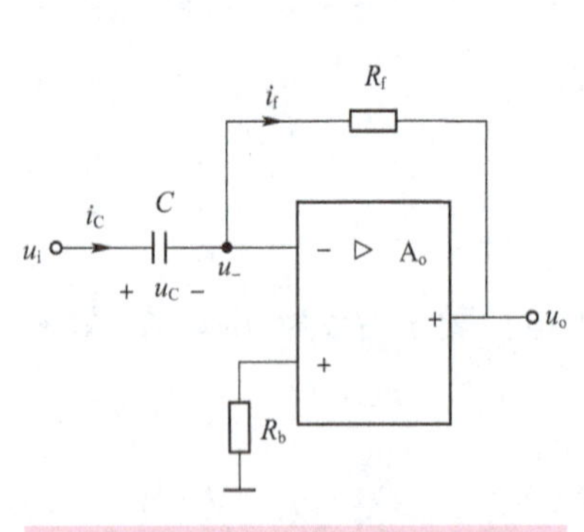

图6-2-7　微分运算电路

即输出电压与输入电压对时间的一次微分成正比。

所以当输入电压 u_i 为一条随时间 t 变化的直线时，输出电压 u_o 将是一个不变的常数。那么当输入电压 u_i 为三角波时，输出电压 u_o 将是一个矩形波。读者可自己试试画出它们的波形。

2.4 电压比较器

电压比较器是集成运算放大电路开环工作的典型，电路工作在开关状态。电压比较器的作用是比较输入端的电压和参考电压（门限电压），根据同、反相两输入端电压的大小，输出为两个极限电平。

2.4.1 过零电压比较器

当参考电压 $U_R = 0$ 时，输入电压与零电压比较，称为过零比较器，其电路如图6-2-8所示。若给过零比较器输入一正弦电压，电路则输出方波电压，如图6-2-9所示。

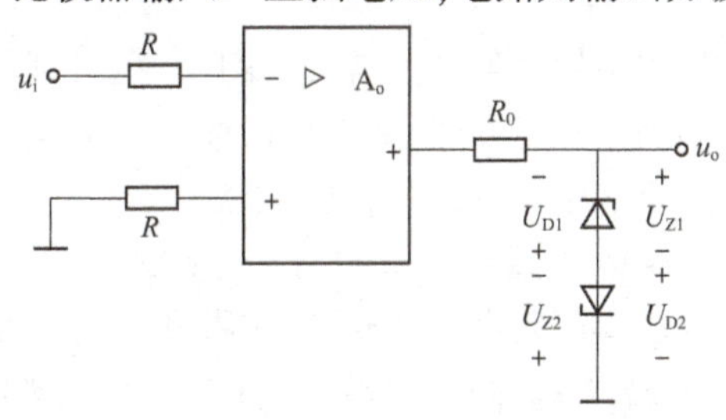

图6-2-8 过零电压比较器

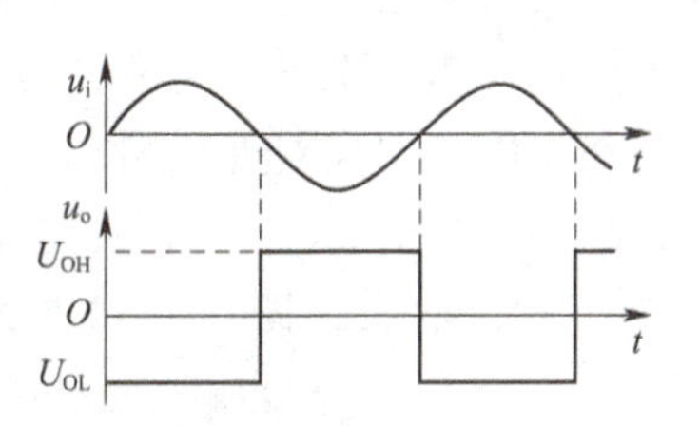

图6-2-9 输入输出电压波形

2.4.2 滞回比较器

前面介绍的比较器，抗干扰能力都较差，因为输入电压在门限电压附近稍有波动，就会使输出电压误动，形成干扰信号。采用滞回比较器就可以解决这个问题。

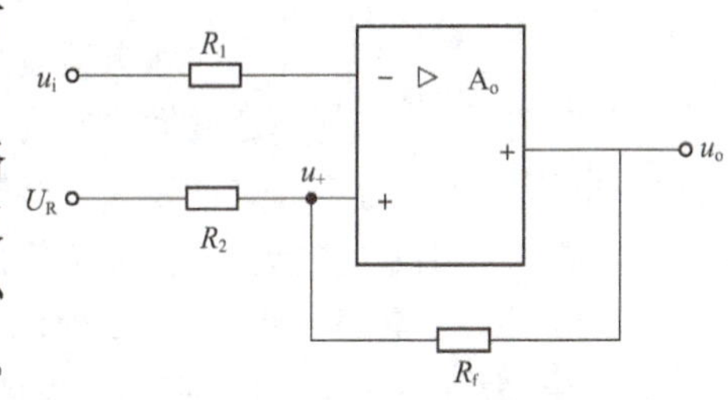

图6-2-10 滞回比较器

滞回比较器又称施密特触发器，将集成运放电路的输出电压通过反馈支路送到同相输入端，形成正反馈，如图6-2-10所示，当输入电压 u_i 逐渐增大或减小时，对应门限电压不同，传输特性呈现"滞回"现象。两门限电压分别为 U'_+ 和 U''_+，两者电压差 ΔU_+ 称为回差电压或门限宽度。

设电路开始时输出高电平 $+U_{o(sat)}$，通过正反馈支路加到同相输入端的电压为 $R_2 U_{o(sat)}/(R_2+R_3)$，由叠加原理可得，同相输入端的合成电压为上限门电压 U'_+ 为：

$$U'_+ = \frac{R_3 U_R}{R_2 + R_3} + \frac{R_2 U_{o(sat)}}{R_2 + R_3}$$

当 u_i 逐渐增大并等于 U'_+ 时，输出电压 u_o 就从 $+U_{o(sat)}$ 跃变到 $-U_{o(sat)}$，输出低电平。同样的分析，可得出电路的下限门电压为：

$$U''_+ = \frac{R_3 U_R}{R_2 + R_3} - \frac{R_2 U_{o(sat)}}{R_2 + R_3}$$

当 u_i 逐渐减小并等于 U''_+ 时，输出电压 u_o 就从 $-U_{o(sat)}$ 跃变到 $+U_{o(sat)}$，输出高电平。

由以上两式可得，回差电压为：

$$\Delta U_+ = U'_+ - U''_+ = \frac{R_2}{R_2 + R_3}\{U_{o(sat)} - [-U_{o(sat)}]\}$$

由此可见，回差电压 ΔU_+ 与参考电压 U_R 无关，改变电阻 R_2 和 R_3 的值，可以改变门限宽度。

3 任务实施——集成运算放大器测试

3.1 试验目的

(1)掌握运算放大器主要指标的测试方法。

(2)通过对运算放大器 μA741 指标的测试,了解集成运算放大器组件的主要参数的定义和表示方法。

(3)培养学生具备严谨、认真、细致的工作作风,良好的职业道德和工匠精神。

3.2 试验原理

集成运算放大器是一种线性集成电路,和其他半导体器件一样,它是用一些性能指标来衡量其质量的优劣。为了正确使用集成运放,就必须了解它的主要参数指标。集成运放组件的各项指标通常是由专用仪器进行测试的,这里介绍的是一种简易测试方法。

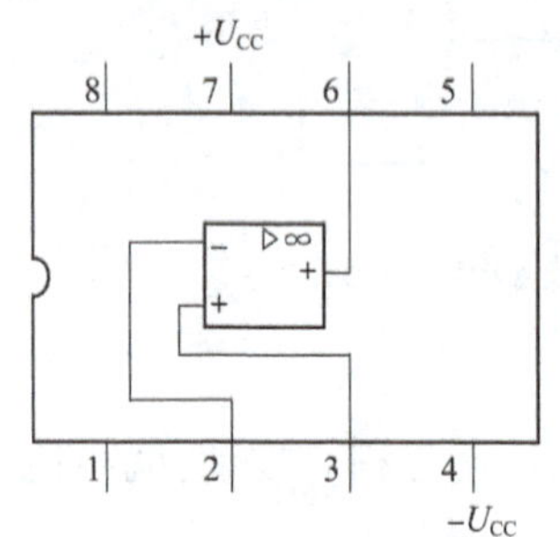

图 6-2-11 μA741 管脚图

本试验采用的集成运放型号为 μA741(或 F007),引脚排列如图 6-2-11 所示,它是 8 脚双列直插式组件,2 脚和 3 脚为反相和同相输入端,6 脚为输出端,7 脚和 4 脚为正、负电源端,1 脚和 5 脚为失调调零端,1 和 5 脚之间可接入一只几十千欧的电位器并将滑动触头接到负电源端,8 脚为空脚。

3.2.1 μA741 主要指标测试

1)输入失调电压 U_{oS}

理想运放组件,当输入信号为零时,其输出也为零。但是即使是最优质的集成组件,由于运放内部差动输入级参数的不完全对称,输出电压往往不为零。这种零输入时输出不为零的现象称为集成运放的失调。

输入失调电压 U_{oS}是指输入信号为零时,输出端出现的电压折算到同相输入端的数值。

失调电压测试电路如图 6-2-12 所示。闭合开关 K_1及 K_2,使电阻 R_B短接,测量此时的输出电压 U_{o1}即为输出失调电压,则输入失调电压为:

$$U_{oS} = \frac{R_1}{R_1 + R_F} U_{o1}$$

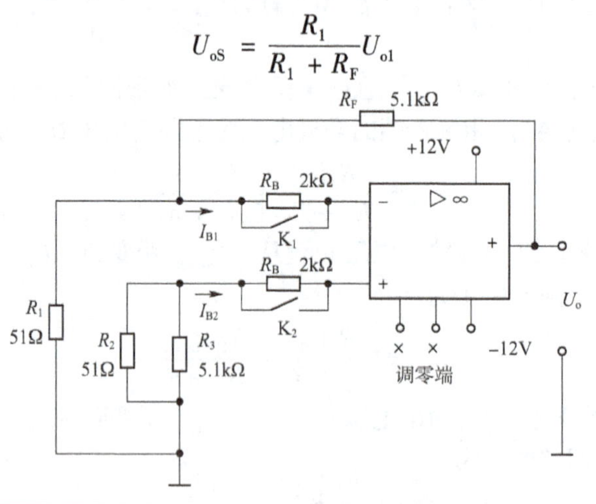

图 6-2-12 U_{oS}、I_{oS}测试电路

实际测出的 U_{o1}可能为正,也可能为负,一般在 1 ~ 5mV,对于高质量的运放 U_{oS}在 1mV 以下。

测试中应注意：

(1)将运放调零端开路。

(2)要求电阻 R_1 和 R_2，R_3 和 R_F 的参数严格对称。

2)输入失调电流 I_{oS}

输入失调电流 I_{oS} 是指当输入信号为零时，运放的两个输入端的基极偏置电流之差，即：

$$I_{oS} = |I_{B1} - I_{B2}|$$

输入失调电流的大小反映了运放内部差动输入级两个晶体管 β 的失配度，由于 I_{B1}，I_{B2} 本身的数值已很小(微安级)，因此它们的差值通常不是直接测量的，测试电路如图6-2-12所示，测试分两步进行：

(1)闭合开关 K_1 及 K_2，在低输入电阻下，测出输出电压 U_{o1}，如前所述，这是由输入失调电压 U_{oS} 所引起的输出电压。

(2)断开 K_1 及 K_2，两个输入电阻 R_B 接入，由于 R_B 阻值较大，流经它们的输入电流的差异，将变成输入电压的差异，因此，也会影响输出电压的大小，可见测出两个电阻 R_B 接入时的输出电压 U_{o2}，若从中扣除输入失调电压 U_{oS} 的影响，则输入失调电流 I_{oS} 为：

$$I_{oS} = |I_{B1} - I_{B2}| = |U_{o2} - U_{o1}|\frac{R_1}{R_1 + R_F} \cdot \frac{1}{R_B}$$

一般，I_{oS} 约为几十至几百纳安(10^{-9}A)，高质量运放 I_{oS} 低于1nA。

测试中应注意：

(1)将运放调零端开路。

(2)两输入端电阻 R_B 必须精确配对。

(3)开环差模放大倍数 A_{ud}。

集成运放在没有外部反馈时的直流差模放大倍数称为开环差模电压放大倍数，用 A_{ud} 表示。它定义为开环输出电压 U_o 与两个差分输入端之间所加信号电压 U_{id} 之比：

$$A_{ud} = \frac{U_o}{U_{id}}$$

按定义 A_{ud} 应是信号频率为零时的直流放大倍数，但为了测试方便，通常采用低频(几十赫兹以下)正弦交流信号进行测量。由于集成运放的开环电压放大倍数很高，难以直接进行测量，故一般采用闭环测量方法。A_{ud} 的测试方法很多，现采用交、直流同时闭环的测试方法，如图6-2-13所示。

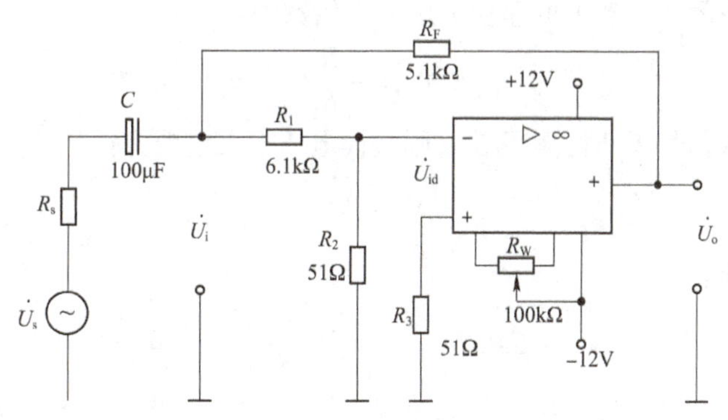

图6-2-13 A_{ud} 测试电路

被测运放一方面通过 R_F、R_1、R_2 完成直流闭环，以抑制输出电压漂移，另一方面通过 R_F 和 R_S 实现交流闭环，外加信号 u_S 经 R_1、R_2 分压，使 u_{id} 足够小，以保证运放工作在线性区，同相输

入端电阻 R_3 应与反相输入端电阻 R_2 相匹配，以减小输入偏置电流的影响，电容 C 为隔直电容。被测运放的开环电压放大倍数为：

$$A_{ud} = \frac{U_o}{U_{id}} = \left(1 + \frac{R_1}{R_2}\right)\frac{U_o}{U_i}$$

通常低增益运放 A_{ud} 约为 60～70dB，中增益运放约为 80dB，高增益在 100dB 以上，可达 120～140dB。

测试中应注意：

(1)测试前电路应首先消振及调零。

(2)被测运放要工作在线性区。

(3)输入信号频率应较低，一般用 50～100Hz，输出信号幅度应较小，且无明显失真。

3)共模抑制比 CMRR

集成运放的差模电压放大倍数 A_d 与共模电压放大倍数 A_C 之比称为共模抑制比。

$$CMRR = \left|\frac{A_d}{A_c}\right| \quad 或 \quad CMRR = 20\lg\left|\frac{A_d}{A_c}\right|(\mathrm{dB})$$

共模抑制比在应用中是一个很重要的参数，理想运放对输入的共模信号其输出为零，但在实际的集成运放中，其输出不可能没有共模信号的成分，输出端共模信号越小，说明电路对称性越好，也就是说运放对共模干扰信号的抑制能力越强，即 *CMRR* 越大。*CMRR* 的测试电路如图 6-2-14 所示。

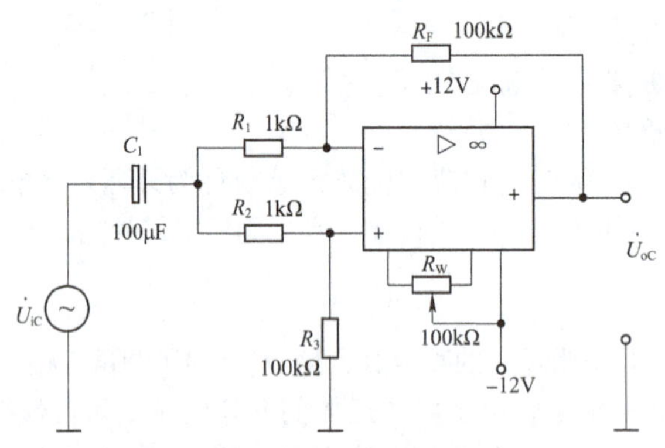

图 6-2-14 CMRR 测试电路

集成运放工作在闭环状态下的差模电压放大倍数为：

$$A_d = -\frac{R_F}{R_1}$$

当接入共模输入信号 U_{ic} 时，测得 U_{oC}，则共模电压放大倍数为：

$$A_c = \frac{U_{oc}}{U_{ic}}$$

得共模抑制比为：

$$CMRR = \left|\frac{A_d}{A_c}\right| = \frac{R_F}{R_1}\frac{U_{ic}}{U_{oc}}$$

测试中应注意：

(1)消振与调零。

(2) R_1 与 R_2、R_3 与 R_F 之间阻值严格对称。

(3)输入信号 U_{ic} 幅度必须小于集成运放的最大共模输入电压范围 U_{icm}。

4)共模输入电压范围 U_{icm}

集成运放所能承受的最大共模电压称为共模输入电压范围,超出这个范围,运放的 *CMRR* 会大大下降,输出波形产生失真,有些运放还会出现“自锁”现象以及永久性的损坏。

U_{icm}的测试电路如图 6-2-15 所示。

被测运放接成电压跟随器形式,输出端接示波器,观察最大不失真输出波形,从而确定 U_{icm}值。

5)输出电压最大动态范围 U_{oPP}

集成运放的动态范围与电源电压、外接负载及信号源频率有关。测试电路如图 6-2-16 所示。

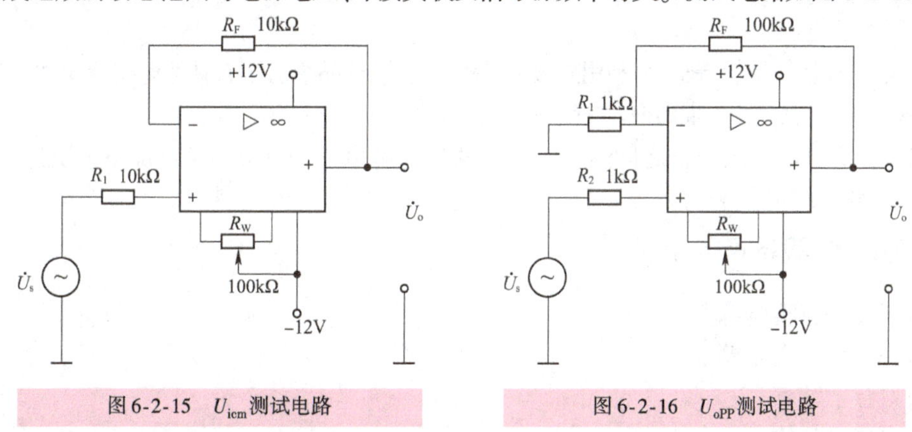

图 6-2-15 U_{icm}测试电路　　图 6-2-16 U_{oPP}测试电路

改变 u_S幅度,观察 u_o削顶失真开始时刻,从而确定 u_o的不失真范围,这就是运放在某一定电源电压下可能输出的电压峰值 U_{oPP}。

3.2.2 集成运放在使用时应考虑的一些问题

(1)输入信号选用交、直流量均可,但在选取信号的频率和幅度时,应考虑运放的频响特性和输出幅度的限制。

(2)调零。为提高运算精度,在运算前,应首先对直流输出电位进行调零,即保证输入为零时,输出也为零。当运放有外接调零端子时,可按组件要求接入调零电位器 R_W,调零时,将输入端接地,调零端接入电位器 R_W,用直流电压表测量输出电压 U_o,细心调节 R_W,使 U_o为零(即失调电压为零)。如运放没有调零端子,若要调零,可按图 6-2-17 所示电路进行调零。

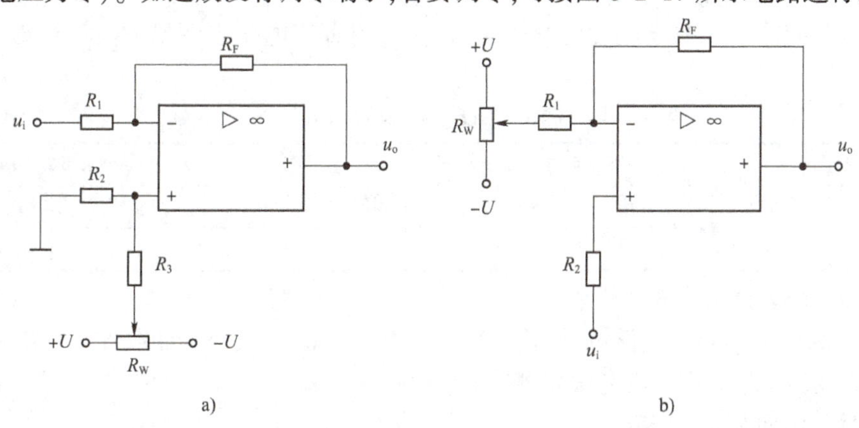

图 6-2-17 调零电路

一个运放如不能调零,大致有如下原因:

①组件正常,接线有错误。

②组件正常,但负反馈不够强(R_F/R_1太大),为此可将R_F短路,观察是否能调零。

③组件正常,但由于它所允许的共模输入电压太低,可能出现自锁现象,因而不能调零。为此可将电源断开后,再重新接通,如能恢复正常,则属于这种情况。

④组件正常,但电路有自激现象,应进行消振。

⑤组件内部损坏,应更换好的集成块。

(3)消振。一个集成运放自激时,表现为即使输入信号为零,也会有输出,使各种运算功能无法实现,严重时还会损坏器件。在试验中,可用示波器监视输出波形。为消除运放的自激,常采用如下措施:

①若运放有相位补偿端子,可利用外接RC补偿电路,产品手册中有补偿电路及元件参数提供。

②电路布线、元、器件布局应尽量减少分布电容。

③在正、负电源进线与地之间接上几十微法的电解电容和0.01～0.1μF的陶瓷电容相并联以减小电源引线的影响。

3.3 试验设备与器件

(1)±12V直流电源。

(2)函数信号发生器。

(3)双踪示波器。

(4)交流毫伏表。

(5)直流电压表。

(6)集成运算放大器μA741×1,电阻器、电容器若干。

3.4 试验内容

试验前看清运放管脚排列及电源电压极性及数值,切忌正、负电源接反。

1)测量输入失调电压U_{oS}

按图6-2-12连接试验电路,闭合开关K_1、K_2,用直流电压表测量输出端电压U_{o1},并计算U_{oS},记入表6-2-1。

2)测量输入失调电流I_{oS}

试验电路如图6-2-12所示,打开开关K_1、K_2,用直流电压表测量U_{o2},并计算I_{oS}。记入表6-2-1。

测量U_{os}、I_{os}、A_{ud}及$CMRR$ 表6-2-1

U_{oS}(mV)		I_{oS}(nA)		A_{ud}(dB)		$CMRR$(dB)	
实测值	典型值	实测值	典型值	实测值	典型值	实测值	典型值
	2～10		50～100		100～106		80～86

3)测量开环差模电压放大倍数A_{ud}

按图6-2-13连接试验电路,运放输入端加频率为100Hz、大小为30～50mV正弦信号,用示波器监视输出波形。用交流毫伏表测量U_o和U_i,并计算A_{ud}。记入表6-2-1。

4)测量共模抑制比$CMRR$

按图6-2-14连接试验电路,运放输入端加$f=100$Hz,$U_{iC}=1～2$V正弦信号,监视输出波形。测量U_{oC}和U_{iC},计算A_C及$CMRR$。记入表6-2-1。

5）测量共模输入电压范围 U_{icm} 及输出电压最大动态范围 U_{oPP}

自拟试验步骤及方法。

3.5 试验总结

（1）将所测得的数据与典型值进行比较。

（2）对试验结果及试验中碰到的问题进行分析、讨论。

3.6 预习要求

（1）查阅 μA741 典型指标数据及管脚功能。

（2）测量输入失调参数时，为什么运放反相及同相输入端的电阻要精选，以保证严格对称。

（3）测量输入失调参数时，为什么要将运放调零端开路，而在进行其他测试时，则要求对输出电压进行调零。

（4）测试信号的频率选取的原则是什么？

复习与思考题

1. 集成运放的具体应用有哪些？
2. 集成运放的比例运算电路有哪两种？
3. 集成运放的加、减法运算电路有哪两种？
4. 集成运放的积分和微分运算电路有哪两种？
5. 电压比较器的特性有哪些？
6. 如何进行集成运算放大器的测试？

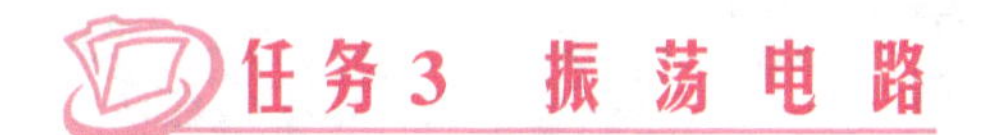

任务3 振荡电路

1 任务引入

学习正弦波振荡器的工作原理与分类，掌握其结构和起振条件，了解正弦信号的产生过程及选频电路的作用；会正确设计与使用 LC 振荡器、RC 振荡器和石英晶体振荡器等。

2 相关理论知识

2.1 振荡产生的基本原理及条件

2.1.1 振荡产生的基本原理

正弦波振荡电路是由放大器和反馈网络组成，如图 6-3-1 所示。为使振荡电路的输出为一个固定频率的正弦波，图 6-3-1 所示的闭环系统必须含有选频网络。选频网络可以包含在放大器内，也可在反馈网络内。

2.1.2 振荡的平衡条件和起振条件

1）振荡的平衡条件

当反馈信号 U_f 等于放大器的输入信号 U_i 时，电路达到平衡状态 $U_f = U_i$，因此将称为振荡

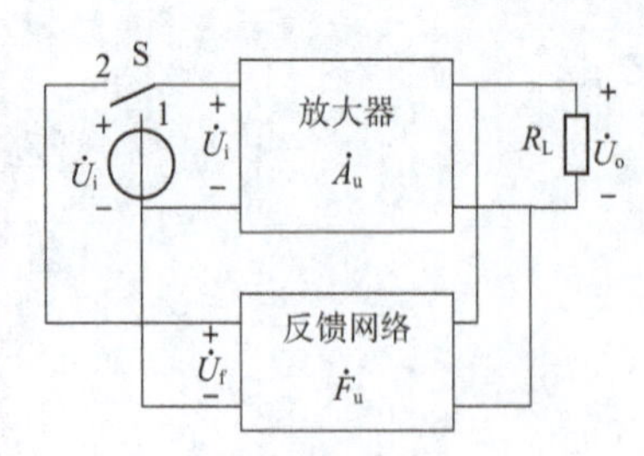

图 6-3-1 反馈振荡电路原理图

平衡条件。根据图 6-3-1 可知：

$$A_uF_u = 1 \quad (6\text{-}3\text{-}1)$$

振荡的平衡条件应包括振幅平衡条件和相位平衡条件两个方面。

(1)振幅平衡条件：

$$|A_uF_u| = 1 \quad (6\text{-}3\text{-}2)$$

式(6-3-2)说明反馈电压与输入电压大小相等。

(2)相位平衡条件：

$$\phi_a + \phi_F = 2n\pi \quad (n = 0,1,2\cdots) \quad (6\text{-}3\text{-}3)$$

式(6-3-3)说明，反馈电压与输入电压相为相同，以保证正反馈。

作为一个稳态振荡电路，相位平衡条件和振幅平衡条件必须同时满足。利用振幅平衡条件可以确定振荡的输出信号幅度；利用相位条件可以确定振荡信号的频率。

2)振荡的起振条件

为使振荡电路接通电源后能够自动起振，在相位上要求反馈电压与输入电压同相，幅度上要求 $U_i > U_f$，因此振荡的起振条件也包括相位条件和振幅条件两个方面。

振幅起振条件：

$$|A_uF_u| > 1 \quad (6\text{-}3\text{-}4)$$

相位起振条件：

$$\phi_a + \phi_F = 2n\pi \quad (n = 0,1,2\cdots) \quad (6\text{-}3\text{-}5)$$

2.2 RC 振荡电路

2.2.1 RC 桥式振荡电路

1)RC 串并联选频网络

由相同的 RC 组成的串并联选频网络如图 6-3-2 所示。由图 6-3-2 可得 RC 串并联选频网络的传递函数 F_u 为：

$$F_u = \frac{U_2}{U_1} = \frac{1}{3 + \left(\frac{\omega}{\omega_0} - \frac{\omega_0}{\omega}\right)} \quad (6\text{-}3\text{-}6)$$

$$\omega_0 = \frac{1}{RC}$$

根据式(6-3-6)可得到 RC 串并联选频网络的幅频特性和相频特性分别为：

$$|F_u| = \frac{1}{\sqrt{3^2 + \left(\frac{\omega}{\omega_0} - \frac{\omega_0}{\omega}\right)^2}} \quad (6\text{-}3\text{-}7)$$

$$\varphi_f = -\arctan\frac{\frac{\omega}{\omega_0} - \frac{\omega_0}{\omega}}{3} \quad (6\text{-}3\text{-}8)$$

作出幅频特性和相频特性曲线如图6-3-3所示。由图6-3-3可见，当$\omega=\omega_0$时输出电压与输入电压同相，所以RC串并联网络具有选频特性。

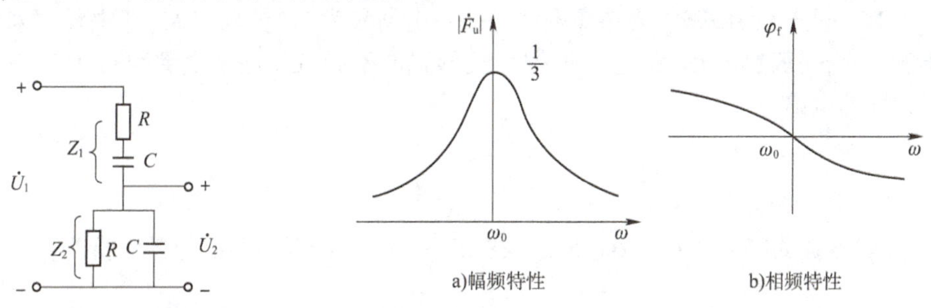

图6-3-2　RC串并联选频网络

图6-3-3　RC串并联网络幅频特性和相频特性

2)RC桥式振荡电路

图6-3-4所示为由集成运算放大器构成的RC桥式振荡电路，图6-3-4中RC串并联选频网络在运算放大器的输出端和同相输入端之间构成正反馈，满足相位和幅度条件，振荡频率为：

$$f_0=\frac{1}{2\pi RC} \tag{6-3-9}$$

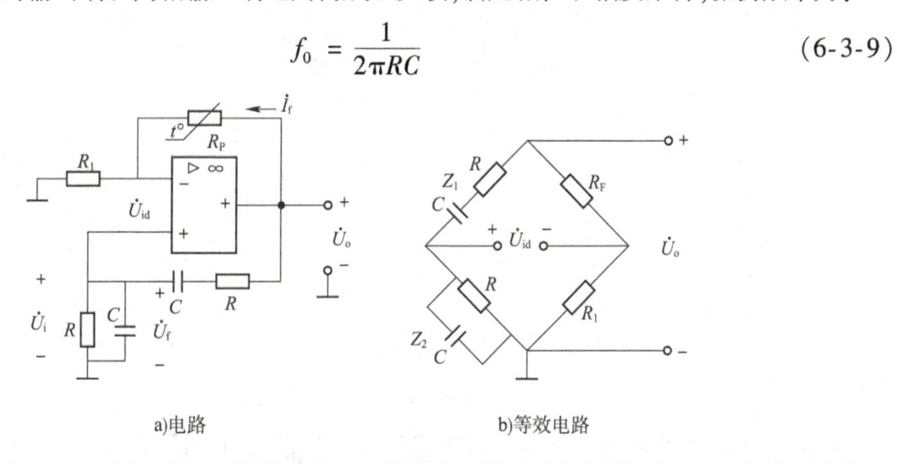

图6-3-4　RC桥式振荡电路

R_f、R_1接在运算放大器的输出端和同相输入端之间构成正反馈，其作用是改善振幅波形和稳副特性。所以，实用RC桥式振荡电路中热敏电阻的选择是很重要的。

RC桥式振荡电路适用于低频振荡，一般用于产生1Hz～1MHz的低频信号。

2.2.2　RC移相式振荡电路

RC移相式振荡电路也是一种常见的RC振荡电路，电路如图6-3-5所示。由于集成运算放大器的相移位180°，为满足振荡相位平衡条件，要求反馈网络对某一频率的信号再移相180°，图6-3-5中RC构成超前相移网络。根据相位平衡条件，移相式振荡电路的振荡频率为：

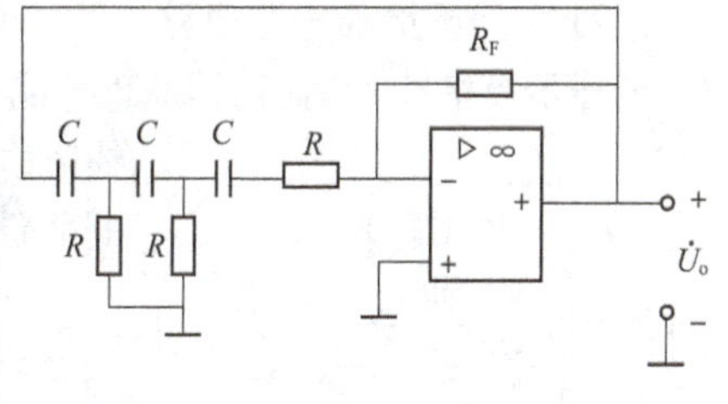

图6-3-5　RC超前式移相式振荡电路

$$f_0=\frac{1}{2\pi\sqrt{6}RC} \tag{6-3-10}$$

RC移相式振荡电路具有结构简单、经济方便等优点。其缺点是选频性能较差，频率调节不方便，输出幅度不够稳定，输出波形较差，一般只用于振荡频率固定、稳定性要求不高的场合。

2.3 LC 振荡电路

采用 LC 并联谐振回路作为选频网络的振荡电路称为 LC 振荡电路，它主要用来产生高频正弦振荡信号，一般在 1MHz 以上。根据反馈形式的不同，LC 振荡电路可分为变压器反馈式和三点式振荡电路。

2.3.1 变压器反馈式 LC 振荡电路

1) LC 并联谐振回路

LC 并联谐振回路如图 6-3-6a) 所示，在 $\omega L >> R$ 时，谐振回路的等效阻抗为：

$$Z = \frac{\frac{L}{C_r}}{1 + Q\left(\frac{\omega}{\omega_0} - \frac{\omega_0}{\omega}\right)}$$

$$\omega_0 = \frac{1}{\sqrt{LC}}$$

$$Q = \frac{\sqrt{\frac{L}{C}}}{r} \qquad (6\text{-}3\text{-}11)$$

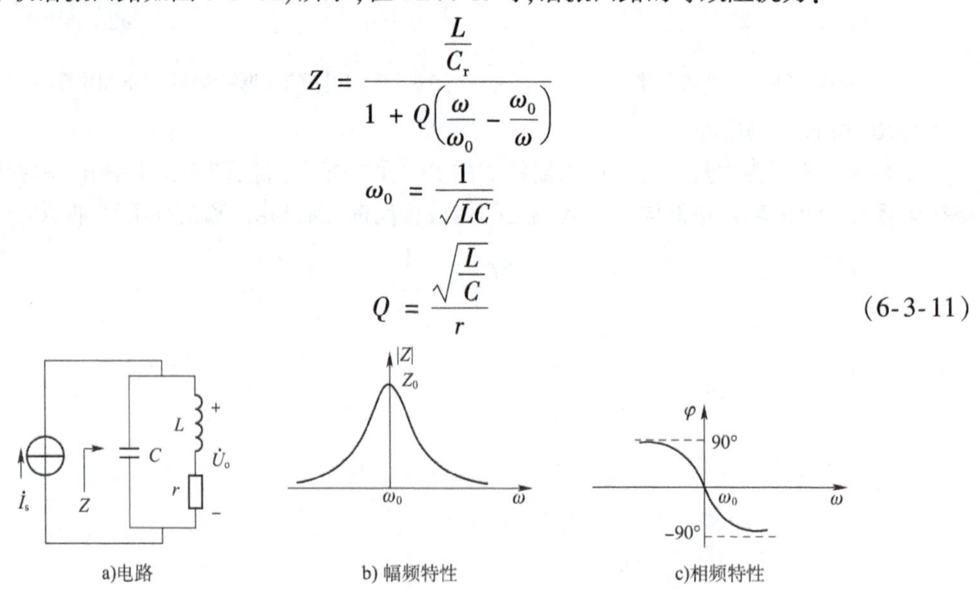

图 6-3-6 LC 并联谐振回路

ω_0 为并联谐振频率，Q 为并联谐振电路的品质因数，用来评价回路损耗的大小，一般在几十至几百范围。

由式(6-3-11)可得并联谐振回路的幅频特性和相频特性曲线如图 6-3-6b)、c) 所示。由图可见，当 $\omega = \omega_0$ 时，回路产生谐振，若维持电路源幅度不变，在谐振频率附近改变其频率，输出电压的变化规律与回路的阻抗频率特性相似，显然并联谐振回路具有良好的选频特性。

2) 变压器反馈式振荡电路

变压器反馈式 LC 振荡器原理电路图如图 6-3-7 所示。其中 L 为一次侧线圈电感，L_F 为反馈线圈电感，用来构成正反馈。L、C 组成并联谐振回路，作为放大器的负载，构成选频放大器。

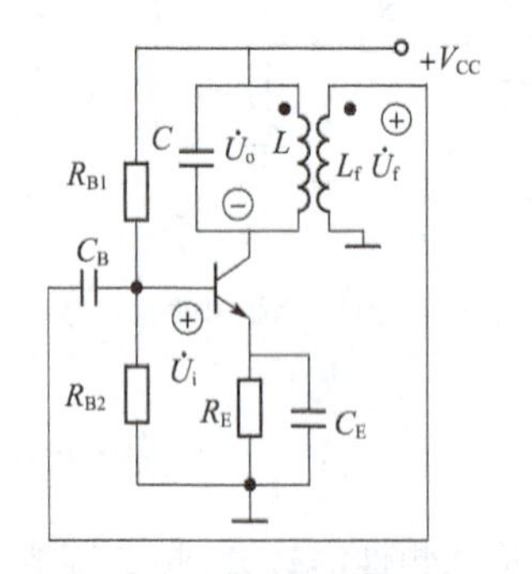

图 6-3-7 变压器反馈式振荡电路

当输入信号的频率与 LC 谐振回路谐振频率相同时，LC 回路的等效阻抗为一纯电阻，且为最大，可见，输出信号与输入信号反相。而变压器同名端使反馈信号与输入信号反相，所以，u_f 与 u_i 同相，满足了振荡的相位条件。只要变压器一、二次间有足够的耦合度，就能满足振荡的幅度条件而产生正弦波振荡，其振荡频率由 LC 并联谐振回路的谐振频率决定，即：

$$f_0 = \frac{1}{2\pi\sqrt{LC}} \qquad (6\text{-}3\text{-}12)$$

2.3.2 三点式LC振荡电路

三点式振荡电路是另一种常用的LC振荡电路，其特点是电路中LC并联谐振回路的三个端子分别与放大电路的三个端子相连，故称为三点式振荡电路。

1）电感三点式振荡电路

电感三点式振荡电路的原理电路图如图6-3-8所示，谐振回路的三个端点1、2、3分别与晶体管的三个电极相连，反馈信号取自于电感线圈L_2两端电压，故称为电感三点式振荡电路。

由图6-3-8可见，当回路谐振时，电路在回路谐振频率上构成正反馈，从而满足了振荡的相位条件。其振荡频率为：

$$f_0=\frac{1}{2\pi\sqrt{LC}}=\frac{1}{2\pi\sqrt{(L_1+L_2+2M)C}} \tag{6-3-13}$$

式中：M——两部分线圈之间的互感系数。

电感三点式振荡电路的优点是容易起振，频率调节方便。但由于反馈信号取自电感L_2两端，因此振荡电路输出信号中的高次谐波成分较多，信号波形较差。

2）电容三点式振荡电路

电容三点式振荡电路的原理电路如图6-3-9所示。由图6-3-9可见其电路构成与电感三点式振荡电路基本相同，不过的是反馈信号取自电容C_2两端，故称为电容三点式振荡电路。由图不难判断在回路谐振频率上，反馈信号与输入信号同相，满足振荡的相位平衡条件。

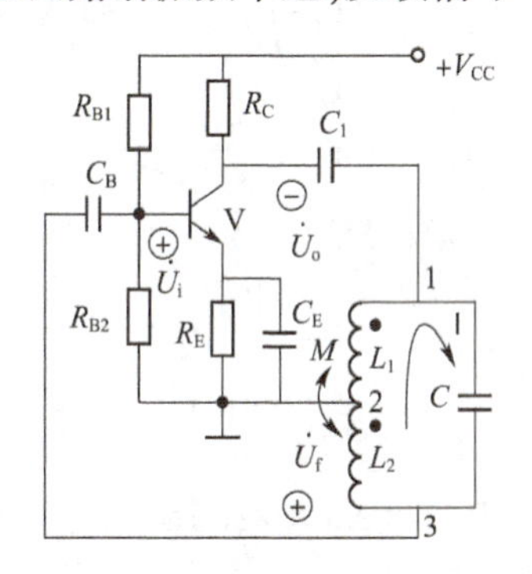

图6-3-8 电感三点式振荡电路

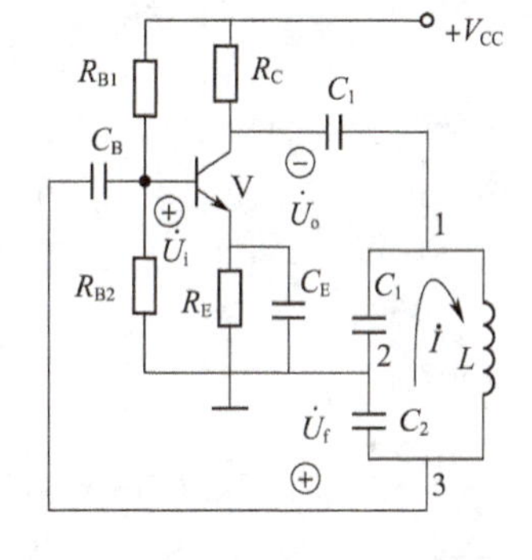

图6-3-9 电容三点式振荡电路

电路的振荡频率为：

$$f_0\approx\frac{1}{2\pi\sqrt{LC}}=\frac{1}{2\pi\sqrt{L\dfrac{C_1C_2}{C_1+C_2}}} \tag{6-3-14}$$

电容三点式振荡电路的反馈信号取自电容C_2两端，反馈信号中高次谐波的分量小，故振荡电路的输出信号波形较好。但这种振荡电路的振荡频率调节不方便。为了提高频率稳定度和调节频率的方便可在电感支路中串入一个小电容。

3）石英晶体振荡电路

RC振荡电路和LC振荡电路的频率稳定度比较差。为了提高振荡电路的频率稳定度，可采用石英晶体振荡电路，其频率稳定度一般可达$10^{-6}\sim10^{-8}$量级，有的可高达$10^{-9}\sim10^{-11}$。

（1）石英晶体谐振器的阻抗特性。

石英晶体振荡频率稳定度很高的原因是它采用了石英谐振器作为选频元件。石英谐振器的基本结构如图6-3-10所示，在石英晶片的两个对应表面上喷涂一薄层作为一对电极板，再其上个引出一根引线作为电极,用金属或玻璃外壳封装,便组成了石英谐振器。

石英谐振器之所以能成为选频元件,是因为它在外加交变电压作用下,晶片发生振动而具有压电谐振特性。石英谐振器的压电谐振特性可以用图 6-3-10 所示等效电路来模拟。由图可见,石英谐振器具有两个谐振频率,一个是 C_q、L_q、r_q 支路的串联谐振频率 f_s,另一个是由 C_q、L_q、C_0 构成并联谐振频率 f_p,它们分别为:

$$f_s = \frac{1}{2\pi\sqrt{L_q C_q}} \tag{6-3-15}$$

$$f_p = f_s\sqrt{1+\frac{C_q}{C_0}} \tag{6-3-16}$$

石英晶体使用时必须注意以下几点:

①石英晶体按规定要接一定的负载电容,用来补偿生产过程中晶片的频率误差,以达到标称频率。使用时因按产品说明书上的规定选定负载电容。为了便于调整负载电容通常采用微调电容。

②石英晶体工作时,必须要有合适的激励电平。若激励电平过大,频率稳定度会显著变差,甚至可能将晶片振坏;若激励电平过小,则噪声影响大,振荡输出幅度减小,甚至可能停振。

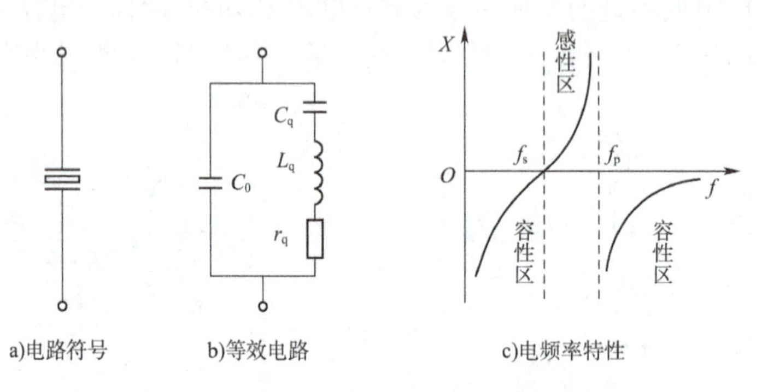

图 6-3-10 石英晶体谐振器的电路符号、等效电路及阻抗特性

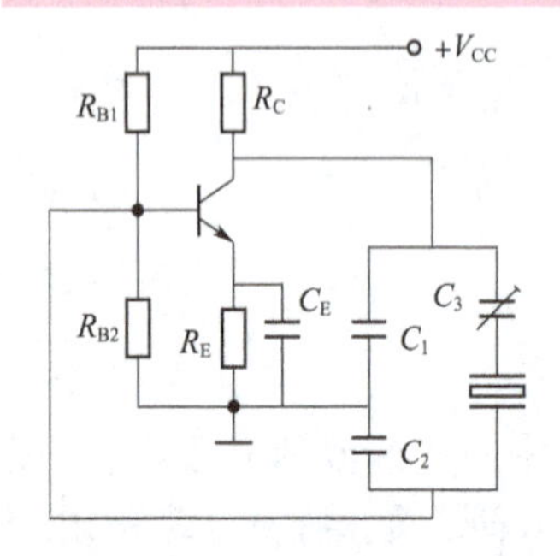

图 6-3-11 并联型晶体振荡电路

(2)石英晶体振荡电路。

用石英晶体构成的正弦波振荡电路的基本电路有两类:一类是石英晶体作为一个高值的电感元件,和回路中的其他元件形成并联谐振,称为并联型晶体振荡电路;另一类是石英晶体作为一个正反馈通路元件,工作在串联谐振状态,称为串联型晶体振荡电路。

图 6-3-11 所示为并联型晶体振荡电路的原理电路,由图可见,石英晶体工作在 f_p 和 f_s 之间并接近于并联谐振状态,在电路中起电感作用,从而构成改进型电容三点式 LC 式振荡电路,由于 $C_3 \ll C_1$,$C_3 \ll C_2$,所以振荡频率由石英晶体与 C_3 决定。

复习与思考题

1. 振荡产生的基本原理是什么?
2. 振荡的平衡条件和起振条件分别是什么?

3. RC 振荡电路包括哪些？

4. LC 振荡电路有哪些？

知识点小结

1. 集成运算放大器，简称集成运放，是具有高放大倍数的集成电路。它的内部是直接耦合的多级放大器，整个电路可分为输入级、中间级、输出级三部分。

2. 集成运放内部电路由输入级、中间电压放大级、输出级和偏置电路四部分组成，如下图所示。

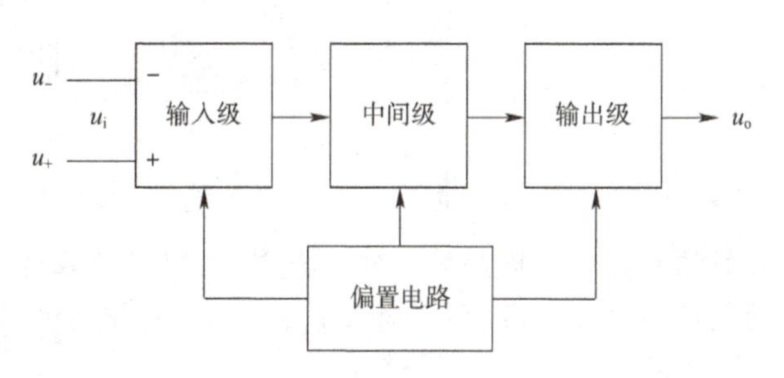

集成运算放大器的基本组成

3. 集成运放的符号如下图所示。

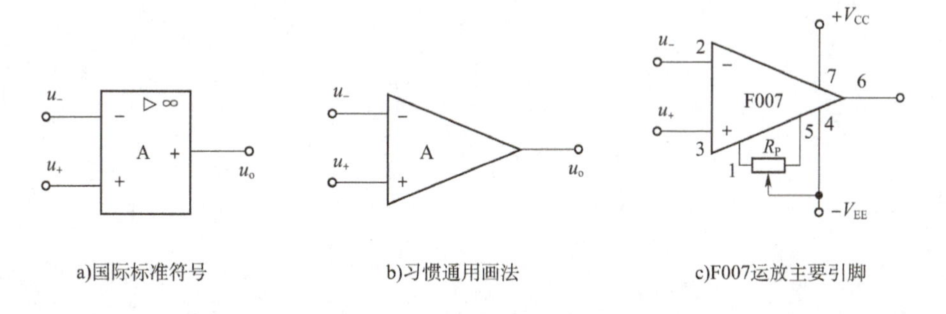

集成运放的符号

4. 当输入信号从反相输入端输入时，输出信号与输入信号相位相反，这样比例运算电路就构成了反相比例运算电路，如下左图所示。

5. 如果输入信号从同相输入端引入，运放电路就成了同相比例运算放大电路，如下右图所示。

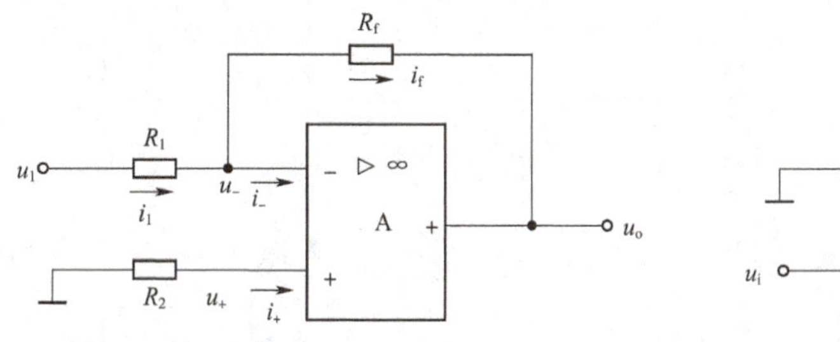

反相比例运算电路

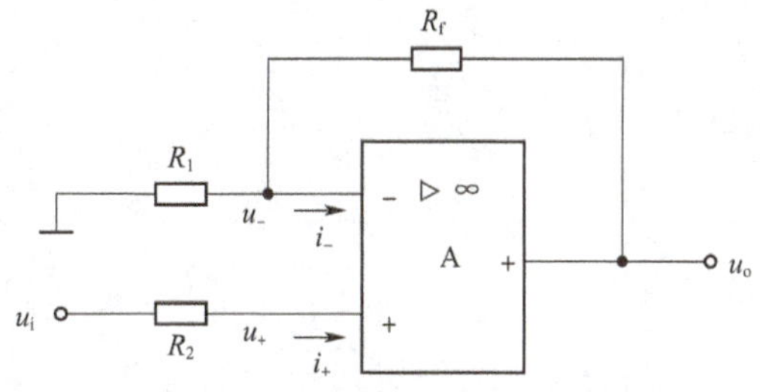

同相比例运算电路

6. 如果在反相输入比例运算电路的输入端增加若干输入支路，就构成反相加法运算电路，也称求和电路，如下左图所示。

7. 同相输入加法电路如下右图所示，输入信号加到同相端。

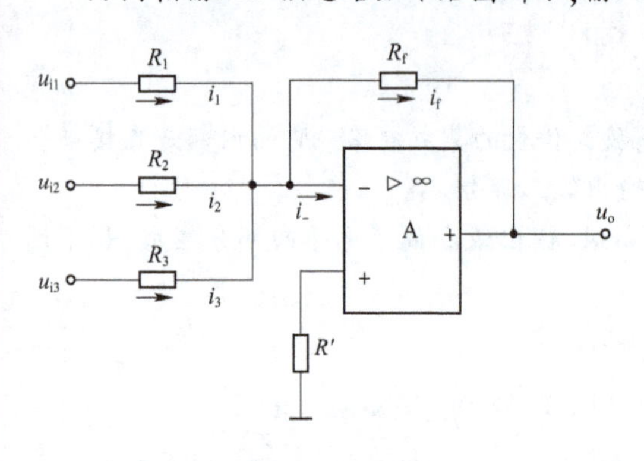

反相加法运算电路

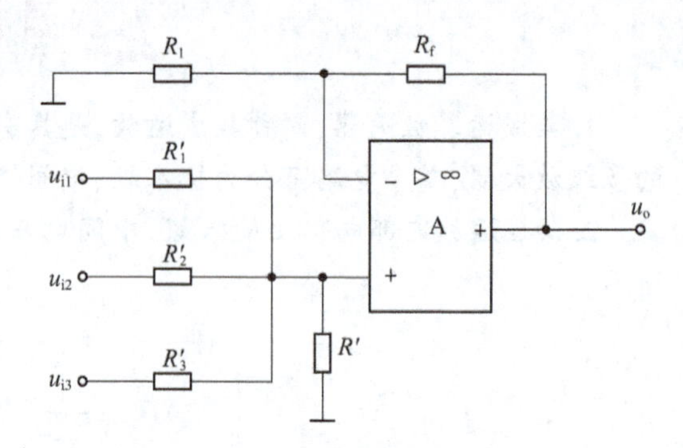

同相加法运算电路

8. 电压比较器是集成运算放大电路开环工作的典型，电路工作在开关状态。电压比较器的作用是比较输入端的电压和参考电压（门限电压），根据同、反相两输入端电压的大小，输出为两个极限电平。

项目 7

直流稳压电源

概　　述

整流电路的作用是利用二极管(或晶闸管)的单向导电特性,把交流电转变成脉动直流电。整流电路按被整流交流电的相数可分为单相整流电路和三相整流电路两大类;根据负载电流或电压波形,又可分为半波整流电路和全波整流电路两种。汽车上硅整流交流发电机采用的就是三相桥式整流电路。

交流电压经过整流、滤波后已经变换成比较平滑的直流电,但还不够稳定。当电网电压波动或负载发生变化时,整流滤波后输出的直流电压也随着变化,因此只能供一般电气设备使用。

对于电子电路,特别是电子测量仪器、汽车电子控制装置等,要求有很稳定的直流电源供电,所以在整流滤波之后,还要接入直流稳压电路,来保证输出电压的稳定。所谓稳压电路,就是当电网电压波动或负载发生变化时,能使输出电压稳定的电路。

任务1　二极管整流电路

1 任务引入

整流电路的任务是将交流电变换成脉动的直流电。我们已知,半导体二极管具有单向导电性,因此可以利用二极管的这一特性组成整流电路。本任务介绍常用的小功率(200W 以下)单相整流电路,包括半波整流电路、全波整流电路、桥式整流电路。

2 相关理论知识

2.1　单相半波整流电路

半波整流电路由电源变压器 T_r,整流二极管 VD 和负载电阻 R_L组成。其电路如图 7-1-1a)所示。

电源变压器 T_r 的原边接上交流电压 u_1,在副边就会产生感应电压 u_2。当 u_2为正半周时(如图 7-1-1 中所示 u_2的极性),整流二极管 VD 上加的是正向电压,二极管导通,其电流 i_o流过负载 R_L,在 R_L上得到正半周电压 u_o。当 u_2为负半周时(与图 7-1-1 中 u_2的极性相反),整流二极管 VD 上加的是反向电压,二极管截止,负载 R_L上无电流流过。当输入电压进入下一个周期时,整流电路将重复上述过程。电路中电压、电流的波形如图 7-1-1b)所示。

由图 7-1-1 可见,在负载 R_L两端得到的电压 u_o的极性是单方向的,这种大小波动、方向不变的电压(或电流)称为脉动直流。这种电路只在交流电压的半个周期内才有电流流过负载,所以称为单相半波整流电路。

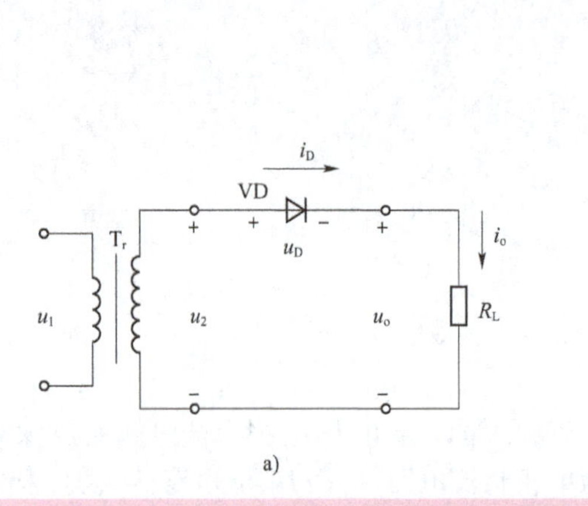

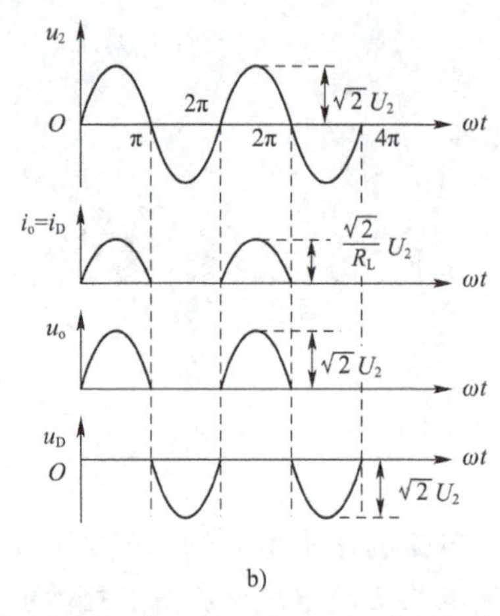

图 7-1-1 单相半波整流电路

输出电压平均值 u_o 的计算,正弦交流电的平均电压值为 0,所以用有效值来描述,经过半波整流后的单向脉动电压则可以用平均值来描述,可利用高等数学中积分的方法来求得 u_o 的平均值。即:

$$U_o = \frac{1}{T}\int_0^T u_i \mathrm{d}t = \frac{1}{2\pi}\int_0^{\pi} \sqrt{2}U_i \sin\omega t \mathrm{d}(\omega t)$$

可得出:

$$U_o = \frac{\sqrt{2}}{\pi}U_i \approx 0.45U_i \tag{7-1-1}$$

流过负载 R_L 上的直流电流为:

$$I_o = \frac{U_o}{R_L} = \frac{0.45U_i}{R_L} \tag{7-1-2}$$

整流二极管的选择:在图 7-1-1 中可明显看出,二极管反向时承受的最高电压是 u_i 的峰值电压 $\sqrt{2}U_i$,承受的平均电流等于 I_o。实际选用二极管时,还要将这两个值乘以 1.5 ~ 2 倍的安全系数,再查阅电子元器件手册选取合适的二极管。

单相半波整流电路的优点是结构简单,使用的元件少。但存在明显的缺点:输出波形脉动大,直流成分比较低;变压器有半个周期不导电,利用率低;变压器电流中含有直流成分,容易饱和。所以只能用在输出电流较小、允许脉动大、要求不高的场合。

2.2 单相全波整流电路

全波整流电路由副边绕组具有中心抽头的变压器 T_r 和两只二极管 VD_1、VD2 及负载 R_L 组成,如图 7-1-2 所示。由图可知,它实际上是由两个半波整流电路组成的,变压器副边绕组与两个二极管配合,两个二极管在交流电压的正半周和负半周轮流导通,流过负载 R_L 的电流始终从上向下,使负载两端在交流电压的一个周期内均有电压输出。

当 u_2 为正半周时(如图 7-1-3 所示 u_2 的极性),VD_1 因承受正向电压而导通,VD_2 承受反向电压而截止,电流 i_{D1} 流过负载 R_L,输出电压 $u_o = u_2$。当 u_2 为负半周时,u_2 的极性与图示相反,此时 VD_1 截止,VD_2 导通,电流 i_{D2} 流过负载 R_L,输出电压 $u_o = u_2$。由此可见,在交流电压的一个周期内,VD_1、VD_2 轮流导通,负载 R_L 两端总是得到上正下负的单向脉动电压。与半波整流电路相比，它有效地利用了交流电的负半周，使整流效率提高了1倍。全波整流电路的波形如图7-1-3所示。

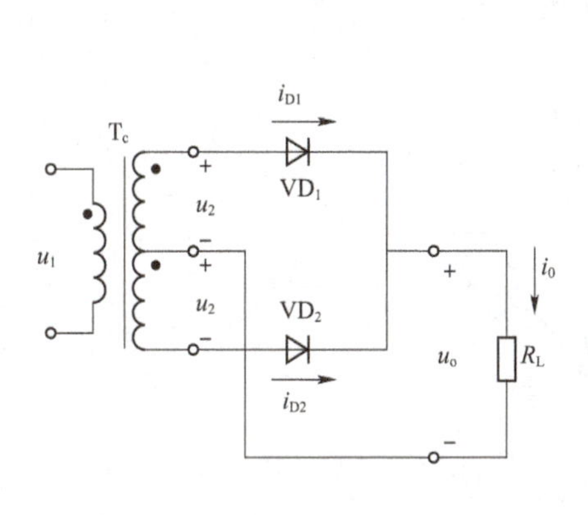

图7-1-2 单相全波整流电路

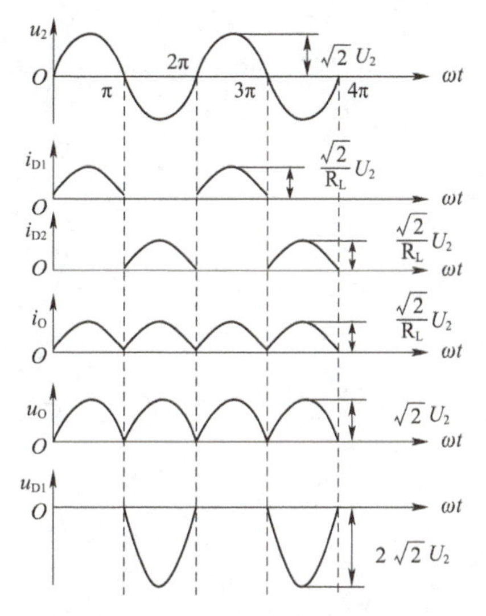

图7-1-3 全波整流波形

由图7-1-3的波形可见，全波整流电路的优点是：

(1)整流效率提高了1倍，负载上得到的直流电压的平均值也提高了1倍。

(2)输出电压的脉动成分比半波整流时有所下降。

但也存在缺点：

(1)二极管承受的反向电压较高，如在交流电压负半周时，VD_2导通，VD_1截止，此时变压器副边两个绕组上的电压全部加到二极管VD_1的两端，因此二极管承受的反向电压最大值等于$2\sqrt{2}U_2$。

(2)必须采用副边绕组具有中心抽头的变压器，在输出同样电压的情况下，变压器的体积庞大，且在工作中每个线圈只有一半时间通过电流，变压器的利用率不高。

2.3 单相桥式整流电路

图7-1-4所示为单相桥式整流电路。由图可见，四个二极管VD_1、VD_2、VD_3、VD_4构成电桥的桥臂，在四个顶点中，不同极性点接在一起与变压器次级绕组相连，同极性点接在一起与直流负载相连。

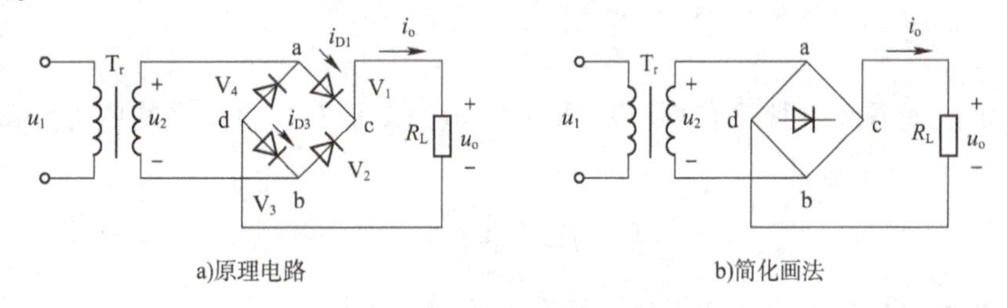

图7-1-4 单相桥式整流电路

2.3.1 工作原理

设电源变压器次级电压$u_2=\sqrt{2}U_2\sin\omega t$，其波形如图7-1-5所示。

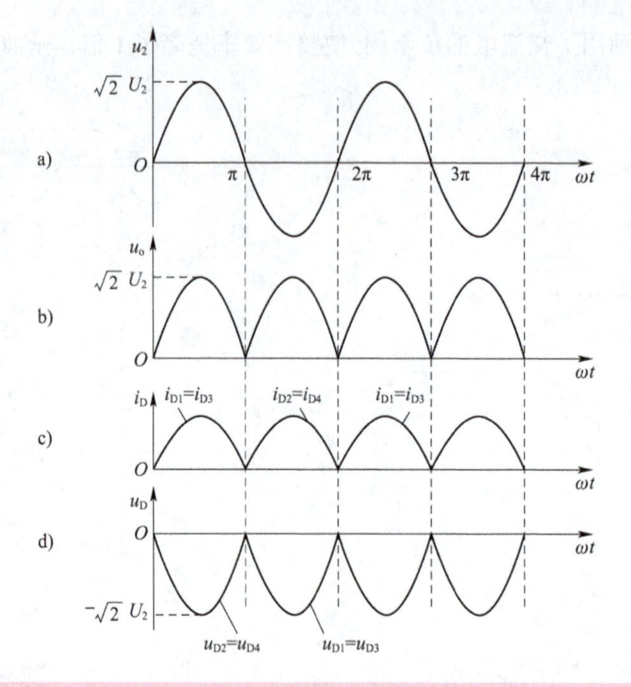

图 7-1-5　单相桥式整流波形图

在 u_2 正半周，a 端电压极性为正，b 端为负。二极管 V_1、V_3 正偏导通，V_2、V_4 反偏截止，电流通路为 a→V_1→R_L→V_3→b，负载 R_L 上电流方向自上而下；在 u_2 负半周，a 端为负，b 端为正，二极管 V_2、V_4 正偏导通，V_1、V_3 反偏截止，电流通路是 b→V_2→R_L→V_4→a。同样，R_L 上电流方向自上而下。

由此可见，在交流电压的正负半周，都有同一个方向的电流通过 R_L 从而达到整流的目的。四个二极管中，两个一组轮流导通，在负载上得全波脉动的直流电压和电流，如图 7-1-5b)、c) 所示。所以桥式整流电路称为全波整流电路。

2.3.2　负载上的电压与电流计算

由于单相桥式整流输出波形刚好是两个半波整流的波形，所以有：

$$U_o \approx 0.9U_2 \tag{7-1-3}$$

流过负载 R_L 的电流为：

$$I_o = \frac{U_o}{R_L} = \frac{0.9U_2}{R_L} \tag{7-1-4}$$

2.3.3　整流二极管的选择

桥式整流中，每只二极管只有半周是导通的，流过二极管的电流平均值为负载电流的一半，即：

$$I_V = \frac{1}{2}I_o \tag{7-1-5}$$

二极管最大反向电压，按其截止时所承受的反向峰压：

$$U_{RM} = \sqrt{2}U_2 \approx 1.57U_o \tag{7-1-6}$$

为了方便地使用整流电路，利用集成技术，将硅整流器件按某种整流方式封装制成硅整流堆，习惯上称为硅堆。

复习与思考题

1. 单相整流电路包括哪些整流电路?
2. 单相半波整流电路的主要组成和工作原理是什么?
3. 单相全波整流电路的主要组成和工作原理是什么?
4. 单相桥式整流电路的主要组成和工作原理是什么?

任务2 滤波电路

1 任务引入

经过整流得到的单向脉动直流电,包含多种频率的交流成分。为了滤除或抑制交流分量以获得平滑的直流电压,必须设置滤波电路。滤波电路直接接在整流电路后面,一般由电容、电感以及电阻等元件组成。

2 相关理论知识

2.1 电容滤波电路

图7-2-1所示为桥式整流电容滤波电路,负载两端并联的电容为滤波电容,利用 C 的充放电作用,使负载电压、电流趋于平滑。

2.1.1 工作原理

单相桥式整流电路,在不接电容 C 时,其输出电压波形如图7-2-2a)所示。

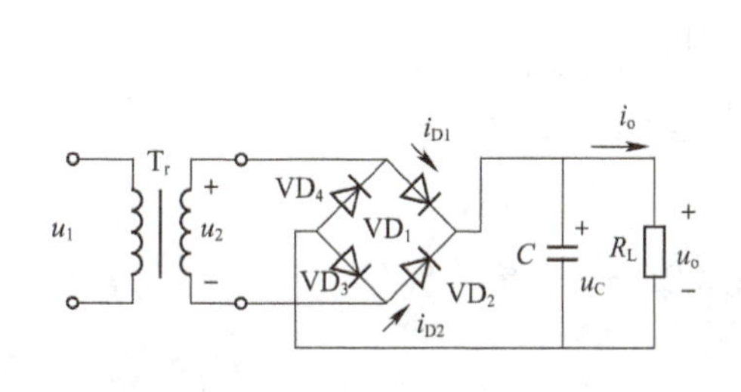

图7-2-1 单相桥式整流电容滤波电路

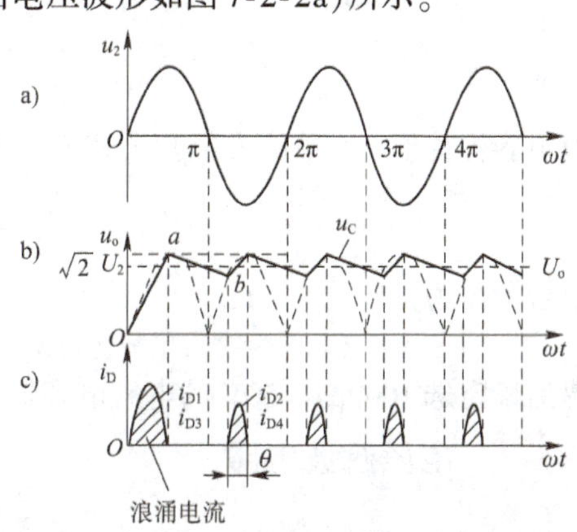

图7-2-2 单相桥式整流电容滤波波形

接上电容器 C 后,在输入电压 u_2 正半周:二极管 VD_1、VD_3 在正向电压作用下导通,VD_2、VD_4 反偏截止,如图7-2-2a)所示。整流电流分为两路,一路向负载 R_L 供电,另一路向 C 充电,因充电回路电阻很小,充电时间常数很小,C 被迅速充电,如图7-2-2b)中的 Oa 段。到 t_1 时刻,电容器上电压 $u_C \approx \sqrt{2}U_2$,极性上正下负。$t_1 \sim t_2$ 期间,$u_2 < u_c$,二极管 VD_1、VD_3 受反向电压作用截止。电容 C 经 R_L 放电,放电回路如图7-2-2b)所示。因放电时间常数 $\tau_{放} = = R_LC$ 较大,故 u_C 只能缓慢下降,如图7-2-2b)中 ab 段所示。期间,u_2 负半周到来,也迫使 VD_2、VD_4 反偏截

止,直到 t_2 时刻 u_2 上升到大于 u_C 时,VD_2、VD_4 才导通,C 再度充电至 $u_C \approx \sqrt{2}u_2$,如图 7-2-2b)中 bc 段。而后,u_2 又按正弦规律下降,当 $u_2 < u_C$ 时,VD_2、VD_4 反偏截止,电容器又经 R_L 放电。电容器 C 如此反复地充放电,负载上便得到近似于锯齿波的输出电压。

接入滤波电容后,二极管的导通时间变短,如图 7-2-2c)所示。负载平均电压升高,交流成分减小。电路的放电时间常数 $\tau = R_L C$ 越大,C 放电过程就越慢,负载上得到的 u_o 就越大。

2.1.2 滤波电容的选择

根据前面分析可知,电容 C 越大,电容放电时间常数 $\tau = R_L C$ 越大,负载波形越平滑。一般情况下,桥式整流可按下式来选择 C 的大小:

$$R_L C \geqslant (3 \sim 5)\frac{T}{2} \tag{7-2-1}$$

式中:T——交流电周期。

滤波电容一般都采用电解电容,使用时极性不能接反。电容器耐压应大于 $\sqrt{2}U_2$,通常取 $(1.5 \sim 2)U_2$。

此时负载两端电压依经验公式得:

$$U_o = 1.2U_2 \tag{7-2-2}$$

【例 7-1】 桥式整流电容滤波电路,要求输出直流电压为 30V,电流为 0.5A,试选择滤波电容的规格,并确定最大耐压值。(交流电源 220V,50Hz)。

解:由于 $R_L C \geqslant (3-5)\frac{T}{2}$

$$C \geqslant \frac{5T}{2R_L} = 5 \times \frac{0.02}{2 \times 30/0.5} = 830 \times 10^{-6}(\mathrm{F}) = 830(\mu\mathrm{F})$$

其中:$T = \frac{1}{f} = \frac{1}{50\mathrm{Hz}} = 0.02\mathrm{s}$

$$R_L = \frac{U_o}{I_o} = \frac{30V}{0.5A} = 60\Omega$$

取电容标称值 1000μF,由经验公式 $U_o = 1.2U_2$ 得:

$$U_2 = \frac{U_o}{1.2} = \frac{30}{1.2} = 25(\mathrm{V})$$

电容耐压为:

$$(1.5 \sim 2)U_2 = (1.5 \sim 2) \times 25 = 37.5 \sim 50(\mathrm{V})$$

最后确定选 1000μF /50V 的电解电容器一只。

2.2 电感滤波电路

电容滤波在大电流工作时滤波效果较差,当一些电气设备需要脉动小,输出电流大的直流电时,往往采用电感滤波电路,如图 7-2-3 所示。

电感元件具有通直流阻碍交流的作用,整流输出的电压中直流分量几乎全部加在负载上,交流分量几乎全部降落在电感元件上,负载上的交流分量很小。这样,经过电感元件滤波,负载两端的输出电压脉动程度大大减小,如图 7-2-4 所示。

不仅如此,当负载变化引起输出电流变化时,电感线圈也能抑制负载电流的变化,这是因为电感线圈的自感电动势总是阻碍电流的变化。所以,电感滤波适用于大功率整流设备和负载电流变化大的场合。

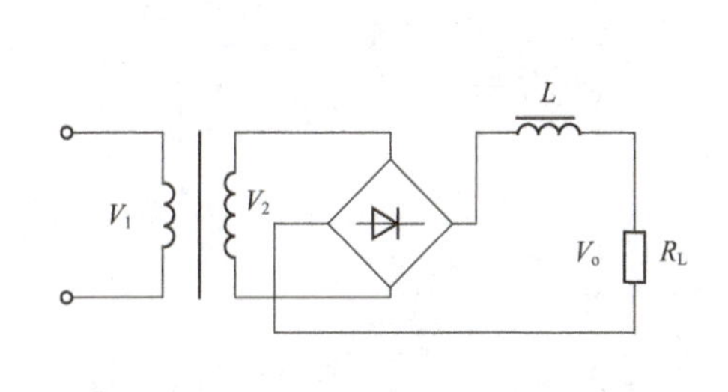

图 7-2-3 电感滤波电路

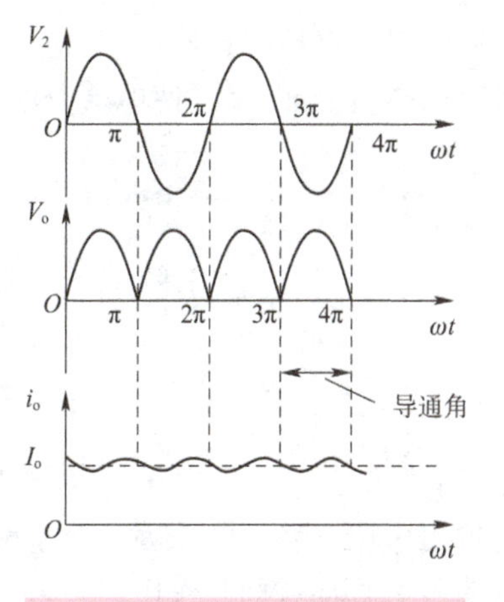

图 7-2-4 电感滤波的波形

一般来说，电感越大滤波效果越好，滤波电感常取几亨利至几十亨利。有的整流电路的负载是电动机线圈、继电器线圈等电感性负载，就如同串入了一个电感滤波器一样，负载本身能起到平滑脉动电流的作用，这样可以不另加滤波器。

2.3 复式滤波

为了进一步提高滤波效果，减少输出电压的脉动成分，常将电容滤波和电感滤波组合成复式滤波电路。将滤波电容与负载并联，电感与负载串联构成常用的 LC 滤波器、RC 滤波器等。其电路原理与前面所述基本相同。

复习与思考题

1. 滤波电路一般由哪几部分组成？
2. 电容滤波电路的工作原理是什么？
3. 叙述电感滤波电路的工作过程。

任务3 直流稳压电源

1 任务引入

交流电压经过整流滤波后，所得到的直流电压虽然脉动程度已经很小，但当电网波动或负载变化时，其直流电压的大小也随之发生变化。为了使输出的直流电压基本保持恒定，需要在滤波电路和负载之间加上稳压电路。

2 相关理论知识

2.1 并联型稳压电路

这里介绍用稳压二极管构成的一种简单的并联型稳压电路，如图 7-3-1 中的虚线框所示，由限流电阻 R 和硅稳压管组成稳压电路。

电路中，稳压管必须反向偏置，并且工作在反向击穿区，若接反，相当于电源短路，电流过大会使稳压管过热烧坏。在使用中,稳压管可串联使用,但不允许并联使用,这是因为并联后会造成各管的电流分配不均,使电流分配大的稳压管过载而损坏。

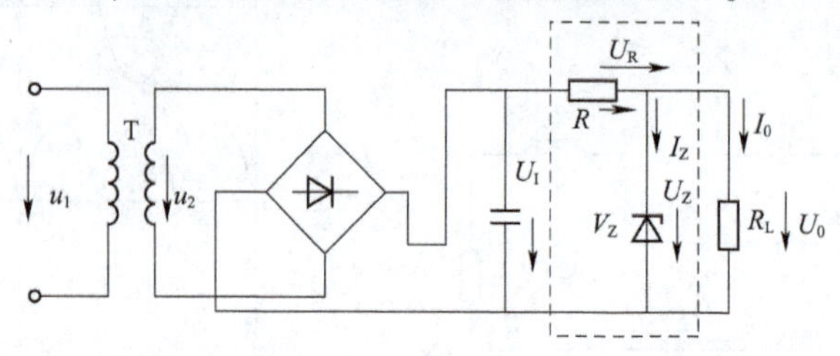

图 7-3-1 硅稳压管稳压电路

引起输出电压不稳定的原因主要是两个:一是电源电压的波动;二是负载电流的变化。稳压管对这两种影响都有抑制作用。

当交流电源电压变化引起 U_I 升高时,起初 U_0 随着升高。由稳压管的特性曲线可知,随着 U_0 的上升(即 U_Z 上升),稳压管电流 I_Z 将显著增加,R 上电流 I 增大导致 R 上电压降 U_R 也增大。根据 $U_0 = U_I - U_R$ 的关系,只要参数选择适当,U_R 的增大可以基本抵消 U_I 的升高,使输出电压基本保持不变,上述过程可以表示为:

$$U_I^{\uparrow} \rightarrow U_0(U_Z)^{\uparrow} \rightarrow I_Z^{\uparrow} \rightarrow I^{\uparrow} \rightarrow U_R^{\uparrow} \rightarrow U_0^{\downarrow}$$

反之,当 U_I 下降引起 U_0 降低时,调节过程与上相反。

当负载变化时电流 I_0 在一定范围内变化而引起输出电压变化时,同样会由于稳压管电流 I_Z 的补偿作用,使 U_0 基本保持不变。其过程描述如下:

$$I_0^{\uparrow} \rightarrow I^{\uparrow} \rightarrow U_R^{\uparrow} \rightarrow U_0^{\downarrow} \rightarrow I_Z^{\downarrow} \rightarrow I^{\downarrow} \rightarrow U_R^{\downarrow} \rightarrow U_0^{\uparrow}$$

综上所述,由于稳压管和负载并联,稳压管总要限制 U_0 的变化,所以能稳定输出直流电压 U_0,这种稳压电路也称为并联型稳压电路。

2.2 串联型稳压电路

2.2.1 串联型晶体管稳压电路及其稳压过程

图 7-3-2 中 V_1 为调整管,它工作在线性放大区;R_3 和稳压管 V_2 构成基准电压源电路,为放大器 A 提供比较用的基准电压;R_1、R_2、R_P 组成取样电路;放大器 A 对取样电压和基准电压的差值进行放大。

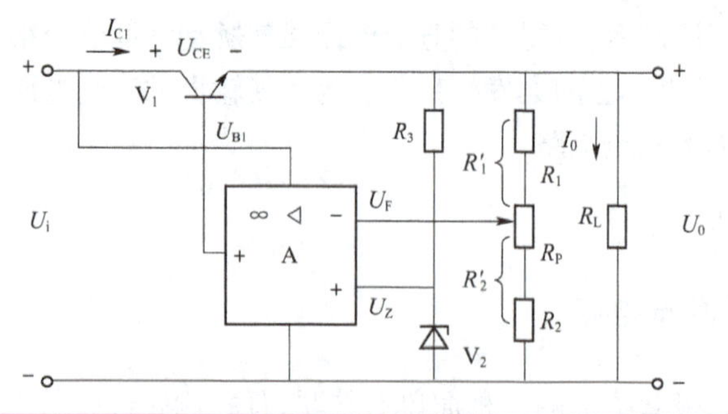

图 7-3-2 简单的串联型稳压电路

稳压原理分析:若负载变化使输出电路 $U_0^{\downarrow}$ →放大器的净输入电压 $\Delta U^{\downarrow}$ →调整管的基极

电压 $U_{B1}^{\uparrow}\rightarrow I_{B1}^{\uparrow}\rightarrow I_{C1}^{\uparrow}\rightarrow$管压降 $U_{CE}^{\downarrow}\rightarrow U_{0}^{\uparrow}$。

若负载变化使输出电压增大,其调整的过程与之相反。

2.2.2 带有放大环节的串联型稳压电路

简单的串联型晶体管稳压电源是直接通过输出电压的微小变化去控制调整管来达到稳压的目的,其稳压效果不好。

若先从输出电压中取得微小的变化量,经过放大后再去控制调整管,就可大大提高稳压效果,其电路如图7-3-3所示。

1)电路组成

该电路由四个基本部分组成,其框图如图7-3-4所示。

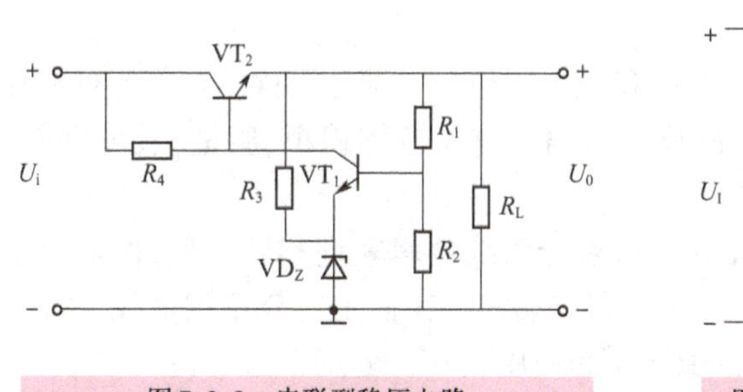

图7-3-3 串联型稳压电路

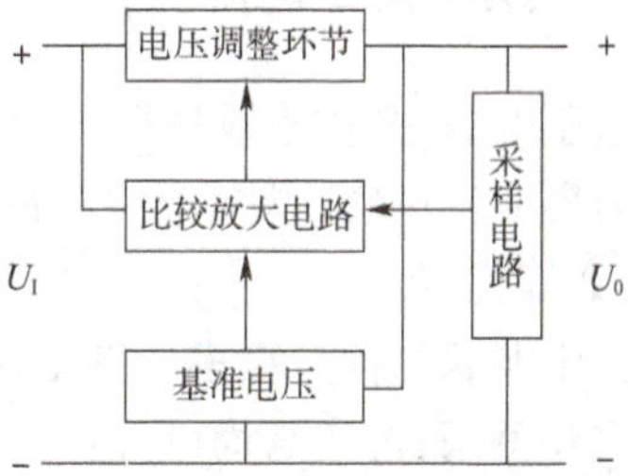

电压调整环节
比较放大电路
基准电压
采样电路
U_I
U_0

图7-3-4 串联型稳压电路框图

(1)采样电路。由分压电阻 R_1、R_2组成。它对输出电压 U_0进行分压,取出一部分作为取样电压给比较放大电路。

(2)基准电压电路。由稳压管 VD_Z和限流电阻 R_3组成,提供一个稳定性较高的直流电压 U_Z,作为调整、比较的标准,称作基准电压。

(3)比较放大电路。由晶体管 VT_1和 R_4构成,其作用是将采样电路采集的电压与基准电压进行比较并放大,进而推动电压调整环节工作。

(4)电压调整电路。由工作于放大状态的晶体管 VT_2构成,其基极电流受比较放大电路输出信号的控制,在比较放大电路的推动下改变调整环节的压降,使输出电压稳定。

2)稳压过程

假设 U_0因输入电压波动或负载变化而增大时,则经采样电路获得的采样电压也增大,而基准电压 U_Z不变,所以采样放大管 VT_1的输入电压 U_{BE1}增大,VT_1管基极电流 I_{B1}增大,经放大后,VT_1的集电极电流 I_{C1}也增大,导致 VT_1的集电极电位 U_{C1}下降,VT_2管基极电位 U_{B2}也下降,I_{B2}减小,I_{C2}减小,U_{CE2}增大,使输出电压 U_0下降,补偿了 U_0的升高,从而保证输出电压 U_0基本不变。这一调节过程可表示为:

$$U_I^{\uparrow}\rightarrow U_0^{\uparrow}\rightarrow U_{BE1}^{\uparrow}\rightarrow I_{B1}^{\uparrow}\rightarrow I_{C1}^{\uparrow}\rightarrow U_{C1}^{\downarrow}$$
$$U_0^{\downarrow}\leftarrow U_{CE2}^{\uparrow}\leftarrow I_{C2}^{\downarrow}\leftarrow I_{B2}^{\downarrow}\leftarrow U_{B2}^{\downarrow}$$

同理,当 U_0降低时,通过电路的反馈作用也会使 U_0保持基本不变。

串联型稳压电路的比较放大电路还可以用集成运放来组成。由于集成运放的放大倍数高,输入电流极小,提高了稳压电路的稳定性,因而应用越来越广泛。

2.3 稳压电路的过载保护措施

在串联型稳压电路中,负载电流全部流过调整管。当负载短路或过载会使调整管电流过

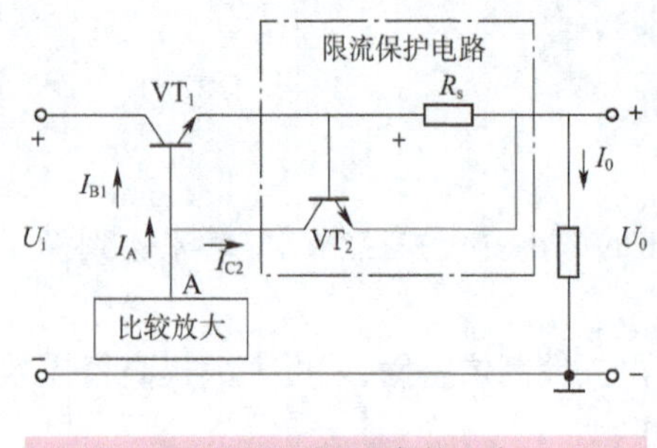

图 7-3-5　限流型保护电路

大而损坏，为此必须设置过载保护电路。保护电路有限流型和截止型两种。下面仅介绍限流型保护电路，如图 7-3-5 所示。

图中 R_S 为检测电阻。正常工作时，负载电流 I_0 在 R_S 上的压降小于 VT_2 导通电压 U_{BE2}，VT_2 截止，稳压电路正常工作。当负载电流 I_0 过大超过允许值时，U_{RS} 增大使 VT_2 导通，比较放大器输出电流被 VT_2 分流，使流入调整管 VT_1 基极的电流受到限制，从而使输出电流 I_0 受到限制，保护了调整管及整个电路。

2.4　集成稳压电源

集成稳压电源，又称集成稳压器，是把稳压电路中的大部分元件或全部元件制作在一片硅片上而成为集成稳压块，是一个完整的稳压电路。它具有体积小、质量轻、可靠性高、使用灵活，价格低廉等优点。

集成稳压电源的种类很多。按工作方式可分为线性串联型和开关型，按输出电压方式可分为固定式和可调式，按结构可分为三端式和多端式。我们主要介绍国产 W7800 系列（输出正电压）和 W7900 系列（输出负电压）稳压器的使用。

2.4.1　固定式三端稳压器

（1）W7800 系列和 W7900 系列三端稳压器简介。

W7800 系列和 W7900 系列三端稳压器输出固定的直流电压。

W7800 系列输出固定的正电压，有 5V、8V、12V、15V、18V、24V 等多种。如 W7815 的输出电压为 15V；最高输入电压为 35V；最小输入、输出电压差为 2V；加散热器时最大输出电流可达 2.2A；输出电阻为 0.03 ~ 0.15Ω；电压变化率为 0.1% ~ 0.2%。

W7900 系列输出固定的负电压，其参数与 W7800 系列基本相同。

（2）三端稳压器的外形和管脚排列如图 7-3-6 所示，按管脚编号，W7800 系列的管脚 1 为输入端，2 为输出端，3 为公共端；W7900 系列的管脚 3 为输入端，2 为输出端，1 为公共端。使用时，三端稳压器接在整流滤波电路之后，如图 7-3-7 所示。电容 C_i 用于防止产生自激振荡，减少输入电压的脉动，其容量较小，一般小于 1μF。电容 C_0 用于削弱电路的高频噪声，可取小于 1μF 的电容，也可取几微法甚至几十微法的电容。

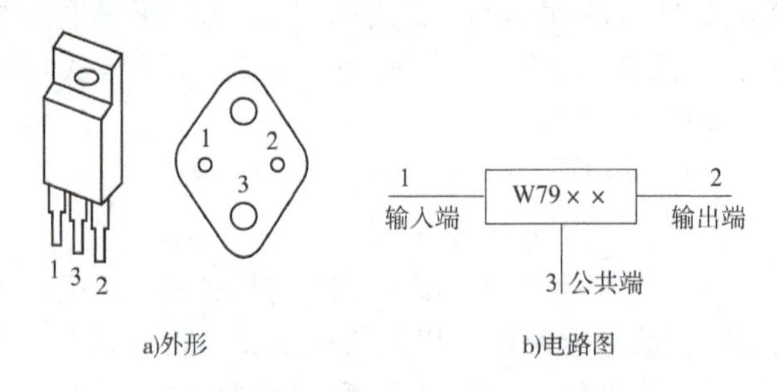

图 7-3-6　W79××系列稳压器

在电子线路中，常需要将 W7800 系列和 W7900 系列组合连接，同时输出正、负电压的双向直流稳压电源，电路如图 7-3-8 所示。

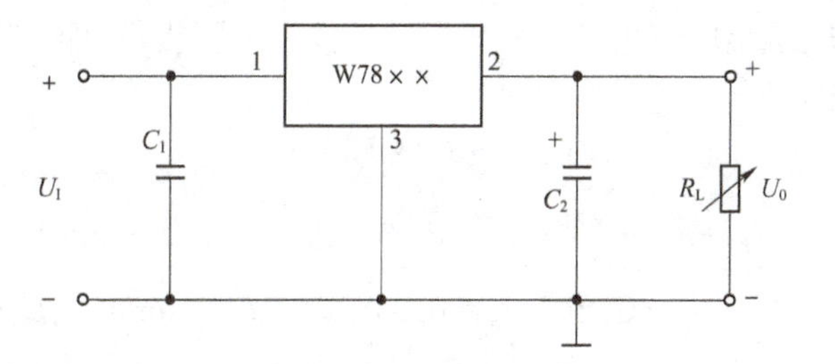

图7-3-7 输出固定电压的稳压电路

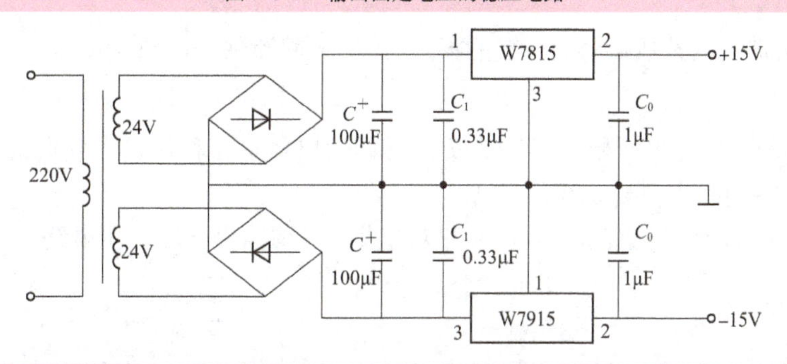

图7-3-8 正、负电压同时输出的电路

2.4.2 提高输出电压的电路

如果需要扩展三端稳压器的输出电压,可采用图7-3-9所示的升压电路,设 $U_{\times\times}$ 为三端稳压器78××的标称输出电压,R_1上的电压为 $U_{\times\times}$,产生的电流 $I_{R1}=U_{\times\times}/R_1$,在 R_1、R_2串联电路上产生的压降为$\left(1+\frac{R_2}{R_1}\right)U_{\times\times}$,$I_QR_2$为稳压器静态工作电流在 R_2上产生的压降。

一般 $I_{R1}>5I_Q$,I_Q约为几毫安,当 $I_{R1}\gg I_Q$,即 R_1、R_2较小时,则有:

$$U_0\approx\left(1+\frac{R_2}{R_1}\right)U_{\times\times} \tag{7-3-1}$$

即输出电压仅与 R_1、R_2、$U_{\times\times}$有关,改变 R_1、R_2的数值,可达到扩展输出电压的目的。上述电路的缺点是,当稳压电路输入电压变化时,I_Q也发生变化,这将影响稳压器的稳压精度,当 R_2较大时尤其如此。

2.4.3 扩展输出电流电路

三端固定式稳压器可借助功率管扩展输出电流,电路如图7-3-10所示。输出电流 I_0为:

$$I_0=I_{0\times\times}+I_C \tag{7-3-2}$$

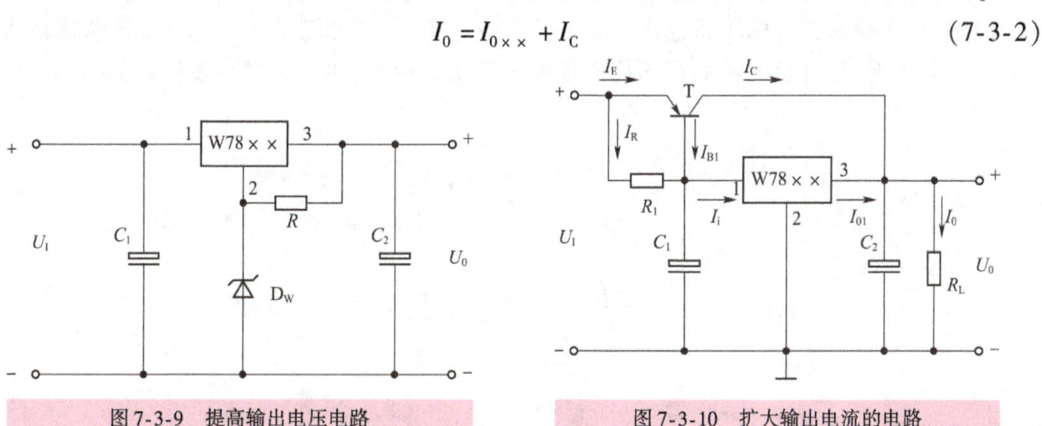

图7-3-9 提高输出电压电路　　图7-3-10 扩大输出电流的电路

由式(7-3-2)可知，输出电流由三端稳压器和晶体管共同提供，输出电流得以扩展，I_{0max}决定于I_{Cmax}。由图又可得：

$$I_{0\times\times} = I_R + I_B - I_Q$$

$$I_{0\times\times} = I_R + I_C + I_B - I_Q = \frac{U_{BE1}}{R} + I_C - I_Q(\text{当}\beta >> 1\text{时})$$

当晶体管VT_1截止时，即$I_C = 0$，设$U_{BE1} \approx 0.3V$，此时$I_0 = 10mA$，由此可决定R。

$\frac{U_{BE1}}{R} > I_Q, R < \frac{U_{BE1}}{I_Q}$，即$R < 30\Omega$。

为防止输出端短路造成调整管VT_1的损坏，可引入限流保护电路VT_2。

2.4.4 三端可调式集成稳压器

W317为可调输出正电压稳压器，W337为可调输出负电压稳压器。它们的输出电压分别为±1.2~37V连续可调，其输出电流为1.5A。

图7-3-11a)、b)分别是用W317和W337组成的可调输出电压稳压电路。

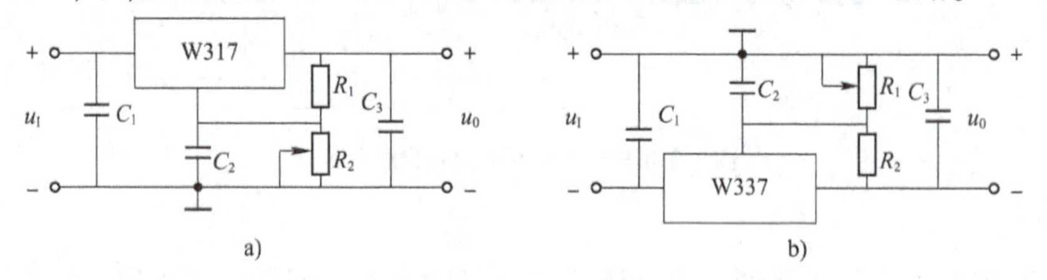

图7-3-11 可调式集成稳压器

2.4.5 具有正、负电压输出的稳压电源

当需要正、负两组电源输出时，可以采用7800系列正单片稳压器和7900系列负压单片稳压器各一块，接线如图7-3-12所示。由图可见，这种用正、负集成稳压器构成的正负两组电源，不仅稳压器具有公共接地端，而且它们的整流部分也是公共的。

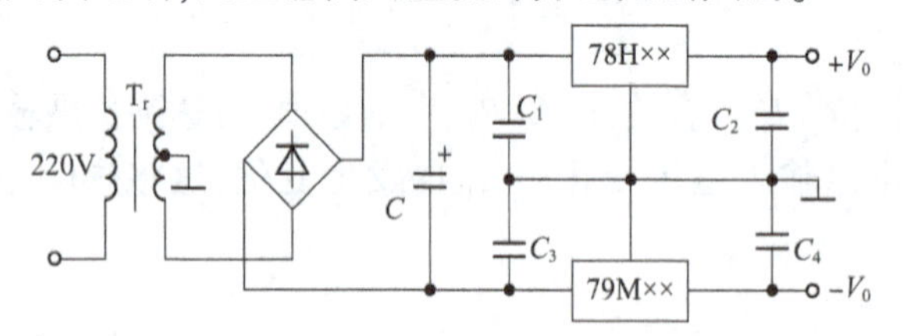

图7-3-12 用7800系列和7900系列单片稳压器组成的正、负双电源

仅用7800系列正压稳压器也能构成正负两组电源，接法如图7-3-13所示，这时需两个独立的变压器绕组，作为负电源的正压稳压器需将输出端接地，原公共接地端作为输出端。

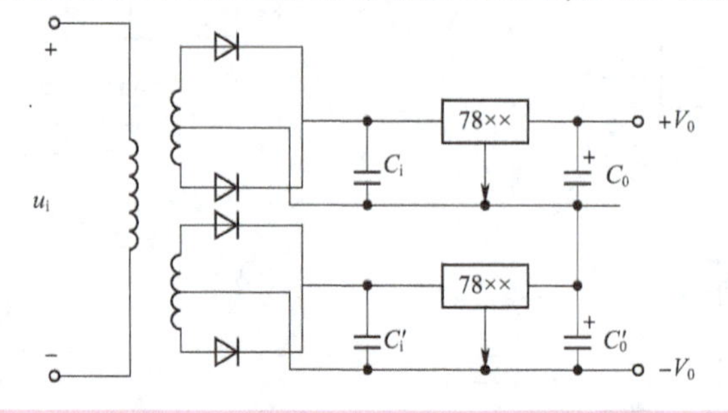

图7-3-13 用两块7800系列单片正集成稳压器组成的正负双电源

3 任务实施——直流稳压电源

3.1 试验目的

(1)研究集成稳压器的特点和性能指标的测试方法。

(2)了解集成稳压器扩展性能的方法。

(3)培养学生安全操作、文明环保的工作意识。

3.2 试验原理

随着半导体工艺的发展,稳压电路也制成了集成器件。由于集成稳压器具有体积小,外接线路简单、使用方便、工作可靠和通用性等优点,因此在各种电子设备中应用十分普遍,基本上取代了由分立元件构成的稳压电路。集成稳压器的种类很多,应根据设备对直流电源的要求来进行选择。对于大多数电子仪器、设备和电子电路来说,通常是选用串联线性集成稳压器。而在这种类型的器件中,又以三端式稳压器应用最为广泛。

W7800、W7900 系列三端式集成稳压器的输出电压是固定的,在使用中不能进行调整。W7800 系列三端式稳压器输出正极性电压,一般有 5V、6V、9V、12V、15V、18V、24V 七个档次,输出电流最大可达 1.5A(加散热片)。同类型 78M 系列稳压器的输出电流为 0.5A,78L 系列稳压器的输出电流为 0.1A。若要求负极性输出电压,则可选用 W7900 系列稳压器。

图 7-3-14 所示为 W7800 系列的外形和接线图。

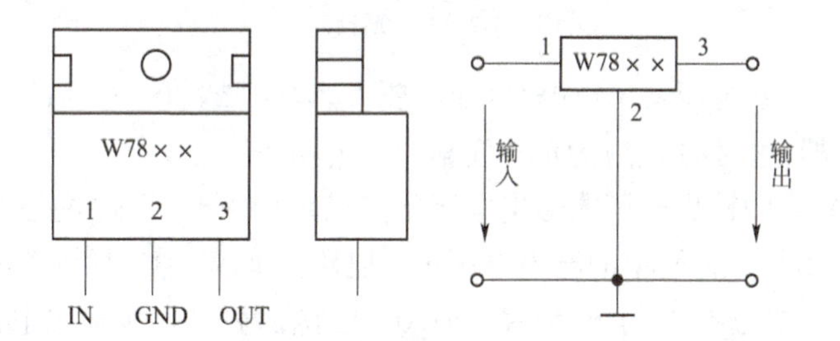

图 7-3-14　W7800 系列外形及接线图

它有三个引出端:

(1)输入端(不稳定电压输入端)　标以“1”;

(2)输出端(稳定电压输出端)　标以“3”;

(3)公共端　标以“2”。

除固定输出三端稳压器外,尚有可调式三端稳压器,后者可通过外接元件对输出电压进行调整,以适应不同的需要。

本试验所用集成稳压器为三端固定正稳压器 W7812,它的主要参数有:输出直流电压 U_0 = +12V,输出电流 L:0.1A,M:0.5A,电压调整率 10mV/V,输出电阻 R_0 = 0.15Ω,输入电压 U_I的范围为 15 ~ 17V。因为一般 U_I要比 U_0大 3 ~ 5V,才能保证集成稳压器工作在线性区。

图 7-3-15 所示是用三端式稳压器 W7812 构成的单电源电压输出串联型稳压电源的试验电路图。其中整流部分采用了由四个二极管组成的桥式整流器成品(又称桥堆),型号为 2W06(或 KBP306),内部接线和外部管脚引线如图 7-3-16 所示。滤波电容 C_1、C_2一般选取几

百至几千微法。当稳压器距离整流滤波电路比较远时，在输入端必须接入电容器 C_3（数值为 0.33μF），以抵消线路的电感效应，防止产生自激振荡。输出端电容 C_4（0.1μF）用以滤除输出端的高频信号，改善电路的暂态响应。

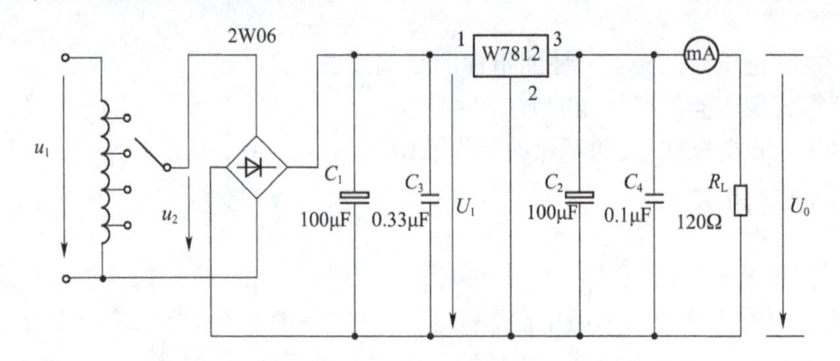

图 7-3-15 由 W7815 构成的串联型稳压电源

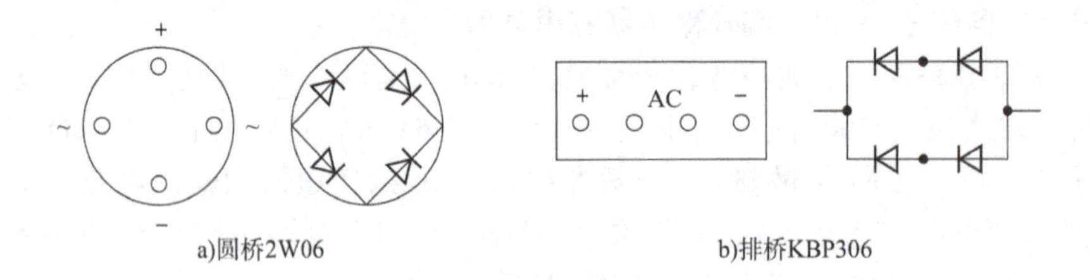

图 7-3-16 桥堆管脚图

图 7-3-17 为正、负双电压输出电路，例如需要 $U_{01}=+15\text{V}$，$U_{02}=-15\text{V}$，则可选用 W7815 和 W7915 三端稳压器，这时的 U_I 应为单电压输出时的两倍。

当集成稳压器本身的输出电压或输出电流不能满足要求时，可通过外接电路来进行性能扩展。图 7-3-18 所示是一种简单的输出电压扩展电路。如 W7812 稳压器的 3、2 端间输出电压为 12V，因此只要适当选择 R 的值，使稳压管 D_W 工作在稳压区，则输出电压 $U_0=12+U_z$，可以高于稳压器本身的输出电压。

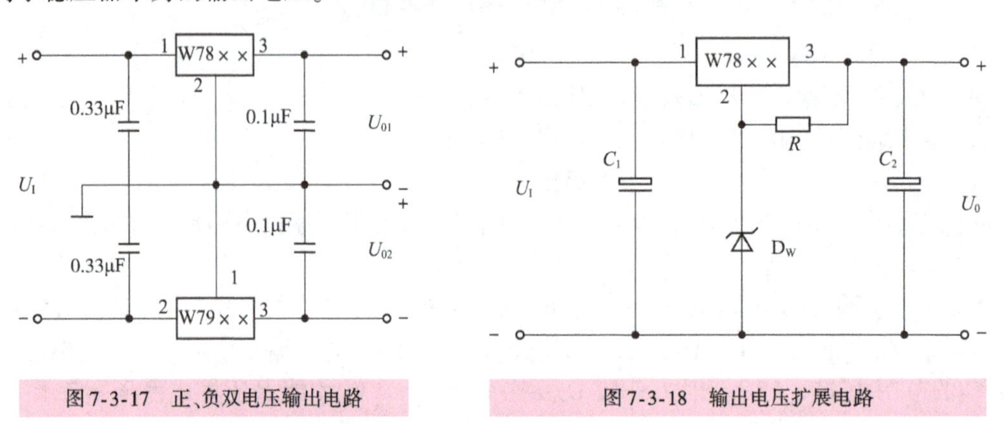

图 7-3-17 正、负双电压输出电路

图 7-3-18 输出电压扩展电路

图 7-3-19 所示是通过外接晶体管 T 及电阻 R_1 来进行电流扩展的电路。电阻 R_1 的阻值由外接晶体管的发射结导通电压 U_{BE}、三端式稳压器的输入电流 I_i（近似等于三端稳压器的输出电流 I_{01}）和 T 的基极电流 I_B 来决定，即：

$$R_1 = \frac{U_{BE}}{I_R} = \frac{U_{BE}}{I_i - I_B} = \frac{U_{BE}}{I_{01} - \dfrac{I_C}{\beta}}$$

式中：I_C——晶体管T的集电极电流，它应等于 $I_C = I_0 - I_{01}$；

β——T的电流放大系数；对于锗管 U_{BE} 可按0.3V估算，对于硅管 U_{BE} 按0.7V估算。

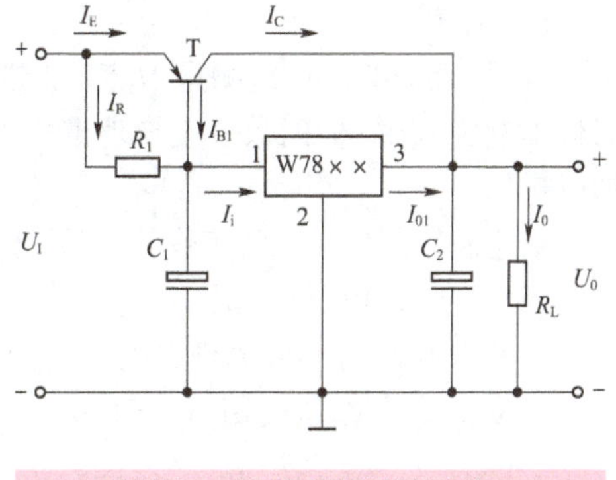

图7-3-19 输出电流扩展电路

输出电压计算公式为：

$$U_0 \approx 1.25\left(1 + \frac{R_2}{R_1}\right)$$

最大输入电压为：

$$U_{Im} = 40V$$

输出电压范围为：

$$U_0 = 1.2 \sim 37$$

3.3 试验设备与器件

(1)可调工频电源。

(2)双踪示波器。

(3)交流毫伏表。

(4)直流电压表。

(5)直流毫安表。

(6)三端稳压器W7812、W7815、W7915。

(7)桥堆2W06(或KBP306)。

(8)电阻器、电容器若干。

3.4 试验内容

1)整流滤波电路测试

按图7-3-20连接试验电路，取可调工频电源14V电压作为整流电路输入电压 u_2。接通工频电源，测量输出端直流电压 U_L 及纹波电压 $\widetilde{U}_L$，用示波器观察 u_2，u_L 的波形，把数据及波形记入自拟表格中。

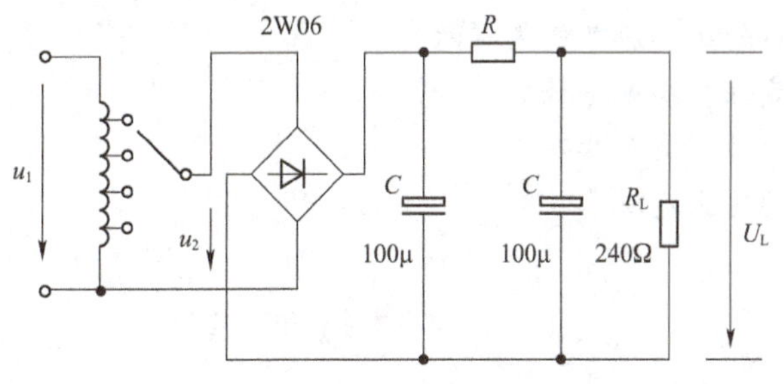

图7-3-20 整流滤波电路

2)集成稳压器性能测试

断开工频电源，按图7-3-15改接试验电路，取负载电阻 $R_L = 120\Omega$。

(1)初测。

接通工频14V电源,测量U_2值;测量滤波电路输出电压U_I(稳压器输入电压),集成稳压器输出电压U_0,它们的数值应与理论值大致符合,否则说明电路出了故障。设法查找故障并加以排除。

电路经初测进入正常工作状态后,才能进行各项指标的测试。

(2)各项性能指标测试。

①输出电压U_0和最大输出电流I_{omix}的测量。

在输出端接负载电阻$R_L = 120\Omega$,由于7812输出电压$U_0 = 12V$,因此流过R_L的电流$I_{0mix} = \frac{12}{120} = 100(mA)$。这时$U_0$应基本保持不变,若变化较大则说明集成块性能不良。

②稳压系数S的测量。

③输出电阻R_0的测量。

④输出纹波电压的测量。

②、③、④的测试方法同试验十,把测量结果记入自拟表格中。

(3)集成稳压器性能扩展。

根据试验器材,选取图7-3-17、图7-3-18或图7-3-19中各元器件,并自拟测试方法与表格,记录试验结果。

3.5 试验总结

(1)整理试验数据,计算S和R_0,并与手册上的典型值进行比较。

(2)分析讨论试验中发生的现象和问题。

3.6 复习要求

(1)复习教材中有关集成稳压器部分内容。

(2)列出试验内容中所要求的各种表格。

(3)在测量稳压系数S和内阻R_0时,应怎样选择测试仪表。

复习与思考题

1. 直流稳压电路的作用是什么?
2. 并联型稳压电路的工作原理是怎样的?
3. 串联型稳压电路的工作原理是怎样的?
4. 稳压电路的过载保护措施是什么?
5. 集成稳压电源的类型有哪些?
6. 集成稳压电源的优点有哪些?

知识点小结

1. 整流电路的任务是将交流电变换成脉动的直流电。整流电路按被整流交流电的相数可分为单相整流电路和三相整流电路两大类。

2. 单相整流电路,包括半波整流电路、全波整流电路、桥式整流电路。

(1)单相半波整流电路：由电源变压器 T_r，整流二极管 VD 和负载电阻 R_L 组成。

$$U_o = \frac{\sqrt{2}}{\pi}U_i \approx 0.45U_i$$

$$I_o = \frac{U_o}{R_L} = \frac{0.45U_i}{R_L}$$

(2)单相全波整流电路：由副边绕组具有中心抽头的变压器 T_r 和两只二极管 VD_1、VD_2 及负载 R_L 组成。

(3)单相桥式整流电路：四个二极管 VD_1、VD_2、VD_3、VD_4 构成电桥的桥臂，在四个顶点中，不同极性点接在一起与变压器次级绕组相连，同极性点接在一起与直流负载相连。

$$U_o \approx 0.9U_2$$

$$I_o = \frac{U_o}{R_L} = \frac{0.9U_2}{R_L}$$

3. 滤波电路直接接在整流电路后面，一般由电容、电感以及电阻等元件组成。

4. 稳压二极管——是一种用特殊工艺制造的面接触型二极管。它和普通二极管的不同之处是它工作在反向击穿状态，而且在反向击穿电压消失后，仍能恢复单向导电特性。

5. 稳压电路——当电网电压波动或负载发生变化时，能使输出电压稳定的电路。

(1)并联型稳压电路，如下图所示。

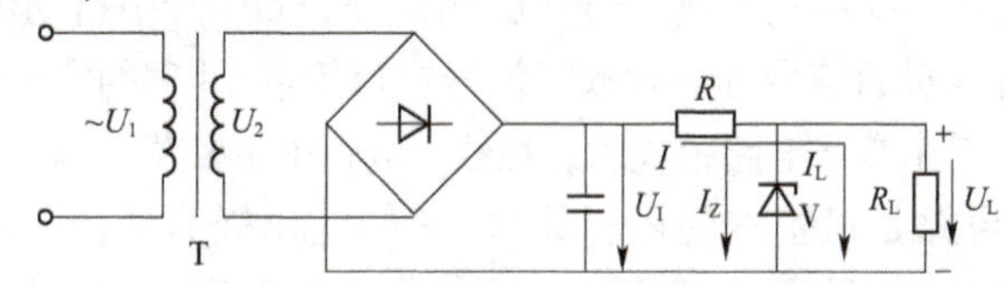

并联型稳压电路

(2)串联型稳压电路如下图所示。

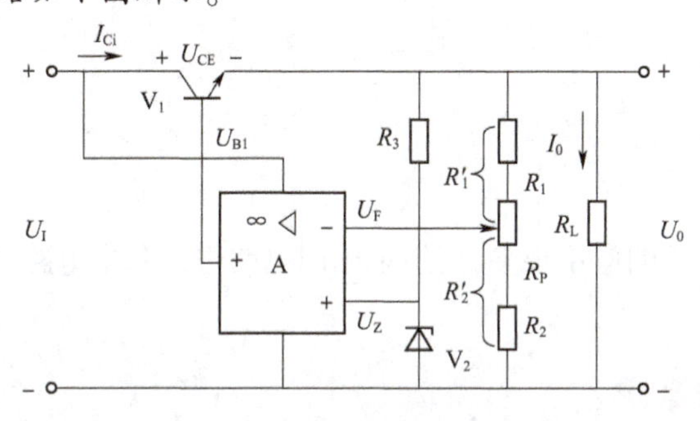

串联型稳压电路

(3)集成稳压电源，又称集成稳压器，是把稳压电路中的大部分元件或全部元件制作在一片硅片上而成为集成稳压块，是一个完整的稳压电路。

项目 8

门电路和组合逻辑电路

概　述

工程上把电信号分为模拟信号和数字信号两大类。模拟信号指在时间上和数值上都是连续变化的信号，具有无穷多的数值，其数学表达式也比较复杂，例如正弦函数、指数函数等。人们从自然界感知的许多物理量均属于模拟性质的，如温度、压力、速度等。在工程技术上，为了便于分析，常用传感器将模拟量转换为电流、电压或电阻等电量，以便用电路进行分析和处理。对模拟信号进行阐述、处理的电子线路成为模拟电路，如放大器、滤波器、信号发生器等。

数字信号是指时间和幅度都是离散(不连续)的信号。如生产中自动记录零件个数的计数信号，由计算机键盘输入计算机的信号等。对数字信号进行传输、处理的电子线路称为数字电路，如数字钟、数字万用表等都是由数字电路组成的。在数字电路中主要关心输入、输出的逻辑关系。

在数字电路中，门电路是最基本的逻辑元件，它的应用极为广泛。所谓“门”就是一种开关，在一定条件下它能允许信号通过，条件不满足，信号就通不过。因此，门电路的输入信号与输出信号之间存在一定的逻辑关系，所以门电路又称逻辑门电路。

任务 1　门　电　路

1 任务引入

门电路在现实生活中的应用很多，要想采用门电路进行基本电路的设计，首先要掌握门电路的相关知识。

2 相关理论知识

2.1　基本门电路

基本逻辑门电路有与门、或门和非门。

2.1.1　二极管与门电路

图 8-1-1 所示是二极管与门电路，它有两个输入端 A 和 B，一个输出端 Y。

当输入变量 A 和 B 全为 1 时(设两个输入端的电位均为 3V)，电源 +5V 的正端经电阻 R 向两个输入端流通电流(电源的负端接“地”，图中未标)，D_1 和 D_2 两管都导通，输出端 Y 的电位略高于 3V(因为二极管的正向压降有零点几伏)，因此输出变量 Y 为 1。

当输入变量不全为 1，而有一个或两个全为 0 时，即该输入端的电位在 0V 附近。例如 A 为

0,B 为 1,则 D_1 优先导通。这时输出端 Y 的电位也在 0V 附近,此时 D_2 因承受反向电压而截止。

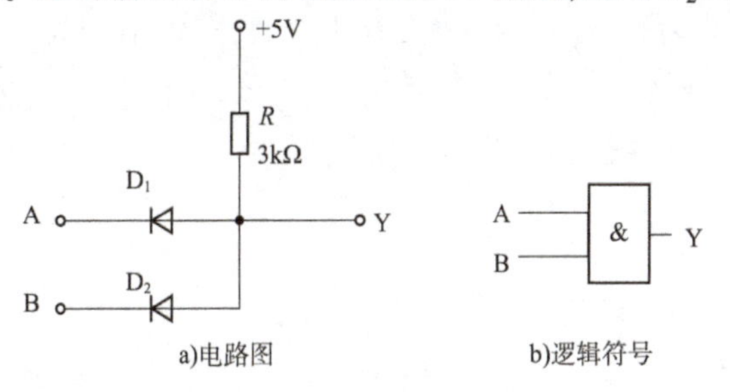

a)电路图　　b)逻辑符号

图 8-1-1　二极管与门电路

只有当输入变量全为 1 时,输出变量 Y 才为 1,这合乎与门的要求。与逻辑关系式为:Y = A · B。

图 8-1-1 有两个输入端,输入信号有 1 和 0 两种状态,共有四种组合,因此可用表 8-1-1 完整地列出四种输入、输出逻辑状态。

与门逻辑状态表　　表 8-1-1

输入		输出 Y	输入		输出 Y
A	B		A	B	
0	0	0	1	0	0
0	1	0	1	1	1

2.1.2　二极管或门电路

图 8-1-2a) 所示是二极管或门电路。

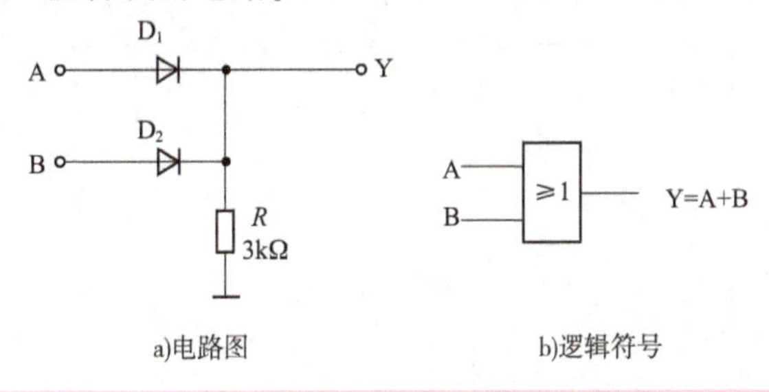

a)电路图　　b)逻辑符号

图 8-1-2　二极管或门电路

比较一下图 8-1-1a) 和图 8-1-2a) 就可以看出,后者二极管的极性与前者接得相反,其阴极相连经电阻 R 接“地”。当输入变量只要有一个为 1 时,输出就为 1。例如 A 为 1,B 为 0,则 D_1 优先导通,输出变量 Y 也为 1。此时,D_2 因承受反向电压而截止。

只有当输入变量全为 0 时,输出变量 Y 才为 0,此时两个二极管都截止。或逻辑关系式为:Y = A + B。表 8-1-2 是或门的输入、输出逻辑状态表。

或门逻辑状态表　　表 8-1-2

输入		输出 Y	输入		输出 Y
A	B		A	B	
0	0	0	1	0	1
0	1	1	1	1	1

2.1.3　晶体管非门电路

图 8-1-3a) 所示是晶体管非门电路。晶体管非门电路不同于放大电路,管子的工作状态

或从截止转为饱和,或从饱和转为截止。非门电路只有一个输入端 A。当 A 为 1 时,晶体管饱和,其集电极,即输出端 Y 为 0;当 A 为 0 时,晶体管截止,输出端为 1。所以非门电路又称反相器。非逻辑关系式为 $Y=\overline{A}$。

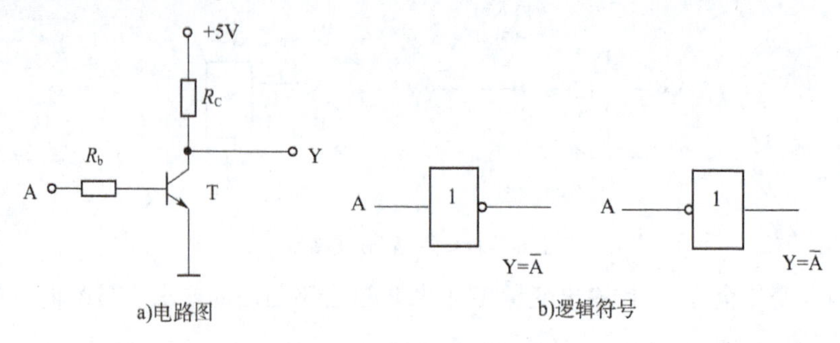

a)电路图　　b)逻辑符号

图 8-1-3　非门电路

表 8-1-3 是非门逻辑状态表。

非门逻辑状态表　　表 8-1-3

输入 A	输出 Y	输入 A	输出 Y
0	1	1	0

2.2 复合门电路

2.2.1 与非门电路

与非门电路的逻辑图、逻辑符号及波形图如图 8-1-4 所示,表 8-1-4 是其逻辑状态表。

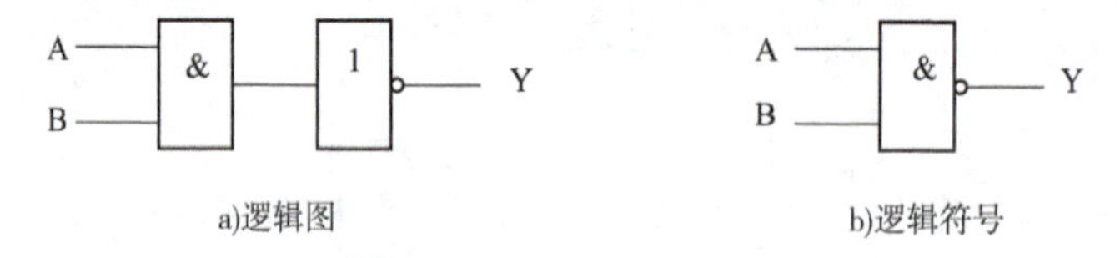

a)逻辑图　　b)逻辑符号

图 8-1-4　与非门电路

与非逻辑关系式为:$Y=\overline{A\cdot B}$。

与非门逻辑状态表　　表 8-1-4

输　入		输出 Y	输　入		输出 Y
A	B		A	B	
0	0	1	1	0	1
0	1	1	1	1	0

2.2.2 或非门电路

或非门电路的逻辑图、逻辑符号及波形图如图 8-1-5 所示,表 8-1-5 是其逻辑状态表。

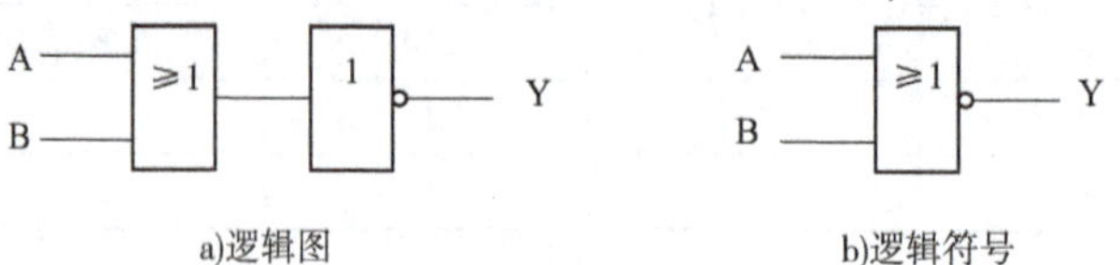

a)逻辑图　　b)逻辑符号

图 8-1-5　与非门电路

与非逻辑关系式为：Y =/A + B。

与非门逻辑状态表　　表8-1-5

输入		输出Y	输入		输出Y
A	B		A	B	
0	0	1	1	0	0
0	1	0	1	1	0

2.3 集成门电路

上面讨论的门电路都是由二极管、晶体管组成的，它们称为分立元件门电路。本节将介绍的是集成门电路，它具有高可靠性和微型化等优点。在数字电路中最常用的是与、或、非、与非、或非、与或非等门电路。其中，应用最普遍的就是与非门电路。

2.3.1 TTL(晶体管—晶体管逻辑)与非门的基本结构

图8-1-6所示为TTL(晶体管—晶体管逻辑)与非门的基本结构。

输入级：可用集成工艺将T_1做成一个多发射极三极管。这样它既是四个PN结，不改变原来的逻辑关系，又具有三极管的特性。

输出级：应有较强的负载能力，为此将三极管的集电极负载电阻R_C换成由三极管T_4、二极管D和R_{C4}组成的有源负载。由于T_3和T_4受两个互补信号V_{e2}和V_{c2}的驱动，所以在稳态时，它们总是一个导通，另一个截止。这种结构，称为推拉式输出级。

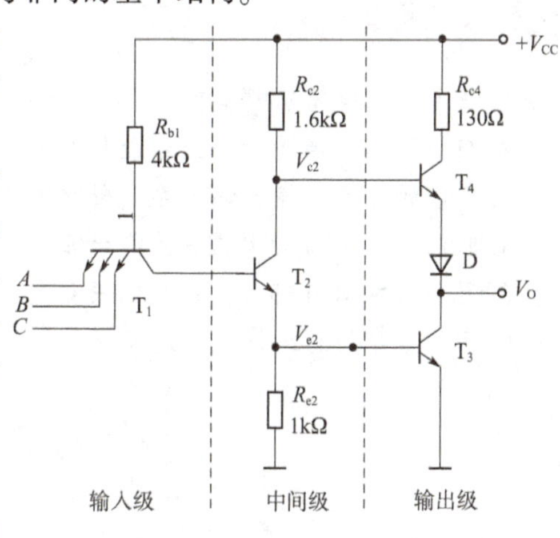

图8-1-6　TTL与非门电路

2.3.2 TTL与非门的逻辑关系

因为该电路的输出高低电平分别为3.6V和0.3V，所以在下面的分析中假设输入高低电平也分别为3.6V和0.3V。

1)输入全为高电平3.6V时

T_2、T_3导通，$V_{B1}=0.7\times3=2.1$(V)，从而使T_1的发射结因反偏而截止。此时T_1的发射结反偏，而集电结正偏，称为倒置放大工作状态。

由于T_3饱和导通，输出电压为：$V_O=V_{CES3}\approx0.3$V，这时$V_{E2}=V_{B3}=0.7$V，而$V_{CE2}=0.3$V，故有$V_{C2}=V_{E2}+V_{CE2}=1$V。1V的电压作用于T_4的基极，使T_4和二极管D都截止。

可见实现了与非门的逻辑功能之一：输入全为高电平时，输出为低电平，如图8-1-7所示。

2)输入有低电平0.3V时

该发射结导通，T_1的基极电位被钳位到$V_{B1}=1$V。T_2、T_3都截止。由于T_2截止，流过R_{C2}的电流仅为T_4的基极电流，这个电流较小，在R_{C2}上产生的压降也较小，可以忽略，所以$V_{B4}\approx V_{CC}=5$V，使T_4和D导通，则有：

$$V_O\approx V_{CC}-V_{BE4}-V_D=5-0.7-0.7=3.6(\text{V})$$

可见实现了与非门的逻辑功能的另一方面：输入有低电平时，输出为高电平，如图8-1-8所示。

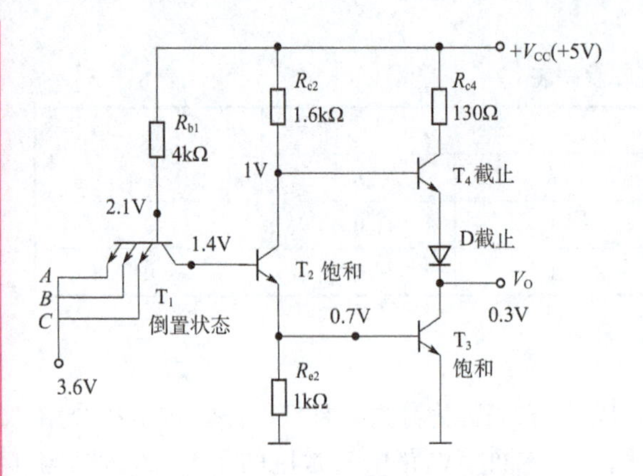

图 8-1-7 输入全为高电平时的工作情况

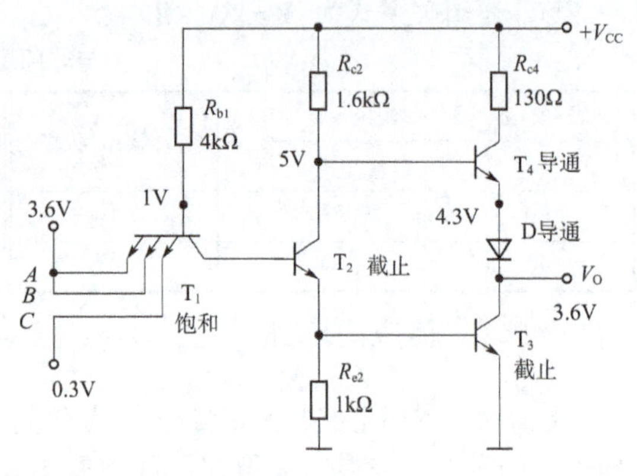

图 8-1-8 输入有低电平时的工作情况

综合上述两种情况,该电路满足与非的逻辑功能,是一个与非门。

复习与思考题

1. 基本的门电路有哪些?
2. 与门的输入与输出的关系是什么?
3. 或门的输入与输出的关系是什么?
4. 非门的输入与输出的关系是什么?
5. 复合门电路有哪些?各自的关系是什么?
6. TTL 与非门的工作过程是怎样的?

任务2 组合逻辑电路

1 任务引入

根据逻辑电路的功能特点,逻辑电路可分为组合逻辑电路和时序逻辑电路两大类。本节讨论组合逻辑电路的基本概念、特点以及组合逻辑电路的分析和设计方法。

2 相关理论知识

2.1 计数制与编码

2.1.1 数制

数制是计数进位制的简称。在我们日常生活中常使用的是十进制数,而在数字电路中采用的是二进制数。二进制数的优点是其运算规律简单且实现二进制数的数字装置简单。二进制数的缺点是人们对其使用时不习惯且当二进制位数较多时,书写起来很麻烦,特别是在写错了以后不易查找错误,为此,书写时常采用八进制和十六进制数。

一个 K 进制数可表示为:

$$(N)_K = \sum a_i \times K^i \quad (i = 0, \pm 1, \pm 2, \pm 3, \cdots)$$

其中K^i称为K进制数第i位的权，简称位权。a_i称为K进制数第i位的系数，共K个。表8-2-1列出了十进制数、二进制数、八进制数以及十六进制数的表示形式。

二、八、十、十六进制表示形式 表8-2-1

数制	十进制数	二进制数	八进制数	十六进制数
系数a_i	0,1,…9	0,1	0,1,…7	0,1,…9,A,B,C,D,E,F 其中A～F依次表示十进制数10,11,12,13,14,15
基数	10	2	8	16
位权值	10^i	2^i	8^i	16^i
按权展开式	$(N)_D=\sum a_i\times10^i$	$(N)_B=\sum a_i\times2^i$	$(N)_O=\sum a_i\times8^i$	$(N)_H=\sum a_i\times16^i$

不同的进位计数制只是描述数值的不同手段，可以相互转换，转换的原则是保证转换前后所表示的数值相等。

2.1.2 数制转换

1)将K进制数转换为十进制数

其方法为按“权”展开，也就是按照各种进制的权值展开式，求出系数与位权的乘积，然后把诸项乘积求和，即可得到转换结果。

【例8-1】 将二进制数$(1011.101)_B$转换为十进制数。

解：将二进制数按权展开如下：

$$(1011.101)_B=1\times2^3+0\times2^2+1\times2^1+1\times2^0+1\times2^{-1}+0\times2^{-2}+1\times2^{-3}=(11.625)_D$$

其他进制数转换为十进制的方法与上类似，如下例。

【例8-2】 将十六进制数$(FA59)_H$转换为十进制数。

$$(FA59)_H=15\times16^3+10\times16^2+5\times16^1+9\times16^0=(64089)_D$$

2)将十进制转换成K进制

方法：将整数部分和小数部分分别进行转换，然后再将它们合并起来。

整数部分转换：除“K”取余数法。

小数部分转换：乘“K”取整数法。

(1)十进制数整数转换成K进制数整数，采用逐次除以基数K取余数（“除K取余”）的方法。

①将给定的十进制数除以K，余数作为K进制数的最低位。

②把第一次除法所得的商再除以K，余数作为次低位。

③重复②的步骤，记下余数，直至最后的商数为0，最后的余数即为K进制的最高位。

(2)十进制数纯小数转换成K进制小数，采取逐次乘以K，截取乘积的整数部分（“乘K取整”）方法。

①将给定的十进制数小数乘以K，截取其整数部分作为K进制小数部分的最高位。

②把第一次积的小数部分再乘以K，所得积的整数部分为K进制的小数次高位。

③依次进行下去，直至最后乘积为0。若最后乘积不会出现0，要求达到一定的精度为止。

若要求精确到0.1%（千分之一） 取10位 因为 $1/2^{10}=0.00097$

若要求精确到1%（百分之一） 取7位 因为 $1/2^7=0.0078$

若要求精确到10%（十分之一） 取4位 因为 $1/2^4=0.0625$

(3)基数 K 为 2^i 的各进制数之间的相互转换。

①二进制→八进制、十六进制。

由于八进制的基数 $8=2^3$，十六进制的基数 $16=2^4$，因此一位八进制所能表示的数值恰好相当于3位二进制数能表示的数值，而一位十六进制与4位二进制数能表示的数值正好相当，所以将二进制数转换成八进制数和十六进制数相当方便。

其转换规则是：从小数点起向左右两边按3位(或四位)分组，不满3位(或4位)的，加0补足，每组以其对应的八进制(或十六进制)数码代替，即3位合1位(或4位合1位)，顺序排列即为变换后的等值八进制(或十六进制)数。

【例8-3】 $(110101.001000111)_B=(\qquad)_O=(\qquad)_H$

解：先从小数点起向两边每3位合1位，不足3位的加0补足，则得相应的八进制数

$$(\underset{6}{\underline{110}}\ \underset{5}{\underline{101}}.\underset{1}{\underline{001}}\ \underset{0}{\underline{000}}\ \underset{7}{\underline{111}})_B=(65.107)_O$$

从小数点起向两边每4位合1位，不足4位的加0补足，则得相应的十六进制数

$$(110101.001000111)_B=(\underline{0011}\ \underline{0101}.\underline{0010}\ \underline{0011}\ \underline{1000})_B=(35.238)_H$$

②八进制、十六进制→二进制。

方法：从小数点起，对八进制数，1位用3位二进制数代替；对十六进制数，1位用4位二进制数代替。

【例8-4】 $(\underset{\underline{011}}{3}\quad\underset{\underline{101}}{5}\quad.\underset{\underline{110}}{6})_O=(11101.11)_B$

$(\underset{\underline{0010}}{2}\quad\underset{\underline{1011}}{B}.\quad\underset{\underline{1111}}{F}\quad)_H=(101011.1111)_B$

2.1.3 编码

编码是对特定事物给予特定的代码。

用二进制数对特定事物编码所得二进制代码称为二进制码。一编码所得二进制码称为原码，将其各位取反(0变1，1变0)所得二进制码称为该原码的反码。在反码基础上加"1"所得二进制码称为该原码的补码。

对一位十进制数0~9给予一一对应的二进制代码，此二进制码称为二—十进制(BCD)码。BCD码有8421 BCD码，2421 BCD码，余3码等。8421 BCD码是最常用的BCD码，常简称为BCD码。表8-2-2给出了十进制数的几种BCD码。

8421BCD码用四位二进制数的前10个数分别与十进制数0~9一一对应，而后6个二进制码1010~1111则不代表任何数。每一位的1都有固定的码权值，分别为8、4、2、1。8421码是一种有权码，各位码乘以各位权值相加即可得8421码所表示的十进制数。

余3码用四位二进制数中间的10个数分别与十进制数0~9一一对应。将余3码看作为一个四位二进制数，该数值比余3码表示的十进制数大3，所以称为余3码。两余3码相加，结果要比十进制数之和所对应的二进制数大6。若两十进制数之和是10，用余3码实行十进制加法运算，结果是二进制数的16，即自动产生向高位进位信号。余3码中0和9，1和8，2和7，3和6，4和5对应的二进制码互为反码。

2421码也是一种有权码，用四位二进制数前5个和后5个与十进制数对应。2421码的0和9，1和8，2和7，3和6，4和5也互为反码。

余3循环码是一种变权码，每一位的"1"在不同代码中不具有固定数值。其特点是相邻

两代码间只有一位的状态不同。

几种常用 BCD 码 表 8-2-2

十进制数	8421 码	2421 码	余 3 码	余 3 循环码	5211 码
0	0000	0000	0011	0010	0000
1	0001	0001	0100	0110	0001
2	0010	0010	0101	0111	0100
3	0011	0011	0110	0101	0101
4	0100	0100	0111	0100	0111
5	0101	1011	1000	1100	1000
6	0110	1100	1001	1101	1001
7	0111	1101	1010	1111	1100
8	1000	1110	1011	1110	1101
9	1001	1111	1100	1010	1111

2.2 逻辑函数的化简

化简就是将逻辑函数表达式化成最简的与—或表达式，所谓最简的与—或表达式就是表达式中所含的乘积项最少，且每个乘积项中所含变量的个数也最少。

2.2.1 逻辑代数的基本公式和基本定理

基本公式又称基本定律，是用逻辑表达式来描述逻辑运算的一些基本规律，有些和普通代数相似，有些则完全不同，是逻辑运算的重要工具，也是学习数字电子电路的必要基础。

逻辑代数的基本定律和恒等式见表 8-2-3。

逻辑代数的基本定律和恒等式(基本公式) 表 8-2-3

表达式	名称	运算规律
$A+0=A$	0-1 律	变量与常量的关系
$A\cdot 0=0$		
$A+1=1$		
$A\cdot 1=A$		
$A+A=A$	同一律	逻辑代数的特殊规律，不同于普通代数
$A\cdot A=A$		
$A+\overline{A}=1$	互补律	
$A\cdot\overline{A}=0$		
$\overline{\overline{A}}=A$	非非律	
$A+B=B+A$	交换律	与普通代数规律相同
$A\cdot B=B\cdot A$		
$(A+B)+C=A+(B+C)$	结合律	
$(A\cdot B)\cdot C=A\cdot(B\cdot C)$		
$A\cdot(B+C)=A\cdot B+A\cdot C$	分配律	
$A+BC=(A+B)(A+C)$		
$\overline{A+B}=\overline{A}\cdot\overline{B}$	反演律(摩根定律)	逻辑代数的特殊规律，不同于普通代数
$\overline{A\cdot B}=\overline{A}+\overline{B}$		

2.2.2 常用公式

以表8-2-3所示的基本公式为基础,又可以推出一些常用公式,见表8-2-4。这些公式的使用频率非常高,直接运用这些常用公式,可以给逻辑函数化简带来很大方便。

逻辑代数的常用公式 表8-2-4

表达式	含义	方法说明
$A+AB=A$	在一个与或表达式中,若其中一项包含了另一项,则该项是多余的	吸收法
$A+\overline{A}B=A+B$	两个乘积项相加时,若一项取反后是另一项的因子,则此因子是多余的	消因子法
$\overline{AB}+AB=A$	两个乘积项相加时,若两项中除去一个变量相反外,其余变量都相同,则可用相同的变量代替这两项	并项法
$AB+\overline{A}C+BC=AB+\overline{A}C$	若两个乘积项中分别包含了A、$\overline{A}$两个因子,而这两项的其余因子组成第三个乘积项时,则第三个乘积项是多余的,可以去掉	消项法
$\overline{AB+\overline{A}C}=A\ \overline{B}+\overline{A}\ \overline{C}$	在一个与或表达式中,如其中一项含有某变量的原变量,另一项含有此变量的反变量,那么将这两项其余部分各自求反,则可得到这两项的反函数	求反函数法

在化简逻辑函数时,要灵活运用上述方法,才能将逻辑函数化为最简。下面再举几个例子。

【例8-5】 化简逻辑函数 $L=A\overline{B}+A\overline{C}+A\overline{D}+ABCD$

解:$L=A(\overline{B}+\overline{C}+\overline{D})+ABCD=A\overline{BCD}+ABCD=A(\overline{BCD}+BCD)=A$

【例8-6】 化简逻辑函数 $L=AD+A\overline{D}+AB+\overline{A}C+BD+A\overline{B}EF+\overline{B}EF$

解:$L=A+AB+\overline{A}C+BD+A\overline{B}EF+\overline{B}EF$(利用 $A+\overline{A}=1$)

$=A+\overline{A}C+BD+\overline{B}EF$(利用 $A+AB=A$)

$=A+C+BD+\overline{B}EF$(利用 $A+\overline{A}B=A+B$)

【例8-7】 化简逻辑函数 $L=AB+A\overline{C}+\overline{B}C+\overline{C}B+\overline{B}D+\overline{D}B+ADE(F+G)$

解:$L=A\overline{\overline{B}C}+\overline{B}C+\overline{C}B+\overline{B}D+\overline{D}B+ADE(F+G)$(利用反演律)

$=A+\overline{B}C+\overline{C}B+\overline{B}D+\overline{D}B+ADE(F+G)$(利用 $A+\overline{A}B=A+B$)

$=A+\overline{B}C+\overline{C}B+\overline{B}D+\overline{D}B$(利用 $A+AB=A$)

$=A+\overline{B}C(D+\overline{D})+\overline{C}B+\overline{B}D+\overline{D}B(C+\overline{C})$(配项法)

$=A+\overline{B}CD+\overline{B}C\overline{D}+\overline{C}B+\overline{B}D+\overline{D}BC+\overline{D}B\overline{C}$

$=A+\overline{B}C\overline{D}+\overline{C}B+\overline{B}D+\overline{D}BC$(利用 $A+AB=A$)

$=A+C\overline{D}(\overline{B}+B)+\overline{C}B+\overline{B}D$

$=A+C\overline{D}+\overline{C}B+\overline{B}D$(利用 $A+\overline{A}=1$)

2.3 组合逻辑电路的分析与设计

2.3.1 组合逻辑电路的分析

1)组合逻辑电路的特点

组合逻辑电路是数字电路中最简单的一类逻辑电路,其特点是功能上无记忆,结构上无反馈。即电路任一时刻的输出状态只决定于该时刻各输入状态的组合,而与电路的原状态无关。

2)组合逻辑电路的分析方法

组合逻辑电路的分析方法如图 8-2-1 所示。

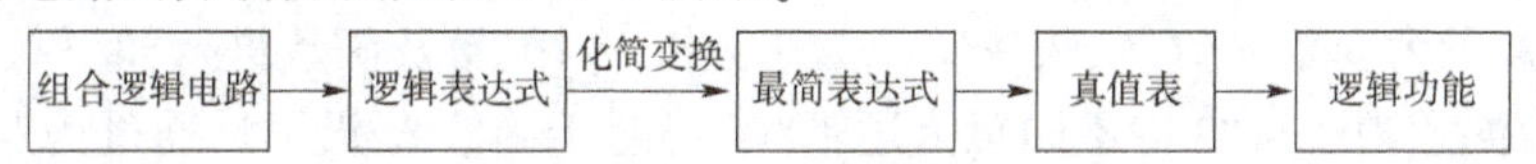

图 8-2-1 组合逻辑电路的分析方法

【例 8-8】 组合电路如图 8-2-2 所示,分析该电路的逻辑功能。

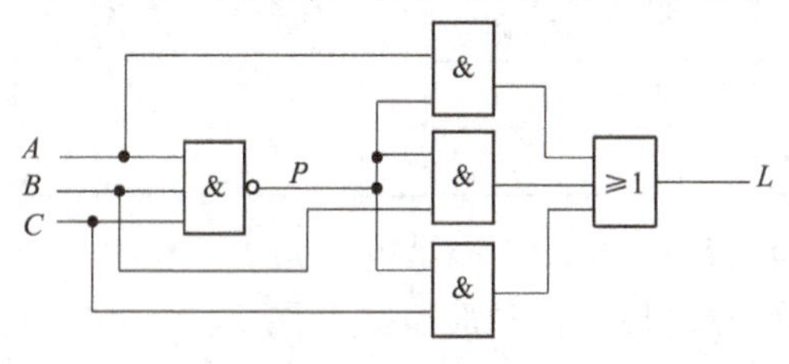

图 8-2-2 例 8-8 电路图

解:(1)由逻辑图逐级写出逻辑表达式。为了写表达式方便,借助中间变量 P。

$$P = \overline{ABC}$$

$$L = AP + BP + CP$$

$$= A\,\overline{ABC} + B\,\overline{ABC} + C\,\overline{ABC}$$

(2)化简与变换。因为下一步要列真值表,所以要通过化简与变换,使表达式有利于列真值表,一般应变换成与—或式或最小项表达式。

$$L = \overline{ABC}(A + B + C) = \overline{ABC + \overline{A + B + C}}$$

$$= \overline{ABC + \overline{A}\,\overline{B}\,\overline{C}}$$

(3)由表达式列出真值表,见表 8-2-5。经过化简与变换的表达式为两个最小项之和的非,所以很容易列出真值表。

逻辑电路真值表 表 8-2-5

A B C	L	A B C	L	A B C	L	A B C	L
0 0 0	0	0 1 0	1	1 0 0	1	1 1 0	1
0 0 1	1	0 1 1	1	1 0 1	1	1 1 1	0

(4)分析逻辑功能。

由真值表可知,当 A、B、C 三个变量不一致时,电路输出为"1",所以这个电路称为"不一致电路"。

上例中输出变量只有一个,对于多输出变量的组合逻辑电路,分析方法完全相同。

2.3.2 组合逻辑电路的设计方法

设计组合逻辑电路的大致步骤如图 8-2-3 所示。

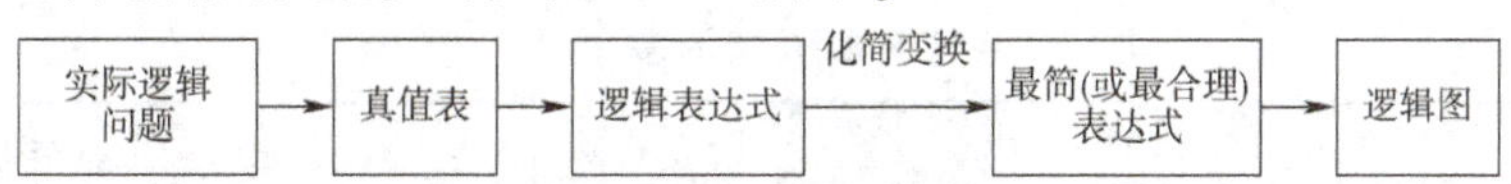

图 8-2-3 设计组合逻辑电路的步骤

组合逻辑电路的设计一般应以电路简单、所用器件最少为目标,并尽量减少所用集成器件的种类,因此在设计过程中要用到前面介绍的方法来化简或转换逻辑函数。

【例 8-9】 设计一个三人表决电路，结果按“少数服从多数”的原则决定。

解：(1)根据设计要求建立该逻辑函数的真值表。

设三人的意见为变量 A、B、C，表决结果为函数 L。对变量及函数进行如下状态赋值：对于变量 A、B、C，设同意为逻辑“1”；不同意为逻辑“0”。对于函数 L，设事情通过为逻辑“1”；没通过为逻辑“0”。列出真值表见表 8-2-6。

例 8-9 真值表　　表 8-2-6

A B C	L	A B C	L	A B C	L	A B C	L
0 0 0	0	0 1 0	0	1 0 0	0	1 1 0	1
0 0 1	0	0 1 1	1	1 0 1	1	1 1 1	1

(2)由真值表写出逻辑表达式：$L=\overline{A}BC+A\overline{B}C+AB\overline{C}+ABC$

(3)该逻辑式不是最简，化简后可得到最简结果：$L=AB+BC+AC$

(4)画出逻辑图如图 8-2-4 所示。

如果要求用与非门实现该逻辑电路，就应将表达式转换成与非—与非表达式：

$$L=AB+BC+AC=\overline{\overline{AB}\cdot\overline{BC}\cdot\overline{AC}}$$

画出逻辑图如图 8-2-5 所示。

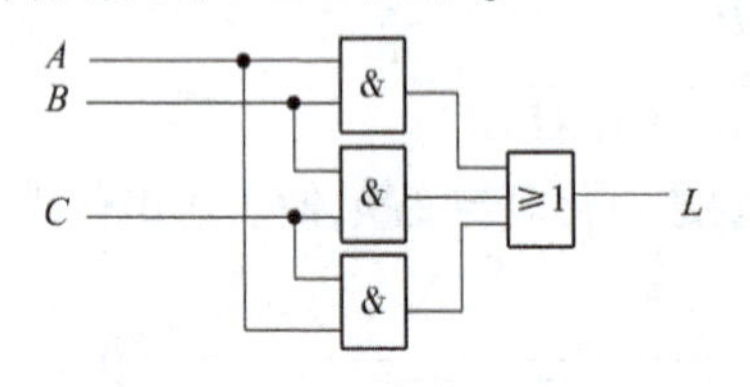

图 8-2-4　逻辑图

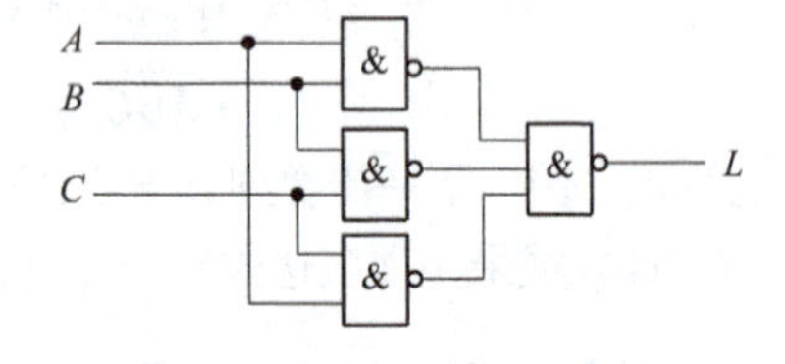

图 8-2-5　用与非门实现的逻辑图

【例 8-10】 设计一个电话机信号控制电路。电路有 I_0(火警)、I_1(盗警)和 I_2(日常业务)三种输入信号，通过排队电路分别从 L_0、L_1、L_2输出，在同一时间只能有一个信号通过。如果同时有两个以上信号出现时，应首先接通火警信号，其次为盗警信号，最后是日常业务信号。试按照上述轻重缓急设计该信号控制电路。要求用集成门电路 7400(每片含 4 个 2 输入端与非门)实现。

解：(1)列真值表见表 8-2-7：

对于输入，设有信号为逻辑“1”；没信号为逻辑“0”。

对于输出，设允许通过为逻辑“1”；不设允许通过为逻辑“0”。

(2)由真值表写出各输出的逻辑表达式：

$$L_0=I_0$$

$$L_1=\overline{I_0}I_1$$

$$L_2=\overline{I_0}\,\overline{I_1}I_2$$

这三个表达式已是最简，不需化简。但需要用非门和与门实现，且 L_2需用三输入端与门才能实现，故不符合设计要求。

例 8-10 真值表　　表 8-2-7

输入	输出	输入	输出
I_0 I_1 I_2	L_0 L_1 L_2	I_0 I_1 I_2	L_0 L_1 L_2
0 0 0	0 0 0	0 1 ×	0 1 0
1 × ×	1 0 0	0 0 1	0 0 1

(3)根据要求,将上式转换为与非表达式:

$$L_0 = I_0$$

$$L_1 = \overline{\overline{\overline{I_0}I_1}}$$

$$L_2 = \overline{\overline{I_0}\,\overline{I_1}I_2} = \overline{\overline{\overline{I_0}\,\overline{I_1}}\cdot I_2}$$

(4)画出逻辑图如图 8-2-6 所示,可用两片集成与非门 7400 来实现。

可见,在实际设计逻辑电路时,有时并不是表达式最简单,就能满足设计要求,还应考虑所使用集成器件的种类,将表达式转换为能用所要求的集成器件实现的形式,并尽量使所用集成器件最少,就是设计步骤框图中所说的"最合理表达式"。

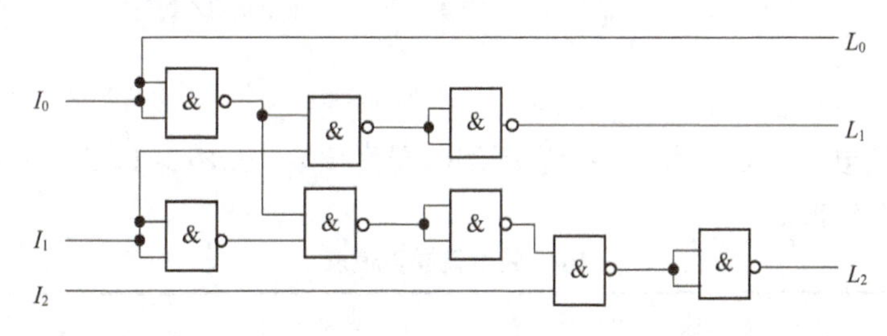

图 8-2-6 例 8-10 逻辑图

复习与思考题

1. 逻辑电路可分为哪几种?
2. 常见的数制编码形式有哪些?
3. 组合逻辑电路的特点是什么?
4. 如何对组合逻辑电路进行分析?
5. 组合逻辑电路的设计方法是什么?

任务3 常见典型组合逻辑电路

1 任务引入

在数字集成产品中有许多具有特定组合逻辑功能的数字集成器件,称为组合逻辑器件(或组合逻辑部件)。本节主要介绍这些组合器件,以及这些组合部件的应用。

2 相关理论知识

2.1 编码器

编码器是对输入赋予一定的二进制代码,给定输入就有相应的二进制码输出。常用的编码器有二进制编码器和二—十进制编码器等。

二—十进制编码器码对十个输入 $I_0 \sim I_9$(代表 0 ~ 9)进行 8421BCD 编码,输出一位 BCD 码(ABCD)。输入十进制数可以是键盘,也可以是开关输入。但输入有高电平有效和低电平有效之分，如图 8-3-1 所示。图 8-3-1a）中开关按下时给编码器输入低电平有效信号；图 8-3-1b）中开关按下时给编码器输入高电平有效信号。实际应用中多采用低电平有效信号。

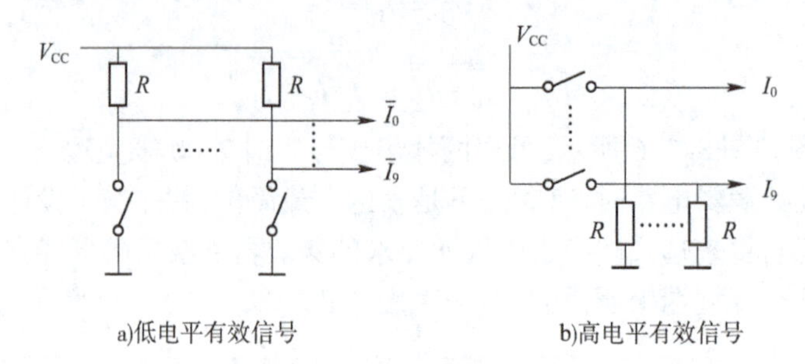

图 8-3-1　键控输入信号

若输入信号低电平有效可得二—十进制编码器真值表（表 8-3-1），表中输入变量上的非代表输入低电平有效的意义。

10/4 线编码器真值表　　表 8-3-1

输　入		输　出
十进制数	$\overline{I_0}$ $\overline{I_1}$ $\overline{I_2}$ $\overline{I_3}$ $\overline{I_4}$ $\overline{I_5}$ $\overline{I_6}$ $\overline{I_7}$ $\overline{I_8}$ $\overline{I_9}$	D C B A
0	0 1 1 1 1 1 1 1 1 1	0 0 0 0
1	1 0 1 1 1 1 1 1 1 1	0 0 0 1
2	1 1 0 1 1 1 1 1 1 1	0 0 1 0
3	1 1 1 0 1 1 1 1 1 1	0 0 1 1
4	1 1 1 1 0 1 1 1 1 1	0 1 0 0
5	1 1 1 1 1 0 1 1 1 1	0 1 0 1
6	1 1 1 1 1 1 0 1 1 1	0 1 1 0
7	1 1 1 1 1 1 1 0 1 1	0 1 1 1
8	1 1 1 1 1 1 1 1 0 1	1 0 0 0
9	1 1 1 1 1 1 1 1 1 0	1 0 0 1

输出逻辑函数为：

$$\begin{cases} D = \text{“9”} + \text{“8”} = I_9 + I_8 = \overline{\overline{I_9}\,\overline{I_8}} \\ C = \text{“7”} + \text{“6”} + \text{“5”} + \text{“4”} = I_7 + I_6 + I_5 + I_4 = \overline{\overline{I_7}\,\overline{I_6}\,\overline{I_5}\,\overline{I_4}} \\ B = \text{“7”} + \text{“6”} + \text{“3”} + \text{“2”} = I_7 + I_6 + I_3 + I_2 = \overline{\overline{I_7}\,\overline{I_6}\,\overline{I_3}\,\overline{I_2}} \\ A = \text{“9”} + \text{“7”} + \text{“5”} + \text{“3”} + \text{“1”} = I_9 + I_7 + I_5 + I_3 + I_1 = \overline{\overline{I_9}\,\overline{I_7}\,\overline{I_5}\,\overline{I_3}\,\overline{I_1}} \end{cases}$$

式中“9”表示开关 9 合上，同时只能有一个开关合上。采用与非门实现十进制编码电路的逻辑图如图 8-3-2a）所示。图 8-3-2b）用方框表示此编码器，输入端用非号和小圈双重表示输入信号低电平有效，并不表示输入信号要经过两次反相。输出端没有小圈和非符号，表示输出高电平有效。

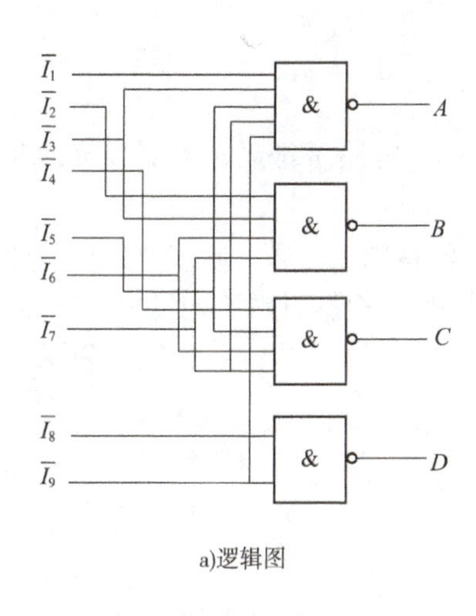

a)逻辑图

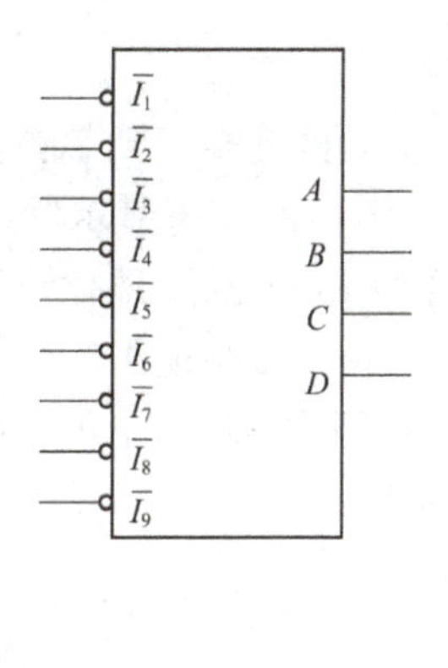

b)方框图

图 8-3-2　10/4 线编码器

2.2 译码器

译码是编码的逆过程，所以，译码器的逻辑功能就是还原输入逻辑信号的逻辑原意。按功能，译码器有两大类：通用译码器和显示译码器。

2.2.1 通用译码器

这里通用译码器是指将输入 n 位二进制码还原成 2^n 个输出信号，或将一位 BCD 码还原为 10 个输出信号的译码器，称为二线—四线译码器，三线—八线译码器，四线—十线译码器等。

广义上讲，通用译码器给定一个（二进制或 BCD）输入就有一个输出（高电平或低电平）有效，表明该输入状态。表 8-3-2 给出了两位二进制通用译码器的真值表，其输出函数为：

$$\begin{cases} Y_0 = \overline{A}_1\ \overline{A}_0 = m_0 \\ Y_1 = \overline{A}_1 A_0 = m_1 \\ Y_2 = A_1\ \overline{A}_0 = m_2 \\ Y_3 = A_1 A_0 = m_3 \end{cases}$$

从而得逻辑图如图 8-3-3 所示。

2/4 线译码器真值表　表 8-3-2

A_1　A_0	Y_0　Y_1　Y_2　Y_3
0　0	1　0　0　0
0　1	0　1　0　0
1　0	0　0　1　0
1　1	0　0　0　1

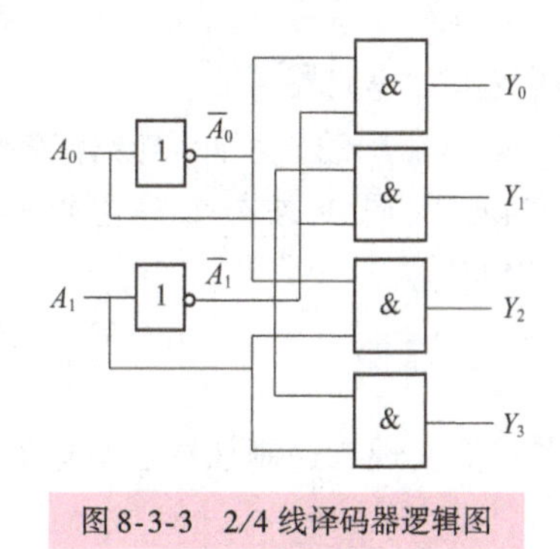

图 8-3-3　2/4 线译码器逻辑图

2.2.2 显示译码器

显示译码器是将输入二进制码转换成显示器件所需要的驱动信号，数字电路中，较多地采用七段字符显示器。

1)七段字符显示器

在数字系统中,经常要用到字符显示器。目前,常用字符显示器有发光二极管 LED 字符显示器和液态晶体 LCD 字符显示器。

发光二极管是用砷化镓、磷化镓等材料制造的特殊二极管。在发光二极管正向导通时,电子和空穴大量复合,把多余能量以光子形式释放出来,根据材料不同发出不同波长的光。发光二极管既可以用高电平点亮,也可以用低电平驱动,分别如图 8-3-4a)、b)所示。

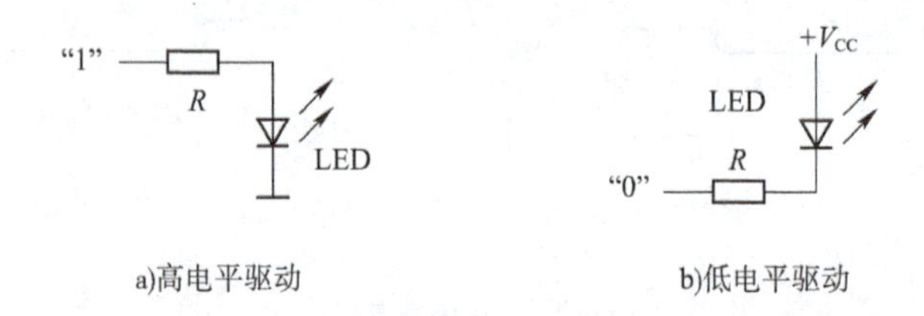

图 8-3-4　发光二极管驱动电路

其中限流电阻一般几百至几千欧姆,由发光亮度(电流)决定。

将七个发光二极管封装在一起,每个发光二极管做成字符的一个段,就是所谓的 7 段 LED 字符显示器。根据内部连接的不同,LED 显示器有共阴和共阳之分,如图 8-3-5 所示。由图可知,共阴 LED 显示器适用于高电平驱动,共阳 LED 显示器适用于低电平驱动。由于集成电路的高电平输出电流小,而低电平输出电流相对比较大,采用集成门电路直接驱动 LED 时,较多地采用低电平驱动方式。

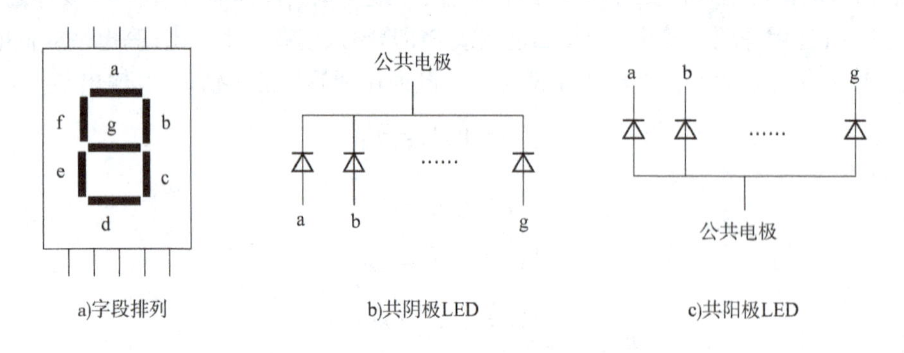

图 8-3-5　7 段字符显示器

2)常用的显示译码器

供 LED 显示器用的显示译码器有多种型号可供选用。显示译码器有 4 个输入端,7 个输出端,它将 8421 代码译成 7 个输出信号以驱动七段 LED 显示器。常用型号有 74ls247、SN7448、CC4511 等。

2.3 加法器

加法器是能实现二进制加法逻辑运算的组合逻辑电路。

2.3.1 半加器

所谓半加器是指只有被加数(A)和加数(B)输入的一位二进制加法电路。加法电路有两个输出,一个是两数相加的和(S),另一个是相加后向高位进位(CO)。

根据半加器定义,得其真值表,见表8-3-3。由真值表得输出函数表达式为:

$$\begin{cases} S = A\overline{B} + \overline{A}B \\ \quad = A \oplus B \\ CO = AB \end{cases}$$

显然,半加器的和函数 S 是其输入 A、B 的异或函数;进位函数 C 是 A 和 B 的逻辑乘。用一个异或门和一个与门即可实现半加器功能。图8-3-6给出了半加器逻辑图和逻辑符号。

半加器真值表 表8-3-3

A B	S CO
0 0	0 0
0 1	1 0
1 0	1 0
1 1	0 1

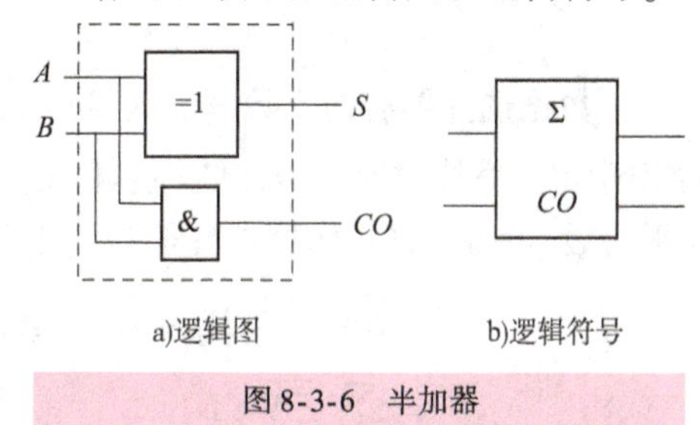

图8-3-6 半加器

2.3.2 全加器

全加器不仅有被加数 A 和加数 B,还有低位来的进位 CI 作为输入;三个输入相加产生全加器两个输出,和 S 及向高位进位 CO。根据全加器功能得真值表,见表8-3-4。

根据真值表可得全加器输出函数为:

$$\begin{cases} S = \overline{AB}CI + \overline{A}B\overline{CI} + A\overline{B}\,\overline{CI} + ABCI \\ \quad = A \oplus B \oplus CI \\ CO = (A\overline{B} + \overline{A}B)CI + AB \\ \quad = (A \oplus B)CI + AB。 \end{cases}$$

由此可见,和函数 S 是三个输入变量的异或。

其逻辑图如8-3-7所示。

全加器真值表 表8-3-4

A B CI	S CO
0 0 0	0 0
0 0 1	1 0
0 1 0	1 0
0 1 1	0 1
1 0 0	1 0
1 0 1	0 1
1 1 0	0 1
1 1 1	1 1

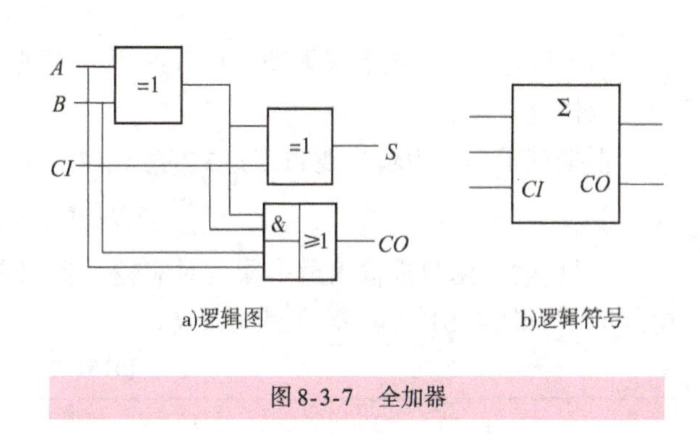

图8-3-7 全加器

2.4 数据选择器

数据选择器的逻辑功能是将多个数据源输入的数据有选择地送到公共输出通道,其功能示意图如8-3-8所示。一般地说,数据选择器的数据输入端数 M 和数据选择端数 N 成 2^N 倍关系,数据选择端确定一个二进制码(或称为地址),对应地址通道的输入数据被传送到输出端(公共通道)。

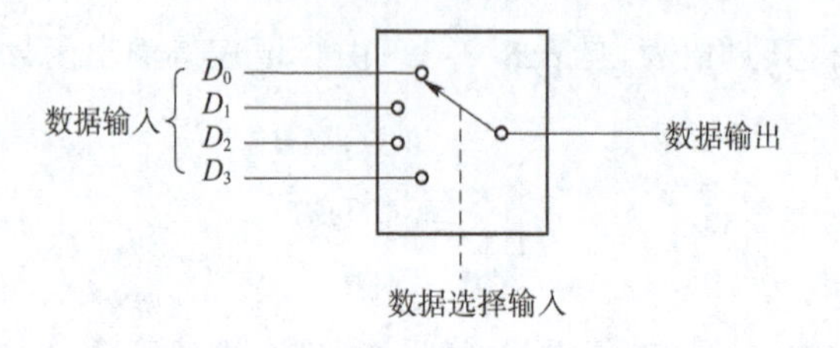

图 8-3-8　数据选择器示意图

2.4.1　四选一数据选择器

四选一数据选择器有四个数据输入端（D_3、D_2、D_1、D_0）和两个数据选择输入端（A_1、A_0），一个数据输出端（Y），另外附加一个使能（选通）端（EN）。根据四选一数据选择器功能，并设使能信号低电平有效，可得四选一数据选择器功能表见表 8-3-5。再由功能表可写出输出逻辑函数为：

$$Y = \overline{EN}\,\overline{A_1}\,\overline{A_0}D_0 + \overline{EN}\,\overline{A_1}A_0D_1 + \overline{EN}A_1\,\overline{A_0}D_2 + \overline{EN}A_1A_0D_3$$
$$= \sum \overline{EN}m_iD_i$$

由此得逻辑图，如图 8-3-9 所示。

4 选 1 数据选择器功能表　表 8-3-5

EN　A_1　A_0	Y
1　X　X	0
0　0　0	D_0
0　0　1	D_1
0　1　0	D_2
0　1　1	D_3

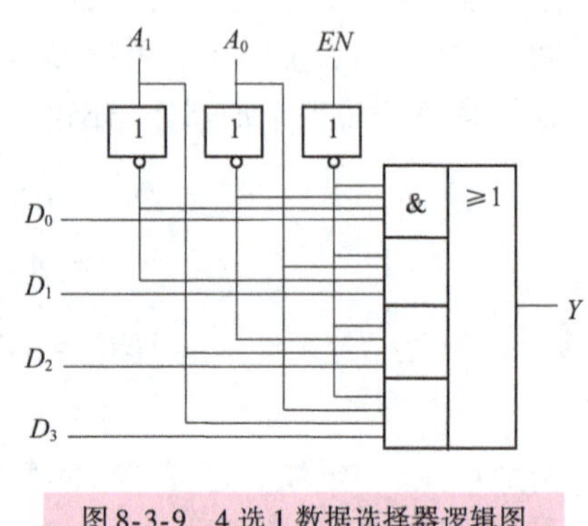

图 8-3-9　4 选 1 数据选择器逻辑图

2.4.2　集成八选一数据选择器 74151

74151 是具有 8 选 1 逻辑功能的 TTL 集成数据选择器，图 8-3-10 给出了 74151 内部逻辑图及双排直立封装的引脚号。

根据逻辑图可得输出逻辑表达式为：

$$Y = \sum \overline{EN}m_iD_i = \overline{EN}\sum m_iD_i$$

可见，输出函数是输入最小项与对应输入数据乘积之逻辑和。由表达式可知，使能信号低电平有效，得 74151 功能表，见表 8-3-6。

74151 功能表　表 8-3-6

$\overline{EN}$　A_2　A_1　A_0	Y　$\overline{Y}$	$\overline{EN}$　A_2　A_1　A_0	Y　$\overline{Y}$
1　X　X　X	0　1	0　1　0　0	D_4　$\overline{D_4}$
0　0　0　0	D_0　$\overline{D_0}$	0　1　0　1	D_5　$\overline{D_5}$
0　0　0　1	D_1　$\overline{D_1}$	0　1　1　0	D_6　$\overline{D_6}$
0　0　1　0	D_2　$\overline{D_2}$	0　1　1　1	D_7　$\overline{D_7}$
0　0　1　1	D_3　$\overline{D_3}$		

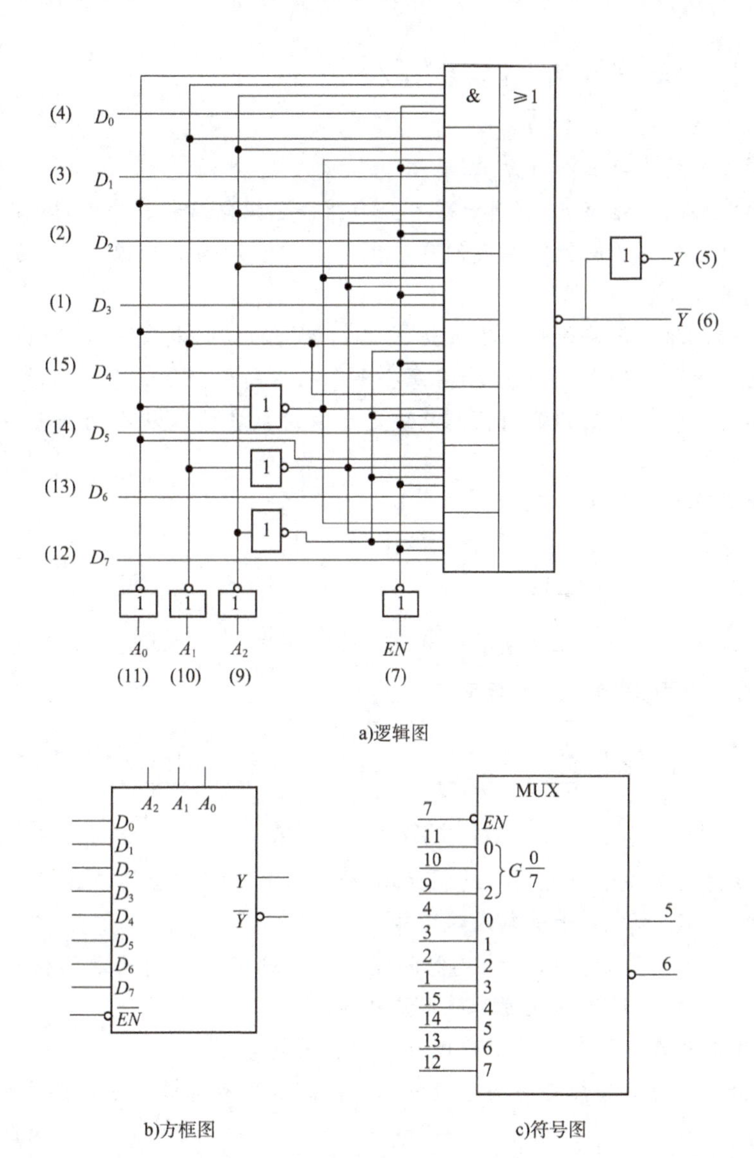

a)逻辑图

b)方框图

c)符号图

图 8-3-10 8 选 1 数选器 74151

复习与思考题

1. 什么是编码器？
2. 译码器的分类有哪些？
3. 加法器的分类有哪些？

知识点小结

1. 门电路的输入信号与输出信号之间存在一定的逻辑关系，所以门电路又称为逻辑门电路。

2. 基本逻辑门电路有与门、或门和非门。

(1)二极管与门电路：当输入变量 A 和 B 全为 1 时，输出变量 Y 为 1。

(2)二极管或门电路：当输入变量只要有一个为 1 时，输出就为 1。

(3)晶体管非门电路:非逻辑关系式为 $Y=\overline{A}$。

3. 与非逻辑关系式为:$Y=\overline{A \cdot B}$。

4. 或非逻辑关系式为:$Y=/A+B$。

5. 根据逻辑电路的功能特点,逻辑电路可分为组合逻辑电路和时序逻辑电路两大类。

6. 数制是计数进位制的简称。在我们日常生活中常使用的是十进制数,而在数字电路中采用的是二进制数。

7. 逻辑函数的化简就是将逻辑函数表达式化成最简的与—或表达式,所谓最简的与—或表达式就是表达式中所含的乘积项最少,且每个乘积项中所含变量的个数也最少。

8. 组合逻辑电路任一时刻的输出状态只决定于该时刻各输入状态的组合,而与电路的原状态无关。

9. 组合逻辑电路的分析方法见下图。

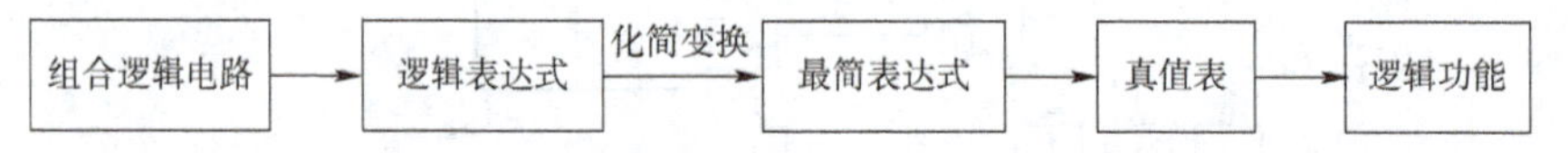

组合逻辑电路的分析方法

10. 设计组合逻辑电路的大致步骤见下图。

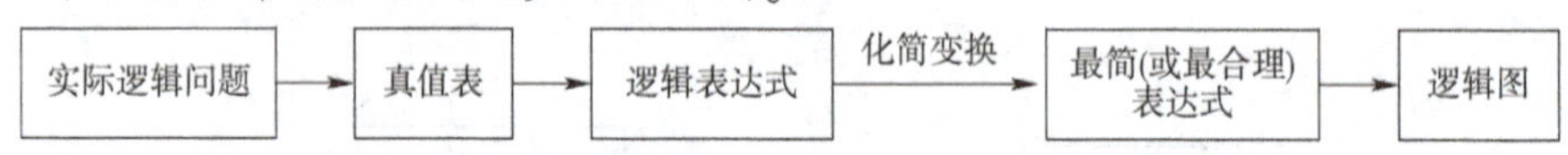

设计组合逻辑电路的步骤

11. 编码器是对输入赋予一定的二进制代码,给定输入就有相应的二进制码输出。常用的编码器有二进制编码器和二—十进制编码器等。

12. 译码是编码的逆过程,所以,译码器的逻辑功能就是还原输入逻辑信号的逻辑原意。按功能,译码器有两大类:通用译码器和显示译码器。

13. 加法器是能实现二进制加法逻辑运算的组合逻辑电路。

14. 数据选择器的逻辑功能是将多个数据源输入的数据有选择地送到公共输出通道。

项目 9

触发器和时序逻辑电路

概　　述

在复杂的数字电路中，要连续进行各种复杂的运算和控制，就必须将曾经输入过的信号以及运算结果暂时保存起来，以便与新的输入信号进一步运算，共同确定电路新的输出状态。这样，就要求数字电路中必须包含具有记忆功能的电路单元。这种电路单元通常具有两种稳定的逻辑状态：0 状态和 1 状态。触发器就是具有记忆 1 位二进制代码的基本单元。

触发器的基本特点如下：

（1）有两个稳定的状态：0 状态、1 状态。

（2）如果外加输入信号为有效电平，触发器将发生状态转换，即可以从一种稳态翻转到另一种新的稳态。为便于描述，今后把触发器原来所处的稳定状态用 Q^n 表示，称为现态。而将新的稳态用 Q^{n+1} 表示，称为次态。分析触发器的逻辑功能，主要就是分析当输入信号为某一种取值组合时，输出信号的次态 Q^{n+1} 的值。

（3）当输入信号有效电平消失后，触发器能保持新的稳态。

任务 1　触　发　器

1 任务引入

触发器是构成时序逻辑电路必不可少的基本部件。

触发器的种类较多，根据逻辑功能可分为：RS 触发器、D 触发器、JK 触发器、T 触发器、T′触发器。根据触发方式的不同可划分为电平触发型和边沿触发型；从结构上可划分为基本触发器、同步触发器、主从触发器和边沿触发器。

2 相关理论知识

2.1　RS 触发器

2.1.1　基本 RS 触发器

基本 RS 触发器的电路组成：将两个与非门首尾交叉相连，就组成了一个基本 RS 触发器，如图 9-1-1 所示。

其中 $\overline{R}_d$、$\overline{S}_d$ 是两个输入信号（又称触发信号），低电平有效。Q、$\overline{Q}$ 是两个互补的输出端，其输出信号相反，通常规定 Q 端的输出状态为触发器的状态。图 9-1-1b）所示为基本 RS 触发器的逻辑符号。

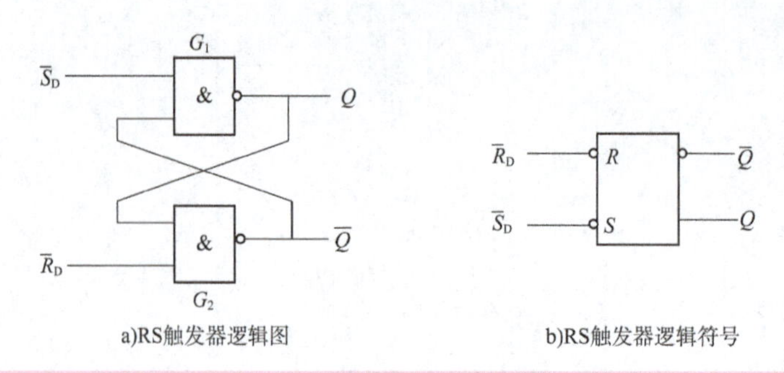

图 9-1-1　RS 触发器结构图和符号图

1)逻辑功能分析

(1)$\overline{R}_d=1,\overline{S}_d=1$ 时,输入信号均为无效电平,由逻辑图可得出,此时触发器将保持原来状态不变,即 $Q^{n+1}=Q^n$。

(2)$\overline{R}_d=0,\overline{S}_d=1$ 时,此时 G_2 门的输出 $\overline{Q}=1$,G_1 门的输入全为 1,则 $Q=0$;$Q^{n+1}=0$,而与原来的状态无关。这种功能称为触发器置 0,又称复位。因此将$\overline{R}_d$ 端称为置 0 端,又称复位端。

(3)$\overline{R}_d=1,\overline{S}_d=0$ 时,此时 G_1 门的输出 $Q=1$,G_2 门的输入全为 1,则 $\overline{Q}=0$;$Q^{n+1}=1$,同样与原来的状态无关。这种功能称为触发器置 1,又称置位。因此将$\overline{S}_d$ 端称为置 1 端,又称置位端。

(4)$\overline{R}_d=0,\overline{S}_d=0$ 时,输入信号均为有效电平,这种情况是不允许的。因为,其一,$\overline{R}_d=0$,$\overline{S}_d=0$ 破坏了 Q、$\overline{Q}$ 互补的约;其二,当$\overline{R}_d$,$\overline{S}_d$ 的低电平有效触发信号同时消失后,Q、$\overline{Q}$ 的状态将是不确定的。

2)逻辑功能描述

综合以上对基本 RS 触发器逻辑功能的分析结果,下面分别用真值表、特性方程、状态转换图、工作波形图对其功能进行描述。

(1)真值表,见表 9-1-1。

基本 RS 触发器真值表　　表 9-1-1

$\overline{R_d}$	$\overline{S_d}$	Q^n	Q^{n+1}	说　明	$\overline{R_d}$	$\overline{S_d}$	Q^n	Q^{n+1}	说　明
0	0	0	×	不允许	1	0	0	1	置 1
0	0	1	×	不允许	1	0	1	1	置 1
0	1	0	0	置 0	1	1	0	Q^n	保持
0	1	1	0	置 0	1	1	1	Q^n	保持

(2)特征方程。根据基本 RS 触发器的真值表,可得到其特性方程为:

$$\begin{cases} Q^{n+1} = S + \overline{R}_d Q^n \\ \overline{R}_d + \overline{S}_d = 1 \end{cases}$$

其中$\overline{R_d}+\overline{S_d}=1$ 表示两个输入信号之间必须满足的约束条件。

(3)状态转换图,如图 9-1-2 所示。

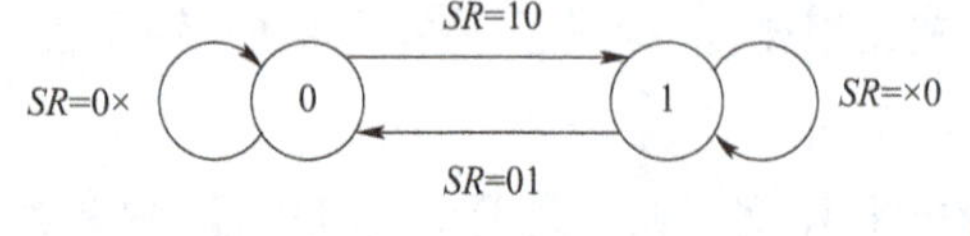

图 9-1-2　状态转换图

2.1.2　同步 RS 触发器

同步 RS 触发器是由一时钟脉冲信号 CP 控制的 RS 触发器。当要求触发器状态不是单纯地受 R、S 端信号控制,还要求按一定时间节拍把 R、S 端的状态反映到输出端时，就必须再增加一个控制端，只有控制端出现脉冲信号时，触发器才动作，至于触发器输出变到什么状态，仍然由 R、S 端的高低电平来决定，采用这种触发方式的触发器，称为同步 RS 触发器，图 9-1-3b)所示为由与非门构成的同步 RS 触发器。

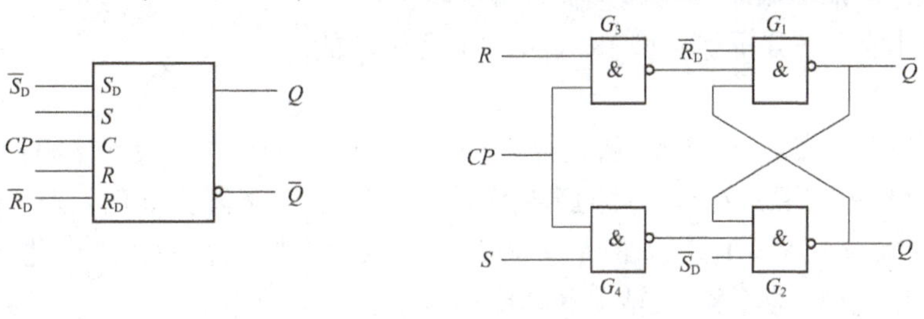

图 9-1-3　同步 RS 触发器

分析图 9-1-3，其中 G_1、G_2 门构成基本 RS 触发器，G_3、G_4 门组成控制电路，CP 是控制脉冲。所谓同步就是触发器状态的改变与时钟脉冲同步。当 $CP=0$ 时，G_3、G_4 门被封锁，R、S 状态不能进入，G_3、G_4 门输出均为高电平，则触发器输出保持原来状态；当 $CP=1$ 时，R、S 信号才能经过 G_3、G_4 门影响到输出。$\overline{S}_D$ 为直接置 1 端，$\overline{R}_D$ 为直接置 0 端，它们的电平可以不受 CP 信号的控制而直接影响触发器的输出。利用基本 RS 触发器的真值表，可得同步 RS 触发器的功能，见表 9-1-2。（CP 脉冲作用前 Q 端的状态用 Q^n 表示，CP 脉冲作用后 Q 端的状态用 Q^{n+1} 表示。）

真　值　表　　表 9-1-2

S R Q^n	Q^{n+1}	S R Q^n	Q^{n+1}	S R Q^n	Q^{n+1}	S R Q^n	Q^{n+1}
0 0 0	0	0 1 0	0	1 0 0	1	1 1 0	不定
0 0 1	1	0 1 1	0	1 0 1	1	1 1 1	不定

同步 RS 触发器的特征方程为：

$$Q^{n+1}=S+\overline{R}Q^n$$
$$SR=0 \quad (\text{约束条件})$$

2.2 JK 触发器

图 9-1-4 所示是主从型 JK 触发器的逻辑图，它由两个可控 RS 触发器串联组成，分别称为主触发器和从触发器。时钟脉冲先使主触发器翻转，而后使从触发器翻转，这就是“主从型”的由来。此外，还有一个非门将两个触发器联系起来。J 和 K 是信号输入端，它们分别与 $\overline{Q}$ 和 Q 构成与逻辑关系，成为主触发器的 S 端和 R 端，即：

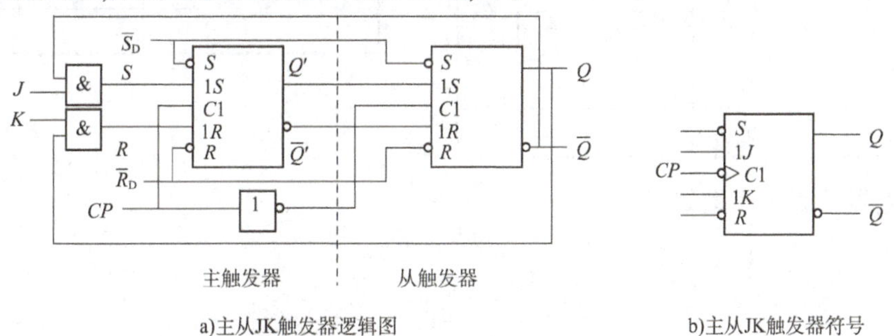

图 9-1-4　主从 JK 触发器逻辑图及其符号

$$S = J\overline{Q}$$

$$R = KQ$$

从触发器的 S 和 R 端即为主触发器的输出端。

下面分四种情况来分析主从型 JK 触发器的逻辑功能。

1) $J=1, K=1$

设时钟脉冲来到之前($CP=0$)触发器的初始状态为 0。这时主触发器的,$S=JQ=1$,$R=KQ=0$,当时钟脉冲来到后($CP=1$)即翻转为 1。当 CP 从 1 下降为 0 时,非门输出为 1,由于这时从触发器的 $S=1$,$R=0$,它也翻转为 1 态。主、从触发器状态一致。反之,设触发器的初始状态为 1,可以同样分析,主、从触发器都反转为 0 态。

可见,JK 触发器在 $J=K=1$ 的情况下,来一个时钟脉冲,就使它翻转一次,即 $Q^{n+1}=\overline{Q^n}$。这表明,在这种情况下,触发器具有计数功能。

2) $J=0, K=0$

设触发器的初始状态为 0,当 $CP=1$ 时,由于主触发器的 $S=0$,$R=0$,它的状态保持不变。当 CP 下调时,由于从触发器的 $S=0$,$R=1$,也保持原态不变。如果初始状态为 1,亦如此。

3) $J=1, K=0$

设触发器的初始状态为 0。当 $CP=1$ 时,由于主触发器的 $S=1$,$R=0$,它翻转为 1 态。当 CP 下跳时,由于从触发器的 $S=1$,$R=0$,也翻转为 1 态。如果初始状态为 1,当 $CP=1$ 时由于主触发器的 $S=0$,$R=0$,它保持原态不变;当 CP 下跳时,由于从触发器的 $S=1$,$R=0$,也保持原态不变。

4) $J=0, K=1$

不论触发器处于是什么状态,下一个状态一定是 0 态。

由功能表 9-1-3、表 9-1-4 可得 JK 触发器特征方程(又称次态方程)为:

$$Q^{n+1} = J\overline{Q^n} + \overline{K}Q^n$$

JK 触发器功能　　表 9-1-3

J K Q^n	Q^{n+1}	说　明
0 0 0	0	Q^n
0 0 1	1	Q^n
0 1 0	0	与 J 端状态相同
0 1 1	0	与 J 端状态相同
1 0 0	1	与 J 端状态相同
1 0 1	1	与 J 端状态相同
1 1 0	1	$Q^{\bar{n}}$
1 1 1	0	$Q^{\bar{n}}$

JK 触发器简化功能　　表 9-1-4

J K	Q^{n+1}
0 0	Q^n
0 1	0
1 0	1
1 1	$Q^{\bar{n}}$

JK 触发器状态转换图如图 9-1-5 所示。

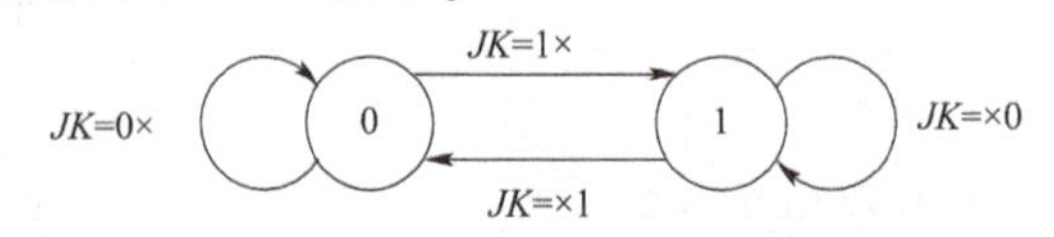

图 9-1-5　状态转换图

2.3 D触发器

JK 触发器功能较完善,应用广泛。但需两个输入控制信号(J 和 K),如果在 JK 触发器的 K 端前面加上一个非门再接到 J 端,如图 9-1-6 所示,使输入端只有一个,在某些场合用这种电路进行逻辑设计可使电路得到简化,将这种触发器的输入端符号改用 D 表示,称为 D 触发器。

由 JK 触发器的特性表可得 D 触发器的功能表见表 9-1-5。

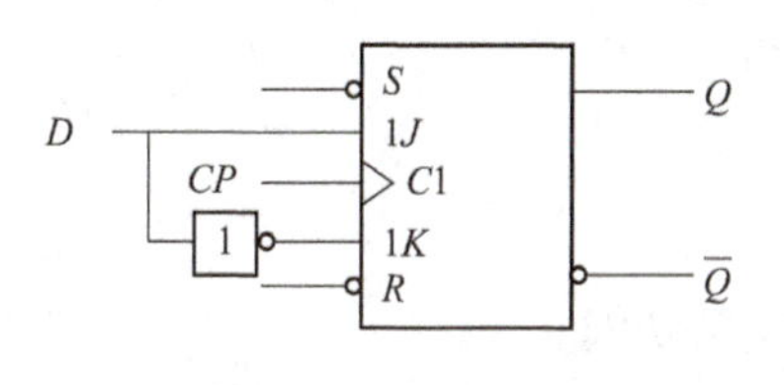

图 9-1-6 D 触发器

D 触发器功能 表 9-1-5

D	Q^{n+1}
0	0
1	1

D 触发器的逻辑符号和状态转换图如图 9-1-7 所示。图中 CP 输入端处无小圈,表示在 CP 脉冲上升沿触发。除了异步置 0 置 1 端 R、S 外,只有一个控制输入端 D。因此 D 触发器的特性表比 JK 触发器的特性表简单。

D 触发器的特征方程为:

$$Q^{n+1} = D$$

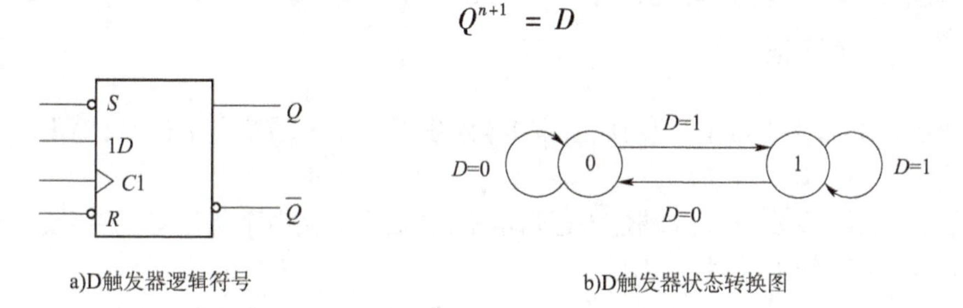

图 9-1-7 D 触发器的逻辑符号和状态转换图

D 触发器的抗干扰能力强。工作时,对 CP 脉冲宽度的要求没有主从 JK 触发器那么苛刻。

2.4 T触发器

T 触发器又称受控翻转型触发器。这种触发器的特点很明显:$T=0$ 时,触发器由 CP 脉冲触发后,状态保持不变。$T=1$ 时,每来一个 CP 脉冲,触发器状态就改变一次。T 触发器并没有独立的产品,由 JK 触发器或 D 触发器转换而来,如图 9-1-8 所示。

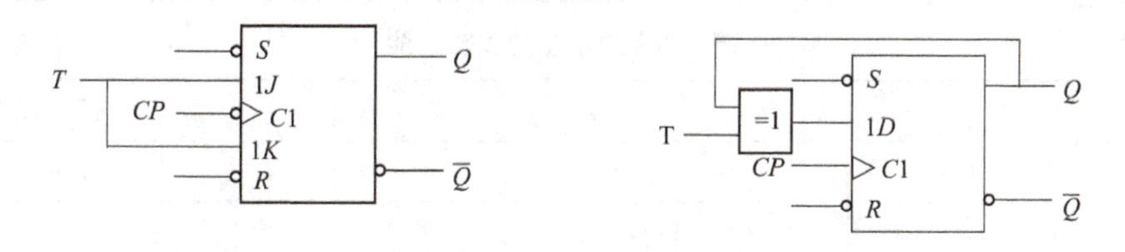

图 9-1-8 T 触发器的构成

特性表见表 9-1-6。从特性表写出 T 触发器的特性方程为:

$$Q^{n+1} = T\overline{Q^n} + \overline{T}Q^n = T \oplus Q^n$$

T 触发器的状态转换图和逻辑符号如图 9-1-9 所示。

T 触发器真值表　　表 9-1-6

T	Q^{n+1}
0	Q^n
1	$\overline{Q^n}$

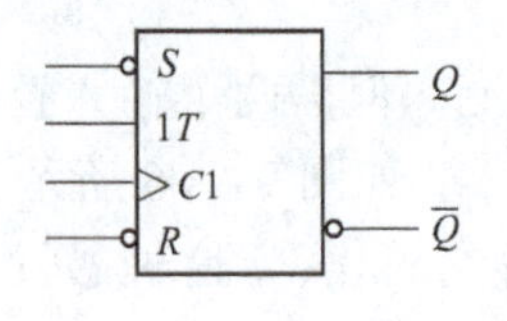

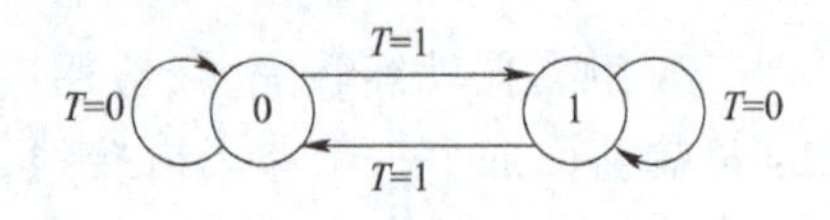

图 9-1-9　T 触发器逻辑符号和状态转换图符号

3 任务实施——触发器逻辑功能测试

3.1 试验目的

(1)熟练掌握基本 RS 触发器的工作原理与逻辑功能。

(2)了解触发器之间逻辑功能的相互转换方法。

3.2 试验用元器件

(1)集成双 JK 触发器 74LS73 ×1。

(2)集成四 2 输入与非门 74LS00 ×1。

(3)集成双 4 输入与门 74LS21 ×1。

3.3 操作流程

(1)按图 9-1-10 用“与非”门组成基本 RS 触发器。R、S 端接电平信号,输出端接电平指示灯。

(2)按表 9-1-7 要求给 R、S 端送入逻辑电平,看输出端接电平指示灯的变化,将测试结果填入表 9-1-8 中,并加以说明。

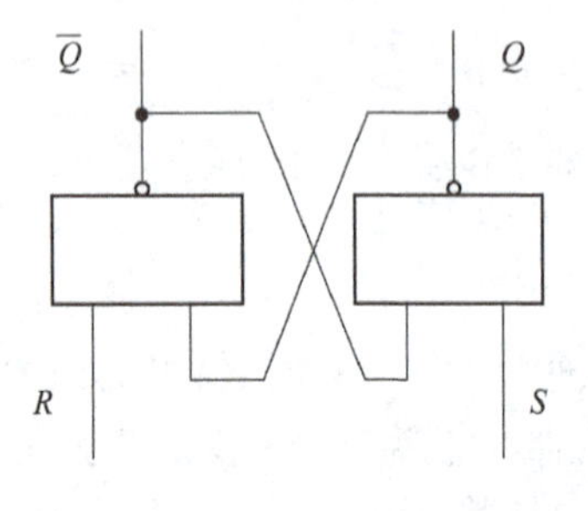

图 9-1-10　由“与非”门组成基本 RS 触发器

基本 RS 触发器真值表　　表 9-1-7

R	S	Q^n	Q^{n+1}	说　明
0	0	×	1	不允许
0	1	×	0	置 0
1	0	×	1	置 1
1	1	×	$Q^{n+1}=Q^n$	保持

基本 RS 触发器的逻辑功能　　表 9-1-8

R	S	Q_n	$\overline{Q}_n$	Q_{n+1}	$\overline{Q}_{n+1}$	功能说明
1	1→0					
	0→1					
1→0	1					
0→1						
0	0					

基本RS触发器的特征方程为：

$$Q^{n+1} = \overline{S} + RQ^{n}$$

其特征方程又称状态方程，由于R和S不允许同时为零，因此输入必须满足$\overline{R} \cdot \overline{S} = 0$。

3.4 操作提示

(1)在操作流程中，要注意正确变换RS触发器的各个输入信号。

(2)熟知基本RS触发器是构成各种功能触发器的最基本单元。

复习与思考题

1. 触发器的基本特点是什么？
2. RS触发器分为哪几类？
3. JK触发器的工作过程是怎样的？
4. D触发器的特性是什么？
5. T触发器是如何工作的？

任务2 计　数　器

1 任务引入

实现计数操作的电路称为计数器，其作用是记忆输入脉冲的个数。计数器是一种时序逻辑电路，其应用十分广泛，可用于定时、分频及进行数字运算等。计数器的应用十分广泛，从小型数字仪表到大型电子数字计算机，几乎无处不在，是任何现代数字系统中不可缺少的组成部分。

2 相关理论知识

2.1 二进制计数器

按照计数器中各个触发器状态更新(翻转)情况的不同可分为两大类：一类叫同步计数器，另一类叫异步计数器。在同步计数器中，各个触发器都受同一时钟脉冲(输入计数脉冲)CP的控制，因此它们状态的更新是同步的。异步计数器则不同，有的触发器直接受输入计数脉冲的控制，有的则是把其他触发器的输出用作时钟脉冲，因此它们状态的更新有先有后，是异步的。

按计数器中数字的变化规律分类，有加法计数器、减法计数器和可逆计数器。按计数进制分类，有二进制计数器、十进制计数器和N进制计数器。

2.1.1 同步二进制加法计数器

二进制只有0和1两个数码，二进制加法的规律是逢二进一，即0+1=1，1+1=10，也就是每当本位是1再加1时，本位就变成0，而向高位进位，使高位加1。

由于双稳态触发器有0和1两个状态，所以一个触发器可以表示一个二进制数。如果要

表示 n 位二进制位,就要用 n 个双稳态触发器。

综上所述,可以列出 4 位二进制加法计数器的状态表,见表 9-2-1。

4 位二进制加法计数器的状态表 表 9-2-1

计数顺序	计数器状态			
	Q_3	Q_2	Q_1	Q_0
0	0	0	0	0
1	0	0	0	1
2	0	0	1	0
3	0	0	1	1
4	0	1	0	0
5	0	1	0	1
6	0	1	1	0
7	0	1	1	1
8	1	0	0	0
9	1	0	0	1
10	1	0	1	0
11	1	0	1	1
12	1	1	0	0
13	1	1	0	1
14	1	1	1	0
15	1	1	1	1
16	0	0	0	0

要实现表 9-2-1 所列的 4 位二进制加法计数,必须用 4 个双稳态触发器,如图 9-2-1 所示。为一种具有计数功能的 4 位二进制加法计数器。应指出的是采用不同的触发器组成同一计数器可有不同的逻辑电路,即使用同一触发器可得出不同的逻辑电路。

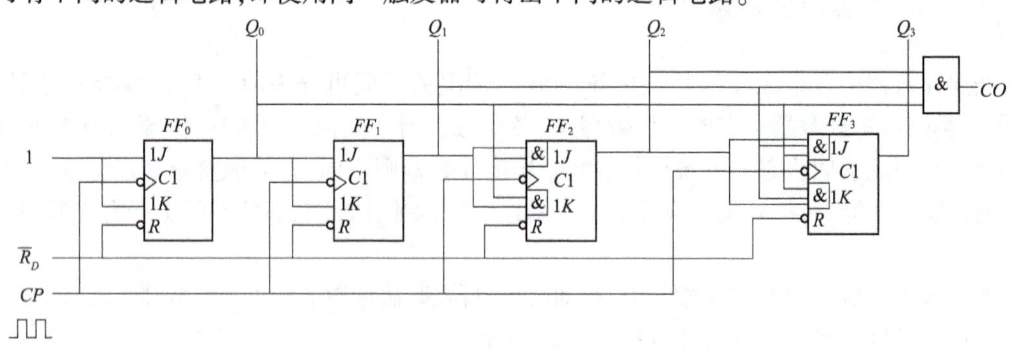

图 9-2-1 由 JK 触发器构成的四位同步二进制加法计数器

2.1.2 异步二进制加法计数器

从表 9-2-1 可以看出二进制加法计数器的特点是:每来一个计数脉冲,最低位触发器翻转一次,而高位触发器是在邻低位触发器从 1 变成 0 进位时翻转。根据上述特点,可以用 4 个

JK 触发器组成 4 位二进制加法计数器，如图 9-2-2a）所示。图中触发器的 J、K 端都悬空，相当于 1，所以均处于计数状态。最低位触发器的 C 端作为计数脉冲的输入端，其他各触发器的 C 端作为计数脉冲的输入端，其他各触发器的 C 端与相邻的低位触发器的 Q 端相连接，使低位触发器的进位脉冲从 Q 端输出送到相邻的高位触发器的 C 端，这符合主从型触发器在正脉冲后沿触发的特点。这样，最低位触发器每来一个计数脉冲就翻转一次，而高位触发器只有当相邻的低位触发器从 1 变 0 而向其输出进位脉冲时才翻转。这种连接方式恰好符合二进制加法计数器的特点，因此该电路是一个二进制加法计数器。

工作时，先将各触发器清零，使计数器变为 0000 状态。第一个计数脉冲到来时，触发器 FF_0 翻转为 1，其余各位触发位不变，计数器变成 0001 状态。第二个计数脉冲输入后，触发器 FF_0 有 1 变为 0，并向 FF_1 发出一个负跳变的进位脉冲，使 FF_1 翻转为 1，FF_2 及 FF_3 不变，计数器编程 0010 状态。以此类推，计数器状态变化的规律与表 9-2-1 所示相同。计数器的工作波形如图 9-2-2b）所示。由波形图不难看出，每个触发器输出脉冲的频率是它的第一位触发器输出脉冲频率的 1/2，成为二分频。因此，Q_0、Q_1、Q_2、Q_3输出脉冲频率分别是计数脉冲 CP 的二分频、四分频、八分频和十六分频，所以这种计数器也可以作为分频器使用。

由于这个计数器的计数脉冲不是同时加到各触发器的 C 端，因而各触发器的状态变化时刻不一致，与计数脉冲不同步，所以称为异步二进制加法计数器。

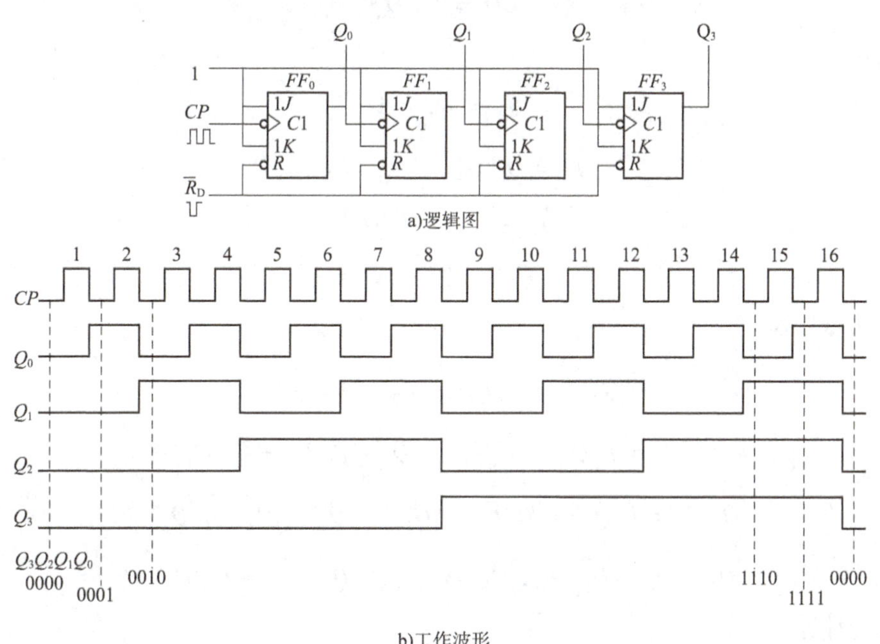

图 9-2-2 由 JK 触发器组成的 4 位异步二进制加法计数器和工作波形

2.2 十进制计数器

2.2.1 电路组成

图 9-2-3 是由 4 个 JK 触发器和两个进位门组成的同步十进制加法计数器，CP 是输入计数脉冲，CO 是向高位进位的输出信号。

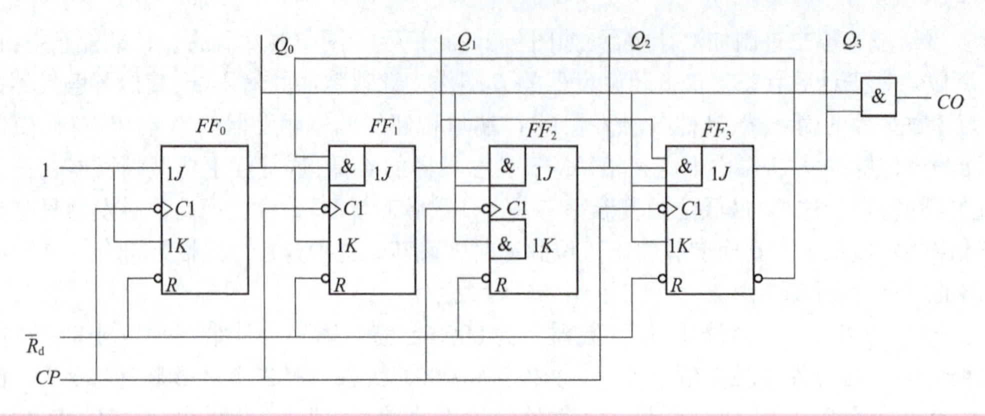

图 9-2-3　由 JK 触发器构成的四位同步十进制加法计数器

2.2.2　工作原理

1)方程式

时钟方程：

$$CP_0 = CP_1 = CP_2 = CP_3 = CP$$

输出方程：

$$CO = Q_0{}^n Q_3^n$$

驱动方程：

$$J_0 = K_0 = 1$$

$$J_1 = \overline{Q}_3{}^n Q_0^n \qquad K_1 = Q_0^n$$

$$J_2 = K_2 = Q_1{}^n Q_0{}^n$$

$$J_3 = Q_2{}^n Q_1{}^n Q_0{}^n \quad K_3 = Q_0^n$$

2)求状态方程

$$Q_0{}^{n+1} = J_0\,\overline{Q_0}{}^n + \overline{K_0}Q_0{}^n = \overline{Q_0{}^n}$$

$$Q_1{}^{n+1} = J_1\,\overline{Q_1}{}^n + \overline{K_1}Q_1{}^n = \overline{Q_3}{}^n Q_2{}^n\,\overline{Q_1}{}^n + \overline{Q_0}{}^n Q_1{}^n$$

$$Q_2{}^{n+1} = J_2\,\overline{Q_2}{}^n + \overline{K_2}Q_2{}^n = Q_1{}^n Q_0{}^n\,\overline{Q_2}{}^n + \overline{Q_1{}^n\,Q_0{}^n}Q_2{}^n$$

$$Q_3{}^{n+1} = J_3\,\overline{Q_3}{}^n + \overline{K_3}Q_3{}^n = Q_2{}^n Q_1{}^n Q_0{}^n\,\overline{Q_3}{}^n + \overline{Q_0}{}^n Q_3{}^n$$

3)进行计算

$Q_3{}^n Q_2{}^n Q_1{}^n Q_0{}^n = 0000$ 时开始，依次代入状态方程和输出方程进行计算，见表 9-2-2。

同步十进制加法计时器的状态转换真值表　　表 9-2-2

计数脉冲序号	现态				次态				输出
	Q_3	Q_2	Q_1	Q_0	Q_3	Q_2	Q_1	Q_0	CO
0	0	0	0	0	0	0	0	1	0
1	0	0	0	1	0	0	1	0	0
2	0	0	1	0	0	0	1	1	0

续上表

计数脉冲序号	现态				次态				输出
	Q_3	Q_2	Q_1	Q_0	Q_3	Q_2	Q_1	Q_0	CO
3	0	0	1	1	0	0	0	0	0
4	0	1	0	0	0	1	0	1	0
5	0	1	0	1	0	1	1	0	0
6	0	1	1	0	0	1	1	1	0
7	0	1	1	1	1	0	0	0	0
8	1	0	0	0	1	0	0	1	0
9	1	0	0	1	0	0	0	0	1

4)画时序图

根据表9-2-2中所示出来的由现态到次态的转换关系和输出CO的值可知,每当电路由现态转换到次态之后,该次态又变成了新的现态,同步十进制加法计数器的全部状态皆可由此确定,读者可自行画出其时序图。

复习与思考题

1. 常用的计数器有哪几种?
2. 二进制计数器分为哪几类?
3. 十进制计数器的工作过程是怎样的?

任务3 寄 存 器

1 任务引入

在数字系统中,常常需要将一些数码或指令存放起来,以便随时调用,这种存放数码和指令的逻辑部件成为寄存器。因此寄存器必须具有记单元——触发器,因为触发器具有0和1两种稳定状态,所以一个触发器只能存放1为二进制数码,存放N位数码就应具备N个触发器。

2 相关理论知识

2.1 寄存器

2.1.1 寄存器概述

寄存器是由触发器和门电路组成的,具有接收数据、存放数据和输出数据的功能。只有在接收到指令(即时钟脉冲)时,寄存器才能接收到要寄存的数据。在实际中,大量使用的是各类集成电路寄存器。

一般寄存器都是借助作用而把数据存放或送出触发器的,故寄存器还必须具有控制作用的门电路，以保证信号的接收和清除。

寄存器按所具备的逻辑功能不同可分为两大类：数码寄存器和移位寄存器。

数码寄存器可以接收、暂存、传递数码。它是在时钟脉冲 CP 作用下，将数据存入对应的触发器。由于 D 触发器的特征方程是 $Q^{n+1}=D$，因此以 D 触发器组成寄存器最为方便。下面以 4 位数码寄存器 74LS175 为例介绍。

2.1.2 电路组成

图 9-3-1 是由 4 个边沿 D 触发器组成的 4 位数码寄存器 74LS175 的逻辑图。$D_3 \sim D_0$是并行数码输入端，$\overline{CR}$是清零端，CP 是时钟脉冲控制端，$Q_3 \sim Q_0$是并行数码输出端。

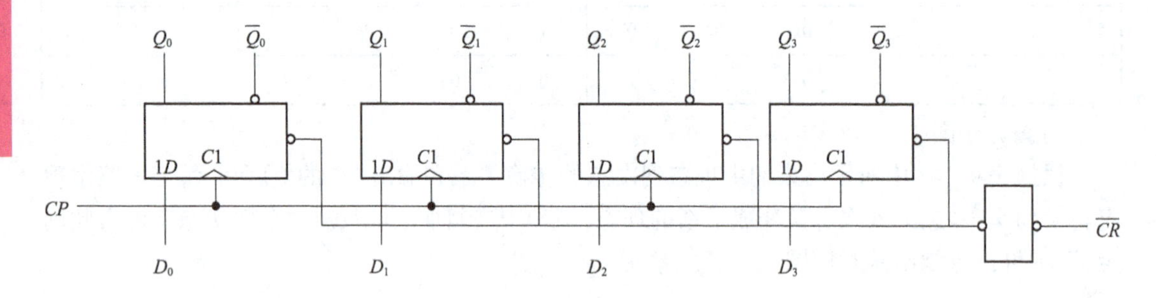

图 9-3-1　四位数码寄存器 74LS175 的逻辑图

74LS175 的功能表见表 9-3-1。

74LS175 的功能表　　表 9-3-1

输入						输出				注
$\overline{CR}$	CP	D_3	D_2	D_1	D_0	$Q_3{}^{n+1}$	$Q_2{}^{n+1}$	$Q_2{}^{n+1}$	$Q_0{}^{n+1}$	
0	×	×	×	×	×	0	0	0	0	清零
1	↑	d_3	d_2	d_1	d_0	d_3	d_2	d_1	d_0	送数

2.1.3 工作原理

(1)$\overline{CR}=0$ 时，异步清零。无论寄存器中原来的内容是什么，只要$\overline{CR}=0$，就立即通过异步输入端$\overline{R}_D$ 将 4 个边沿 D 触发器复位到 0 状态。

(2)$\overline{CR}=1$ 时，CP 上升沿送数。无论寄存器中原来存储的数码是什么，在$\overline{CR}=1$ 时，只要送数控制时钟脉冲 CP 上升沿到来，加在并行数码输入端的数码 $D_3 \sim D_0$就立即被送进寄存器中，使并行输出端 $Q_3 \sim Q_0 = D_3 \sim D_0$，从而完成接收并寄存数码的功能。

(3)在$\overline{CR}=1$ 和 CP 上升沿以外的时间，寄存器保持内容不变，即各个输出端的状态与输入端数据无关，都将保持不变。

由于寄存器能同时输入 4 位数码，同时输出 4 位数码，故称为并行输入、并行输出寄存器。

2.2 移位寄存器

移位寄存器既具有存放数码功能，还具有使数码移位功能。所谓移位功能，就是寄存器中所存数据，可以在移位脉冲作用下逐位左移或右移。按照在移位脉冲 CP 操作下移位情况的不同，移位寄存器又可分为单向移位寄存器和双向移位寄存器。

2.2.1 单向移位寄存器

图 9-3-2 所示是以由 D 触发器构成的右移移位寄存器，左边触发器的输出端接右边触发器的输入端，仅由第一个触发器的输入端 D_0 接收外来的输入数据，D_i 为串行输入端，$Q_0 \sim Q_3$ 为并行输出端，Q_3 为串行输出端。

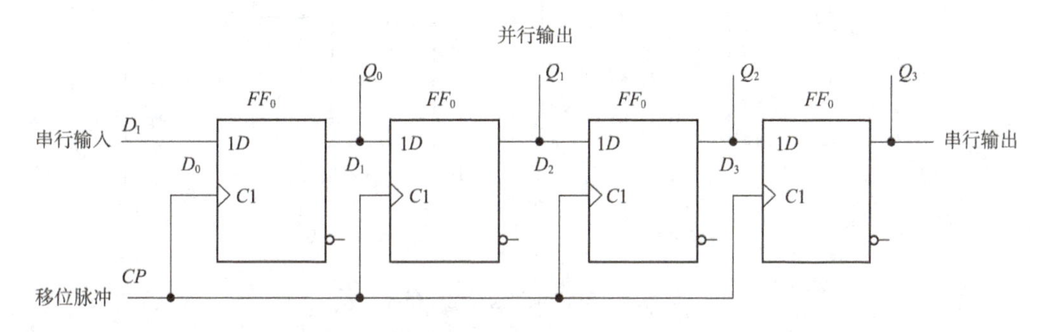

图 9-3-2　4 位单向移位寄存器

其工作原理如下。

驱动方程：$D_0 = D_i$、$D_1 = Q_0{}^n$、$D_2 = Q_1{}^n$、$D_3 = Q_2{}^n$

状态方程：$Q_0{}^{n+1} = D_i$、$Q_1{}^{n+1} = Q_0{}^n$、$Q_2{}^{n+1} = Q_1{}^n$、$Q_3{}^{n+1} = Q_2{}^n$、$CP\uparrow$ 有效

根据状态方程和假定的起始状态可列出状态表，见表 9-3-2。

位右移移位寄存器的状态表　　表 9-3-2

输入		现态				次态				说明
D_i	CP	$Q_0{}^n$	$Q_1{}^n$	$Q_2{}^n$	$Q_3{}^n$	$Q_0{}^{n+1}$	$Q_1{}^{n+1}$	$Q_2{}^{n+1}$	$Q_3{}^{n+1}$	
1	↑	0	0	0	0	1	0	0	0	连续输入四个 1
1	↑	1	0	0	0	1	1	0	0	
1	↑	1	1	0	0	1	1	1	0	
1	↑	1	1	1	0	1	1	1	1	
0	↑	1	1	1	1	0	1	1	1	连续输入四个 0
0	↑	0	1	1	1	0	0	1	1	
0	↑	0	0	1	1	0	0	0	1	
0	↑	0	0	0	1	0	0	0	0	

表 9-3-2 所示状态具体描述了右移移位过程。当连续输入 4 个 1 时，D_i 经触发器 F_0 在 CP 的操作下，依次被移入寄存器中，经过 4 个 CP 脉冲，寄存器就变成全 1 状态，即 4 个 1 右移输入完毕。再连续输入 0、4 个 CP 之后，寄存器变成全 0 状态。

2.2.2 双向移位寄存器

在数字电路中，常需要寄存器按不同的控制信号，能够向左或向右移位。这种既能右移又能左移的寄存器成为双向移位寄存器。把左移和右移移位寄存器组合起来，加上移位方向控制，便可方便地构成双向移位寄存器。

图 9-3-3 所示是基本的 4 位双向移位寄存器，M 为移位方向控制端，D_{SR} 为右移串行输入端，D_{SL} 为左移串行输入端，$Q_0 \sim Q_3$ 为并行输出端，CP 为移位时钟脉冲。

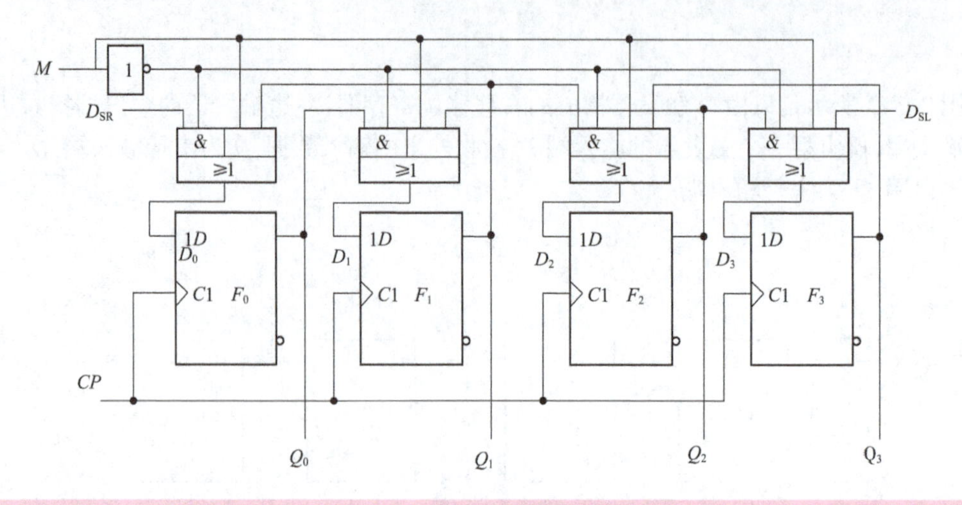

图 9-3-3　4 位双向移位寄存器

图 9-3-3 中,4 个与或门构成了 4 个 2 选 1 数据选择器,其输出就是送给相应边沿 D 触发器的同步输入信号,M 是选择控制信号(左移/右移控制),由电路可得驱动方程为:

$$\left.\begin{aligned} D_0 &= \overline{M}D_{SR} + MQ_1{}^n \\ D_1 &= \overline{M}Q_0{}^n + MQ_2{}^n \\ D_2 &= \overline{M}Q_1{}^n + MQ_3{}^n \\ D_3 &= \overline{M}Q_2{}^n + MD_{SR} \end{aligned}\right\}$$

将驱动方程带入 D 触发器的特性方程可求出状态方程为:

$$\left.\begin{aligned} Q_0{}^{n+1} &= \overline{M}D_{SR} + MQ_1{}^n \\ Q_1{}^{n+1} &= \overline{M}Q_0{}^n + MQ_2{}^n \\ Q_2{}^{n+1} &= \overline{M}Q_1{}^n + MQ_3{}^n \\ Q_3{}^{n+1} &= \overline{M}Q_2{}^n + MD_{SR} \end{aligned}\right\} \quad (CP\text{ 上升沿有效})$$

当 $M=0$ 时:

$$Q_0{}^{n+1} = D_{SR}, Q_1^{n+1} = Q_0^n, Q_2^{n+1} = Q_1^n, Q_3^{n+1} = Q_2^n \quad (CP\text{ 上升沿有效})$$

电路称为 4 位右移移位寄存器。

当 $M=1$ 时:

$$Q_0^{n+1} = Q_1^n, Q_1^{n+1} = Q_2^n, Q_2^{n+1} = Q_3^n, Q_3^{n+1} = D_{SL} \quad (CP\text{ 上升沿有效})$$

电路将按照 4 位左移移位寄存器的各种原理运行。

2.3　移位寄存器的应用

移位寄存器的应用十分广泛,如将信息代码进行串—并转换及构成计数器等。

2.3.1　数码的串—并行转换

在数字系统中,数字信息多半是用串行方式在线路上逐位传送,而在收发端则以并行方式对数据进行存放和处理。这就需要将信息进行串—并转换。

(1)串行转并行。前面介绍的单向右移移位寄存器即可实现数码的串行转并行功能。

常用的串—并转换器芯片有 74ls164、HV5308、74hc595 等。

(2)并行转串行。常用的并—串转换移位寄存器有 74ls165 等。

2.3.2 移位寄存器型计数器

下面以环形计数器为例进行分析。

图9-3-4所示为一个自循环移位寄存器。取 $D_0 = Q_{n-1}^n$，可以在 CP 作用操作下，循环移位一个1，也可以循环移位一个0。只要先启动脉冲将计数器置入有效状态(1000或1110)，然后再加 CP 就可以得 n 个状态循环的计数器，计数长度为 $N = n$，n 为触发器个数。

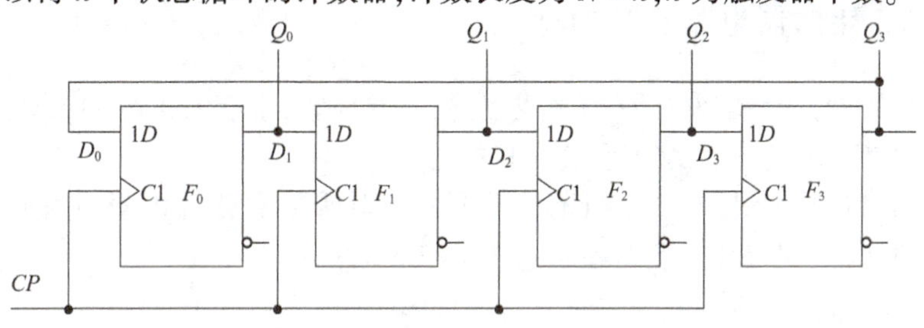

图9-3-4 4位环形计数器

其状态如图9-3-5所示，如果选用循环一个1，则有效状态是1000、0100、0010、0001。工作时应先用启动脉冲将计数器置入有效状态，然后才能加 CP。由状态图可知，电路不能自启动，如果将其改为图9-3-6的形式，就可自启动了，读者可自行分析，画出其状态图。环形计数器的优点是所有触发器中只有一个为1(或0)，利用 Q 端作状态输出不需要加译码器。在 CP 脉冲的驱动下 Q 端轮流出现矩形脉冲，所以也可称脉冲分配器。其缺点是状态利用率低，记 n 个数需要 n 个触发器，使用触发器多。

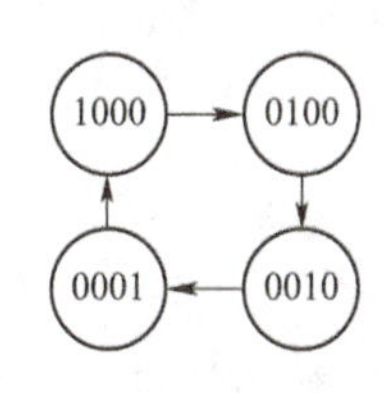

图9-3-5 4位环形计数器状态图

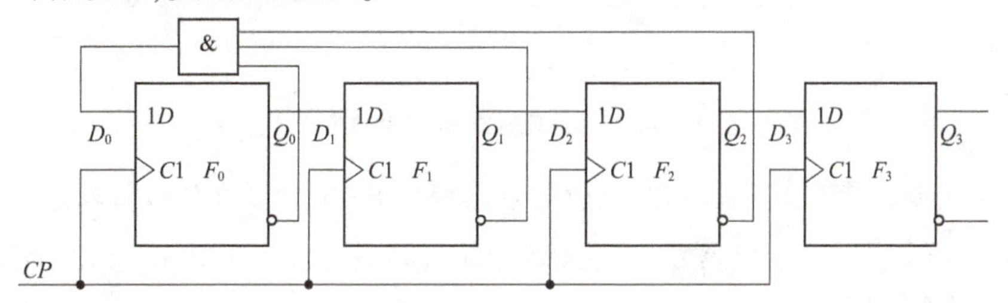

图9-3-6 能自启动的4位环形计数器符号

复习与思考题

1. 寄存器的组成有哪些？
2. 寄存器的工作原理是怎样的？
3. 常见的寄存器的典型应用有哪些？

任务4 脉冲信号的产生与波形变换

1 任务引入

数字电路中的时钟信号一般都是通过波形产生电路形成；必要时，需要对已有信号进行波

形变换，以满足系统对信号波形要求。在波形产生与变换电路中，多谐振荡器、单稳态触发器和施密特触发器是三种基本电路。用集成电路555定时器可以组成以上三种应用电路，集成555定时器有十分广泛的应用。

2 相关理论知识

2.1 555定时器电路及其功能

555定时器是一种应用非常广泛的集成电路，有双极型，也有CMOS型。555定时器外部只要接少量元件就可构成单稳、多谐和施密特电路。

555定时器内部结构如图9-4-1所示。它由3个阻值为5kΩ的电阻组成的分压器、两个电压比较器C_1和C_2、基本RS触发器和放电管T组成。

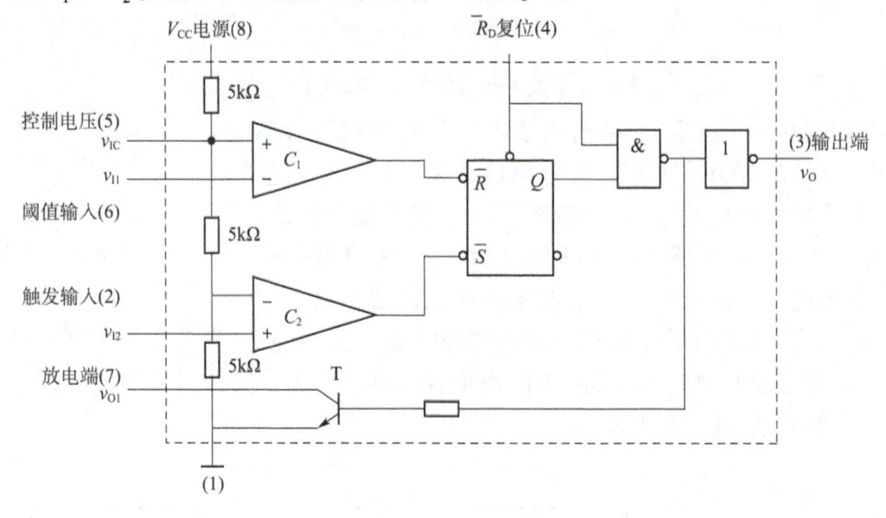

图9-4-1　555定时器内部结构符号

定时器的主要功能取决于比较器，比较器输出控制RS触发器和放电管状态。图中$\overline{R}_D$为复位端，当$\overline{R}_D$为低电平时，触发器复位，不管其他输入端状态如何，输出v_O为低电平。因此，正常工作时，此端接高电平。

由图9-4-1可知，当控制电压输入端(v_{IC}，5号脚)悬空时，比较器C_1和C_2的参考电压分别为$V_{REF1}=\frac{2}{3}V_{CC}$和$V_{REF2}=\frac{1}{3}V_{CC}$。定时器有两个输入，分别为阈值输入$v_{I1}$和触发输入$v_{I2}$。

当$v_{I1}>\frac{2}{3}V_{CC}$、$v_{I2}>\frac{1}{3}V_{CC}$时，比较器C_1输出低电平，比较器C_2输出高电平，RS触发器复位，$Q=0$，放电管T导通，输出v_O低电平。

当$v_{I1}<\frac{2}{3}V_{CC}$、$v_{I2}<\frac{1}{3}V_{CC}$时，比较器C_1输出高电平，比较器C_2输出低电平，RS触发器置位，$Q=1$，放电管T截止，输出v_O高电平。

当$v_{I1}<\frac{2}{3}V_{CC}$、$v_{I2}>\frac{1}{3}V_{CC}$时，比较器C_1、C_2输出都为高电平，RS触发器状态不变，定时器输出、放电管T状态亦不变。

综上所述，可得555定时器功能表，见表9-4-1。

555 定时器功能表　　表 9-4-1

输　入			输　出	
阈值输入(v_{I1})	触发输入(v_{I2})	复位	输出(v_O)	放电管 T
×	×	0	0	导通
$<2V_{CC}/3$	$<V_{CC}/3$	1	1	截止
$>2V_{CC}/3$	$>V_{CC}/3$	1	0	导通
$<2V_{CC}/3$	$>V_{CC}/3$	1	不变	不变

如果在电压控制端施加一个控制电压(其值在 $0\sim V_{CC}$)之间,比较器的参考电压发生变化,从而影响定时器的工作状态变化的阈值。

2.2　555 定时器应用举例

2.2.1　555 定时器构成的多谐振荡器

如图 9-4-2 所示,定时器输出(3 号引脚)为高电平时,放电管截止(7 号引脚与地之间开路),电容 C 充电。充电电流由 $V_{CC}\to R_1\to R_2\to C\to$地,电容两端电压 v_C 随充电按指数规律上升,如图 9-4-3 所示,充电时间常数 $\tau_1=(R_1+R_2)C$。电容上电压上升到第一阈值电压$\frac{2}{3}V_{CC}$时,555 定时器复位输出低电平,放电管导通,充电结束。

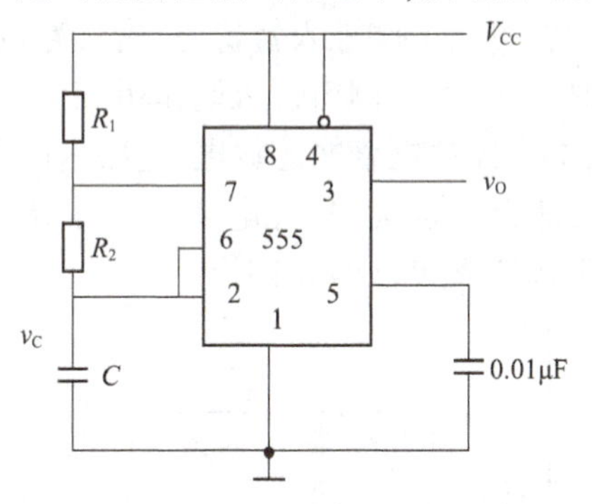

图 9-4-2　555 定时器构成的多谐振荡器

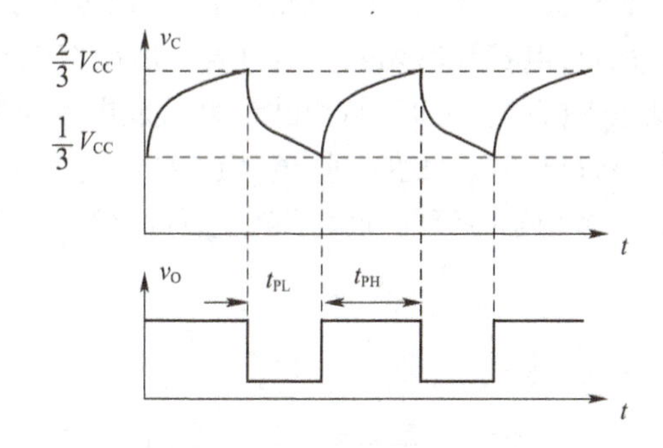

图 9-4-3　多谐振荡器工作波形

定时器输出为低电平时,放电管导通(7 号引脚与地之间短路),电容放电。放电电流由 $C\to R_2\to T\to$地,电容两端电压随放电从第一阈值电压$\frac{2}{3}V_{CC}$开始按指数规律下降,放电时间常数 $\tau_2=R_2C$。电容上电压下降到第二阈值电压$\frac{1}{3}V_{CC}$时,定时器置位输出高电平,放电管截止,放电结束。

电容放电结束,图 9-4-2 电路又开始新一轮充放电。充电从$\frac{1}{3}V_{CC}$到$\frac{2}{3}V_{CC}$结束,放电从$\frac{2}{3}V_{CC}$到$\frac{1}{3}V_{CC}$结束,周而复始,定时器输出方波脉冲。

通过以上分析可知,电容放电初始值 $V_C(0)=\frac{2}{3}V_{CC}$,终值 $V_C(\infty)=0$,经过低电平脉冲持续时间(负脉冲宽度 t_{PL})$V_C(t_{PL})=\frac{1}{3}V_{CC}$。代入三要素公式可得:

$$t_{PL} = R_2 C\ln 2 \approx 0.7R_2 C$$

电容充电初值 $V_C(0)=\frac{1}{3}V_{CC}$，终值 $V_C(\infty)=V_{CC}$，经过高电平持续时间（正脉冲宽度 t_{PH}）

$V_C(t_{PH})=\frac{2}{3}V_{CC}$，得：

$$t_{PH} = (R_1 + R_2)C\ln 2 \approx 0.7(R_1 + R_2)C$$

因此，多谐振荡器振荡周期 T 为：

$$T = t_{PL} + t_{PH} \approx 0.7(R_1 + 2R_2)C$$

振荡频率 f 为：

$$f = \frac{1}{T} \approx \frac{1.43}{(R_1 + 2R_2)C}$$

调整电阻 R_1 或 R_2 可改变正或负脉冲宽度，振荡周期亦改变。改变电容振荡周期发生变化，但占空比 $q=t_{PH}/T$ 不变。

2.2.2 单稳态触发器

如图9-4-4所示。电路中555定时器触发输入端 v_{I2} 接外触发脉冲（负窄脉冲），阈值触发输入端 v_{I1} 与放电管相连，电容两端电压 v_C 作为其输入信号。

电路有一个稳定状态，即输出为低电平，放电管导通，电阻 R 上电流经放电管形成回路，电容端电压近似为0V。

稳态情况下，外加负脉冲触发信号（低电平小于 $V_{CC}/3$），电路进入暂稳态，输出为高电平，放电管截止，电容开始充电。当电容上电压充电至 $2V_{CC}/3$ 时，经阈值输入端作用，定时器复位输出低电平（此时外加负脉冲已结束），放电管导通，电容经放电管快速放电，电路返回稳定状态。电路输出高电平的时间由暂稳态持续时间决定，即由电容从0V充电到 $2V_{CC}/3$ 伏所需时间决定，（暂稳态持续时间大于触发负脉冲）。电路工作波形如图9-4-5所示。

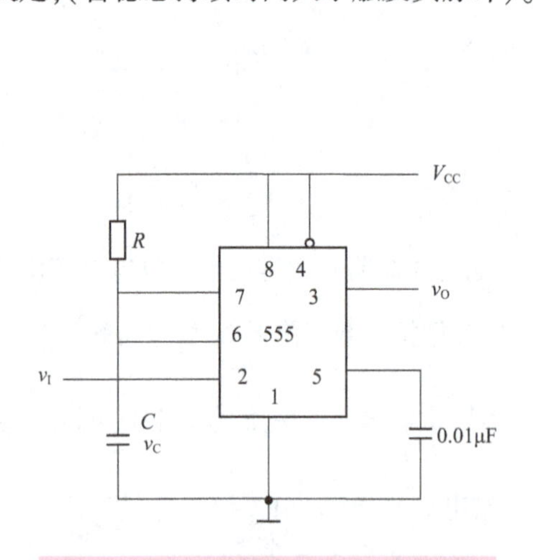

图9-4-4　555定时器构成的单稳态触发器

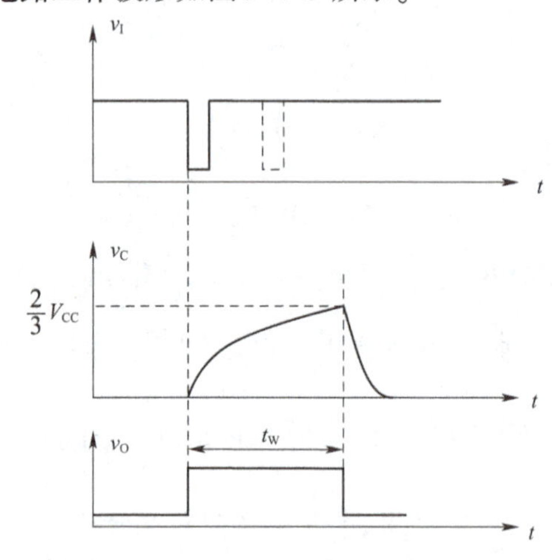

图9-4-5　单稳态触发器工作波形

在暂稳态期间，输入低电平对电路无影响，如图中虚线脉冲，但输入负脉冲宽度不应大于暂稳态持续时间，即输出正脉冲宽度 t_W，这是一个不可重复触发的单稳态电路。

2.2.3 施密特触发器（脉冲波形整形电路）

图9-4-6所示电路中555定时器构成的施密特触发器，定时器的两个输入端接在一起

作为信号输入端，即输入信号与定时器的两个参考电压(阈值电压)进行比较。(5号端开路时)$V_{REF1}=2V_{CC}/3$、$V_{REF2}=V_{CC}/3$。当$v_I \leqslant V_{REF2}=V_{CC}/3$时，输出高电平；当$v_I \geqslant V_{REF1}=2V_{CC}/3$时，输出低电平；当$V_{CC}/3 \leqslant v_I \leqslant 2V_{CC}/3$时，输出状态与原来状态相同，$v_I$从大于$2V_{CC}/3$下降，输出低电平，$v_I$从小于$V_{CC}/3$上升，输出高电平。其工作波形如图9-4-7所示。

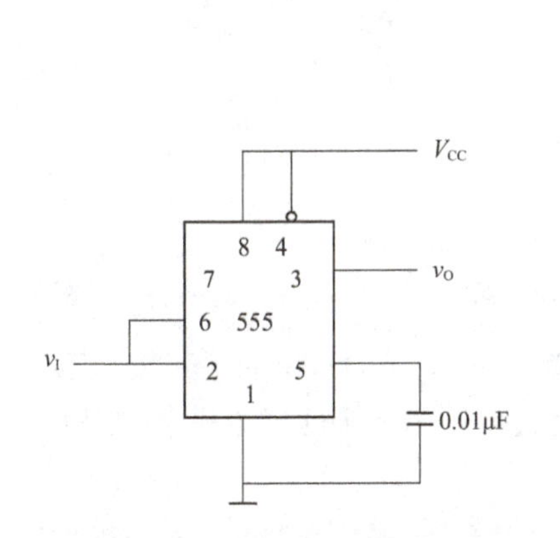

图9-4-6 定时器构成的施密特触发器

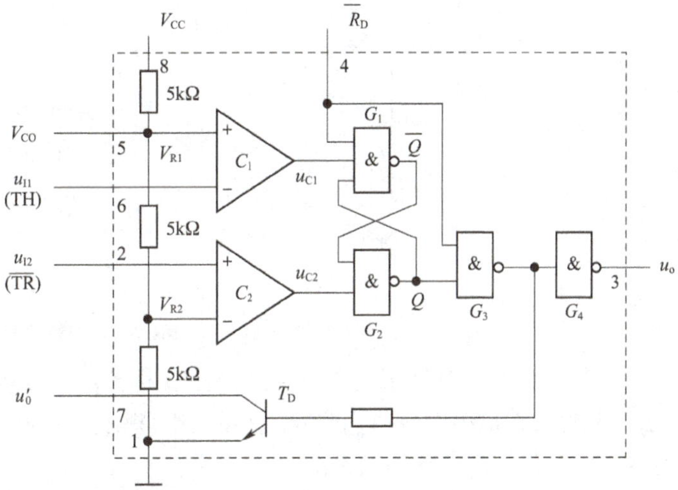

图9-4-7 时基电路555电路结构图

3 任务实施——555时基电路

3.1 试验目的

(1)熟悉555集成定时器的组成及工作原理。

(2)掌握用定时器构成单稳态电路、多谐振荡电路和施密特触发电路等。

(3)进一步学习用示波器对波形进行定量分析，测量波形的周期、脉宽和幅值等。

3.2 试验仪器及器件

(1)数字电路试验箱。

(2)数字万用表。

(3)示波器。

(4)集成定时器：NE 555 ×2。

(5)电阻：10kΩ、100kΩ×1，5.1kΩ×3。

(6)电位器：100kΩ×1。

(7)电容器：0.01μF×3，0.1μF、10μF、100μF×1。

(8)喇叭：8Ω/0.25W×1。

3.3 试验内容

(1)用555集成定时器构成单稳态电路，按图9-4-7接线。当$C=0.01\mu F$时，选择合理输入信号V_i的频率和脉宽，调节R_W以保证$T>t_W$，使每一个正倒置脉冲起作用。加输入信号后，用示波器观察V_i、V_c以及V_o的电压波形，比较它们的时序关系，绘出波形，并在图中标出周期、幅值、脉宽等。

(2)在图 9-4-8 中，若固定 $R_1=5.1\text{k}\Omega$，$R_2=5.1\text{k}\Omega$，$C=0.1\mu\text{F}$ 时，用示波器观察并描绘 V_o 和 V_c 波形的幅值、周期以及 t_{PH} 和 t_{PL}，标出 V_c 各转折点的电平。

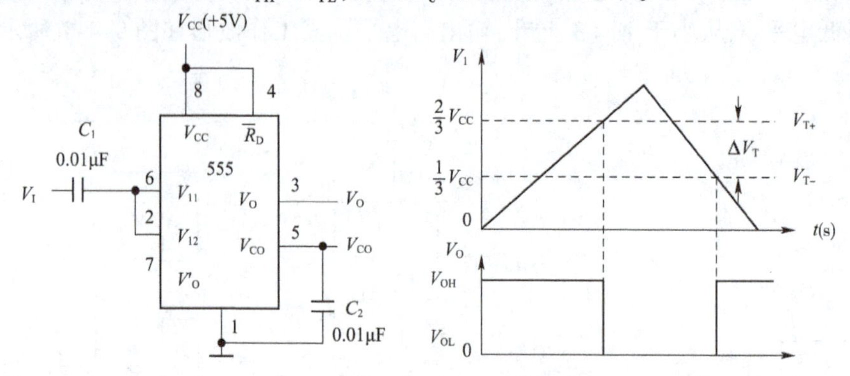

图 9-4-8　施密特触发器电路图和波形图

(3)按图 9-4-9 所示电路组装施密特触发器。输入电压为 $V_i=3\text{V}$，$f=1\text{kHz}$ 的正弦波。用示波器观察并描绘 V_i 和 V_o 波形。注明周期和幅值，并在图上直接标出上限触发电平、下限触发电平，算出回差电压。

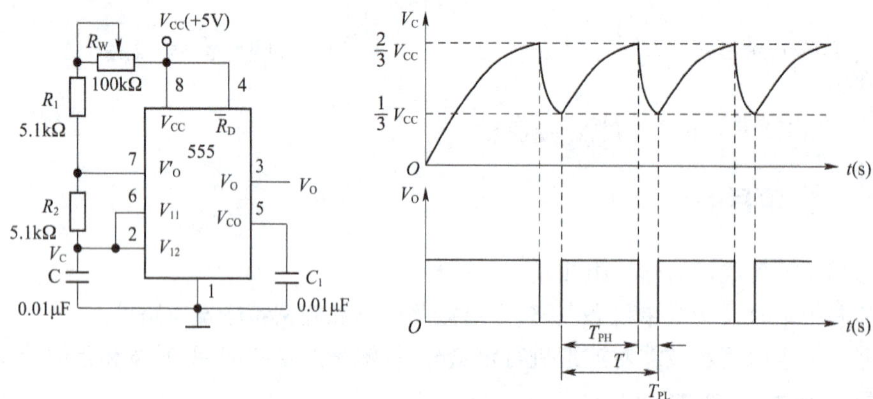

图 9-4-9　多谐振荡器的电路图和波形图

(4)用两片 555 定时器构成变音信号发生器，其电路如图 9-4-10 所示。它能按一定规律发出两种不同的声音。这种变音信号发生器是由两个多谐振荡器组成。一个振荡频率较低，另一个振荡频率受其控制。适当调整电路参数，可使声音达到满意的效果。

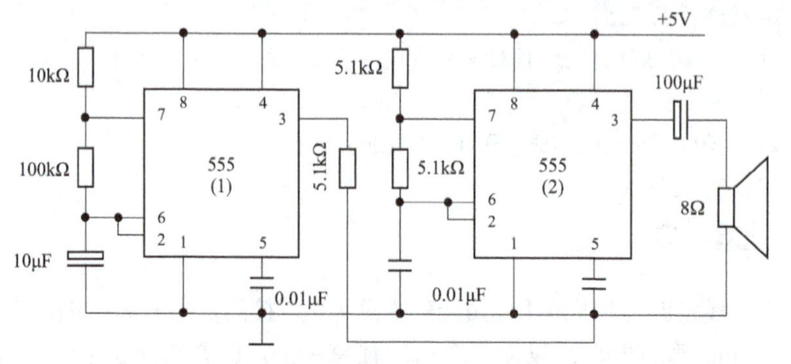

图 9-4-10　变音信号发生器

3.4 试验要求

(1)整理试验数据,画出试验内容中所要求画的波形,按时间坐标对应标出波形的周期、脉宽和幅值等。

(2)根据试验内容记录下你所满意的变音信号发生器最后调试的电路参数。并说明你的变音发生器可以用于哪个地方。

3.5 操作提示

(1)单稳态电路的输入信号选择要特别注意。V_i的周期 T 必须大于 v_o的脉宽 t_W,并且低电平的宽度要小于 v_o的脉宽 t_W。

(2)所有需绘制的波形图均要按时间坐标对应描绘,而且要正确选择示波器的 AC、DC 输入方式,才能正确描绘出所有波形的实际面貌。在图中标出周期、脉宽以及幅值等。

复习与思考题

1. 555 定时器的基本功能有哪些?
2. 555 定时器的内部结构是怎样的?
3. 555 定时器的具体应用有哪些?

知识点小结

1. 触发器就是具有记忆 1 位二进制代码的基本单元,触发器有两个稳定的状态:0 状态、1 状态。

2. 触发器的种类较多,根据逻辑功能可分为:RS 触发器、D 触发器、JK 触发器、T 触发器、T′触发器。

3. 基本 RS 触发器的电路组成:将两个与非门首尾交叉相连,就组成了一个基本 RS 触发器。

4. 实现计数操作的电路称为计数器,其作用是记忆输入脉冲的个数。

5. 按计数器中数字的变化规律分类,有加法计数器、减法计数器和可逆计数器。按计数进制分类,有二进制计数器、十进制计数器和 N 进制计数器。

6. 在数字系统中,常常需要将一些数码或指令存放起来,以便随时调用,这种存放数码和指令的逻辑部件称为寄存器。寄存器是由触发器和门电路组成的,具有接收数据、存放数据和输出数据的功能。

7. 在波形产生与变换电路中,多谐振荡器、单稳态触发器和施密特触发器是三种基本电路。

参考文献

[1] 林平勇,高嵩.电工电子技术[M].4版.北京:高等教育出版社,2016.
[2] 席时达.电工技术[M].4版.北京:高等教育出版社,2014.
[3] 陆国和.电工实验与实训[M].2版.北京:高等教育出版社,2007.
[4] 罗富坤.汽车电工电子技术基础[M].北京:机械工业出版社,2015.
[5] 贾建平.电工电子技术[M].武汉:华中科技大学出版社,2014.
[6] 林平勇,高嵩.电工电子技术[M].4版.北京:高等教育出版社,2016.
[7] 刘莉.汽车电工电子[M].北京:人民交通出版社,2012.
[8] 申文达.电工电子技术系列实验[M].北京:国防工业版社,2011.
[9] 刘皓宇.汽车电工电子技术 [M].北京:高等教育出版社,2005.
[10] 刘慰平.电子技能实训[M].北京:北京理工大学出版社,2008.
[11] 周建平.汽车电气设备构造与维修[M].北京:人民交通出版社,2008.
[12] 张大鹏,张宪.汽车电工电子技术基础[M].3版.北京:北京理工大学出版社,2012.
[13] 黄建华.汽车电工电子技术[M].西安:西安电子科技大学出版社,2006.